Jens Ivo Engels
Alles nur gekauft?

Jens Ivo Engels

Alles nur gekauft?

Korruption in der Bundesrepublik seit 1949

wbg THEISS

Die Deutsche Nationalbibliothek verzeichnet diese Publikation
in der Deutschen Nationalbibliografie;
detaillierte bibliografische Daten sind im Internet über
http://dnb.dnb.de abrufbar.

wbg Theiss ist ein Imprint der wbg

Die Herausgabe des Werkes wurde durch die Vereinsmitglieder
der wbg ermöglicht.
Lektorat: Dirk Michel, Mannheim
Satz: Vollnhals Fotosatz, Neustadt a. d. Donau
Umschlaggestaltung: Peter Lohse, Heppenheim
Gedruckt auf säurefreiem und alterungsbeständigem Papier
Printed in Germany

Besuchen Sie uns im Internet: www.wbg-wissenverbindet.de

ISBN 978-3-8062-4023-8

Elektronisch sind folgende Ausgaben erhältlich:
eBook (PDF): 978-3-8062-4049-8
eBook (epub): 978-3-8062-4050-4

Inhalt

Einleitung

„BRD = Bananenrepublik Deutschland". Mit diesem Kalauer schloss ein Artikel im Nachrichtenmagazin *Der Spiegel* Ende 1981.[1] Gerade hatte die Flick-Affäre begonnen. Das Hamburger Blatt berichtete erstmals über den Verdacht, Bonner Politiker seien bestechlich gewesen. Westdeutschland als Bananenrepublik, das war 1981 noch recht starker Tobak. Kaum denkbar, dass staatstragende Politiker oder seriöse Journalisten dieses Wort vorher mit dem deutschen Staat in Verbindung brachten. Das sollte sich bald ändern. Sechzehn Jahre später veröffentlichte der Journalist Wolfhart Berg ein ganzes Buch unter diesem Titel.[2]

Auch heute sind wohl viele im Land spontan geneigt, dem *Spiegel* in seinem Urteil zu folgen. Was ist eine Bananenrepublik? Gemeint sind schwache Staaten mit einem korrumpierten politischen System, unmodern und vom Schlendrian beherrscht. Berg wusste es 1997 ganz genau: „Ob Sie es glauben oder nicht [...] wir stecken alle mittendrin" – gemeint war die Korruption.[3] Tatsächlich debattiert das politische Deutschland ungefähr seit der Wiedervereinigung heftig über grassierende Korruption in Politik und Verwaltung.

Höchste Repräsentanten des Staates sorgten seither für Korruptionsskandale. 2012 musste Bundespräsident Christian Wulff unter dem Verdacht der Vorteilsnahme sein Amt aufgeben. Helmut Kohl wurde nur ein Jahr nach seiner Abwahl als Bundeskanzler Ende 1999 von einer unappetitlichen Affäre um illegale Parteispenden und den Verdacht der Käuflichkeit eingeholt. Zu Beginn der 1990er-Jahre traten kurz nacheinander Lothar Späth und Max Streibl als Ministerpräsidenten wegen ähnlicher Vorwürfe zurück. Die zweithöchste Repräsentantin des Staates, Bundestagspräsidentin Rita Süssmuth, überstand etwa zur selben Zeit nur knapp zwei Affären, in denen es um angebliche Vorteilsnahme bei Dienstwagen und Flügen mit Regierungsmaschinen ging.

BRANDT hat Schlesien abgegeben

Diese *chronique scandaleuse* ist keinesfalls vollständig. Und dennoch: Die Bundesrepublik ist selbstverständlich keine Bananenrepublik. Bei genauerem Hinsehen wird deutlich, dass die Institutionen des Staates funktionierten. Der unmittelbare Anlass für Wulffs Rücktritt war nämlich der Beginn von staatsanwaltschaftlichen Ermittlungen. Die Union musste nach Kohls öffentlichen Teilgeständnissen hohe Summen an den Staat zurückzahlen. Rita Süssmuth konnte sich nur deshalb im Amt halten, weil es peinlich genaue Abrechnungen über jede Dienstwagenfahrt gab. Bei präziser Betrachtung zeigen sich schnell die Unterschiede zwischen deutscher Staatlichkeit und solchen Ländern, in denen ohne Bestechung nichts passiert. Das Bananenwort trägt nicht weit bei der Analyse. Aber es ist charakteristisch für eine politische Kultur, die zu Übertreibungen neigt.

Und der genaue Blick erlaubt eine zweite Erkenntnis: Es wurde keineswegs immer schlimmer in der Geschichte der Republik. Die wirklich gravierenden Fälle politischer Korruption liegen weit zurück. Zwei staatspolitische Entscheidungen mit großer Tragweite sind durch Stimmenkauf im Bundestag beeinflusst worden: die Bestätigung der Stadt Bonn als Regierungssitz anstelle von Frankfurt am Main im Jahr 1949 und die gescheiterte Abwahl von Bundeskanzler Willy Brandt durch ein konstruktives Misstrauensvotum im Jahr 1972. In beiden Fällen gaben korrupte Abgeordnete den Ausschlag. Aber von einem grassierenden Korruptionsproblem war damals nicht die Rede.

Woher kam diese Duldsamkeit in der frühen Bundesrepublik? Wie kam es später zur bis heute anhaltenden Unnachgiebigkeit im öffentlichen Urteil? Wer versucht, diese Fragen zu beantworten, kann viel erfahren über das Selbstverständnis deutscher Politik und deutscher Öffentlichkeit seit dem Ende des Zweiten Weltkriegs, über die Ideen von Moral und Unmoral, die Grenzen des politisch Erlaubten, über sich wandelnde Werte, über Vorstellungen vom Verhältnis zwischen Wirtschaft und Politik, zwischen Politikern und Bevölkerung, über die Mechanismen von Skandalisierung.

Dabei kommen ganz unerwartete Zusammenhänge zutage. Die anfängliche Zurückhaltung hatte viel mit großer Behutsamkeit im Umgang mit der jungen Pflanze Demokratie zu tun; sie resultierte aber auch aus einer heute eher fragwürdigen Auffassung vom Nationalsozialismus, der sich vor allem wegen Korruption desavouiert habe. Die spätere Unnachgiebigkeit war sicher ein Resultat wachsender Kritikfreudigkeit der Medien. Aber es kam eine weitere Ursache hinzu. Denn Korruptionsbekämpfung avancierte ab 1990 weltweit zu einem Leitmotiv postideologischer Politik. Bis heute gibt es in der internationalen Entwicklungshilfe kaum Kritik an der simplen Formel „Korruptionsbekämpfung plus Transparenz gleich Wohlstand und Demokratisierung“. Ausgerechnet marktliberale Kräfte, die wirtschaftliche Globalisierung und außenpolitische Interessen der USA sorgten mit dafür, dass Korruption wie aus dem Nichts als ein zentrales Menschheitsproblem erschien. Kritik an korrupten Beamten war bald ein Grundton, der das Vertrauen in die öffentliche Verwaltung untergrub. Da erschienen Privatisierungen, Deregulierung, der Rückbau des Staates und letztlich auch Sozialabbau zwingend.

Korruptionsbekämpfung war etwa bis zur Wiedervereinigung in Deutschland ein nachrangiges Thema. Mit dem Flick-Parteispendenskandal in den 1980er-Jahren änderte sich das. Ein eigenständiges Politikfeld wurde die Korruptionsbekämpfung aber erst nach der Wiedervereinigung, mit Gesetzesänderungen, Fachexperten, mit einer Reihe von Organisationen, die sich für den Kampf gegen Bestechung einsetzen. Die weltweit wichtigste dieser Organisationen hat deutsche Wurzeln: Transparency International wurde von einem Deutschen nach deutschem Recht gegründet und hat ihren Sitz in Berlin.

An der Diskussion lässt sich auch die rasante Erosion von Vertrauen in die Eliten des Landes nachvollziehen. Binnen weniger Jahre wurde der Ton in der Debatte nachgerade schrill. Die Geschichte der Korruptionsdebatte ist auch eine Vorgeschichte heutiger Parteien- und Politikerverachtung. Sie war eng verbunden mit dem Einzug der Moral als Kategorie politischer Analyse. Die Geschichte der Korruption kann übrigens seit den 1990er-Jahren kaum ohne die Geschichte der Transparenz geschrieben werden – Transparenz als lichtdurchwirkte Metapher und als Formel für eine bessere, unkorrumpierte Gesellschaft. Selten konnten ihre Versprechungen eingelöst werden, selbst wenn sich Politiker als „gläserne Abgeordnete“ in Szene setzen. Es gehört zu den Stärken der demokratischen politischen Systeme, dass sie über kritische Medien als Korrektiv verfügen. Was aber, wenn diese Kritik das Vertrauen in ihre politischen Institutionen und am Ende in die Grundlagen ihrer Legitimität untergräbt? Die heutige Krise der Demokratie hat viele Ursachen. Einige Details dazu kann die Geschichte der Korruptionsdebatten beisteuern.

Dieses Buch ist keine Geschichte „der Korruption" seit 1945. Stimmenkauf, Bestechung, Verfilzung, Patronage, Mikropolitik, Hinterzimmergespräche und die verschwiegenen Praktiken der Macht sind nicht Gegenstand dieser Untersuchung. Jedenfalls sind sie es nicht direkt: Es wird um Debatten und Skandale gehen, die sich mit diesen Phänomenen beschäftigten. Deshalb werde ich auch kein Urteil darüber sprechen, ob und in welchem Maß die Politik der Bundesrepublik tatsächlich korrupt war oder ist. Eine solche Frage ließe sich schon deshalb nicht beantworten, weil Korruption als historische Analysekategorie nicht taugt. Denn, wer Korruption sagt, der urteilt moralisch. Außerdem lässt sich Korruption nicht beziffern. Zu- oder Abnahme von Mauscheleien, Verflechtungen und politischer Patronage kann wohl impressionistisch beschrieben, nicht aber exakt gemessen werden.

Aussagekräftig für eine politische Kultur sind die Debatten über Korruption. Wer sagte wann was über politische Korruption? Dies ist die Leitfrage dieses Buches, ergänzt um die Frage: Warum, mit welchen Vorstellungen oder welchen Interessen tat er das? Die zweite Frage lässt sich zwar nicht immer beantworten, aber es gibt oft Hinweise und sie erweitert die Perspektive. Denn in der öffentlichen Debatte sind die Kritiker und Bekämpfer der Korruption oft seltsam unsichtbar. Sie setzen sich ja für eine gute Sache ein, so dass ihre Motive nicht ins Gewicht fallen. Dies ist verständlich in einer aktuellen politischen Debatte. In der Hitze des Gefechts ist es weder möglich noch sinnvoll, eine neutrale Position einzunehmen. Die Aufgabe von Historikern besteht aber darin, einen Schritt zurückzutreten und das scheinbar Selbstverständliche zu befragen. Warum kritisiert man überhaupt Korruption? Warum war das Interesse daran lange gering? Was könnten unbeabsichtigte Nebenfolgen dieser Kritik sein? Welche Dynamiken der Kritik gab es, welche Folgen hatte sie, wie beeinflusste sie die politische Kultur und das Selbstbild der Republik? Interessant sind aber auch etwas detailliertere Fragen wie die, warum es keine genuin linke Korruptionskritik gab oder wie linksliberale autoritätskritische und marktliberale Korruptionskritiker zusammenkamen.

Zeitlicher Dreh- und Angelpunkt dieses Buches sind die Jahre nach der Wiedervereinigung. Für die enorme Konjunktur der Korruptionsdebatte spielten globale wie auch innerdeutsche Faktoren eine Rolle. Zwar gab es Vorboten dieses Wandels wie vor allem die Flick-Spendenaffäre und erste vorsichtige Debatten über Transparenz in den 1970er- und 1980er-Jahren. Beherrschend ist dennoch der große Kontrast im Umgang mit politischer

Korruption zwischen der Bonner und der Berliner Republik. Freilich wäre der Eindruck verfehlt, es habe vor 1980 keinerlei Korruptionskritik gegeben.

Der erste Teil des Buches behandelt die Korruptionsdebatten in der frühen Republik. Dabei wird klar, dass es kritische Berichterstattung, Skandale und Affären auch zu dieser Zeit schon gab. Entgegen einer verbreiteten Auffassung über die autoritätshörige Adenauerzeit ist selbst der erste Kanzler der Republik nicht von korruptionskritischen Debatten verschont geblieben. Aber die Kritik war pragmatisch, richtete sich gegen Einzelpersonen und selten gegen das politische System. Charakteristisch für die frühen Jahrzehnte der Bundesrepublik ist, dass es keine zusammenhängende Debatte und kein Politikfeld Korruptionsbekämpfung gab. Deshalb orientiert sich auch meine Darstellung an der Chronologie der Affären und Debatten, die meist auf die Anlässe begrenzt blieben. Es galt ein überparteilicher Konsens, deutsche Politiker und die deutsche Verwaltung seien nicht korrupt. Die Stimmung änderte sich durch die Flick-Affäre ab 1981. Nun rückte die Macht der Parteien und ihre Verbindungen zur Wirtschaft in den Blick. Zweifel an der Rechtschaffenheit vieler Politiker fanden nicht nur in der Presse, sondern auch im Bundestag ein Forum. Das politische System der Republik erschien in düsterem Licht.

Nationale Geschichten sind in Zeiten der Globalisierung kaum noch isoliert zu schreiben. Das gilt für die deutsche Geschichte in besonderer Weise, führte doch der weltweite Zusammenbruch des Staatssozialismus sowjetischer Prägung unmittelbar zur Wiedervereinigung. Auch die Korruptionsgeschichte ist ohne den Hintergrund weltweiter Deutungen und internationaler Entwicklungspolitik nicht verständlich. Deshalb ist der zweite Abschnitt des Buches dem global geführten Kampf gegen die Korruption gewidmet. Zunächst erläutere ich die Ideengeschichte der Korruptionsbekämpfung im Kontext des Neoliberalismus, damit verbundener Entwicklungstheorien und Vorgaben für staatliche Entwicklung. Es folgt eine erste Annäherung an das gefeierte Lösungsmodell gegen Korruption: die Transparenz. Schließlich werde ich die wichtigsten politischen Entwicklungen und Akteure der internationalen Antikorruptionspolitik vorstellen und insbesondere die Rolle von Transparency International beleuchten, bevor einige politische Folgen der Antikorruptionspolitik in Ländern des globalen Südens zur Sprache kommen.

Der dritte Abschnitt widmet sich schließlich den zwei ersten Jahrzehnten der Berliner Republik, von der Wiedervereinigung bis zum Rücktritt

Christian Wulffs 2012. Der Abschnitt beginnt mit der Wende- und Nachwendezeit, in der Korruption eine erstaunlich geringe Rolle spielte. Anschließend erläutere ich die Entfaltung des neuen Politikfelds Korruptionsbekämpfung, begleitet von einer anschwellenden Medienberichterstattung und Literatur. Transparenz der Politik spielte auch in der Bundesrepublik eine wichtige Rolle – einige Forderungen in diesem Zusammenhang reichen bis in die frühen 1970er-Jahre zurück. Debatten über Einkünfte und Loyalitäten von Abgeordneten, aber auch ihre eigenen Bemühungen um mehr Transparenz bilden Anlass, auf die Widersprüche und Grenzen des Transparenzversprechens nachzudenken. Am Ende steht eine chronologische Darstellung mit den wichtigsten Korruptionsskandalen im wiedervereinigten Deutschland, die neben Politikern in zwei Fällen auch Großunternehmen betrafen: Volkswagen und Siemens.

Was ist Korruption?

Bleibt noch zu klären, was Korruption eigentlich ist. Es geht in diesem Buch, wie schon beschrieben, nicht um bestimmte Praktiken der Begünstigung, Bestechung oder Vorteilsnahme, sondern es geht um Debatten und Bewertungen. Diese Debatten fransen leicht aus, das gehört zu ihren Besonderheiten. Nur in den wenigsten Fällen beschränkte sich die Diskussion auf eine gekaufte Stimme oder eine gegen Geld oder Geschenke getroffene politische Entscheidung. Dazu gehörte meist der Verdacht ungerechtfertigter Vorteile für Amtsinhaber oder Abgeordnete, das Problem der Vermischung von Partei- und Staatsinteressen, Fragen der Parteienfinanzierung, das Verhältnis von Politik und Wirtschaft. Spätestens seit den 1990er-Jahren scheint jede Art von Einkommen der Politiker, seien es die offiziellen Diäten oder Einnahmen aus Nebentätigkeiten, im Geruch der Vorteilsnahme zu stehen. Sogar das Streben nach Absicherung einer parteiinternen Machtposition konnte als Form von Korruption ausgelegt werden (siehe Seite 320). Auch wenn dies ein Extremfall war: Politische Korruptionsdebatten mündeten oft in sehr allgemeine Auseinandersetzungen über Moral und Anstand, über Vorteile für Politiker und Nachteile für das Gemeinwohl.

Warum das so war, lässt sich teilweise auch mit der Wortbedeutung von Korruption erklären.[4] Nach der klassischen Definition ist Korruption der

Missbrauch eines öffentlichen Amtes zum privaten Nutzen. Neuere Wortbestimmungen wie etwa die von Transparency International sind etwas weiter gefasst: Hiernach ist Korruption der Missbrauch übertragener Macht zum privaten Nutzen.[5] Entscheidend ist in allen Definitionen der Gegensatz zwischen dem Privaten auf der einen Seite und dem öffentlichen Nutzen oder dem Gemeinwohl auf der anderen. Korruption ist stets ein Missbrauch, bei dem die Gemeinschaft geschädigt wird, während Amtsinhaber oder andere Akteure im nichtöffentlichen Bereich daraus einen Vorteil ziehen. So verstanden, geht es bei Korruption immer um Nachteile für die Allgemeinheit und damit um Gefahren für den Staatszweck. Stets steht auch die Frage im Raum, welchen Entscheidungsspielraum und welche Vorteile Amtsinhaber und Politiker aus ihrer Stellung als Beauftragte des Volkes ziehen dürfen.

Diesen Konflikt gibt es nur, weil zwischen dem Persönlichen und dem Privaten einerseits und dem Öffentlichen auf der anderen Seite eine Grenze gezogen wird. Wir werden noch sehen, dass diese Grenzziehung oft nicht einfach ist. Fast alle Korruptionsaffären drehen sich auch um die Frage, wo das Private beginnt und das Dienstliche endet. Eine klare, ein für alle Male gültige Lösung dieses Problems gibt es nicht, vielmehr unendlichen Stoff für entsprechende Klärungsprozesse. Tatsächlich lebt die Korruptionsdebatte von einem bemerkenswerten Konflikt: Einerseits wird suggeriert, es gebe eine glasklare, sozusagen ewig gültige Trennung der zwei Sphären. Andererseits kann niemand angeben, wo genau diese verläuft.

Das machen ein paar einfache Beispiele deutlich. Ist der Bundeskanzler als Regierungschef oder als Parteichef unterwegs, wenn er sich zu einer Veranstaltung fahren lässt, auf der er seine Politik erläutert? Ist die Unterbrechung eines privaten Urlaubs für dienstliche Zwecke nun privat oder dienstlich veranlasst? Übernimmt der Staat die Kosten für die Anreise zu einem Dienstermin oder muss das die Amtsinhaberin übernehmen? Und wenn der Staat zahlt: Ist es der Urlaub, der die Amtsführung ungebührlich verteuert? Oder sind es die Amtspflichten, die das Privatleben in Mitleidenschaft ziehen? Ist das gemeinsame Essen eines Politikers mit persönlichen Freunden und anderen Entscheidungsträgern amtlich oder privat veranlasst? Wenn ein Politiker einen Menschen zunächst als Lobbyisten kennenlernt, sich aber im Lauf der Zeit mit ihm anfreundet und ihn an familiären Entscheidungen teilhaben lässt: Wo verläuft die Grenze? Vor allem zeitlich: Bis wann handelt es sich um eine dienstliche Beziehung, ab wann ist es eine private?

Solche Fragen waren in den Skandalen um Konrad Adenauer, Rita Süssmuth, Ulla Schmidt und Christian Wulff mitentscheidend. Es liegt auf der Hand, dass es darauf kaum befriedigende Antworten geben kann. Das ist ein Grund für die nie versiegende Korruptionsquelle in politischen Debatten. Man kann es auch so formulieren: Da die Grenzen zwischen dem Privaten und dem Öffentlichen nie fixiert sind, da jede Amtsinhaberin und jeder Amtsinhaber immer auch ein privates Leben haben, sind alle Politiker vom Vorwurf der Korruption bedroht. Dies ist auch deshalb bemerkenswert, weil wir mit Blick auf die ‚Normalbevölkerung' in den letzten zehn Jahren eine Diskussion mit ganz anderer Stoßrichtung geführt haben. Angesichts der Omnipräsenz des Internets, freiwilliger Preisgabe intimster Informationen auf den Plattformen sozialer Medien, angesichts auch von ständiger Erreichbarkeit und Homeofficetätigkeiten beklagen vielen Kommentatoren den Verlust der Privatheit, das Ende jeglicher Grenze zwischen öffentlicher und intimer Sphäre. Vor diesem Hintergrund scheint die öffentlich gepflegte Obsession der Korruption wie ein Anachronismus, wie ein Kampf gegen Geister der Vergangenheit. Vielleicht verbirgt sich hinter der grassierenden Kritik an persönlicher Bereicherung im politischen Amt auch der Phantomschmerz einer schon lange verloren gegangenen Intimität.

Eine ganz ähnliche Beobachtung betrifft übrigens auch das Konzept der Transparenz. Transparenz verspricht den Durchblick in der Politik. Transparenz lässt erwarten, dass möglichst viele möglichst komplizierte Vorgänge verstehen. Dabei ist Transparenz als politischer Wert noch recht jung. Als Hoffnung und Erwartung ist Transparenz also Bewohnerin einer Welt, die von den meisten Zeitgenossen als immer komplexer, als immer schwieriger zu durchschauen angesehen wird. Je undurchsichtiger die Welt, desto ausgeprägter die Hoffnungen, ja die Forderungen nach Transparenz. Dass dies zu Frustrationen führen muss, liegt auf der Hand.

Was bisher geschah: eine sehr kurze Geschichte der Korruption

Die politische Korruption ist 1949 nicht vom Himmel gefallen. Im Gegenteil, viele meinen, Korruption sei so alt wie die Menschheit selbst, ein

Problem jeder Gesellschaft. Das trifft einerseits zu, denn über die Nachteile von Stimmenkauf und selbstsüchtiger Herrschaft haben schon die alten Griechen und Römer nachgedacht. Gleichwohl wäre nichts so falsch, als die Korruption für unwandelbar zu halten. Das belegen ganz einfache Beispiele. Noch im 18. Jahrhundert war es selbstverständlich, dass Menschen ein öffentliches Amt mit dem Ziel kauften, dabei Einnahmen und Gewinne zu erzielen.[6]

Wie jeder andere Rechtsbegriff, wie jede andere moralische Norm auch, war Korruption immer ein Kind ihrer Zeit. Auch und gerade Korruption ist historisch wandelbar – nur deshalb ist sie im Übrigen auch interessant für ein Geschichtsbuch. Ansonsten gäbe es wenig zu analysieren und zu erzählen.

Die moderne Auffassung von Korruption ist das Ergebnis einer bestimmten Epoche. Entscheidend war die Trennung von Privatsphäre und Öffentlichkeit. Diese Trennung ist erstmals in der europäischen Aufklärung gegen Mitte des 18. Jahrhunderts gefordert worden. Ungefähr seit der Französischen Revolution an der Wende vom 18. zum 19. Jahrhundert einigten sich Philosophen, Staatsrechtler, Regierende und Staatsbedienstete auf die oben beschriebene Unterscheidung zwischen Privatperson und Amt. Seitdem ist zumindest in der Theorie unbestritten, dass ein Amtsträger, Beamter oder Minister private oder persönliche Interessen im Amt niemals begünstigen darf. Auch die eigene Familie, die eigene Partei, die Einwohner seiner Stadt oder seiner Provinz soll er nicht anders behandeln als alle anderen.

Wer dieses Gebot übertritt, verletzt fundamentale Grundsätze moderner Politik. Hinter diesem Gebot der Gleichbehandlung stehen unterschiedliche Werte moderner Staatlichkeit. Dazu gehört etwa die Idee der Rechtsgleichheit aller Menschen, die Idee des Staates als einer Organisation, die allein den Zwecken des Gemeinwohls dient, die auf abstrakten Regeln beruht und nicht in erster Linie auf Personen mit ihren konkreten Interessen. Versteckt steht dahinter auch der Grundsatz der Volkssouveränität, die staatliches Handeln nur zum Zweck aller erlaubt, nicht zum Zweck Einzelner. Auch wenn viele Monarchien des 19. Jahrhunderts die Volkssouveränität als politisches Prinzip nicht anerkannten: In der Bestimmung des Staatszwecks stimmten sie mit diesen Grundsätzen durchaus überein.

Daraus folgte eine klare Hierarchie von Werten für die Diener des Staates. Selbstverständlich hatten auch diese ein Privatleben, sorgten sich um

Familien und Landsleute, taten etwas für alte Weggefährten und woben politische Netzwerke, begünstigten Parteifreunde, führten ein politisches Klientelsystem. Doch, wenn sie dies taten, mussten sie das auf verschwiegene Weise tun. Kein politischer oder staatlicher Amtsträger kann seit etwa 1800 offen damit hausieren gehen, persönliche Vorteile aus einem Amt zu ziehen. Das war noch in der Frühen Neuzeit anders gewesen. Damals gab es zwar auch schon das Gebot an Herrscher und Beamte, dem Gemeinwohl zu dienen. Doch *daneben* existierten *konkurrierende* Werte, auf die man sich je nach Gelegenheit berufen konnte. Auf das Gebot der Nächstenliebe konnten sich Amtsträger berufen, wenn sie Verwandte bevorzugten.

Wer seit etwa 1800 in den Verdacht der Begünstigung oder Selbstbereicherung kam, konnte das zwar abstreiten und die Vorwürfe leugnen. Was nicht mehr akzeptiert wurde, waren Begründungen mit anderen Werten. Das zeigte sich glasklar in den entsetzten Reaktionen aller Beobachter auf Helmut Kohls Versuch, sein Verhalten in der Spendenaffäre mit seinem persönlichen Ehrenwort zu verteidigen. Im politischen Amt haben stets die Belange der Öffentlichkeit den Vorrang.

Nun finden Korruptionsdebatten nie im politisch luftleeren Raum statt und sie haben meist keinen moralphilosophischen Charakter. Schon sehr früh in der Geschichte haben Amtsträger und ihre politischen Gegner die Wucht von Korruptionsanschuldigungen erkannt. Das gilt auf zwei Ebenen: Wurden Selbst- oder Fremdbegünstigungen öffentlich und ließen sie sich nicht leugnen, konnte das eine politische Karriere beenden. Je wichtiger die Presse wurde und je stärker Politiker vom öffentlichen Vertrauen abhingen, umso enger dieser Zusammenhang. Jenseits der Karriere von Einzelpersonen stießen Korruptionsdebatten oft in tiefere Regionen des politischen Zusammenlebens vor. Häufig in der europäischen Geschichte waren Debatten über Korruption an fundamentalen Umwälzungen beteiligt, schlicht deswegen, weil politische Systeme ihrer Legitimität verlustig gehen können, wenn der Eindruck entsteht, sie seien auf korruptiven Beziehungen errichtet.

So kam es auch, dass sich durch die politische Geschichte Europas zahlreiche Korruptionsdebatten ziehen. Dabei gab es einige Konjunkturen, die ich in aller Kürze skizzieren möchte. An der Wende vom feudalen Alteuropa zur politischen Moderne gab es neben den Klagen über Unfreiheit und ungerechte Privilegien auch eine Diskussion über Korruption. Die revolutionären und die reformorientierten Kräfte und Bewegungen in der Zeit um 1800 begründeten ihre Forderungen häufig mit dem Vorwurf, bestehende Verhältnisse seien korrupt. Das gilt für die Revolutionäre in Frankreich, für radikale und gemäßigte Reformer in Großbritannien, aber auch für die politisch ihren Herrschern recht nahe stehenden Staatsreformer in vielen deutschen Staaten. Grob gesagt, half der neue Korruptionsbegriff den revolutionären und liberalen Kräften dabei, ihre Vorstellungen von moderner Staatlichkeit durchzusetzen.[7]

Mit dem Beginn der Industrialisierung und dem Aufstieg des Wirtschaftsbürgertums in der Jahrhundertmitte wandten Kritiker den Korruptionsbegriff erstmals auf das Verhältnis zwischen Regierenden und Politikern einerseits sowie Unternehmern andererseits an. Seit dieser Zeit geißelten Korruptionskritiker Lobbyismus und zu großen Einfluss von Wirtschaftsvertretern, die dank ihres Geldes und geschickt platzierter Geschenke Gehör und Unterstützung bei Amtsträgern fänden. Diese Konstellation sorgt bis auf den heutigen Tag für Verdachtsmomente und für Kritik.[8]

Gegen Ende des 19. Jahrhunderts rückten die unübersichtlichen Interessenlagen in Volksvertretungen ins Augenmerk. In einer Zeit, als die moderne Massenpresse entstand und der Medienskandal das Licht der Welt erblickte, geriet das Verhalten von Parlamentariern in den Fokus. Liberale sorgten sich um deren saubere Moral, Linke kritisierten den wachsenden Einfluss von Konzernherren auf die meist nicht sehr reichen Volksvertreter und radikal-rechte Kritiker formierten sich. Letztere nahmen den Parlamentarismus als politische Organisationform unter Beschuss, vor allem mit dem Argument grassierender Selbstbereicherung, ergänzt um antisemitische Verschwörungstheorien.[9]

Nach den Verheerungen des Ersten Weltkriegs bliesen vor allem rechtsautoritäre Kräfte zum Sturm auf Demokratie und Parlamentarismus in Europa. Reihenweise beendeten Diktatoren und autoritäre Regime in der Zwischenkriegszeit liberale parlamentarische Systeme. Die angebliche Korruption der politischen Eliten und ihrer Institutionen war ein verbreitetes Argument. So geschehen in Spanien, in Italien, in Deutschland und in Frankreich: In all diesen Ländern gelang es den radikalen politischen Rändern, die parlamentarischen Systeme als durch und durch korrupt zu beschreiben. Dies trug nicht wenig zu ihrem Anspruch bei, die Demokratie abzuschaffen. Besonders plastisch war die Selbstinszenierung des spanischen Diktators Miguel Primo de Rivera, der 1923 die

Macht an sich riss. Er berief sich auf einen eigentlich liberal gesinnten Korruptionskritiker der Zeit um 1900, der für Spanien einen „eisernen Chirurgen“ gefordert hatte, welcher die Korruption im Land heilen sollte. Als Chirurg nahm Primo de Rivera dann für sich in Anspruch, hart in seinem Land durchzugreifen.[10]

Korruptionsdebatten trugen wesentlich dazu bei, die Glaubwürdigkeit der liberalen Ordnungen zu unterminieren. Das traf hierzulande auf die Weimarer Republik zu, in der kein Jahr ohne Korruptions- oder Bereicherungsskandal verging. Vor allem die SPD und andere Demokraten waren Opfer dieser Kampagnen. Rechtsnationale und nationalsozialistische Kritiker und Zeitungen machten sich diese Rhetorik zunutze. Ohne Zweifel scheiterte Weimar auch an den Hasstiraden gegen angeblich korrupte Nutznießer des Systems.[11] Diese Vorgeschichte zu beachten, ist äußerst hilfreich, will man Nutzen und Gefahren politischer Korruptionsdebatten einordnen.

Generell lässt sich sagen, dass die Korruptionsdebatten sich ab dem späten 19. Jahrhundert verdichteten und im Ton radikaler wurden. Das hat mit den neuen Publikumsmedien zu tun und wohl auch mit der zunehmenden Zuspitzung zwischen Parteien, die sich nach und nach konträren Ideologien verschrieben. Insofern stellte die Korruptionsdebatte ein Symptom unter vielen dar, in welchem zunehmende politische Konfrontation zum Ausdruck kam. Bemerkenswert ist dann der Blick auf die Zeit nach dem Zweiten Weltkrieg: In Deutschland, aber auch in vielen anderen Ländern Europas, ebbte die Debatte schlagartig ab. Wir werden noch sehen, wie vorsichtig, behutsam und zögerlich sich westdeutsche Medien und Politiker mit diesem Thema nach dem Krieg befassten.

Zum Abschluss dieser Vorgeschichte ist noch eine letzte Bemerkung über den Vorwurf der Korruption notwendig. Es war und ist wie dargestellt nicht möglich, Begünstigung, Vorteilsnahme oder gar Bestechlichkeit im Amt aktiv zu rechtfertigen. Das hat zum einen etwas mit dem speziellen Normensystem der politischen Moderne zu tun, in dem das öffentliche Interesse immer über individuelle oder private Belange gestellt wird.

Es gibt daneben einen zweiten Aspekt beim Korruptionsvorwurf, der weit in die Geschichte zurückreicht. Gemeint ist die zutiefst moralische Schlagseite der Korruption. Korruption ist kein analytischer Begriff, sondern sie kommt einem moralischen Urteil gleich. Diese Verbindung reicht mindestens bis ins Hochmittelalter zurück, als Korruption in theologischen

Debatten für die Verkommenheit des Menschen stand, für seine seit dem Sündenfall unausrottbare Neigung, Fehler und Verbrechen zu begehen.[12]

In der politischen Theorie seit der Antike ist Korruption außerdem ein Begriff, der den Niedergang eines politischen Systems als Ganzes beschreibt. Seit der Aufklärung ist ein weiterer Aspekt hinzugekommen, der unser heutiges Verständnis von Korruption immer noch ganz entscheidend prägt. Die Aufklärer erfanden ein neues Verständnis von Zeit und historischer Entwicklung. Erst seit dem späten 18. Jahrhundert gibt es eine Vorstellung davon, dass die Menschheit ihr Schicksal selbst in die Hand nehmen und ihr eigenes Los entscheidend verbessern kann. Das bedeutet im Idealfall: Fortschritt. In dieser Geschichte spielt die Korruption eine eigene Rolle. Korruption steht nämlich seither nicht nur für Unmoral, sondern auch für die Abwesenheit von Fortschritt, für das Alte, Überkommene, Überholte. Bis heute gelten korrupte Systeme als Überbleibsel der Vormoderne, die in der politischen Moderne noch nicht angekommen sind. Dieser Hintergrund ist unbedingt zu beachten, wenn man erklären will, warum sich Politiker und Journalisten der Bonner Republik gegen den Korruptionsverdacht wehrten, und warum es Repräsentanten der Entwicklungspolitik in den 1990er-Jahren gelang, Korruption als *das* Modernisierungshindernis im globalen Süden darzustellen. Dies erklärt letztlich auch, warum die Diagnose von Korruption in der Berliner Republik die Befürchtung nährte, man lebe in einer Bananenrepublik.

Korruption in der Bonner Republik 1949 bis 1990

Es hätte allen Grund gegeben, die alte Bundesrepublik von Beginn an mit dem üblen Geruch der Korruption zu verbinden. Die überraschende Entscheidung des ersten Bundestags für die verschlafene Provinzstadt Bonn als Regierungssitz war gekauft. Die „Bonner Republik" trug und trägt diesen Namen nur, weil sich einige Abgeordnete der Bayernpartei ihre Stimmabgabe in letzter Minute gegen klingende Münze abhandeln ließen. Monatelang hatte Frankfurt als sichere Favoritin gegolten, immerhin die Stadt des Paulskirchenparlaments und der Ort der ältesten Demokratietradition im westdeutschen Teilstaat. Am Main plante man bereits den Einzug der Bundesbehörden und begann vorsorglich mit dem Bau eines Parlamentsgebäudes – als aus dem Regierungssitz nichts wurde, zog der Hessische Rundfunk in das Gebäude ein. Im Unterschied zu manch anderem Korruptionsfall waren die Hintergründe der Hauptstadtentscheidung früh bekannt. Schon 1950, im Jahr nach dem Vorfall, berichtete das noch junge Nachrichtenmagazin *Der Spiegel* über die Vorwürfe. Alsbald richtete der Bundestag einen Untersuchungsausschuss ein, um die Angelegenheit aufzuklären. Es wurde also hingeschaut und es gab viele Gelegenheiten, über Korruption in der jungen Republik zu debattieren.

Gleichwohl geschah das Überraschende: Das Image der Käuflichkeit blieb weder am Bundestag noch an der Bonner Republik kleben. Überraschend ist das deshalb, weil noch in der Weimarer Republik viel unbedeutendere Verfehlungen Anlass zu Generalattacken auf den Parlamentarismus gegeben hatten. Und die Bonner Republik bot Stoff genug – nach der Hauptstadtaffäre kamen zahlreiche Fälle von Bestechlichkeit oder Begünstigung in Parlament und Regierung hinzu. Ende der 1950er- und Anfang der 1960er-Jahre gerieten hohe Beamte des Verteidigungsministeriums in den Verdacht, sich bei der Auftragsvergabe bereichert zu haben. Ähnliche Vorwürfe kosteten einem engen Mitarbeiter von Bundeskanzler Konrad Adenauer 1958 das Amt. Der CSU-Politiker und einstige Verteidigungsminister Franz Josef Strauß musste sich über fast dreißig Jahre immer wieder gegen Begünstigungs- und Bereicherungsvorwürfe zur Wehr setzen.

Der spektakulärste und politisch folgenreichste Bestechungsfall ereignete sich im April 1972, in einer Situation knappster Mehrheitsverhältnisse. Nun ging es nicht mehr um den Regierungssitz, sondern um den Fortbestand der sozialliberalen Koalition unter Willy Brandt und um nichts weniger als die Zukunft der Entspannungspolitik mit dem Ostblock. Nach zahlreichen Fraktions- und Parteiwechseln hatte die Regierung Brandt ihre Mehrheit im Parlament eingebüßt. Die Union witterte ihre Chance auf Rückeroberung der Macht und stellte im Bundestag den Antrag auf Abwahl des Bundeskanzlers. Sie scheiterte völlig unerwartet. Auch hier war Stimmenkauf im Spiel, auch in diesem Fall gab es schon sehr früh entsprechende Gerüchte und einen Untersuchungsausschuss. Wiederum blieb die Republik am Ende aber weitgehend frei vom Image der Korruption. Das änderte sich erst in den 1980er-Jahren angesichts der Flick-Spendenaffäre. Auch unter Historikern sind diese Fälle eher wenig bekannt – in den Gesamtdarstellungen zur Geschichte der Bonner Republik kommen sie nur am Rand vor, wenn sie überhaupt erwähnt werden. Das alles ist erklärungsbedürftig: Warum machten die Korruptionsvorwürfe keinen nachhaltigeren Eindruck? Warum vergifteten sie nicht das politische Klima der Republik? Diesen Fragen widmet sich der erste Abschnitt dieses Buches.

Neubeginn mit Hindernissen

Bares für Bonn? Die Hauptstadtaffäre 1951

Schon früh stellte sich eine Gretchenfrage an die junge Demokratie: Wie offen sollte mit Korruptionsvorwürfen umgegangen werden? Allen Beobachtern war bewusst: Korruptionsvorwürfe konnten ein ganzes Staatswesen ins Wanken bringen. Das hatten die Debatten seit Ende des 19. Jahrhunderts immer wieder gezeigt. Nach dem Ersten Weltkrieg waren viele Diktaturen auch wegen ihres Versprechens akzeptiert worden, die Korruption zu beenden – von Miguel Primo de Rivera in Spanien über Benito Mussolini in Italien bis hin zu Philippe Pétain in Frankreich.[1] Dramatisch schnell zerschlug sich die Hoffnung, die Bundesrepublik bliebe von solchen Problemen verschont. Schon im zweiten Jahr ihres Bestehens hatte die Bonner Republik einen handfesten Korruptionsskandal. Parteien und Presse entschieden sich für eine Strategie der behutsamen Aufklärung. Und zwar mit Erfolg.

Was war geschehen?[2] Wie so häufig bei Korruptionsfällen lässt sich diese Frage nicht abschließend beantworten. Klar ist nur, welche Vorwürfe im Raum standen. Zur großen Überraschung der meisten Beobachter bestätigte der frisch gewählte Bundestag im Herbst 1949 eine Entscheidung, die der Parlamentarische Rat in der ersten Jahreshälfte gefällt hatte: Sitz von Parlament und Regierung sollte Bonn am Rhein sein. Frankfurt am Main mit seiner Tradition als Sitz des ersten gewählten Parlaments von 1848 und Krönungsstadt der Kaiser des Alten Reiches ging definitiv leer aus. Diese Entscheidung erstaunte viele Zeitgenossen.

Bald schon machten Gerüchte über Manipulationen die Runde, zunächst noch zaghaft. Fast unbemerkt von den Hauptstadtjournalisten entwickelte sich in den Reihen einer kleinen Bundestagsfraktion Anfang 1950 eine hitzige Debatte. Die Rede ist von der Bayernpartei (BP), die mit 17 Mandaten im Bonner Parlament vertreten war. In der BP kämpften zu dieser Zeit zwei Flügel um die Macht. Ihre internen Auseinandersetzungen führten die politischen Bayern auch mit dem Vorwurf der Bestechlichkeit. Im Rahmen eines parteiinternen Schiedsgerichtsverfahrens beschuldigten sich Parteimitglieder gegenseitig, für ihr Abstimmungsverhalten in der Hauptstadtfrage Geld genommen zu haben. Der Parteivorsitzende Josef Baumgartner gab an, mehrere Abgeordnete seiner Fraktion hätten ihm von Bestechungsangeboten berichtet. Urheber sei ein gewisser Anton Donhauser gewesen, seines Zeichens ebenfalls Abgeordneter der Bayernpartei, der das Geld aus dunklen Kanälen erhalten habe. Ein weiteres Mitglied der BP-Fraktion berichtete, über hundert Abgeordnete aller Bundestagsparteien hätten Schmiergeld zwischen 1.000 und 20.000 D-Mark angenommen.

Im parteiinternen Schiedsgerichtsverfahren entstanden Protokolle, die *Der Spiegel* im September 1950 für seine erste große Skandalberichterstattung nutzte. In der Ausgabe vom 27. September informierte das Nachrichtenmagazin die erstaunte Öffentlichkeit über die Vorwürfe.[3] Der Artikel enthielt auch Angaben über die Herkunft der Gelder, die aus Industriefonds stammen sollten. Pikanterweise hatte BP-Mann Donhauser durch Vermittlung von Bundesfinanzminister Fritz Schäffer (CSU) Geld aus einem privaten Fonds für die politische Arbeit von Parteien erhalten.

Der Bericht des *Spiegels* enthielt alle Zutaten für eine süffige Skandalgeschichte. Zum einen berichtete er über vertrauliche Gespräche, die die BP-Abgeordneten auf ihren wöchentlichen Bahnfahrten zwischen München und Bonn führten. Zum anderen zeigten die Aussagen, wenn sie denn stimmten, dass die neue Volksvertretung durch und durch käuflich war. Entsprechend groß war nun die Resonanz in den Medien und im politischen Bonn. Allerdings blieb die Berichterstattung des Magazins im Ton sehr zurückhaltend. Ganz anders als in der Presse der Zwischenkriegszeit berichtete der Autor ironisch-distanziert von den Vorwürfen. Er sprach aber kein Urteil über die Beteiligten, das Parlament oder gar die Demokratie insgesamt; Moralisierung und Pathos vermied er. Diese Zurückhaltung pflegte *Der Spiegel* auch in den kommenden Jahrzehnten, wenn es um Korruption ging.

Im Übrigen war *Der Spiegel* an seine Informationen nicht dank investigativer Spürarbeit gekommen. Tatsächlich war ein Mitarbeiter der BP-Landesgeschäftsstelle, der Baumgartner nahestand, aktiv geworden und hatte Schriftstücke aus dem Schiedsgerichtsverfahren durchgestochen.

Hintergrund war also auch ein Machtkampf zwischen dem BP-Vorsitzenden Baumgartner und der Gruppe um Donhauser.[4]

Im Bundestag erkannten alle Parteien die Brisanz der Vorwürfe. Mit den Stimmen und auf Antrag der Bayernpartei richtete das Parlament seinen ersten Untersuchungsausschuss ein. Die Vorwürfe, so der Einsetzungsbeschluss, berührten „Ehre und Stellung des ganzen Bundestages". Mithin ging es um die Glaubwürdigkeit des gesamten Parlaments. Ende Mai 1951 legte der Ausschuss nach 24 öffentlichen und 13 nichtöffentlichen Sitzungen seinen Abschlussbericht vor.[5]

Im Endergebnis konnte oder wollte der Ausschuss den Vorwurf des Stimmenkaufs nicht bestätigen, vor allem nicht die fantastischen Summen, von denen teilweise die Rede gewesen war. Jedoch stellte er fest, Abgeordnete hätten Gelder aus industrienahen Quellen erhalten. Insbesondere die Gruppe von Abgeordneten um Donhauser hatte Geld aus einem von dem Lobbyisten August Heinrichsbauer verwalteten Fonds erhalten. Diese Zahlung hatte tatsächlich Finanzminister Schäffer vermittelt, damit die BP-Abgeordneten Außenstände aus vergangenen Wahlkämpfen begleichen konnten. Vermutlich war es dem CSU-Politiker darum gegangen, die innerparteilichen Konflikte in der BP anzuheizen. Auch gaben mehrere BP-Abgeordnete zu, von Lobbyisten der Erdölindustrie Geld angenommen zu haben. Im Gegenzug setzten sie sich für eine niedrige Besteuerung dieses Rohstoffs ein. Von der Firma Elwerath erhielt BP-Mann Hermann Aumer demnach über 21.000 D-Mark.

Die Ausschussarbeit wurde in den Medien mit großer Aufmerksamkeit verfolgt. Dabei herrschte aber wiederum Sachlichkeit vor, teilweise Nachdenklichkeit über das Verhältnis von Geld und Politik. Jedenfalls gab es kein Kesseltreiben gegen die Demokratie oder gegen die neue politische Elite, wozu es reichlich Anlass gegeben hätte. Dies gilt für die deutsche Presse, aber auch für ausländische Beobachter. So wertete die *New York Herald Tribune* den Skandal gerade nicht als frühen moralischen Bankrott des jungen Staates. Vielmehr interpretierte sie ihn und die parlamentarische Aufarbeitung väterlich als Teil demokratischer Reifungsprozesse, ja geradezu als Beweis, dass Westdeutschland tatsächlich in der Demokratie angekommen sei: „Wenn Bestechung und Korruption, gefolgt von öffentlicher Untersuchung und Strafe, Teil des demokratischen Regierungsprozesses sind, dann ist die westdeutsche Bundesrepublik in diesem Sinne angekommen."[6]

Schauen wir nun auf die Plenardebatte im Bundestag nach Abschluss der Ausschussarbeit.[7] Sie zeigt wie in einem Brennglas die (gar nicht sehr) unterschiedlichen Positionen der Parteien. Tatsächlich herrschte ein weitgehender Konsens unter den Beteiligten. Zwar zogen die Parteien unterschiedliche politische Forderungen aus den Vorgängen – dazu später. Aber es überwog doch das Bewusstsein, in einem Boot zu sitzen. Den Auftakt zur Debatte machte der Vorsitzende der Bonner BP-Fraktion, Gebhard Seelos. Er setzte in einer Art Grundsatzerklärung den Ton, dem sich die meisten Redner anschließen sollten. Er war geprägt von der Sorge um den Ruf des Landes und der Demokratie. „Unbestechlichkeit und Sauberkeit des politischen und geschäftlichen Lebens" identifizierte er als traditionelle Kerntugenden des deutschen Volkes. Deshalb seien die Korruptionsvorwürfe auch gefährlich für das Ansehen Deutschlands. Unter Bravorufen aus dem Plenum forderte er, alles, was „unsauber" sei und die Institutionen der Demokratie herabsetzen könne, „auszumerzen". Anklänge an die Propagandasprache der Nationalsozialisten sind hier kaum zu verkennen, aber inhaltlich stand Seelos auf dem Boden der freiheitlich-demokratischen Grundordnung.

Wenn der Eindruck der Mauschelei entstehe, „dann können wir alle nach Hause gehen", rief Adolf Arndt seinen Parlamentskollegen zu.[8] Der parlamentarische Geschäftsführer der SPD-Fraktion brachte mit diesen dramatischen Worten eine Ansicht zum Ausdruck, die alle Redner teilten. Auch die anderen Redner fürchteten, das Vertrauen der Bevölkerung in die neuen Institutionen könnte gestört werden. Erstaunlicherweise lobten einige Redner wie der Zentrums-Abgeordnete Bernhard Reismann sogar den *Spiegel* dafür, die Vorwürfe sachlich an die Öffentlichkeit getragen zu haben – so viel Harmonie gab es bei späteren Skandalen kaum noch. Zugleich kritisierten Reismann und mehrere andere Sprecher aber auch jene, die durch Gerüchte ein schlechtes Licht auf den Bundestag geworfen hätten. Damit meinten sie insbesondere die Bestechungsvorwürfe.

Arndt forderte immerhin den Rücktritt Finanzminister Schäffers, denn dieser habe Teile der Bayernpartei mit „konspirativem Geld" unterstützt. Er schlug einen langen zeitlichen Bogen bis zum französischen Panama-Skandal der 1890er-Jahre. Obwohl man ihm nichts habe nachweisen können, sei Georges Clemenceau damals wegen des möglichen Imageschadens für das Parlament für eine bestimmte Zeit von der Politik zurückgetreten. So lobte Arndt den damaligen Abgeordneten als eine Art historisches

Vorbild – nicht ohne erhebliche rhetorische Verrenkungen, denn Clemenceau war den Bundestagsabgeordneten vor allem als unerbittlicher Verhandler des Versailler Vertrags und antideutscher Politiker der Zwischenkriegszeit bekannt. Außerdem hatte Arndt unrecht: Clemenceau gab sein Mandat nicht zurück, sondern wurde abgewählt. Arndt kritisierte ein Verhalten, das später im Flick-Skandal wieder eine gewisse Rolle spielen sollte, nämlich den Anschein der Kumpanei zwischen Regierung und Opposition, zu der ja die BP gehörte. Ein Parlament sei nur glaubwürdig, wenn es echte Gegensätze gebe und diese nicht hinter den Kulissen mit Geld überdeckt würden. Solches Verhalten nähre den Verdacht der Käuflichkeit von Abgeordneten. Der Zentrums-Abgeordnete Reismann interpretierte die Zahlungen dagegen als Versuch, BP-Abgeordnete über kurz oder lang zum Übertritt in die CSU zu bewegen.

Ausschuss und Debatte von 1951 sind auch deshalb interessant, weil hier eine Reihe von Themen angesprochen wurde, die in den folgenden Jahrzehnten regelmäßig auf die Agenda kamen. Das betraf den Umgang von Parteien und Abgeordneten mit Geld, vor allem dann, wenn es aus der Wirtschaft stammte. So forderte die Unionsfraktion ein Verbot zweckgebundener Parteispenden sowie eine Bestrafung von Abgeordnetenbestechung. Andere Redner wünschten sich eine „Ehrenordnung" für die Mitglieder des Bundestags – Forderungen, die zum Teil erst Jahrzehnte später umgesetzt wurden. Noch einen Schritt weiter ging die SPD, die einen Vorschlag zur Offenlegung der Herkunft sämtlicher Parteispenden vorlegte. Außerdem forderte sie ein Verfahren, mit dem das Bundesverfassungsgericht bestechlichen Abgeordneten das Mandat entziehen könnte, wenn sie ihre Mitgliedschaft im Parlament „gewinnsüchtig mißbraucht" hätten.[9] Während viele Redner die Offenlegungspflicht unterstützten, herrschte doch weitgehende Einigkeit, dass die Parteien ohne Spenden aus der Wirtschaft kaum existieren könnten. Darüber hinaus verlangte die SPD eine Registrierungspflicht von „Interessenvertretern". Ein solches Vorhaben wird noch in der Gegenwart unter dem Stichwort „Lobbyregister" diskutiert. In der Tat glaubten die Antragsteller, dass die Offenlegung von Informationen das Vertrauen in die Arbeit des Parlaments fördern würde.

Keines dieser Vorhaben wurde zeitnah umgesetzt. Ehrenordnung und ein freiwilliges Lobbyregister bekam der Bundestag nicht früher als 1972. Abgeordnetenbestechung wurde in Deutschland erst 1994 in engen Grenzen strafbar. Immerhin rang sich der Bundestag dazu durch, vier Abgeordneten der Bayernpartei per Beschluss zu empfehlen, ihr Mandat niederzulegen. Diesen ebenfalls von der SPD eingebrachten Vorschlag begründete Arndt wieder mit dem Argument der Sauberkeit: Das Parlament müsse jene „Gestalten" loswerden, die „hier nicht hereingehören". Nicht nur Arndt schwankte in seiner Bewertung: Ging es um strukturelle Probleme oder komme es auf persönliche Integrität und Charakterstärke der Abgeordneten an?

Der Deutsche Bundestag zeigte also einen breiten Konsens in der Bewertung der Vorfälle. Nur ein Redner setzte sich markant davon ab. Das war der Vertreter der KPD, Heinz Renner. Als einziger Redner knüpfte Renner an die allgemein gehaltenen Korruptionsverdächtigungen im Stil der Zwischenkriegszeit an. Er nutzte die Debatte zu einem Generalangriff auf die Bonner Demokratie und namentlich auf die Adenauer-Regierung. Nach Renners Worten war neben der Hauptstadtabstimmung auch die äußerst knappe Wahl Adenauers zum Bundeskanzler gekauft worden. Die Regierung sei also illegitim. Außerdem zielte Renner auf die Nähe der konservativen Parteien zur Wirtschaft. Seit der Weimarer Zeit seien die „bürgerlichen Parteien" von der Industrie finanziert und Abgeordnete systematisch gekauft werden. Der Untersuchungsausschuss habe sich geweigert, genauer hinzuschauen. Denn „da hätte man die Hintermänner entdecken können, in deren Namen Adenauer wie Hitler Politik gegen das Volk machen". Tatsächlich war in der Ausschussarbeit ja deutlich geworden, dass es von der Industrie unterhaltene Unterstützungsfonds für Parteien gab. Vereinzelt waren auch die Namen der Interessenvertreter bekannt geworden, die diese Fonds verwalteten – darunter der Kölner Abgeordnete, Bankier und jahrzehntelange Adenauer-Vertraute Robert Pferdmenges.

Die anderen Parteien mochten der Diagnose allgemeiner „Korruptionserscheinungen" aber nicht folgen und der Sitzungspräsident entzog dem Kommunisten wegen unparlamentarischen Verhaltens das Wort.

Eine weitere, seltene Ausnahme machte die größte Oppositionspartei, die SPD, dann doch noch zwei Jahre später im Bundestagswahlkampf 1953. Der Vorstand der Partei veröffentlichte eine Broschüre unter dem Titel „Unternehmermillionen kaufen politische Macht!". Darin ging es um die gleichen Themen wie in der Bundestagsdebatte, nämlich um Wahlkampffinanzierung durch Wirtschaftsverbände und um die Hauptstadtaffäre. Nur war der Ton nun ungleich schärfer. Die Autoren waren der

Meinung, die Affäre habe „eine Korrumpierung der Demokratie“ durch die Industrie bewiesen. Die Broschüre lag teilweise auf der Argumentationslinie von Renner. Sehr viel Platz wurde nämlich auch Dokumenten über die Unterstützung Hitlers durch die Wirtschaft gegeben – aufgelistet in einem Kapitel unter der Überschrift „Soll sich das Zugrundegehen der Weimarer Republik wiederholen?“. Durch die Blume unterstellten die Autoren, die Wahlen von 1953 könnten die letzten freien Wahlen werden, wenn die von der Industrie unterstützten bürgerlichen Parteien abermals den Sieg davontrügen.[10]

Doch solche radikalen Töne verstummten bald. Bundestagsabgeordnete aller Parteien und in großer Anzahl würden mit Geld systematisch von der Wirtschaft gesteuert – dieser Verdacht kam erst wieder während der Flick-Affäre auf den Tisch, dann allerdings aus dem Mund der Grünen. Vorerst einigten sich die demokratischen Kräfte des Bundestages sowie die publizierte Öffentlichkeit, die Korruptionsvorwürfe gegen die BP-Abgeordneten zu den Akten zu legen.

Diesem Konsens schloss sich übrigens auch der *Spiegel*-Herausgeber Rudolf Augstein an. Nach der Bundestagsdebatte kommentierte er die Ausschussarbeit ausführlich und lobte sie in einer missglückten Metapher als „reichen Fischzug für die Demokratie“.[11] Natürlich konnte Augstein zufrieden sein, denn der Vorgang hatte seinem Magazin symbolisch und materiell sehr geholfen. *Der Spiegel* fand in der Affäre seine Rolle als politisches Gewissen der Republik. Er hatte ein Thema auf die Agenda gesetzt und der Bundestag musste reagieren. Der Ausschuss hieß in der Öffentlichkeit auch „Spiegel-Ausschuss“. Seine Mitglieder befragten Augstein über die Herkunft der Informationen, doch er gab seine Quellen nicht preis. Damit bewies zumindest dieser Teil der Presse ihre Unabhängigkeit von Regierung und Parteien. Nebenbei stieg die Auflage des Magazins erheblich. Sie lag bei rund 120.000 Exemplaren im Frühjahr 1951; 1948 hatte sie noch bei 60.000 gelegen.[12]

Augstein machte in seinem Kommentar weitere Bemerkungen, die aus heutiger Sicht überraschen, aber die allgemeine Haltung gegenüber politischer Korruption in den 1950er-Jahren zum Ausdruck bringen. In völligem Gegensatz zu dem, was man auch im *Spiegel* seit den 1990er-Jahren lesen kann, hielt Augstein den Kampf gegen Korruption und Abgeordnetenbestechung durch Gesetze für zweitrangig; nicht schädlich, aber auch nicht wirklich zielführend. Des Weiteren beklagte er nicht den Einfluss der Wirtschaft auf die Politik, im Gegenteil: Angesichts des geringen wirtschaftspolitischen Sachverstands im Parlament solle die Wirtschaft mehr politischen Einfluss erhalten. Dafür schlug Augstein gar eine Verfassungsreform vor, die den Unternehmen in einem „ständisch gegliederten Wirtschaftssenat" politische Mitsprache gewähren sollte. Fatal sei dagegen der schlecht kontrollierbare und auf Einzelinteressen abzielende Einfluss von Lobbyisten. Augstein plädierte also für mehr Transparenz. Gleichwohl riet er hellsichtig vom inflationären Gebrauch der Korruptionskeule ab: „Ohne ständige ‚Beziehung' – und wo ist da die Grenze zur Korruption? – von der Wirtschaft zur Politik und umgekehrt ist eine moderne Staatsführung gar nicht mehr denkbar."[13] In der gleichen Ausgabe erschien übrigens ein langer Beitrag über Lobbyismus in den USA, so, als wolle man Augsteins Kommentar mit Verweis auf die größte westliche Demokratie untermauern.

Warum wurden politische Korruptionsvorwürfe in der frühen Bundesrepublik so zurückhaltend kommentiert? Ein zentraler Schlüssel war die Sorge um die Demokratie, verbunden mit der Erinnerung an das Ende der Weimarer Republik. Marion Gräfin Dönhoff, eine der prägenden Journalistinnen der Nachkriegszeit, formulierte diesen Zusammenhang genau zwanzig Jahre nach der Machtergreifung der Nationalsozialisten. 1933 sei nur möglich geworden, weil man der Bevölkerung nach dem Ende des Kaiserreichs eingeredet habe, das Land versinke in der Korruption. Mit Sorge vermerkte Dönhoff, auch in der Gegenwart gebe es wieder eine Hoffnung auf Diktatoren, die den Staat korruptionsfrei führten. Dies sei eine gefährliche Täuschung, wie die Geschichte zeige. Dabei legte Dönhoff der eigenen Zunft, dem politischen Journalismus, eine Selbstverpflichtung auf. Weil es keine unfehlbaren politischen Systeme gebe, dürften aus Einzelfällen keine Dramen gemacht werden.[14]

Ähnlich sah es 1959 Bundesinnenminister Gerhard Schröder. In der Weimarer Republik habe eine Stimmung geherrscht, in der so mancher „Skandale aufbauschte und verallgemeinerte und damit nicht der Demokratie, sondern den Feinden der Demokratie in die Hände arbeitete". Es wäre ein „schwerer Fehler", in diesem Geist fortzufahren.[15] Historiker stimmen der Diagnose Schröders heute zu[16] und er war nicht allein. Presse und Parteien der frühen Bundesrepublik hatten in dieser Hinsicht aus Weimar gelernt.

Nach dem Nationalsozialismus: Demokratie als korruptionsfreie Alternative

Der vorsichtige Umgang mit der Hauptstadtaffäre war überraschend, jedenfalls wenn man die Weimarer Zeit zum Maßstab nimmt. Die Gründe dafür sind andeutungsweise klar geworden: Man versuchte unter allen Umständen, eine Hexenjagd auf die Demokratie zu vermeiden. Das war keine spontane Entscheidung der Handelnden, sondern beruhte auf einer längeren Auseinandersetzung mit Korruption seit dem Ende des Nationalsozialismus. Darum soll es im Folgenden gehen.

Zunächst einmal muss betont werden: Korruption war kein beherrschendes Thema in den Nachkriegsjahren. Neben den großen Fragen wie Wiederaufbau, Integration der Flüchtlinge, Westbindung, Wiederbewaffnung und staatliche Souveränität waren die Diskussionen über Bestechung und Käuflichkeit randständig. Beiträge dazu finden sich eher versteckt in einzelnen Presseberichten oder Publikationen. Im Nachrichtenmagazin *Der Spiegel* findet man nur rund 25 Beiträge zur Korruption zwischen 1947 und 1957, die den Begriff im Titel tragen. Dabei bezog sich die Mehrheit dieser Berichte auf das Ausland. Trotz des Skandalisierungspotenzials der Hauptstadtaffäre war Korruption auch in den Debatten des Bundestages wenig präsent. Dies muss man im Auge behalten, wenn auf den folgenden Seiten nun doch ausführlich von Korruptionsdebatten in der Nachkriegszeit die Rede ist.

Irrelevant war das Thema aber keineswegs. Denn, wenn Korruption besprochen wurde, dann meist als Teil der politischen Selbstfindung Westdeutschlands. Es ging um eine Auseinandersetzung mit dem untergegangenen Naziregime und um das Wesen der neuen Demokratie. Angesichts der vergangenen Verbrechen und der moralischen Zerrüttung, angesichts des verlorenen Kriegs und der völlig neuen staatlichen Ordnung in einem geteilten Land lautete eine wichtige Formel der bundesrepublikanischen Selbstvergewisserung: „Der neue Staat ist nicht korrupt". Zumindest wünschten sich das seine Befürworter so.

Die Grundlage für diese Position lag in der Vergangenheitsbewältigung der Nachkriegszeit. Eine verbreitete Strategie bestand darin, den Nationalsozialisten vor allem Korruption vorzuwerfen. Die Untaten der Nazis, das waren zunächst weniger Judenmord, Holocaust, Euthanasie, Verfolgung und Kriegsverbrechen, sondern vielmehr Korruption, Käuflichkeit und Bereicherung der Nazibonzen. Zwei Umstände nährten diese Erzählung: Sie erleichterte es, den nationalsozialistischen Staat als eine Art Fremdherrschaft zu beschreiben und dabei auszublenden, wie hoch die Zustimmung der Bevölkerung bis weit in den Krieg in Wahrheit gewesen war. Zum Zweiten wollten sich die Deutschen selbst als Opfer des Krieges verstehen – und so waren die Leiden der wirklichen Opfergruppen ein unpopuläres Thema.

Aufschluss über die Erzählung vom korrupten Nationalsozialismus gibt ein Bericht des Autors Walther von Hollander über Hörerpost an den Westdeutschen Rundfunk. Hollander analysierte nach eigenen Angaben im Jahr 1949 rund achttausend Hörerbriefe an die politische Redaktion, um die Stimmung gegenüber der jungen Demokratie einzuschätzen. Hollander stellte mit Bedauern fest, wie groß das Misstrauen gegenüber den neuen Institutionen war. Er schloss seinen Text mit der Bemerkung, es sei ein riesiges Versäumnis der Demokraten, „die sagenhafte Korruption, die gigantische Verschwendungssucht der Nazis“ nicht ausreichend zu geißeln: „Das hätte – leider muß man es sagen – mehr gewirkt als alle KZ-Enthüllungen“, um der Bevölkerung die moralische Überlegenheit der Demokratie zu verdeutlichen.[17] Tatsächlich war die Formel vom korrupten Nationalsozialismus ja nicht ganz neu. Schon in den Jahren unter brauner Herrschaft gab es bei aller Zustimmung in der Bevölkerung durchaus Unmut über das Gebaren führender Nationalsozialisten. Zorn auf das Regime äußerte sich schon damals eher weniger wegen der Verbrechen als in Form von Kritik an Bonzen und Käuflichkeit der Mächtigen.[18]

Die populäre Gleichsetzung von Nationalsozialismus und Korruption beherrschte die Öffentlichkeit in der frühen Bundesrepublik. Sie äußerte sich gelegentlich in Bewertungen, die aus heutiger Sicht sehr zweifelhaft sind. Das „richtige Leben“ im „falschen“ Leben des Dritten Reiches konnte sogar ein SS-Angehöriger geführt haben, wenn er sich nur konsequent gegen Korruption eingesetzt hatte, so geschehen im Fall des ehemaligen SS-Richters Konrad Morgen. Morgen war im Dritten Reich für Korruptionsverfahren zuständig gewesen, unter anderem gegen die Wachmannschaften im KZ Auschwitz. Auch Morgen musste sich nach dem Krieg einem Entnazifizierungsverfahren unterziehen. Dabei inszenierte er sich und seine Urteile als Sand im Getriebe des Regimes, ja manche Beobachter stuften ihn gar als Widerstandskämpfer ein. Morgen hatte harte Urteile gegen SS-Angehörige gesprochen, allerdings nicht in erster Linie wegen der Ermordung von

Lagerinsassen, die hier kaum zur Sprache kamen, sondern wegen Bereicherung, Ausplünderung von Häftlingen und unangemessener Brutalität. Was man heute als Beitrag zur Optimierung der Schoah bewerten würde, galt in der Nachkriegsöffentlichkeit und sogar im Spruchkammerverfahren gegen Morgen als moralische Heldentat. Denn der standhafte Richter habe sich doch geweigert, vor mächtigen Nazis zu buckeln, und habe für die Sauberkeit der Wachmannschaften gekämpft. So hatte Morgen dann auch Erfolg und wurde von der Spruchkammer entlastet.[19]

Diese Darstellung funktionierte, weil der Nationalsozialismus zu dieser Zeit stark individualisiert betrachtet wurde, insbesondere die Schuldfrage. Die anonymen Strukturen der Vernichtungsexzesse fanden kaum Aufmerksamkeit. Ähnliches galt für den politischen Aufstieg der NSDAP. Strukturelle Gründe wusste man noch nicht zu benennen, vielmehr galten Person und Manipulationskünste Hitlers als wichtigste Erklärung. So interpretierten nicht wenige den Erfolg Hitlers als Ergebnis seiner korruptiven Machenschaften. Er habe dauerhafte Macht über Beamte und Minister nur gewinnen können, weil er sie korrumpierte.[20] Vor diesem Hintergrund ist die Bewertung von SS-Richter Morgen verständlicher. Allerdings wissen wir heute, dass die deutschen Eliten Hitler nicht unterstützten, weil der sie kaufte. Offenbar waren Ehrgeiz und die Bereitschaft, die Anordnungen jeder Obrigkeit umzusetzen, viel wichtiger. Häufig wurden Beamte aus eigenem Antrieb aktiv, denn viele stimmten im Grundsatz mit den Zielen des Nationalsozialismus überein. Viele waren bereit, „dem Führer" „entgegenzuarbeiten". Sie entwickelten also im vorauseilenden Gehorsam Aktionen, von denen man glaubte, sie seien vom Regime erwünscht.[21]

Dennoch sahen sich die meisten Deutschen als Opfer. Schon die Nürnberger Kriegsverbrecherprozesse waren in Westdeutschland alles andere als populär gewesen. Noch viel kritischer sahen die meisten Deutschen die sogenannten Entnazifizierungsverfahren. Mit diesen Untersuchungen versuchten zunächst die Besatzungsmächte, später dann eigene westdeutsche Behörden, die weniger bekannten Verantwortlichen der Diktatur zur Rechenschaft zu ziehen. In den sogenannten Spruchkammerverfahren wurde versucht, die individuelle Beteiligung der Deutschen festzustellen. Im Prinzip hatten sich alle Erwachsenen vor diesen Sondergerichten zu verantworten. Sie wurden in fünf Kategorien eingeteilt: Hauptschuldige, Belastete, Minderbelastete, Mitläufer und Entlastete. Die fast flächendeckende

Durchführung der Spruchkammerverfahren trug zum Selbstverständnis der Nachkriegsdeutschen als Opfer bei: zunächst Opfer des Hitlerregimes, anschließend Opfer von Krieg und Bombenangriffen der Alliierten und schließlich Opfer von Gesinnungsprüfungen, die zwar von deutschen Einrichtungen, aber im Auftrag der Siegermächte erfolgten. Da kann es kaum überraschen, dass Bereicherung und Manipulation in den Spruchkammerverfahren besondere Aufmerksamkeit erhielten. Sie schienen die Verlogenheit dieser Verfahren zu bestätigen.

So berichtete *Der Spiegel* 1950 über einen Gerichtsprozess im Umfeld des Sonderbeauftragten für Entnazifizierung in Nordrhein-Westfalen, Robert Saalwächter.[22] Zwar stand er selbst nicht vor Gericht, letztlich aber ging es um seine Amts- und Lebensführung. Die Haushälterin der Familie sowie eine Freundin des Ehepaars Saalwächter hatten ehemaligen Nationalsozialisten angeboten, gegen Geld für eine günstige Beurteilung im Entnazifizierungsverfahren zu sorgen. Dazu muss man wissen, dass geschönte Beurteilungen weitverbreitet waren. Die meisten „Persilscheine" wurden allerdings aus Gefälligkeit und empfundener Opfersolidarität gegeben, nicht aber gegen Geld. Verdeckten Ermittlern der Polizei gegenüber verlangten die beiden Preise zwischen 1.000 und 2.000 Mark. Auch die Ehefrau Saalwächters hatte wohl derartige Angebote gemacht, ohne dass man ihr das nachweisen konnte. *Der Spiegel* legte in seinem Bericht großen Wert darauf, den unmoralisch opulenten Lebensstil der Saalwächters herauszustellen. So berichteten Nachbarn von übermäßigem Konsum, von nächtlichen Partys mit leichtbekleideten Damen. Saalwächters Ehefrau sei medikamentenabhängig und habe regelmäßig Rezepte für Morphium gefälscht. Gezeichnet wurde hier also ein Bild moralischer Verkommenheit und gesundheitlichen Verfalls, eine Art Gegenentwurf zum bürgerlichen Leben, der unweigerlich in die Kriminalität führe. Interessanterweise enthielt sich der Bericht jeglichen politischen Kommentars. Über die ironische Titelzeile „Entnazifizierung. Mehr ist besser" machte er aber klar, dass man die Angelegenheit nicht allein als ein Problem der Familie Saalwächter ansah. Es konnte jedenfalls beim Leser der Eindruck entstehen, das gesamte System der Entnazifizierung vollziehe sich in einer moralisch bedenklichen Grauzone – und dieses Urteil haben wohl viele Zeitgenossen geteilt.

Noch 1950 berichtete die Wochenzeitung *Die Zeit* über den Abschluss einer „Denazifizierungskomödie". Hier hatte der Inhaber einer Art Vermittlungsbüro den Hauptankläger einer Entnazifizierungskammer systematisch bestochen, damit seine Klienten ein mildes Urteil erhielten.[23] Auch in kriminologischen Fachbüchern zur Korruption aus den 1950er-Jahren finden sich regelmäßig Berichte über Bestechungen im Zuge der Entnazifizierung.[24] Letztlich bestätigten solche Darstellungen den Vorwurf, dass die Kriterien für Entnazifizierungen unklar waren und nicht selten die Falschen Entlastung erhielten. Ohne es ganz explizit zu machen, war Korruptionskritik eine Kritik an mangelnder Transparenz und Glaubwürdigkeit bei der Entnazifizierung.

In der ersten Hälfte der 1950er-Jahre beendeten Bund und Länder mit unterschiedlichen Gesetzen faktisch die Entnazifizierung, und zwar in der Regel mit Zustimmung aus fast allen Fraktionen und Parteien. Viele belastete ehemalige Nazis wurden aus der Haft entlassen und wurden wieder in die Gesellschaft integriert.[25] Damit verebbten auch die einschlägigen Korruptionsdebatten.

Skepsis gegenüber der neuen politischen Ordnung war weitverbreitet. Vielen Westdeutschen ging es dabei nicht nur um die Frage nach Demokratie oder Diktatur. Im Augenmerk standen auch die Basisfunktionen der Verwaltung. Die „Gefährdung der Staatsautorität durch Korruption und Mißwirtschaft" hatte schon im Herbst 1947 den Landtag von Nordrhein-Westfalen dazu veranlasst, einen Staatskommissar zur Bekämpfung von Korruption zu berufen. Am 2. Oktober beschloss das Landesparlament die Einrichtung der Stelle und am 20. Oktober bestellte es Werner Jacobi zum Antikorruptionskommissar, SPD-Abgeordneter und Oberbürgermeister von Iserlohn. Hintergrund für diese Maßnahme war wohl der Eindruck bei vielen Menschen, die staatliche Ordnung sei nach dem Kriegsende völlig zusammengebrochen. Und so ging es den Abgeordneten vor allem darum, Vertrauen in staatliches Handeln aufzubauen. Der Staatskommissar hatte die Aufgabe, Beschwerden über Misswirtschaft oder Korruption aus der Bevölkerung aufzunehmen und die zuständigen Behörden zu kontrollieren. Er konnte Akten einsehen und eigene Ermittlungen durchführen. Schließlich besaß er sogar das Recht, einzelnen Beamten die Ausübung ihrer Tätigkeit zu verbieten. Dieses Amt existierte nur zwei Jahre und wurde kurz nach Gründung der Bundesrepublik wieder abgeschafft, weil man nun die ordentlichen Gerichte und Polizeibehörden wieder für handlungsfähig hielt. Ein ehemaliger Mitarbeiter des Kommissariats interpretierte die Rolle des Amtes im Nachhinein als „Notwehrakt des Staates". Nordrhein-Westfalen war im Übrigen nicht das einzige Land mit entsprechenden Aktivitäten: Schleswig-Holstein ernannte 1947 ebenfalls einen Sonderbeauftragten für Korruptionsbekämpfung und die Generalstaatsanwaltschaft München richtete im gleichen Jahr eine Zentralstelle für Korruptionsbekämpfung ein.[26]

Diese Maßnahmen zeigen, wie wichtig der Nachkriegsgesellschaft eine korruptionsfreie Beamtenschaft war. Grassierende Korruption wurde eine Art Metapher für die an vielen Stellen nach dem Krieg defizitäre Staatlichkeit. In der Wahrnehmung der Zeitgenossen vermischten sich dabei Erfahrungen von Elend, Entwurzelung durch Vertreibung, Zusammenbruch von Wirtschaft und Verwaltung, Versorgungsnot, Schwarzmarkt und Schiebertum. Auch Angehörige der Mittelschicht waren darauf angewiesen, sich das alltägliche Brot zu „organisieren" oder Kohlen zu „fringsen", wofür namentlich der Kölner Erzbischof Josef Kardinal Frings zu Silvester 1946 in einer Predigt seine oberhirtliche Duldung ausgesprochen hatte.[27] In den Nachkriegsjahren hing das nackte Überleben vieler Vertriebener und Ausgebombter auch davon ab, dass Behörden ein Auge zudrückten oder illegale Geschäftemacher gewähren ließen. Jedenfalls galten Lebensmittelbewirtschaftung und Schwarzhandel als Nährboden für Bestechung und Korruption in Behörden. Dies hielt ein Teil der Presse zwar für verwerflich, zugleich aber für ein kaum abwendbares Merkmal außergewöhnlich harter Zeiten.[28] Vor dem Hintergrund solch verbreiteter Verunsicherung über Recht und Unrecht ist die prekäre Situation der staatlichen Verwaltung zu sehen.

Hinzu kamen innerbehördliche Probleme. Viele staatliche Strukturen waren durch die Alliierten aufgelöst worden. Dazu gehörten die reichsweiten Institutionen, die bis 1945 arbeitenden Parallelstrukturen der Parteihierarchie, aber auch weniger sichtbare Strukturen wie eine funktionierende Verwaltungsgerichtsbarkeit. Staatlichkeit musste unter den Augen der Besatzungsmächte zunächst auf kommunaler, später dann auf Länderebene „neu erfunden" werden. Um ihre Legitimität in der Bevölkerung musste diese Staatlichkeit alltäglich kämpfen. Eine der möglichen Strategien bestand nun darin, sich als sauber und korruptionsfrei zu präsentieren. Gelang dies, so konnte darin ein moralischer Vorteil gegenüber der untergegangenen NS-Staatlichkeit liegen. Allerdings wurde dies im Westen nicht durch einen harten Schnitt und Neuanfang erreicht, so wie man es zumindest scheinbar in der Sowjetischen Besatzungszone versuchte. Die vorherrschenden Rezepte orientierten sich an den Traditionen des preußischen Beamtenstaates.

Kriminalrat Kiehne, ehemaliger Mitarbeiter beim nordrhein-westfälischen Staatskommissariat gegen Korruption, beschwor noch 1957 die „Anschauungen des alten, in langer Tradition erzogenen und moralisch gefestigten Berufsbeamtentums". Für ihn bestand der Kern funktionierender Staatlichkeit in moralischer Zuverlässigkeit. Gelitten habe deutsche Verwaltung in zwei historischen Momenten durch das „Eindringen berufsfremder Elemente in die Beamtenstellen" ab 1933 und ab 1945. Damit war einerseits die Politisierung der Verwaltung durch Parteiangehörige gemeint, andererseits die zunehmende Bedeutung von ehemaligen Beschäftigten aus der freien Wirtschaft. Letztere dachten „kommerziell" und hätten deshalb auch Geschenke für ihre Arbeit angenommen.[29] Das Ideal, das hier aufscheint, ist ein in striktem Korpsgeist geschultes Beamtentum mit besonderer moralischer Qualität. Bedauerlicherweise sei diese Qualität verloren gegangen, könne aber wiederhergestellt werden. Nur dies schien eine gerechte und gute Verwaltung zu garantieren.

Das alte Beamtenideal wurde bezeichnenderweise meist nicht mit der Weimarer Republik, sondern mit Preußen in Verbindung gebracht, also auf die Epoche des Kaiserreichs bezogen. Damit lobten die Verfechter der sauberen Verwaltung jene vordemokratischen Eliten, deren hinhaltender Widerstand das Scheitern Weimars mitverursacht hatte. Freilich waren diese Zusammenhänge um 1950 noch kaum erkannt worden. Jedenfalls fügte sich diese Argumentation nahtlos in das Bemühen weiter Teile der westdeutschen Gesellschaft, personelle Kontinuitäten in Verwaltung, Gerichten und auch in der Wirtschaft zuzulassen. Mithilfe eines Großteils des alten Personals im staatlichen „Maschinenraum" der Westzonen wurde die neue Ordnung errichtet.

Nun bestand der neue Staat aber nicht in einer runderneuerten Verwaltung kaiserzeitlicher Obödienz. Tatsächlich achteten die Alliierten peinlich darauf, ein von Grund auf demokratisches Gemeinwesen mit politischen Parteien, einflussreichen Parlamenten und einer freien und kritischen Presse zu etablieren. Dies gelang angesichts der problematischen Traditionen erstaunlich rasch und nachhaltig. So finden sich bereits in den späten 1940er-Jahren Lobgesänge auf die Demokratie und ihre Offenheit – heute würde man von Transparenz sprechen. Charakteristisch ist ein Zeitungsbeitrag über eine öffentliche Sitzung der Handwerkskammer

Hamburg mit Vertretern der Kommunalverwaltung vom Frühjahr 1947 über die Zuteilung von Rohstoffkontingenten. Zwar hätten sich viele an den „demokratischen Stil“ kontroverser öffentlicher Aussprache noch nicht gewöhnt, doch habe dieser den großen Vorteil, Mängel und Ungerechtigkeiten zur Sprache zu bringen. Die Verwaltung könne sich dafür rechtfertigen und damit werde „dem vernehmlich erhobenen Vorwurf der Korruption weitgehend die Basis“ entzogen.[30]

Eine offene Debatte beugt der Korruption vor, so könnte man diese Intervention zusammenfassen. Ähnliches hatte zuvor auch Franz Heitgres gefordert, 1946 Mitglied der KPD und ehemaliger Widerstandskämpfer, der später in die SPD eintrat. Heitgres verlangte im Sinn einer Erziehung zur Demokratie, dass die Zusammensetzung der Entnazifizierungsausschüsse öffentlich gemacht werden müssten. Dies beuge der Korruption in den Ausschüssen vor, weil Manipulationen und Bestechungen so leichter öffentlich werden könnten.[31]

An der Wende von den 1940er- zu den 1950er-Jahren war die staatliche Ordnung der Bundesrepublik gleichwohl alles andere als unumstritten. Korruptionsdebatten verbanden sich mit der Suche der westdeutschen Nachkriegsgesellschaft nach positiven Werten, nach dem also, worauf sich deutsche Identität nach dem Dritten Reich aufbauen ließ. Auf der Suche nach den Wesenszügen des guten Deutschen dominierten bildungsbürgerliche Leitbilder. Allenthalben berief man sich auf die Werte des „Abendlandes“. Dazu gehörten der christliche Glaube, Familie, Individualismus, Errungenschaften der Hochkultur in Kunst, Musik und Literatur, am Rand auch die angeblich deutsche Eigenschaft der Naturliebe. Diese Interpretationen halfen immerhin, den Nationalismus zu überwinden, westeuropäische Gemeinsamkeiten zu finden und autoritären Herrschaftsstrukturen eine Absage zu erteilen.[32] Zu jenen Werten, die man wiederbeleben wollte, gehörte auch die moralische „Sauberkeit“ der deutschen Beamtenschaft in preußischer Tradition. Deshalb durfte derjenige auf ungeteilten Beifall hoffen, der die Unbestechlichkeit der deutschen Verwaltung bejubelte. Bis weit in die 1980er-Jahre wurde dieser Glaubenssatz kaum je infrage gestellt – trotz aller Affären, von denen noch die Rede sein wird.

Noch in der Bundestagsdebatte über die Hauptstadtaffäre 1951 klang dies nach. Mehrere Redner beklagten, wie schwach die Akzeptanz von Parlament und Regierung noch sei.[33] Meinungsumfragen aus den 1950er-Jahren bestätigen dieses Bild. Es war zunächst sehr unsicher, ob die Werte des Grundgesetzes eine dauerhafte Chance in der Bevölkerung haben.[34] Die neuen politischen Eliten mussten also aktiv um Unterstützung werben. Hier bot sich der Kampf gegen die Korruption offenbar an.

Die Demokratie als Mittel gegen die Korruption zu verkaufen, das war um 1950 eine kühne Innovation. Noch in der Zwischenkriegszeit waren nahezu überall in Europa der Parlamentarismus und der Parteienstreit mit Korruption gleichgesetzt worden – ganz besonders in der Weimarer Republik, aber auch in Frankreich, Spanien und Italien. Korruption schien damals ein typisches Problem liberaler Demokratien zu sein. Diesen Eindruck jedenfalls vermittelten Rechte und Linke in einer Unzahl von Skandalisierungskampagnen, in denen es um Bereicherung und Lobbyismus ging, um die angebliche Käuflichkeit der demokratischen Eliten.[35] Die Extremisten an den Rändern des politischen Spektrums begründeten ihren Machtanspruch auch damit, endlich die Korruption zu beenden. Straffe Strukturen, hartes Durchgreifen, starke politische Führer: So hießen damals die Rezepte gegen Korruption. In Deutschland hatten die Nationalsozialisten auch mit der Behauptung für sich geworben, sie würden nach ihrer Machtergreifung alle korrupten Politiker und Staatsdiener beseitigen. Auch der spanische Diktator Primo de Rivera rechtfertigte seinen Putsch 1923 exakt mit diesem Argument, Mussolini argumentierte ähnlich. Freilich erwiesen sich diese Versprechungen bald als leer. In keinem europäischen Land der Zwischenkriegszeit konnten Demokraten eine zündende Gegenstrategie entwickeln; sie blieben merkwürdig hilflos.[36]

Nach dem Ende des Dritten Reiches begannen Demokraten zumindest in Westdeutschland den Spieß umzudrehen. In der *Kölner Zeitschrift für Soziologie und Sozialpsychologie* fügte Leo Menne 1949 mehrere Argumente zusammen. Unter dem Titel „Korruption" plädierte er gegen den totalitären Staat, gegen Sozialismus und für die Demokratie.[37] Dabei ging es im Kern um Moral, und zwar um die Moral des Staates und seiner Diener.

Menne unterstellte, Staat und Verwaltung seien in der deutschen Geschichte grundsätzlich unkorrumpierbar gewesen. Dabei konnte er sich auf den schon erwähnten Mythos von der preußisch-deutschen Beamtenschaft stützen. Erst in der späten Weimarer Republik und vor allem im Nationalsozialismus, so Menne, habe Korruption überhandgenommen. Auch in der Gegenwart gebe es noch viel davon, und zwar als Folge des Elends nach dem Krieg. Aus der jüngsten Vergangenheit könne man Folgendes lernen:

Diktaturen und speziell der Nationalsozialismus förderten die Korruption, indem sie die „allgemeine Volksmoral" zerstörten. Einerseits züchteten sie Duckmäusertum und Heuchelei, andererseits seien die typisch überzogenen Versprechungen von Diktatoren Bestechungsversuche gegenüber den Bürgern. Man habe in der Verwaltung „die Unfähigen" gefördert. Ergebnis dieser Korruption sei die „Herrschaft der moralisch Minderwertigen" gewesen. Ähnliches gelte aber auch für den Staatssozialismus. Hier greife der Staat ins Wirtschaftsleben direkt ein und schaffe immer mehr Korruptionsgelegenheiten. Dagegen biete nur die Demokratie Abhilfe. In korrupten Regimen profitierten Minderheiten. In der Demokratie kontrolliere aber der Mehrheitswille die Regierung, was „die Einnistung der Korruption" verhindere.[38]

Rasch griff Menne noch einige Einwände auf, die auf die Diskussionen der Weimarer Zeit zurückgingen. *Keine* Korruption seien: politische Absprachen und Kuhhandel, der Einfluss von Parteien auf Stellenbesetzungen in der Verwaltung, Lobbyismus und ähnliche Dinge, denn die Parteien seien nicht der Staat. Korruption komme definitionsgemäß nur im Bereich des Staates vor, nicht aber im privaten Bereich. Damit verlegte Menne sich auf eine sehr formalistische Korruptionsdefinition. Gleichwohl bot der Text das wichtigste Argument aus der Nachkriegsdiskussion: die moralische Überlegenheit der Demokratie. Zugleich verzichtete er völlig auf Freiheitspathos, den Gedanken der Volkssouveränität oder andere demokratietheoretische Argumente. Vielmehr lautete die Botschaft: Demokratie sichert die moralische Integrität des Staates, der Beamten und der Bevölkerung am besten.

Freiheit und Volkssouveränität, das muss man dazu wissen, galten in der Gedankenwelt des bürgerlich-konservativen Milieus in Deutschland seit dem Kaiserreich oft als westliche und daher undeutsche Werte. Offenbar ganz in dieser Linie versuchte der Text zu belegen, die Demokratie sei wesensverwandt mit der Tradition des unkorrumpierbaren Staates. Staat und Verwaltung waren in dieser konservativen Denktradition gleichbedeutend mit einem hohen sittlichen Ideal. Die Meinungsfreiheit wird hier zwar als unverzichtbar bezeichnet, nicht aber als Wert an sich. Sie kommt als Mittel zum Zweck daher, als eine Korrektur korruptiver Tendenzen. Sie schaffe eine Kontrolle, die die Sittlichkeit der Beamten und damit die Erhaltung der „Staatsautorität" garantiere.

Interessant an Mennes Beitrag ist auch sein Lob der Eigentumsgarantie, in Abgrenzung zum Staatssozialismus. Das ist bemerkenswert, weil der Kapitalismus in den ersten Jahrzehnten des 20. Jahrhunderts meist als Ursache für die Korruption in der modernen Welt gegolten hatte. Korruptionskritik war eine Begleiterin antikapitalistischer Tiraden auf der Linken wie auf der Rechten gewesen. Menne unternahm in seinem Aufsatz also nichts weniger als eine fundamentale Umdeutung der Korruptionsdebatte – und zwar ganz offensichtlich mit dem Ziel, bürgerliche Gruppen zu erreichen.

Mit der Verknüpfung von Korruptionsverdacht und Staatswirtschaft war Menne allerdings nicht allein. In der Phase der Rohstoff- und Lebensmittelbewirtschaftung nach dem Krieg öffnete die Wochenzeitung *Die Zeit* ihre Spalten für harsche Kritik an allen Formen staatlich gelenkter Wirtschaft. Neben vielen anderen Kritikpunkten las man hier regelmäßig das Argument, staatliche Bewirtschaftung fördere Korruption, etwa bei den damit beauftragten Beamten.[39] In den 1950er-Jahren berichteten Auslandskorrespondenten aus Polen in ähnlichem Tenor. Die Korruption im Staatssozialismus zeige sich am Kontrast zwischen der Ärmlichkeit der normalen Bevölkerung und dem luxuriösen Auftritt der Funktionäre, so der Reporter Johannes Maaß.[40] Der Publizist und Osteuropa-Experte Ernst Halperin bekundete, man könne in der „Planwirtschaft stalinistischen Musters" „Korruption und Schlamperei auf ein halbwegs erträgliches Maß" nur mittels Polizeistaatsmethoden drücken.[41] Mit dem Hinweis auf angebliche „Schlamperei" bediente Halperin allerdings nicht nur die Furcht vor dem Sozialismus, sondern auch traditionelle Vorurteile gegenüber der polnischen Bevölkerung.

Solche Zitate zeigen ebenso wie der Beitrag Mennes, wie maßgebliche Publizisten der Nachkriegszeit Akzeptanz für Demokratie und Marktwirtschaft zu schaffen versuchten. Um es noch einmal zu betonen: Korruptionskritik war traditionellerweise mit Parlamentarismus- und Kapitalismuskritik verbunden. Diese Verbindung lockerte sich unter dem Eindruck der neu entstehenden Nachkriegsordnung. Ob das entstehende Staatswesen den Hoffnungen gerecht werden konnte und die korruptionsfreiere Alternative zum Dagewesenen würde, musste sich noch erweisen. Der Umgang mit der Hauptstadtaffäre zeigte aber das Bemühen, aus der Korruptionsdebatte keine Keule gegen die junge Republik zu machen.

Saubere Republik? Korruption in den ersten beiden Jahrzehnten

Der Verzicht auf die Korruptionskeule in der politischen Auseinandersetzung bedeutete aber nicht, Bestechung und Vorteilsnahme seien komplett unter den Teppich gekehrt worden. Auch in der Ära Adenauer und unter seinen beiden Nachfolgern fanden Debatten über Korruption statt. Entgegen einer verbreiteten Annahme schauten zumindest Teile der Presse genau hin und kritisierten Amtsträger und Politiker, aber auch gelegentlich blinde Flecken in der Justiz. Die öffentliche Kontrolle von Staat und Politik durch eine kritische Öffentlichkeit funktionierte also im Prinzip. Jedoch blieb der Ton in der Regel gemäßigt. Mit einer einzigen Ausnahme gab es auch keine spektakulären Rücktritte wegen Korruptionsaffären in dieser Zeit. Einzig der langjährige Bundestagspräsident Eugen Gerstenmaier verlor sein Amt kurz vor Ende der Großen Koalition unter dem Vorwurf der parlamentarischen Selbstbegünstigung. Auch wenn es immer wieder zu Affären oder Debatten kam: Eine durchgängige Beschäftigung mit politischer Korruption kannte die frühe Bundesrepublik nicht. Antikorruptionspolitik als Betätigungsfeld von Parlament und Regierung entstand erst in den 1990er-Jahren.

Kilb, Koblenz, Klett: Affären um 1960

An der Wende von den 1950er- zu den 1960er-Jahren erlebte Westdeutschland eine Serie kleinerer bis mittlerer Affären. Im Visier standen Politiker, höhere Beamte und Akteure an den Grenzen zwischen Staatsverwaltung, Politik und Wirtschaft.

Der wohl heikelste Fall dieser Zeit führt ins Palais Schaumburg, direkt ins Machtzentrum der Republik. Es ging um Hans Kilb, den persönlichen

Referenten von Kanzler Adenauer zwischen 1951 und 1958. Kilb war ein zuverlässiger Zuarbeiter seines Chefs, immer in Eile und Zeitnot. Kilb liebte aber auch schnelle Autos, so jedenfalls sah es die kritische Presse, allen voran *Der Spiegel*. Im Sommer 1958 war Kilb gerade aus Bonn nach Brüssel in die Zentrale von Euratom weggelobt worden, einer der Vorläuferorganisationen der Europäischen Union. Da wartete im heimischen Bonn die Polizei auf den Spitzenbeamten. Eine Woche mussten die Ermittler der Bonner Staatsanwaltschaft ausharren, bis sie den ehemaligen Kanzleramtsmitarbeiter Anfang September in Polizeigewahrsam nehmen konnten. Freilich war seine Karriere damit nicht beendet – der Haftbefehl hatte nur wenige Wochen bestand.[42]

Zunächst sah es für den Adenauer-Vertrauten nicht gut aus. Rund vier Jahre lang hatte Kilb kostenlos Limousinen der Marke mit dem Stern gefahren. Insgesamt acht verschiedene Autos hatte die Daimler-Niederlassung in Bonn ihm zur Verfügung gestellt, darunter Cabrios und ein Sportwagen 190 SL. Daimlers Bonner Cheflobbyist Friedrich Hummelsheim persönlich kümmerte sich um diese Angelegenheit. Einen Opel Rekord, gesponsert von der Knoll AG in Ludwigshafen, überließ Kilb dagegen seiner Frau. Die Bonner Staatsanwaltschaft vermutete Bestechlichkeit. Denn Kilb habe sich systematisch für die Interessen des Sindelfinger Autoherstellers eingesetzt. Die wichtigsten Vorwürfe: Kilb persönlich habe dafür gesorgt, dass Adenauer einen Mercedes als Kanzlerdienstwagen fahre. In den Beratungen zu einer gesetzlichen Regelung von Achslasten bei Lkw habe sich Kilb ebenfalls für die Interessen des Autobauers eingesetzt.

Neben diesem klassischen Vorwurf individueller Bestechlichkeit besaß die Affäre eine zweite Dimension. In den Mercedeskarossen saß Kilb nicht nur während der Freizeit, sondern er erledigte damit viele Dienstgeschäfte. Dazu gehörten Vorbereitungen von Adenauers jährlichem Sommerurlaub im norditalienischen Cadenabbia, aber auch Kundgebungen und Wahlkampfauftritte des CDU-Vorsitzenden.

Klar war also, dass die Daimler-Benz-Eskapaden in aller Öffentlichkeit stattgefunden hatten – aber hatte sie der Vorgesetzte auch genehmigt? Adenauer musste sich zweimal staatsanwaltschaftlichen Befragungen unterziehen. Dies war aus Sicht vieler Zeitgenossen ein unerhörter Vorgang. In den 1950er-Jahren billigte man höchsten Staatsvertretern noch eine gewisse Unantastbarkeit zu. Rechtlich kam der Kanzler aber nicht umhin, sich den Fragen zu stellen. Und er gab sich sybillinisch: Kilb habe nie offiziell um eine Genehmigung für die Nutzung der Wagen gebeten, doch habe Adenauer natürlich davon gewusst. Kilb habe also davon ausgehen können, dass Adenauer jederzeit eine Genehmigung erteilt hätte. Daher sei ihm kein Vorwurf zu machen. Der Kanzler sah darüber hinweg, dass eine formelle Genehmigung vermutlich an juristischen Hindernissen gescheitert wäre.

Waren die Karossen also schlicht personalisierte Dienstwagen, von deren Nutzung der Kanzleramtsbeamte nicht individuell profitierte, sondern als Repräsentant seiner Behörde – hatte also letztlich der Staat Dienstwagenkosten eingespart? Darauf lief die Verteidigungsstrategie des Angeklagten zunächst hinaus. Aber auch diese Linie konnte im anschließenden Prozess nicht durchgehalten werden. Denn es stellte sich heraus, dass Kilb viele der Reisen nicht für den Regierungschef, sondern für den CDU-Vorsitzenden und Spitzenkandidaten im Wahlkampf unternommen hatte. Nunmehr verlegte sich die Verteidigung darauf, die Wagen seien in erster Linie eine Sachspende Daimlers an den Parteipolitiker Adenauer gewesen. Adenauer bestätigte diese Version und damit gerieten die Vorwürfe der Bestechlichkeit in den Hintergrund. Am Ende ließen sich die Richter von dieser Darstellung überzeugen. Das Landgericht Bonn stellte das Verfahren gegen Kilb am 7. November 1959 mit dem Hinweis ein, es habe sich bei den Autos um Wahlkampfhilfe gehandelt. Offen blieb aus Sicht der Richter, ob ein Mitarbeiter des Kanzleramts für solche Zwecke überhaupt eingesetzt werden durfte. Hier machte sich dann doch ein juristischer Stil bemerkbar, demzufolge ein Gericht in das Arcanum der Regierungspolitik nicht allzu weit eindringen wollte. Jedenfalls war Adenauer aus der Schusslinie. Kilb selbst konnte in Brüssel weiterarbeiten und schied erst in den 1970er-Jahren mit Erreichen der Altersgrenze aus dem Dienst der EG-Kommission.

Die Affäre zog sich dennoch lange hin. Aus der Affäre Kilb entwickelte sich ein veritabler Justizskandal, der dafür sorgte, dass Kilbs Mercedesfahrten in Erinnerung blieben. Dazu muss man wissen, dass die Staatsanwaltschaft Bonn gar nicht in erster Linie gegen den Kanzleramtsreferenten ermittelt hatte. An dieser Stelle muss etwas weiter ausgeholt werden.

Ab 1957 hatte die Staatsanwaltschaft das gesamte Bonner Lobbyistennetzwerk von Daimler-Benz im Visier. Es reichte tief in die Bundesverwaltung hinein und betrieb auf Firmenkosten einen beeindruckenden Leihwagenpark. Nicht weniger als 250-mal waren Bundesbeamte und Offiziere der jungen Bundeswehr in den Genuss kostenloser Autos gekommen, allerdings nicht immer Spitzenmodelle der Sindelfinger. Regierungsrat Werner Brombach, bis November 1957 im Wissenschaftlichen Dienst des Bundestags, bekam ein Volkswagen-Cabrio, zunächst geliehen und anschließend geschenkt. Brombach hätte auch einen Mercedes nutzen können, doch das erschien ihm angesichts seines bescheidenen Gehalts als zu auffällig, deshalb bat er selbst um dieses „Downgrade". Tatsächlich ging es hier um handfeste Einflussnahme, viel konkreter als im Fall Kilb. Brombach war Assistent des Verkehrsausschusses. Seine Aufgabe bestand darin, dem Cheflobbyisten Daimlers in Bonn, Friedrich Hummelsheim, Informationen aus dem Ausschuss zu liefern. Außerdem sollte er versuchen, die Ausschussmitglieder durch Gutachten oder Stellungnahmen im Sinn Daimlers zu beeinflussen.

Neben Daimler und dem Bundestag war die Rüstungsindustrie schon seit Jahren im Visier der Ermittler, insbesondere das Fehlverhalten von Staatsdienern im Bundesamt für Beschaffung in Koblenz. Erst 1955 waren ja Adenauers Bemühungen um eine Wiederbewaffnung Deutschlands erfolgreich gewesen. Nun baute der westdeutsche Staat mit großer Eile und erheblichen Mitteln seine Streitmacht auf. Die Bundeswehr brauchte Waffen, aber auch Uniformen, Lebensmittel, Fahrzeuge und Munition. Zuständig dafür war neben dem Bonner Verteidigungsministerium das Beschaffungsamt, das in der ehemaligen preußischen Festungsstadt an Rhein und Mosel untergebracht war. Das Vergabewesen war zunächst nur rudimentär geregelt. Eine regelrechte Goldgräberstimmung herrschte bei Herstellern und Ausrüstern. Auch in den Büros des Beschaffungsamts und des Verteidigungsministeriums ging es wohl gelegentlich zu wie im Wilden Westen.

So wurde der Koblenzer Amtsrat Wilhelm Thiede vom Inhaber einer Textilfirma mehrfach eingeladen und beschenkt – er erhielt eine Kaffeemaschine, eine Lederhandtasche für seine Frau und nicht weniger als 22 Anzüge. Diese, wie er im Prozess behauptete, persönliche Freundschaft vergalt er mit vertraulichen Informationen über technische Anforderungen an die Uniformen. Andere Mitarbeiter erhielten offenbar Wein, Pelze, Kühlschränke, Anzüge, Kredite und Urlaubsreisen. In diesen Gaben spiegelt sich wie nebenbei die Konsumkultur der aufblühenden Wohlstandsgesellschaft – noch galten solche Produkte als durchaus exquisit, wenig später waren sie größeren Bevölkerungsschichten zugänglich. Im Herbst 1957 standen jedenfalls über 40 Mitarbeiter der Wehrverwaltung unter Verdacht, 52 Firmen waren im Fokus der Ermittler und 112 förmliche Ermittlungsverfahren wegen passiver und aktiver Bestechung waren anhängig.[43]

Der größte Fisch, den die Bonner Ermittler an der Angel hatten, war vermutlich Oberst Burkhard Freiherr Löffelholz von Colberg, seines Zeichens Leiter des Referats „Militärische Forderungen an das Material des Heeres" im Bonner Verteidigungsministerium. Löffelholz von Colberg war schon vor der offiziellen Gründung der Bundeswehr für das militärische Beschaffungswesen zuständig gewesen. Er hatte bereits ab 1953 im sogenannten Amt Blank in gleicher Funktion gearbeitet, einer Bundesdienststelle, die mehr oder weniger offiziell die Wiederbewaffnung des westdeutschen Staates vorbereitet hatte. Ab 1953 knüpfte Löffelholz lukrative Bande in die Wirtschaft. Sein wohl wichtigster Kontakt führte über die Bonner Niederlassung direkt in die Vorstandsetage der Daimler-Benz AG: Löffelholz sprach mehrfach mit Fritz Könecke[44], dem Vorstandsvorsitzenden. Auch mit anderen Vorständen und Spitzenmanagern traf er sich offenbar regelmäßig zu Abendessen – dabei „mangelte es nie an all den Dingen, von Austern bis Sekt, die das Leben in der Bundesrepublik heute lebenswert machen", wie *Der Spiegel* spöttelte.[45]

Löffelholz spielte offenbar in einer anderen Liga als Thiede. 1956 begab er sich auf eine später in der Presse süffisant ausgebreitete Urlaubsreise. Zu diesem Zweck erhielt er kostenlos einen Mercedes 180 D. Der Oberst fuhr mit Familie durch westdeutsche Lande und sprach bei allerlei Firmen vor, die das Verteidigungsministerium belieferten. In immer gleicher Manier habe er zunächst um eine Werksführung gebeten und sich anschließend samt Frau und Tochter zur Übernachtung ins Hotel einladen lassen. So angeblich geschehen bei Magirus in Ulm, Heckler & Koch in Oberndorf, Webasto in Stockdorf und MAN in Nürnberg, um nur einige zu nennen. Später soll der Oberst auch eine Liebesbeziehung seiner Tochter mit einem Daimler-Vorstand gefördert haben.

Der anspruchsvolle Löffelholz lohnte sich offenbar für seine Unterstützer. Die Bonner Staatsanwaltschaft beschlagnahmte Papiere aus der Daimler-Konzernzentrale, in denen Löffelholz fast wie ein Mitarbeiter geführt wurde. Konkret warfen die Strafverfolger dem Offizier vor, die Rechtsauffassung im Verteidigungsministerium zum Schaden der Bundesrepublik manipuliert zu haben. Es ging dabei um die Frage, ob das Ministerium verpflichtet war, beteiligten Firmen die Entwicklungskosten für ein Wehrprojekt zu erstatten. In Zusammenarbeit mit einem Brigadegeneral sowie einem Daimler-Vorstandsmitglied habe Löffelholz dafür gesorgt, dass dem Minister ein internes Gutachten ganz im Sinn der Industrie vorgelegt wurde.[46] Der Fall war anscheinend klar und das Bonner Landgericht verurteilte den längst suspendierten Oberst im Sommer 1959 zu drei Monaten Haft wegen Bestechlichkeit in einem schweren Fall.

Ende der 1950er-Jahre hatte die Hauptstadtjustiz mit den Verbindungen zwischen Spitzenbeamten und Wirtschaft also alle Hände voll zu tun. Viel Lob erhielt die Justiz in dieser Zeit für ihre Unabhängigkeit. Dafür sorgten nicht zuletzt eine aktive Staatsanwaltschaft und der Vorsitzende einer Strafkammer am Bonner Landgericht namens Helmut Quirini. Quirini hatte im Fall Löffelholz das Urteil gesprochen und wurde vom *Spiegel* als Held gefeiert. Er schaffte es in dieser Rolle 1959 sogar auf die Titelseite des Hamburger Nachrichtenmagazins, eingerahmt von einem ausführlichen Bericht über sein Leben, über die im Russlandfeldzug erfrorenen Füße und seine rheinisch-launige Verhandlungsführung, bei der der Vorsitzende gelegentlich auch Tünnes-und-Schäl-Witze zum Besten gab. Kurz: Quirini war bei einigen Journalisten sehr beliebt, allerdings nicht bei allen. Die konservative *Frankfurter Allgemeine Zeitung (FAZ)* kritisierte den Stil des Juristen scharf.[47] Und bald folgte auf den Skandal ein Skandal zweiter Ordnung. Der Umgang der Justiz mit den Bestechungsfällen selbst wurde zum Thema.

Den ersten Schritt machte im Sommer 1958 der nordrhein-westfälische Innenminister Hubert Biernat von der SPD. Zu diesem Zeitpunkt war über die vielen staatsanwaltschaftlichen Untersuchungen nichts öffentlich bekannt. Biernat aber führte Wahlkampf und die SPD musste um die Macht in Düsseldorf fürchten. Der Justizminister plauderte also aus dem Nähkästchen und machte die Ermittlungen im Umkreis des Verteidigungsministeriums öffentlich. Sie sollten beweisen, dass der politische Gegner, der in Bonn regierte, systematisch mit der Industrie mauschelte. In einer Pressekonferenz beklagte Biernat die von der Regierung angeblich geduldete „Verwilderung" bei Bonner Spitzenbeamten.[48] Freilich brachte diese Kampagne politisch nicht viel ein. Die SPD verlor die Wahlen an Rhein und Ruhr. Ab Juli 1958 regierte Ministerpräsident Franz Meyers von der CDU. Damit drehte sich auch der justizpolitische Wind in Sachen Bonner Beamtenbestechung.

Zurück ins Jahr 1959: Mittlerweile waren Prozesse gegen Kilb, Hummelshausen, Brombach und sogar Daimler-Chef Könecke angelaufen. Mit einem Mal änderte das Bonner Landgericht ohne erkennbaren Grund seine Geschäftsordnung. Eine der Folgen: Wichtige Verfahren, darunter das gegen Kilb, fielen jetzt nicht mehr in die Zuständigkeit von Richter Quirini. Die nunmehr zuständige Kammer schätzte den Fall offenbar völlig anders ein und verfügte die Einstellung des Verfahrens gegen Kilb. Ein Untersuchungsausschuss des Düsseldorfer Landtags untersuchte 1962 diese Vorgänge. Der Ausschuss fand belastbare Hinweise, denen zufolge der Bonner Landgerichtsdirektor Becker Ende 1959 sowohl mit Landesjustizminister Otto Flehinghaus als auch mit Ministerpräsident Meyers persönlich über die anhängigen Verfahren beraten hatte. Weitere Dokumente legten nahe, Becker habe auch versucht, die Bonner Staatsanwaltschaft in ihrer Arbeit zu beeinflussen. Er habe darum gebeten, keinen Widerspruch gegen den Einstellungsbeschluss im Fall Kilb einzulegen. Mit anderen Worten: Es stand der Verdacht politisch motivierter Manipulation der Gerichtsbarkeit im Raum, um Druck von der Bundesregierung zu nehmen. In diesem Sinn berichtete *Der Spiegel* und auch die wenigen Darstellungen des Falles Kilb in der geschichtswissenschaftlichen Literatur haben eine ähnliche Sichtweise übernommen.

Gleichwohl lagen die Dinge vermutlich komplizierter. Es gab durchaus sachliche Gründe, die heiklen Verfahren einer neuen Kammer zuzuweisen. Denn die Urteile Quirinis waren juristisch alles andere als unumstritten. In der Revision eines älteren Urteils gegen die CDU-Außenpolitiker Walter Hallstein und Herbert Blankenhorn vor dem Bundesgerichtshof erhielt Quirini nämlich die denkbar schlechteste Note für die Qualität seiner Prozessführung. Statt vier Monaten Gefängnis für Blankenhorn und eines Freispruchs aus Mangel an Beweisen für Hallstein wegen übler Nachrede erkannte der Bundesgerichtshof in beiden Fällen auf Freispruch wegen erwiesener Unschuld.[49] Ähnlich erging es in den Bestechungsfällen, die hier vorgestellt wurden. Nach mehreren Revisionszyklen blieb von dem Löffelholz-Urteil am Ende wenig übrig: Anstelle von 13 Fällen passiver Bestechung blieb ein einziger, anstelle der Freiheitsstrafe eine Geldstrafe von 1.000 D-Mark, wie das Landgericht Wuppertal 1964 feststellte. Anschließend wechselte der Offizier an die Führungsakademie der Bundeswehr in Hamburg.[50] Auch die anderen Verfahren gingen ähnlich aus. Entweder wurden die Betroffenen wie Daimler-Chef Könecke freigesprochen oder aber zu vergleichsweise milden Geldstrafen verurteilt wie im Fall von Brombach und Hummelsheim. Auch hier kam es zu mehreren Revisionen mit stufenweisen Abmilderungen der ursprünglichen Urteile.[51] Strafrechtlich war den Vorgängen also nur bedingt beizukommen.

Etwa zur gleichen Zeit bewegten weitere Fälle von Vorteilsnahme die Gemüter. Dabei geriet erstmals das politische Führungspersonal ins Zwielicht. Der prominenteste Politiker war der rheinland-pfälzische Ministerpräsident Peter Altmeier. Er kaufte im Jahr 1956 dem Land jene Amtsvilla ab, in der er bis dato als Regierungschef zur Miete gewohnt hatte, ein stattliches Anwesen am Moselufer in Koblenz. Vor dem Verkauf schätzte die Oberfinanzdirektion den Wert des Gebäudes, allerdings äußerst niedrig. Als 1958 klar wurde, dass das Nachrichtenmagazin *Der Spiegel* in der Sache recherchierte, wurde eine Wertberichtigung vorgenommen, die beim Doppelten des Kaufpreises lag.

Gefahren für „das Ansehen und die Autorität des demokratischen Staates“ durch „persönliche Verunglimpfungen“ sah die Mainzer CDU-Fraktion, als die SPD einen Untersuchungsausschuss forderte. Freilich konterte diese mit dem Verlangen nach „Klarstellung“ sowie Offenlegung aller Unterlagen über den Hauskauf. Man verlangte also Information und Transparenz.[52] Gleichwohl: Dauerhaft schadete der Skandal Altmeier nicht. Die CDU gewann auch 1959 die Landtagswahlen mit absoluter Mehrheit. Sein Amt verlor Altmeier erst zehn Jahre später gegen den drängelnden jungen Helmut Kohl.

Politisch weniger glimpflich kam Wilhelm Nowack davon, ab 1951 FDP-Finanzminister im Kabinett Altmeier. Nowack wurde sein Verhalten als Aufsichtsratsvorsitzender einer mehrheitlich landeseigenen Firma zum Verhängnis. Er musste im Herbst 1958 von seinen politischen Ämtern zurücktreten. Das Land Rheinland-Pfalz war zu drei Vierteln Eigentümer der Schnellpressenfabrik Frankenthal Albert und Cie. AG, eines florierenden Unternehmens, das hochwertige Druckmaschinen herstellte. Als Vertreter des Landes saßen Regierungsdirektor Hans Brenner und Nowack im Aufsichtsrat, Nowack als dessen Vorsitzender. 1954 verkaufte ein privater Anteilseigner ein größeres Aktienpaket. Diese Aktien erwarb das Unternehmen zum Marktpreis zurück, verkaufte sie zwei Tage später etwa 40 Prozent unter Wert an Brenner und Nowack. Nowack investierte 1954 15.000 D-Mark in Aktien, deren Nennwert das Unternehmen später auf 27.000 D-Mark anhob. 1958 verkaufte Nowack das Aktienpaket schließlich für 75.000 D-Mark. Diese Vorgänge waren der Landesregierung bekannt.

Ministerpräsident Altmeier drängte seinen Minister wohl schon recht früh, seine Aktien abzugeben. Es geschah aber wenig, bis im Sommer 1958 *Der Spiegel* die Angelegenheit aufgriff.

Es folgten parlamentarische Anfragen und ein Untersuchungsausschuss im Mainzer Landtag. Der Ausschuss fand heraus, dass Nowack neben dem Aktiengeschäft verschiedene Geschenke von der Firma erhalten hatte, darunter einen Perserteppich, eine Armbanduhr und ein Radio, obwohl der Minister genau das zuvor bestritten hatte. Auch der Sohn des Ministers hatte profitiert: Als Praktikant im Unternehmen waren ihm überhöhte Tagegelder für Auslandsreisen gewährt worden. Im Abschlussbericht kamen die Parlamentarier zu der Überzeugung, Nowack habe nicht im strengen Sinn rechtswidrig gehandelt. Gleichwohl seien Interessenkollisionen festzustellen und der Minister habe persönliche Vorteile genommen, was der Ausschuss „nicht für zweckmäßig" hielt.[53] Die Affäre hatte ein Nachspiel. Der Bundesrechnungshof beschäftigte sich mit den Aufsichtsratsposten von Ministern. Besonders eifrig waren dabei offenbar die Regierungsmitglieder in Baden-Württemberg: Acht Stuttgarter Kabinettsmitglieder bekleideten 1959 in 20 Unternehmen insgesamt 28 Aufsichtsratsmandate. Darunter waren auch viele Firmen, an denen das Land nicht als Eigentümer beteiligt war.[54]

Ein dritter Fall sorgte 1960 für Aufsehen, als der parteilose Stuttgarter Oberbürgermeister Arnulf Klett ins Visier der Justiz geriet. Klett hatte 1955 zu seinem 50. Geburtstag von lokalen Unternehmen wertvolle Geschenke erhalten. Darunter waren ein Perserteppich von Daimler, ein Fernsehgerät von Bosch, eine Krawattennadel vom Verein der Stuttgarter Brauereien und ein Gemälde von der Brauerei Dinkelacker. Freilich kam es trotz Antrags der Staatsanwaltschaft nicht zur Hauptverhandlung wegen Bestechlichkeit, was die *Bild*-Zeitung kritisierte, während *Der Spiegel* erstaunlicherweise weitgehend neutral die Rechtslage erläuterte.[55]

Von der Reinheit des Staates: Korruptionsdebatten um 1960

Natürlich gaben diese Fälle Anlass zur Diskussion. Waren die Vorfälle Zeichen für ein gravierendes Korruptionsproblem in der Republik? Welche Umstände waren verantwortlich? Was bedeutete dies für das Verhältnis zwischen Beamten, Politik und Wirtschaft?

Ganz in diesem Sinn äußerte sich die *Frankfurter Allgemeine Zeitung* 1958 in ihrer Kommentarspalte: Die Demokratie biete zwar keine Garantie gegen Korruption, doch sei allein sie mittels unabhängiger Justiz und Öffentlichkeit in der Lage, solche Tatbestände festzustellen und damit auch effektiv zu bekämpfen.[56] Ganz ähnlich äußerte sich die *Stuttgarter Zeitung* anlässlich des Falls Nowack: „Der ganze Vorfall hat aber vor allem gezeigt, daß demokratische Einrichtungen eben doch in der Lage sind, dunkle Geschichten aufzuhellen. Das sei vor allem denen ins Stammbuch geschrieben, die immer wieder meinen, auf die Demokratie schimpfen zu sollen, weil in anderen, hinter uns liegenden Regimen solche Dinge nicht vorgekommen seien. Sie sind vorgekommen, sie sind nur nicht publik geworden, und wenn sie geahndet wurden, war das Verfahren meistens nicht frei von persönlicher Rachsucht, Intrigen und Bereicherungsbestrebungen."[57]

Allerdings fiel das journalistische Urteil über die Justiz, wie bereits angedeutet, im Fall Kilb unterschiedlich aus. 1958 lobte *Der Spiegel* noch mit Pathos dies „ruhmvolle Blatt in der Geschichte der deutschen Rechtsprechung", da die Justizbehörden auch für die Bundesregierung unangenehme Fälle zur Anklage brachten. Die Anklage gegen Daimler-Chef Könecke galt dem Kommentator als „Wendepunkt im Bonner Bewußtsein".[58]

Allerdings stieß *Der Spiegel* damit nicht auf ungeteilte Zustimmung. Ein erheblicher Teil der veröffentlichten Meinung kritisierte das harte Urteil im ersten Bonner Korruptionsprozess. Viele Journalisten waren 1959 eher skeptisch, ob eine Art Null-Toleranz-Politik gegenüber Spitzenbeamten gerecht sei. *Die Welt* monierte, eine Verurteilung wegen Bestechlichkeit aufgrund einiger Essenseinladungen sei wirklichkeitsfremd, weil damit die üblichen Umgangsformen kriminalisiert würden. Das Urteil führe nur zur Verunsicherung der Staatsdiener. Die *Rheinische Post* stellte die Angelegenheit in einen außenpolitischen Zusammenhang und fürchtete Munition für die Kommunisten. Sie verurteilte diese „Form der Korruptionsjägerei, die am Ende doch nur Musik für Pankower Ohren sein kann" – gemeint war die Staatsführung der DDR.[59]

Auch im Fall Nowack hatte *Der Spiegel* ein Jahr zuvor von einigen journalistischen Mitbewerbern harte Kritik einstecken müssen. Es gehe nicht an, dass eine Zeitung Politiker mit Geschichten über ihr Leben zum Rücktritt dränge. Das veranlasste den Herausgeber zu einem längeren Rechtfertigungsartikel. Rudolf Augstein dementierte, sein Blatt habe es auf Rücktritte abgesehen. Vielmehr sei seine Aufgabe, auf Missstände hinzuweisen.

Zwar berichte man einseitig über die „Kehrseite der Medaille", aber als Korrektiv, weil die anderen doch meist davor zurückschreckten.[60] Auch *Der Spiegel* beanspruchte also nicht, seine kritischen Berichte bildeten die ganze Wahrheit über den Zustand der Republik ab.

Bald kritisierte das Nachrichtenmagazin aufs Schärfste die Rechtsprechung im Fall Kilb und in den anderen Bonner Bestechungsfällen. Und auch die zunächst eher bedächtig kommentierende *Zeit* schwenkte unter dem Eindruck der Enthüllungen im Untersuchungsausschuss des nordrhein-westfälischen Landtags Anfang der 1960er-Jahre um und monierte, dass hier politischerseits manipuliert worden sei.[61]

Es bietet sich also ein höchst differenziertes Bild der Korruptionsdebatten um 1960. Insgesamt war die Republik aber weit davon entfernt, sich selbst ein allzu hartes Zeugnis auszustellen. Das gilt auch für *Spiegel* und *Zeit*. Neben kritischen Beiträgen findet man hier immer wieder Warnungen vor der Dramatisierung und Überbewertung von Korruptionsfällen. 1966 kritisierte *Die Zeit* einen allzu reißerischen Bericht über angebliche Bestechungsfälle im Verteidigungsministerium, den die Kölner Boulevardzeitung *Express* veröffentlicht hatte.[62] Ein Jahr später veröffentlichte die Hamburger Wochenzeitung die kritische Besprechung eines Buchs des Enthüllungsjournalisten Bernt Engelmann. Der Rezensent, Peter Stähle, warf Engelmann vor, seine Korruptionsvorwürfe beruhten nur auf Indizien. Vor allem übertreibe Engelmann maßlos, wenn er behaupte, der Staat werde damit zugrunde gerichtet.[63] Genau solche Argumente sollten aber später, ab den 1990er-Jahren, gang und gäbe werden.

Auch für die Opposition erwies sich der Korruptionsvorwurf als nur bedingt tauglich. Das zeigt eine Begebenheit aus dem Sommer 1959. Die SPD-Parteizeitung *Vorwärts* hatte in einem Bericht über die Fälle Nowack und Altmeier im Februar nur beiläufig formuliert, Rheinland-Pfalz habe „anscheinend den Ehrgeiz, der Korruptionshauptstadt Bonn den Rang abzulaufen" – ein Satz, über den man heute wohl achtlos hinweglesen würde.[64] Nicht so im politischen Bonn der späten 1950er-Jahre. Das Zitat aus dem *Vorwärts* erwies sich vier Monate später hinsichtlich der Debatte als Supergau. Es verhagelte der SPD einen möglichen Aufmerksamkeitserfolg im Bundestag. Die sozialdemokratische Fraktion hatte an die Bundesregierung eine Große Anfrage gerichtet. Üblicherweise ist das ein Instrument der Opposition, um den Finger auf unangenehme Vorgänge zu legen, die die Regierung zu vertreten hat. Gegenstand der Anfrage waren die Korruptionsfälle in der Bundesverwaltung, insbesondere die Koblenzer Bestechungen und die Affäre Kilb.

Doch in der Bundestagsdebatte am 18. Juni 1959 wurde das *Vorwärts*-Zitat zum Skandalon gemacht. Innenminister Gerhard Schröder wetterte gegen diese Darstellung und verurteilte mehrfach die „Korruptionspsychose" der SPD.[65] Die Kriminalstatistik zeige, wie deutlich Korruption im Rückgang sei. Solche Vorwürfe vergifteten das Klima und machten die Arbeit der Beamten schlecht. Auffällig in der Debatte: „Unser Berufsbeamtentum" erwies sich weiter als identitätsstiftendes Element, dessen Angehörige „heute wie früher tagtäglich pflichtbewußt, zuverlässig, fleißig und unbestechlich ihren Dienst verrichten", so formulierte es der Minister.

Anstatt die Regierung vor sich herzutreiben, musste die SPD sich erklären. Ihre Redner sahen sich gezwungen, dem Konsens über die Beamten wortreich beizupflichten. Gleich zu Beginn verlas Hermann Schmitt einen Brief des Fraktionsvorsitzenden Erich Ollenhauer mit der Versicherung, die Sozialdemokratie halte die deutsche Beamtenschaft selbstverständlich nicht für bestechlich. Auch der zweite Redner der SPD, Gerhard Jahn, bekräftigte, die übergroße Mehrheit der Beamten sei absolut zuverlässig. Gegen Ende der Debatte unterstrich Schmitt nochmals: „Die Bekämpfung der Korruption ist kein Gegenstand parteipolitischer Auseinandersetzungen", um anschließend den Umgang von Bundesministern mit Geschenken zu kritisieren.

Die als klassische Oppositionsattacke gedachte Aktion erwies sich als völlig untauglich. Zwar kritisierte Hermann Schmitt die Bundesregierung dafür, das „allgemeine geistige Klima" zu unterstützen, das Korruption bei Spitzenbeamten begünstige. Dabei beklagte er vor allem: „Großindustrie und Regierungsmaschinerie durchdringen sich in der Ära Adenauer wechselseitig so sehr, daß viele Interessenten in der Regierung nicht viel mehr sehen als ein Instrument" für ökonomische Ziele.[66] Wie diese Zitate zeigen, zielten die SPD-Abgeordneten mit ihrer Korruptionskritik mindestens so sehr auf die Regierung wie auf die Wirtschaft. Auch der Bericht des *Vorwärts* im Nachgang der Debatte war politisch einigermaßen zahm. Er beschränkte sich auf die Kritik daran, dass man nicht mehr über die Geschenkannahme bei Ministern und Spitzenbeamten erfahren habe.[67] Weiterhin waren die Abgeordneten in Sorge um das Ansehen der

Demokratie. Gefahren für diese sahen die Opposition sowie der FDP-Abgeordnete Hermann Dürr in den Korruptionsfällen selbst, während die Unionsvertreter vor allem die aus ihrer Sicht überzogene Debatte problematisch fanden.

Die Plenardebatte macht deutlich, wie wenig sich Korruptionsvorwürfe zu diesem Zeitpunkt für die regierungskritische Polemik eigneten. Sie ist ein Beleg für einen sehr vorsichtigen Umgang mit der Thematik. Minister Schröder bemühte sich mehrfach um Differenzierung und Genauigkeit, geißelte die unzulässige Ausweitung und Vermischung des Korruptionsbegriffs. So sei Beamten zwar die Annahme von Geschenken verboten, doch handle es sich nicht um Bestechung, wenn der Beamte sich dadurch nicht in einer Amtshandlung beeinflussen lasse, gab der Innenminister die Rechtslage wieder. Schädlich sei eine undifferenzierte Korruptionsdebatte aus zwei Gründen: Erstens schaffe dies bei den Betroffenen Unsicherheit. Zweitens führe dies in der Öffentlichkeit zu sachlich unbegründeten, diffusen Negativbildern von Staat und Regierung. Der CSU-Abgeordnete Albrecht Schlee ergänzte, die Debatte treffe in der Bevölkerung auf eine „Unlust gegenüber dem Staat". Die Menschen würden nur allzu gern annehmen, Korruption sei allgegenwärtig. Ähnliche Effekte, so möchte man ergänzen, lassen sich auch im frühen 21. Jahrhundert feststellen, mit dem Unterschied, dass es heute kaum noch möglich erscheint, für Differenzierung zu werben.

Breite Einigkeit bestand hinsichtlich der Ursachen für Geschenkannahmen: das Eindringen zweifelhafter Moral aus der Wirtschaft in den Staatsdienst. Hermann Schmitt sprach vom „Gefälligkeitswesen" und vom Sittenverfall in der Privatwirtschaft – hier nicht ganz frei von klassenkämpferischer Rhetorik. Auf diesem Gebiet wiederum sahen sich Unionsvertreter genötigt, der Opposition beizupflichten. Auch Innenminister Schröder beschrieb mit Sorge, wie sich „die strengeren Anschauungen des Beamtendienstes mit den oftmals loseren Auffassungen des Wirtschaftslebens begegnen". Auch hierzu hatte er Statistiken parat, die belegten, wie Betrug und Untreue in der Privatwirtschaft zunahmen. So zogen die Bundestagsabgeordneten gemeinsam eine Art imaginären Feuerring um die deutsche Beamtenschaft: zwar traditionell standhaft, doch angeblich immer härteren Anfechtungen durch die Verrohung von Wirtschaft und öffentlicher Moral ausgesetzt. In diesen Klagechor über Moralverfall konnten alle politischen Lager einstimmen.

Unterschiede gab es mit Blick auf konkrete Konsequenzen. Die SPD trat mit einer ganzen Liste von Forderungen auf. Sie verlangte, die steuerliche Absetzbarkeit von Werbegeschenken abzuschaffen, rief nach einer Antibestechungsklausel für das gesamte Wirtschaftsleben, forderte klare Regeln für die Annahme von Geschenken durch Minister und Spitzenbeamte. Sie hielt die bisherige Regel für unzureichend, nach der bei Beamten der Vorgesetzte darüber entscheiden konnte und es für Minister gar keine Bestimmungen gab. Außerdem forderte die Opposition ein Verbot vergüteter Vorträge von Beamten und Ministern bei Wirtschaftsverbänden sowie konsequente disziplinarrechtliche Verfolgung aller Vergehen bei Spitzenbeamten.

In all diesen Forderungen mochten die Regierungsfraktionen der Opposition nicht folgen. Minister und Unionsabgeordnete verwiesen stattdessen auf Fingerspitzengefühl im Einzelfall: das „taktvolle Ermessen" der Vorgesetzten und die Notwendigkeit, mit gutem Beispiel voranzugehen. So schilderte Schröder gegen Ende der Debatte, wie er mit Vortragshonoraren verfahre: Er lehne sie nicht ab, spende sie aber vollständig für karitative Zwecke. Ganz anders als im 21. Jahrhundert setzte die Regierung also auf Verantwortungsbewusstsein und Vertrauen in die Zuverlässigkeit der Beamtenschaft. In diesen Debatten heute unübliche Kategorien wie „Sauberkeit" und „Ehrgefühl" beanspruchten großen Raum. Die Idee der Transparenz spielte in diesem Rahmen noch gar keine Rolle. Der Vorschlag eines Bestechungsparagrafen für die Privatwirtschaft erschien in dieser Zeit völlig illusorisch. Wir werden aber sehen, dass exakt dieser Vorschlag in den 1970er-Jahren in den USA umgesetzt und nach 1990 fast weltweit implementiert wurde, auch in Deutschland.

In die Korruptionsdebatte mischte sich regelmäßig ein einflussreicher Intellektueller ein, der Tübinger Professor Theodor Eschenburg. Eschenburg gilt als einer der Mitbegründer der Politikwissenschaft in Deutschland und war zeitweiliger Rektor seiner Universität. Eschenburg betätigte sich aber auch als eifriger politischer Kommentator, schrieb beachtete Bücher und regelmäßig als eine Art Hauskommentator in der Hamburger *Zeit*. Seine Rolle war die des kritischen Geistes. Lange bevor dies zum journalistischen Grundkonsens gehörte, geißelte Eschenburg die Macht der Parteien und der Verbände. Gegen sie verteidigte er die Demokratie. Er war, was man seit den 1990er-Jahren als „Parteienkritiker" bezeichnet. Zum Gesamtbild

Eschenburg gehört allerdings sein Verhalten während der NS-Zeit. Einerseits hat er recht lange offen mit jüdischen Mitbürgern zusammengearbeitet. Andererseits trat er kurz nach der Machtübernahme der SS bei und er hat vermutlich persönlich von sogenannten Arisierungen profitiert, also von der zwangsweisen Enteignung jüdischer Unternehmer.[68]

Eschenburg wird gelegentlich als liberaler Kritiker des Parteienstaates missverstanden. Tatsächlich zeigen seine Interventionen in der Korruptionsdebatte um 1960 den Verfechter einer konservativen, fast romantisch anmutenden Staatsidee, deren Wurzeln weit ins 19. Jahrhundert zurückreichten. Eschenburg sorgte sich hauptsächlich um die Reinheit des Staates und seiner Beamten, er geißelte die Vermischung von Behörden und Politik, von Verwaltung und Wirtschaft. Er forderte eine glasklare Trennlinie zwischen Administration und Gesellschaft. Populär war er damit vermutlich vor allem, weil er den Mythos vom sauberen deutschen Staat und vom korruptionsresistenten Beamten bediente – den Mythos der unpolitischen Staatsdienerschaft. „Das Politische" galt vor allem konservativen Nachkriegsdeutschen als Bedrohung der Freiheit. Auch der Nationalsozialismus wurde damals meist so gedeutet: Der Totalitarismus und die von den Nazis betriebene Politisierung von Alltag und Kultur galten als schrecklicher Sündenfall. In diesem Sinn kritisierte auch *Der Spiegel* das Argument für die Einstellung des Verfahrens gegen Kilb, man könne nicht zwischen Partei- und Staatsamt trennen: Mit der gleichen Auffassung habe sich die NSDAP den Staat untertan gemacht.[69] Und in den Staaten des Ostblocks könne man ja ebenfalls beobachten, wie diktatorische Parteien Staat und Gesellschaft durchdrangen.

In seinen Schriften wies Eschenburg regelmäßig auf die Tradition hin: Im 19. Jahrhundert habe es in Preußen und später im preußisch dominierten Kaiserreich weder Korruption noch Ämterpatronage gegeben. Damals hätten die Beamten sich als eigene Kaste mit eigener Moral vom Rest der Gesellschaft abgegrenzt und schon aus sozialem Dünkel keine Geschenke angenommen. Die Verwaltung sei also wirklich unabhängig gewesen. Zwar wissen Historiker heute, dass dies tatsächlich nur ein Mythos war,[70] aber um 1960 gab es keinen öffentlichen Widerspruch gegen diese Einschätzung. Eschenburg machte sich angesichts der Korruptionsfälle Sorgen, dass Lobbyisten durch Geschenke Beamte auf Abwege brächten. Daher forderte er, jeden Kontakt zwischen Wirtschaftsvertretern und Staatsdienern zu untersagen. Auch Eschenburg sah die Quelle des moralischen Übels in den

Usancen der Wirtschaft. Die Vermischung von Staatstätigkeit und Politik hielt er für gefährlich. Angesichts des Falls Kilb warf er dem Kanzler vor, er identifiziere die Interessen seiner Partei mit dem Staat. Dies dürfe auf keinen Fall zugelassen werden.

Gleichwohl wies auch Eschenburg den Gedanken weit von sich, in Deutschland gebe es ein massives Korruptionsproblem. Er unterstützte jene, die die Debatte sachlich halten wollten. Und so stellte er eine milde Verfallsdiagnose: „Man soll ja überhaupt das Maß der Korruption nicht übertreiben. Nach allem, was wir im Kriege und nach dem Kriege durchgemacht haben, ist es eher erstaunlich, daß wir nicht noch viel korrupter sind. Die Chancen, die strikten Maßstäbe wiederzugewinnen, sind nicht schlecht."[71]

Eschenburgs Ideal vom neutralen Staat beruhte auf der Annahme, es gebe ein gleichsam objektiv bestimmbares Gemeinwohl, das unabhängig vom Einfluss der Parteien und Verbände ermittelt werden könne. Dabei griff er den schon im 19. Jahrhundert populären Gedanken auf, Abgeordnete dürften sich nicht für die Interessen ihrer Wähler oder ihres Wahlkreises einsetzen, sondern sie seien immer dem gesamten Volk verpflichtet. Eine klare Grenze sollte sogar zwischen den Bundesministerien und den Fraktionen im Bundestag gezogen werden. So war und ist es üblich, dass die Ministerialbeamten in vielen Sachfragen den Fraktionen und den Abgeordneten des Bundestages zuarbeiten, zumindest den Regierungsfraktionen. Auch dies hielt Eschenburg für einen Skandal, für einen „Amtsmißbrauch der Bundesminister", denn die Exekutive dürfe in die Arbeit der Legislative nicht eingreifen.[72]

In seinem 1961 erschienenen Büchlein über „Ämterpatronage" warf er den politischen Parteien vor, die Neutralität der Verwaltung mittels Ämtervergabe an Parteisoldaten zu untergraben. Die Loyalität der Beamten dürfe keinesfalls zwischen Staat und Partei geteilt werden. Der politische Streit habe im Parlament seinen Platz – die vom Parlament verabschiedeten Gesetze sollten anschließend von politisch neutralen Beamten ausgeführt werden. Allerdings betonte der Tübinger Professor auch in diesem Buch, die Behörden seien neutraler als ihr Ruf und die Patronage der Parteien sei wieder rückläufig.[73]

Der Kriminologe Wolf Middendorf behandelte in seiner „Soziologie des Verbrechens" von 1959 ebenfalls unter dem Eindruck der Koblenzer Fälle die „Korruption der Behörden". Auch Middendorf berief sich auf das preußische Beamtenethos, das Korruption in Deutschland weitgehend verhindere. Es gebe vor allem dort Bestechlichkeit, wo es zu Kontakten mit der Privatwirtschaft komme. Auch er hielt die von ihm genannte Anzahl von 162 Bestechungsfällen zwischen 1954 und 1958 in der Bundesrepublik für sehr gering. Als Gegenbeispiel zu den sauberen Verhältnissen im Deutschland des Berufsbeamtentums sah er die USA, wo „Verfilzung zwischen Korruption und Politik" und die Politisierung von Beamten stark ausgeprägt seien.[74]

Die Rede vom drohenden, wenn auch noch nicht gefährlichen Moralverfall muss auch vor dem Hintergrund des Wirtschaftswunders und der heraufziehenden Massenkonsumgesellschaft gesehen werden. Zwar interpretieren die Historiker heute den rasanten Wirtschaftsaufschwung der 1950er- und 1960er-Jahre als einen Hauptgrund für die Stabilität der jungen Demokratie. Nur dank der außerordentlichen Wachstumsraten war es möglich, die zunächst enormen Spannungen zwischen den unterschiedlichen Bevölkerungsgruppen abzumildern. Nur die Teilhabe am Aufschwung und am Konsum ermöglichte es, die aus den Ostgebieten Vertriebenen und die (bis 1961) aus der DDR massenhaft Zuwandernden mit Wohnraum und Arbeitsplätzen zu versorgen. Steigende Einkommen eröffneten den Zugang zu immer neuen Formen des privaten Konsums, vom Kinobesuch zum eigenen Fernseher, vom Moped zum eigenen PKW, vom Zeltlager über den Italienurlaub bis hin zu Flugreisen in den 1970er-Jahren. Ein konjunkturbefeuerter Zukunftsoptimismus machte sich breit, einerseits.

Andererseits herrschte Skepsis, befürchteten Intellektuelle und bürgerlich Geprägte den Sitten- und Moralverfall. Die amerikanische Populärkultur galt als zu freizügig, als niveaulos, als Bedrohung für die kulturelle Identität Deutschlands. Der Konsum wurde auch als Gefährdung moralischer und sittlicher Werte gefürchtet. Die Orientierung am Gewinnstreben und an materiellen Dingen barg Gefahren für den Seelen- wie den Landschaftshaushalt – aus kirchlicher Warte genauso wie aus Sicht der frühen Naturschützer. Moral und Konsum, Ethik und Wirtschaft, das waren für viele besorgte Beobachter schlicht und ergreifend Gegensätze. Und so bedrohten Comic- und Rock-'n'-Roll-Konsum die Jugend, während das Geschäftsgebaren der Unternehmer und Lobbyisten die Integrität der Beamten auf die Probe stellte. Die *Zeit*-Journalistin Marion Gräfin Dönhoff meinte, wenn der „allgemeine Maßstab Erfolg und Wohlstand heißt", dann könne man auch von Beamten nicht erwarten, als Vorbild zu wirken. „Jeder Staat hat die Beamten, die er verdient."[75] So trafen sich Sozialdemokraten wie auch Konservative in ihrer Sorge vor der Korruptionsgefahr durch Firmenvertreter und „Interessenten". In dieses Bild passen dann auch die bisweilen sexualisierenden Vorwürfe gegen die Privatwirtschaft. In der Urteilsbegründung zum ersten Koblenzer Korruptionsprozess sprach der Richter von „sittenwidrigen Verführungskünsten" der Lieferanten und Unternehmer, während er die Beamten als eigentlich keusche Opfer betrachtete.[76]

FIBAG und Starfighter: die angezweifelte Ehre des Franz Josef Strauß

Kein Buch über Skandale in der Bonner Republik kommt ohne ein Kapitel über Franz Josef Strauß aus. Das gilt anscheinend erst recht für eine Korruptionsgeschichte. Neben der Spiegel-Affäre klebten zwei rüstungspolitische Vorgänge wie Pech am Namen des wohl einflussreichsten CSU-Politikers seiner Zeit: FIBAG und Starfighter. Keine Frage, Strauß polarisierte und polemisierte. Strauß galt als barock, weil er seinen Politikstil mit Patronage und Klientelismus, mit Männerfreundschaften in der Wirtschaft und Geschäften auf Gegenseitigkeit geradezu öffentlich ausstellte. Doch korruptionsgeschichtlich geben die Fälle weniger her, als man erwarten könnte. Der erste Höhepunkt in Strauß' politischer Karriere war seine Berufung zum Verteidigungsminister im Jahr 1956, ein Amt, das er Ende 1962 im Zuge der *Spiegel*-Affäre aufgeben musste. Aber seine rüstungspolitischen Weichenstellungen verfolgten ihn über diese Amtszeit hinaus, bis weit in die 1970er-Jahre.

Da war zunächst einmal die FIBAG-Affäre, die Strauß in der ersten Jahreshälfte 1961 ereilte und rund ein Jahr andauerte.[77] Sie löste eine veritable Koalitionskrise aus. Eine große Anzahl von FDP-Abgeordneten im Bundestag verweigerte im Juni 1962 zunächst ihre Zustimmung zum Abschlussbericht des FIBAG-Untersuchungsausschusses. Sie waren der Ansicht, der Verteidigungsminister habe eine Dienstpflichtverletzung begangen, eine Bewertung, die die Union unter keinen Umständen im Abschlussbericht sehen wollte. Erst nach der Sommerpause stimmten die Liberalen dem Bericht zu.

Zu den Hintergründen: Die USA, NATO-Partner und Siegermacht, benötigten für ihre Soldaten Unterkünfte in der Bundesrepublik. Konkret ging es an der Wende zu den 1960er-Jahren um den Bau von 500 neuen Wohnungen für die US-Army im Wert von rund 300 Millionen D-Mark. Strittig war, welche Regierung für die Kosten aufkommen sollte – und fraglich war, wer die Bauten errichten könne.

Das Verteidigungsministerium verfolgte zwei naheliegende Ziele: möglichst geringe Ausgaben für die Bundesregierung und möglichst große Beteiligung deutscher Baufirmen. In dieser Situation trat eine Art Projekteschmied an den Verteidigungsminister heran. Es handelte sich um den Münchener Architekten Lothar Schloß, freilich ein Architekt zweifelhafter Qualität. Es stellte sich nämlich später heraus, dass er gar keine abgeschlossene Architektenausbildung besaß, obwohl er in München bereits mehrere Bauprojekte realisiert hatte.

Stattdessen besaß Schloß hervorragende Verbindungen, nämlich zu Johannes Kapfinger, seines Zeichens Presseverleger in Passau. Kapfinger gehörte zu den Vordenkern der CSU und hatte das Ohr des Verteidigungsministers. Über Kapfinger erhielt Lothar Schloß im Dezember 1959 einen Termin bei Strauß. Dabei schlug Schloß dem Minister ein Geschäft im großen Stil vor: Eine private Baugesellschaft unter seiner Leitung solle die Wohnungen errichten und mithilfe der Bundesregierung sollten deutsche und amerikanische Kapitalgeber gefunden werden. Wenig später legte Schloß dem Verteidigungsministerium ein Konzept vor. Außerdem ersuchte er den Minister um zwei Empfehlungsschreiben, damit er in den USA auf Investorensuche gehen und von der Army Aufträge entgegennehmen könne. Daraufhin verfasste Strauß im Juni 1960 zwei Briefe. Darunter war ein allgemein gehaltenes Empfehlungsschreiben, das Schloß ausgehändigt wurde. Ein zweiter Brief des Ministers war direkt an den amerikanischen Verteidigungsminister gerichtet. Vor allem dieses zweite Schreiben erwies sich später als Stein des Anstoßes. Denn entgegen den Gepflogenheiten hatte Strauß den Brief weder mit anderen Bundesministerien noch mit seinen eigenen Fachabteilungen abgestimmt.

Unterdessen gründete Schloß gemeinsam mit dem Bauingenieur Karl Willy Braun und mit Kapfinger eine Aktiengesellschaft, die die Aufträge abwickeln sollte. Die Gesellschaft trug den sinnigen Namen Finanzbau Aktiengesellschaft, kurz FIBAG. Ungewöhnlich genug, dass sich hieran ein Presseverleger beteiligte. Noch ungewöhnlicher war, dass Kapfinger keine eigenen Kapitaleinlagen beisteuerte. Vielmehr war vorgesehen, dass er nach der Gründung kostenlos ein Aktienpaket im Wert von 125.000 D-Mark erhalten sollte, und zwar offenbar als Provision für seine Vermittlungsarbeit gegenüber der Politik. Allerdings stockten die Geschäfte. Interne Ministeriumsprüfungen fielen ungünstig aus, rund ein Jahr später forderte das Verteidigungsministerium das Empfehlungsschreiben zurück, das Schloß ausgehändigt worden war. Kurz: Das Geschäft platzte. Zu diesem Zeitpunkt hatte *Der Spiegel* schon über die FIBAG und deren Protektion durch Strauß berichtet.[78]

Was nun passierte, ist nicht ganz geklärt worden. Die wahrscheinlichste Variante der Geschichte lautet so: Schloß und Braun wollten sich rächen oder wichtig machen. Jedenfalls erhob Braun gegenüber Journalisten des *Spiegels* schwere Vorwürfe gegenüber Kapfinger und Strauß. Kompagnon Kapfinger habe seinen Geschäftspartnern vor einiger Zeit eröffnet, Strauß verlange die Hälfte der Provision für sich selbst. Diese Aussage bestätigte Schloß. Kapfinger hingegen bestritt alles, ebenso wie Strauß. Doch der in seiner Form ungewöhnliche Brief an US-Verteidigungsminister Thomas Gates lieferte ein peinliches Indiz, Strauß habe sich über Gebühr für die FIBAG eingesetzt.

Der Vorwurf persönlicher Bereicherung im Amt war natürlich schwerwiegend, nicht zuletzt vor dem Hintergrund der Affären Nowack und Altmeier. Gleichwohl kommentierte selbst *Der Spiegel* anfangs äußerst vorsichtig. Augstein unterstrich zunächst, die Aussagen seien fragwürdig, forderte aber den Minister auf, gegen Kapfinger vorzugehen.

Die Affäre entwickelte sich in mehreren Strängen. Kanzler Adenauer, der in Strauß einen politischen Konkurrenten um die Kanzlerschaft sah, ließ die Umstände intern prüfen. Seine Revisoren kamen bald zu dem Ergebnis, dass der nicht abgestimmte Brief an Gates das einzige nachweisbare Problem war. Die Verdachtsmomente und der publizistische Rummel waren dennoch groß genug, um den Bundestag zur Einsetzung eines Untersuchungsausschusses zu veranlassen. Das Parlament begrenzte den Untersuchungsauftrag auf die Frage, ob Strauß Architekt Schloß ohne ausreichende Prüfung beauftragen wollte, sprich: ob er ihm persönlich eine Gefälligkeit erwiesen habe. Im Ergebnis wurde Strauß im zweiten Anlauf entlastet. Schon bei Einsetzung des Ausschusses hatte die Opposition erkennen lassen, auch sie werfe Strauß keine Bestechlichkeit vor. Der Vorwurf der Amtspflichtverletzung bezog sich deshalb nur auf den Verdacht,

Strauß habe eine Person oder ein Unternehmen ungerechtfertigt bevorzugt.[79] Machtpolitisch ist der Unterschied nicht so gewaltig – hätte man dem Minister Amtsmissbrauch nachweisen können, wäre sein Rücktritt unausweichlich gewesen. Die Debatten im Parlament zeigen, dass es auch hierum ging.[80]

In der öffentlichen Debatte köchelte die Sache dennoch weiter, mit Ausläufern bis zu Beginn der 1970er-Jahre. Grund dafür waren gerichtliche Auseinandersetzungen – zum einen zwischen Strauß und Braun bzw. Schloß, zum anderen zwischen Strauß und dem *Spiegel*. Strauß warf seinen Prozessgegnern Falschaussage und üble Nachrede vor, das schloss auch die *Spiegel*-Berichterstattung mit ein.

Zwischen Strauß und *Spiegel* entspann sich eine lange Fehde. Der Verteidigungsminister glaubte im Herbst 1962, den *Spiegel* mit dem Vorwurf des militärischen Geheimnisverrats mundtot machen zu können. Redaktionsdurchsuchungen und Festnahmen waren die Folge, unter anderem kam *Spiegel*-Chef Rudolf Augstein in Haft. Jedoch stellten sich die westdeutschen Medien geschlossen hinter ihre Kollegen. Zu allem Überfluss ließen sich die Vorwürfe nicht halten und der Minister belog in dieser Angelegenheit die Öffentlichkeit – Strauß musste Ende 1962 seinen Hut nehmen.

In den folgenden Jahren berichtete *Der Spiegel* systematisch über Strauß. Unter anderem ging es dabei auch um die charakterliche Eignung des Politikers, wobei die FIBAG-Affäre regelmäßig als Argument auftauchte. Auf derartige Berichte reagierte Strauß Mitte der 1960er-Jahre mit einer weiteren Klage. In einem Zivilgerichtsprozess verlangte Strauß von Augstein Schadenersatz, da dieser ihn der Korruption beschuldigt hatte. Das Gericht gab der Klage statt. Dem ehemaligen Minister sei keine Bestechlichkeit nachgewiesen worden. Dagegen argumentierte Augstein, der Korruptionsvorwurf dürfe nicht juristisch verstanden werden. Er sei ein Werturteil, eine moralische Bewertung der Amtsführung von Strauß. Auch wenn sich das Gericht dem nicht anschloss, teilten andere Blätter wie *Die Zeit* Augsteins Sicht und trugen so mit dazu bei, den Korruptionsbegriff langsam auszuweiten.[81]

Der Effekt der FIBAG-Affäre lag hauptsächlich in dem diffusen Eindruck, Strauß halte es nicht mit der Gesetzestreue und sei unseriös. Die Düsseldorfer Zeitung *Der Mittag* formulierte schon zu Beginn der Affäre eine Ansicht, die bis heute den Blick auf die bayerische Politik prägt: „In Bayern ist das ‚Spezitum‘ etwas anderes als hierzulande die Freundschaft“, nämlich eine Mischung aus Politik, Geschäft und persönlicher Vernetzung.[82] Einige Wochen später warf das *Hamburger Echo* Strauß vor, sich mit dubiosen Freunden und Geschäftspartnern zu umgeben.[83] Obwohl konservative Zeitungen die Kampagne des *Spiegels* scharf kritisierten, war das Bild des halbseidenen Strippenziehers aus München fortan fest etabliert. Solche Beurteilungen der bayerischen Landespolitik kamen Anfang der 1990er-Jahre in der sogenannten Amigo-Affäre wieder auf den Tisch und Max Streibl, Nachfolger von Strauß als Ministerpräsident in München, stürzte über zu enge Vermischungen von Freundschaft, Wirtschaft und Politik.

Der zweite große Korruptionsskandal um Franz Josef Strauß hatte vermutlich noch weniger Substanz.[84] Dennoch ist er von großer Bedeutung, denn damit touchierte die bundesrepublikanische Korruptionsgeschichte erstmals eine internationale Ebene, die ab den 1990er-Jahren so wichtig werden sollte. Stärker noch als bei der FIBAG war die Geschichte um den Starfighter eine nicht enden wollende Abfolge von Problemen, Skandälchen und Aufregern. Sie nahm ihren Ausgang wiederum in der Amtszeit des Verteidigungsministers Strauß 1958, erreichte ihren Höhepunkt aber erst knapp zwei Jahrzehnte später im Wahlkampf zur Bundestagswahl 1976.

Der Starfighter war ein Kampfflugzeug des amerikanischen Herstellers Lockheed Aircraft Corporation mit der offiziellen Bezeichnung F 104. 1958 bestellte die Bundesrepublik 300 dieser Flugzeuge im Wert von rund 1,5 Milliarden D-Mark. Die Luftwaffe brauchte dringend ein modernes Kampfflugzeug. Da traf es sich anscheinend gut, dass mehrere Partner in der NATO sich für die Maschine entschieden. Gleiche Waffensysteme können schließlich besser koordiniert werden. Auch einige Testpiloten der Bundesluftwaffe sprachen sich für das Flugzeug aus. Die F 104 überzeugte sie im direkten Vergleich mit dem französischen Konkurrenzangebot, der Mirage. Franz Josef Strauß setzte sich persönlich für das Geschäft ein, obwohl die Opposition skeptisch war. Namentlich der aufstrebende Verteidigungspolitiker Helmut Schmidt kritisierte die ungünstige Vertragsgestaltung. Aus Sicht der Regierung war diese aber klug ausgehandelt – neben direktem Kauf in den USA sollte ein Teil der Maschinen als Lizenzprodukt in der Bundesrepublik montiert werden. So sollte auch die deutsche Flugzeugindustrie von dem Waffengeschäft profitieren. Doch der Deal hatte einen Haken. So, wie Lockheed die Maschinen anbot, waren sie für die Bundesluftwaffe nicht zu gebrauchen. Schon zum Zeitpunkt des Vertragsabschlusses stand fest: Die Flugzeuge müssten allesamt mit zusätzlicher Technik nachgerüstet werden. Das technologische Spitzenprodukt war eben doch nicht ohne Defizite.

Mit der Nachrüstung handelten sich die deutschen Streitkräfte zwei massive Probleme ein. Zum einen stiegen die Kosten ins Astronomische. Zum anderen, und das war politisch noch viel gravierender, veränderten die zusätzlichen elektronischen Bauteile die Gewichtsverteilung im Flugzeug. Damit verlor der superschnelle Kraftprotz an Flugstabilität. Die technischen Fehlerquellen addierten sich mit einer überhasteten Indienststellung. Den Piloten blieb wenig Zeit, sich einzufliegen und die gesammelten Erfahrungen an die Industrie weiterzugeben. Möglicherweise hätte man sie für Optimierungen bei der Nachrüstung nutzen können. So kam es, dass der Starfighter zu einem Sicherheitsrisiko und zum sprichwörtlichen Pannenflugzug wurde. Bereits 1961 stiegen die ersten Starfighter der Bundeswehr in den Himmel. Und noch während die FIBAG-Debatte lief, stürzte das erste Flugzeug ab. Ende Juni 1962 debattierte der Bundestag über die Starfighter-Entscheidung – es sollten noch viele Debatten folgen. Das Flugzeug wurde zur Todesfalle seiner Piloten, und das mitten im Frieden. Bis 1966 gab es 47 Starfighter-Abstürze mit 26 Todesopfern, bis 1976 stiegen die Zahlen auf 177 Abstürze mit 80 Toten.[85]

Neben dem Entsetzen über die Todeszahlen, der Sorge über die Kampfkraft der Armee direkt am Eisernen Vorhang und den Zweifeln angesichts immer weiter steigender Beschaffungs- und Ausrüstungskosten wurde in der Öffentlichkeit auch die naheliegende Frage gestellt, ob dieses offensichtlich ungünstige Geschäft mit rechten Dingen zustande gekommen sei. Jedenfalls beschäftigte sich die Presse regelmäßig mit dem Dauerthema Starfighter, schon weil die Todesmeldungen dazu immer wieder Anlass gaben. Am 20. Januar 1965 bezeichnete der SPD-Abgeordnete Karl Wienand im Bundestag die Beschaffung als „Verschwendung“. Zu diesem Zeitpunkt führten die Kritiker die Fehlentscheidung noch auf Strauß' Hoffnung zurück, den Starfighter später atomar aufrüsten zu können, was mit den Modellen der Konkurrenz nicht möglich gewesen wäre.[86] Da die Bundesrepublik feierlich auf eigene Atomwaffen verzichtet hatte, war dieser Vorwurf skandalös genug.

Bestechungsvorwürfe tauchten ab Mitte der 1970er-Jahre auf. Die Vorwürfe kamen aus den USA. Sie standen in Zusammenhang mit Ermittlungen, die als „Business Watergate“ bekannt geworden sind. Die Watergate-Affäre bezog sich nämlich nicht nur darauf, dass Präsident Nixon 1972 die Wahlkampfzentrale seines Mitbewerbers um das Präsidentenamt hatte abhören wollen. Zusätzlich kamen vielfache Amtsmissbräuche der Regierung und ein dichtes Geflecht von Politik und Wirtschaft ans Licht. Ein wichtiger Teilaspekt waren massive Zahlungen amerikanischer Unternehmen an Politiker und Parteien im Ausland. Lockheed als großer Rüstungsexporteur geriet damals ins Visier der Ermittler. Der Flugzeugbauer hatte in vielen Ländern Politiker und Parteien mit Spenden und Schmiergeld unterstützt, darunter kurioserweise auch Kommunisten. Zudem war das Unternehmen 1971 mit öffentlichen Geldern vor dem Bankrott gerettet worden.

Vor einem Ausschuss des amerikanischen Senats platzte Ende 1975 eine auch für die Bundesrepublik relevante Bombe.[87] Der ehemalige Repräsentant Lockheeds in Bonn, Ernest F. Hauser, machte seine Aussage. Er behauptete, die CSU habe im Vorfeld der Starfighter-Bestellung einen zweistelligen Millionenbetrag erhalten, Minister Strauß sei also gekauft worden. Hauser belegte seine Aussagen mit eigenen Tagebucheintragungen und Briefen. Außerdem fügte er noch eine veritable Räuberpistole an: Als ein Beamter davon Wind bekam und drohte, die Opposition zu informieren, habe Strauß ihn entführen und mit einer Maschine von Lockheed in die USA verbringen lassen. Pikanterweise hatte es tatsächlich einst persönliche Verbindungen zwischen Hauser und Strauß gegeben. Beide lernten sich 1945 kennen, als Hauser Besatzungsoffizier in Bayern und Strauß Vizelandrat des Kreises Schongau gewesen war. Später war Strauß Trauzeuge und Taufpate in der Familie Hauser. 1961 soll Strauß bei Lockheed darum gebeten haben, Hauser als Cheflobbyisten nach Deutschland zu schicken. Lag hier also ein weiterer Fall bayerischer Spezlwirtschaft vor? Der Anschein sprach zunächst dafür.

Nun war der Kronzeuge trotz dieser Details aber wenig glaubwürdig – was selbst *Der Spiegel* von Beginn an einräumte. Denn Hauser war von Lockheed entlassen worden und wegen Untreue und Urkundenfälschung vorbestraft. Strauß selbst gab in einem Interview mit der Zeitung *Die Welt* später an, er habe Hauser Anfang der 1960er-Jahre 5.000 D-Mark geliehen. Den größten Teil der Summe habe Hauser nie zurückgezahlt, einen kleineren Teil habe dieser aber auf ein Konto der CSU zurück überwiesen.[88] Bald wurde klar, dass Hausers Aussagen aus der Luft gegriffen waren. Die von ihm vorgelegten Briefe über Provisionszahlungen stellten sich als Fälschung heraus. Eine von der sozialliberalen Bundesregierung eingesetzte interministerielle Arbeitsgruppe kam dann auch zu dem Ergebnis, die Vorwürfe gegen Strauß seien gegenstandslos.

Rund zwei Jahre später tauchte ein weiterer Verdacht auf. Die *Süddeutsche Zeitung* veröffentlichte am 14. Januar 1978 das Protokoll eines Mitschnitts von einem Telefonat zwischen Strauß und Wilfried Scharnagl, einem engen Vertrauten und damaligen Chefredakteur der CSU-Parteizeitung *Bayernkurier*. Der Inhalt nährte aufs Neue den Eindruck, Lockheed habe CSU-Politikern Bestechungsgelder gezahlt. Auch dieses Dokument erwies sich jedoch als teilweise Fälschung. Möglicherweise war sie von der ostdeutschen Staatssicherheit lanciert worden.[89] Aufs Neue setzte der Bundestag einen Untersuchungsausschuss ein. Die Untersuchungen zu Lockheed ergaben zwar, dass die Firma sehr intensiven Lobbyismus betrieben hatte. Doch der Ausschuss kam Anfang 1980 wiederum zu dem Ergebnis, die Bestechungsvorwürfe seien unbegründet.[90]

Wie bereits angedeutet, wurde kaum ein expliziter Korruptionsvorwurf gegen Strauß laut. Allerdings spielte die wahlkämpfende SPD im Sommer 1976 mit Andeutungen über Verbindungen zwischen Strauß und Lockheed. Es gab also nur indirekt eine Korruptionsdebatte – freilich konnte sich der Eindruck verstärken, in Politik und Wirtschaft gehe es nicht mit rechten Dingen zu. *Der Spiegel* berichtete immer wieder über die Vorwürfe, ohne sich ihnen anzuschließen. Bemerkenswert ist aber auch der Aufruf des Hamburger Blattes vom September 1976, die Wahlkämpfer sollten auf Korruptionsvorwürfe verzichten. „Das Risiko der Kampagne: Der Wähler hält alle für suspekt und bleibt zu Hause."[91] Solche Mahnungen sollten spätestens in den 1990er-Jahren extrem rar werden – und konsequent war die Veröffentlichungspolitik des Nachrichtenmagazins nicht, wenn es Strauß gleichzeitig als „Der Pate" porträtierte.

Dennoch: Blickt man auf den Verlauf der Lockheed-Enthüllungen in anderen Ländern, erschien die Bundesrepublik äußerst sauber. In Europa wurden die Niederlande am stärksten von der Affäre geschüttelt. Prinz Bernhard der Niederlande, Ehemann von Königin Juliana, hatte tatsächlich kriminelle Schmiergeldzahlungen von Lockheed genommen. Als ehemaliger Oberkommandierender am Ende des Zweiten Weltkriegs und aktueller Generalinspekteur der Streitkräfte hatte sein Wort großes Gewicht. Bernhard beging den Fehler, von Lockheed in einem Brief sein Schmiergeld einzufordern und damit das entscheidende Beweismittel selbst zu liefern. Die niederländische Regierung stand kurz davor, ein Strafverfahren gegen den Prinzen einzuleiten. Die Königin drohte daraufhin mit Rücktritt – eine veritable Staatskrise stand im Raum. Gelöst wurde das Problem durch einen Kotau des Prinzen. Im Gegenzug für ein öffentliches Schuldeingeständnis und den Rückzug aus militärischen und anderen Funktionen blieb dem Gemahl der Königin ein Verfahren erspart.[92] Weitere Politiker in Italien, Japan, Südafrika, Schweden und Mexiko konnten der Bestechlichkeit überführt werden. Dagegen nimmt sich die bundesdeutsche Episode des Lockheed-Skandals eher bescheiden aus. Allerdings hatte Lockheed in den USA wichtige gesetzgeberische Konsequenzen. Der Foreign Corrupt Practices Act von 1977 war eine direkte Reaktion auf Business Watergate. Er sollte ab den 1990er-Jahren weltweit Einfluss auf die Korruptionsdebatte erhalten.

Gegenmaßnahmen: Antikorruptionsreferat und Bestechungsparagrafen

Die Beschaffungsaffären bei der Bundeswehr blieben nicht folgenlos. Bereits 1957 forderte der Verteidigungsausschuss des Deutschen Bundestages die Veröffentlichung einer Liste der „Lobbyisten" mit Zugang zum Verteidigungsministerium – also so etwas wie ein Lobbyregister *avant la lettre*. Dieser Bitte um Transparenz kam das Ministerium auf der Hardthöhe allerdings nicht nach.[93] Man setzte stattdessen auf interne Maßnahmen. Wenig später führte der neue Verteidigungsminister Franz Josef Strauß eine finanzwirksame Regel gegen Beschaffungskorruption ein. Sollten sich Mauscheleien zwischen einer Firma und Beamten herausstellen, so würden die Firmen im Rahmen einer Konventionalstrafe zehn Prozent des Lieferpreises an das Ministerium entrichten. Allerdings wurde die Regel wenig später drastisch entschärft: Hatte die Firma ihre Angestellten darüber informiert, dass Geschenke rechtswidrig waren, beschränkte sich die Strafe auf die Hälfte der Jahresbezüge des bestechenden Mitarbeiters.[94]

Die wohl wichtigste Maßnahme der Hardthöhe war die Einsetzung einer besonderen Revisionsstelle im September 1957, eine sogenannte Untersuchungskommission unter Regierungsrat Karl Helmut Schnell. Zwei Jahre später wurde die Kommission in ein ordentliches Referat umgewandelt.

Dieses wertete die Ministeriumsleitung 1965 noch weiter auf: Es wurde aus der üblichen Abteilungsstruktur herausgelöst und wie eine Stabsstelle beim Stellvertreter des Staatssekretärs geführt. Die korrekte Bezeichnung lautete ab 1964 „Ermittlungen in Sonderfällen, Verhalten im Verkehr mit der Wirtschaft“. In der Öffentlichkeit war aber meist nur vom Antikorruptionsreferat die Rede. Der Arbeitsbereich wuchs über die Jahre deutlich – 1959 hatte das Referat fünf Planstellen, 1969 waren es elf. Ab 1964 hatte das Referat auch die Aufsicht über ein Dezernat des Militärischen Abschirmdienstes (MAD), also des Militärgeheimdienstes der Bundesrepublik.

Das Antikorruptionsreferat hatte zwei Aufgaben. Zum einen stellte es allgemeine Leitlinien zum Umgang von Bundeswehrangehörigen mit Unternehmensvertretern auf. Zum anderen sollten die Mitarbeiter konkreten Verdachtsmomenten über Bestechung und Betrug nachgehen. Das Referat hatte zwar keine staatsanwaltlichen Befugnisse, doch konnte es interne Ermittlungen durchführen und Akten einsehen. Erhärtete sich ein Verdacht, so sollte das Referat die Staatsanwaltschaft informieren und unterstützen sowie dienstrechtliche Maßnahmen einleiten. Auf den Tischen des Antikorruptionsreferats landeten zwischen 100 und 200 Fälle pro Jahr, 1966 sogar rund 500.[95]

Man kann diese Organisationseinheit durchaus als frühe Form einer Compliance-Abteilung ansehen, wie sie ab der Jahrtausendwende in vielen Unternehmen entstanden. Allerdings hatte das Antikorruptionsreferat eine Reihe von Besonderheiten. Am Anfang stand nämlich Adenauers Bitte aus dem Jahr 1957, das Verteidigungsministerium möge Unterlagen bereithalten, um im Fall von Enthüllungen in der Presse schnell reagieren zu können. Diese hatten offenbar während der Skandale um das Koblenzer Beschaffungsamt gefehlt. So war also eine von Adenauer beklagte PR-Panne der eigentliche Anlass für die Einrichtung des Referats.[96]

Bemerkenswert ist außerdem die personelle Kontinuität. Leiter dieses Arbeitsbereichs war bis 1969 Karl Helmut Schnell. Er durchlief die klassische Laufbahn vom Regierungsrat bis zum Ministerialrat und der Status seiner Arbeitseinheit wurde gewissermaßen parallel dazu nach oben angepasst, bis hin zum eigenständigen Referat. Man gewinnt den Eindruck, die jeweiligen Minister wollten Schnell um jeden Preis in seiner Funktion belassen. Seine Position und seine disziplinarischen Befugnisse nutzte er offensichtlich zum Aufbau einer enormen behördeninternen Machtposition. Nur so ist auch zu erklären, dass Helmut Schmidt als erster sozialdemokratischer Verteidigungsminister 1969 den Referatsleiter umgehend versetzte. Auf dieser Hierarchieebene ist ein solcher Personalaustausch nach Wahlen eher unüblich. Noch unüblicher ist, dass die Presse dies überhaupt berichtete und kommentierte.[97] In den 1980er-Jahren, nach der Rückkehr der Union an die Macht, machte Schnell weiter Karriere. Er brachte es bis auf einen einflussreichen Abteilungsleiterposten und wäre beinahe in den Rang eines Staatssekretärs aufgestiegen. In der Bonner Verteidigungsszene galt Schnell über Jahrzehnte als eine Art „graue Eminenz“, wie *Der* Spiegel 1989 feststellte.[98]

Wie ist Schnells Wirken zu beschreiben? Zu Beginn seiner Tätigkeit formulierte er eine Verhaltensvorschrift für Beamte und Soldaten im Umgang mit Privatfirmen. Die Bediensteten sollten den Kontakt mit Firmen auf Dienstliches beschränken, mit Firmenvertretern ausschließlich in Diensträumen verkehren und Begegnungen in „Vergnügungslokalen“ meiden. Firmenspenden an einzelne Truppenteile seien abzulehnen und Lobbyisten seien nicht zu internen Feiern zugelassen. Geschenke unbekannter Herkunft sollten dem Vorgesetzten ebenso gemeldet werden wie jeder Bestechungsversuch.[99] In einer internen „Belehrung“ von Soldaten, Beamten und Angestellten der Bundeswehr von 1960 wird ebenfalls die Annahme von „Vergünstigungen jeden Wertes“ durch Vertreter der Industrie verboten – ausdrücklich waren Kalender, Feuerzeuge sowie Bewirtungen oder kostenlose Autofahrten eingeschlossen.[100] Es ging bei diesen Compliance-Regeln also vor allem darum, schon im Vorfeld eindeutiger Bestechung halb privat gefärbte Begegnungen zu unterbinden. Auch erscheinen die Standards als sehr streng.

Bei der Verfolgung legten Schnell und das Antikorruptionsreferat allerdings eine selektive Haltung an den Tag. Ausdrücklich verwies er auf die politische Rolle seiner Einheit. Ermittlungen würden nur dann aufgenommen, wenn dies die politische Führung des Hauses wünsche; Informationen nur dann an andere Behörden oder die Öffentlichkeit gegeben, wenn dies dem Interesse des Ministeriums entspreche. Auch rühmte Schnell sich des unmittelbaren Vortragsrechts gegenüber Staatssekretären und Ministern. Mit anderen Worten: Schnell war nicht an den Dienstweg gebunden. Sein Auftrag lautete auch nicht, jedes Vergehen zu ahnden oder gar Transparenz herzustellen, sondern politischen Schaden von Bundeswehr und Ministerium abzuwenden. Das Antikorruptionsreferat sollte in erster Linie loyal zur politischen Führung des Hauses stehen.

Und in diesem Sinn handelte der Beamte. Legendär war Schnells Auftritt im Untersuchungsausschuss zur Aufklärung des HS-30-Schützenpanzer-Skandals im Jahr 1967, bei dem er nur extrem lückenhafte Informationen und Aufzeichnungen lieferte.[101] Aus der Sicht vieler Beteiligter torpedierte er damit die Ausschussarbeit willentlich. Mit Journalisten pflegte Schnell ein ambivalentes Verhältnis. Gelegentlich ließ er sich auf Unterredungen ein, wohl in der Hoffnung, Hinweise auf Unregelmäßigkeiten bei Beschaffungsstellen oder Rüstungsfirmen zu erhalten. Allerdings achtete er sehr genau darauf, wie die Redaktionen über die Bundeswehr berichteten. Er versuchte, Absprachen mit seinen Gesprächspartnern zu treffen, und brach in vielen Fällen Kontakte ab, wenn die Berichterstattung nicht seinen Vorstellungen entsprach.[102]

Einige Journalisten berichteten von angeblich extrem unorthodoxen Methoden Schnells. *Der Spiegel* behauptete, Schnell habe mit der US-Technologie-Firma Sperry Rand einen Geheimvertrag geschlossen, nachdem unlautere Praktiken des Unternehmens aufgefallen waren. Im Gegenzug für sein Stillhalten sollten die Amerikaner ihm berichten, falls Bestechungsgelder von Mitbewerbern gezahlt oder von Beamten verlangt würden. 1989 geriet Schnell dann nochmals ins Visier der Öffentlichkeit, kurz vor seiner Pensionierung. Nun berichtete *Der Spiegel*, der Beamte habe seit den 1970er-Jahren auf dubiosen Wegen Honorare und Anteile an einem Kleinverlag in Millionenhöhe erworben. *Der Spiegel* vermutete Betrug und Erpressung, doch stellte die Staatsanwaltschaft Regensburg das Ermittlungsverfahren bald ein.[103] Insgesamt wich die Rolle des Antikorruptionsreferats erheblich von derjenigen heutiger Compliance-Abteilungen ab. Man könnte Schnell geradezu als „Antitransparenzakteur" beschreiben.

Während das Antikorruptionsreferat schnell Wirklichkeit wurde, zogen sich die Beratungen zu einer Strafrechtsreform im Bereich Korruption über Jahrzehnte hin. Einer der Gründe hierfür mögen die Rahmenbedingungen gewesen sein: Seit den 1950er-Jahren gab es zwar intensive Beratungen über eine komplette Modernisierung des deutschen Strafrechts. Doch die Arbeit der Kommissionen erwies sich als langwierig. Erst 1969, kurz vor Ende der Großen Koalition, wurden die ersten zwei Änderungsgesetze verabschiedet, drei weitere folgten bis 1974. Ein weiterer Grund lag wohl auch darin, dass die Korruptionsparagrafen bei Juristen und Politikern als

„heißes Eisen“ galten und hier offenbar niemand einen Fehler begehen wollte. Jedenfalls war die Reform des Bestechungsverbots erst im letzten der großen Änderungsgesetze enthalten.

Wenn Juristen von Korruption sprechen, dann geht es letztlich nur um zwei Arten von Vergehen: Bestechung und Bestechlichkeit sowie Vorteilsgewährung und Vorteilsnahme von Amtsträgern. Seit dem Erlass des Reichsstrafgesetzbuchs 1871 sind diese Vergehen in den Paragrafen 331 bis 335 des Strafgesetzes geregelt (seit 2015 gibt es noch den zusätzlichen Paragrafen 335a). Korruption betraf also im juristisch engen Sinn nur Staatsdiener und jene, die sie bestachen. Im Recht des 19. Jahrhunderts waren tatsächlich nur Beamte gemeint – zwischen dem späten Kaiserreich und dem Nationalsozialismus erfolgte dann eine Ausweitung auf nicht verbeamtete öffentliche Amtsträger. Zwischen Vorteilsnahme und Bestechlichkeit besteht folgender Unterschied: Bei der Bestechlichkeit handelt der Amtsträger rechtswidrig und verschafft dem Bestechenden einen unrechtmäßigen Vorteil. Bei der Vorteilsnahme geht es um an sich korrekte Amtshandlungen, für die der Staatsdiener aber ein Geschenk erhält oder verlangt. Im Kern sind diese Grundgedanken bis heute erhalten geblieben, wenn sie auch im Lauf der Jahrzehnte ausgeweitet und verschärft wurden.

In der frühen Bundesrepublik tat sich gesetzgeberisch hier zunächst nicht viel. 1954 setzte die Bundesregierung die Große Strafrechtskommission ein, ein Gremium aus Wissenschaftlern, Richtern und Beamten, das sich mit der Modernisierung des deutschen Strafrechts beschäftigte und Vorschläge für Gesetze erarbeitete. Die Kommission widmete sich ab 1958 auch der Bestechung. Sie forderte eine Aufwertung der entsprechenden Paragrafen durch eine eigene Überschrift – „Bestechlichkeit und Bestechung“ – sowie einige Präzisierungen und Verschärfungen.

Die Experten diskutierten das Thema ganz ähnlich wie die Politiker ihrer Zeit und forderten einen besseren „Schutz der Reinheit des öffentlichen Dienstes“. Strafverschärfungen sollten dem „Schutz des Vertrauens der Allgemeinheit in diese Reinheit“ dienen.[104] Zugleich konstatierten sie, dass die Versuchungen der Beamten, vor allem aus der Wirtschaft, immer mehr zunähmen. Ganz einig war man sich über die Notwendigkeit von Verschärfungen aber nicht. Einige Sachverständige mahnten, man dürfe jene nicht bestrafen, die einen Amtsträger für eine korrekte Handlung beschenkten. Dies sei in der Bevölkerung kaum vermittelbar.[105]

Im Bundeskabinett standen die Beratungen über einen entsprechenden Entwurfstext am 18. Mai 1960 unter dem Eindruck der Affäre Kilb sowie anderer Strafurteile der letzten Monate. Adenauer und Strauß lehnten es vehement ab, Beamte, denen der Vorgesetzte die Annahme eines Geschenks zuvor erlaubt hatte, strafrechtlich zu belangen. Die immer schärferen Gerichtsurteile gegen Beamte, die Geschenke annahmen, sahen die Kabinettsmitglieder mit Sorge. Offenbar herrschte die Stimmung vor, man müsse die Staatsdiener vor einer übertriebenen Rechtsprechung schützen.[106]

Zwei Jahre später beriet der Bundestag einen weiteren Entwurf, der letztlich aber erst 1974 in Kraft trat. Hier lag der Schwerpunkt darauf, die Vorteilsannahme und die Gewährung von Vorteilen klarer zu ahnden. Letztlich setzten sich jene durch, die eine Verschärfung befürwortet hatten.

Der Fall Gerstenmaier

Wer sich in Bonn ein wenig auskennt, dem ist der „Lange Eugen" ein Begriff: ein markantes Bürohochhaus direkt am Rheinufer. Hier befanden sich bis zum Regierungsumzug Abgeordnetenbüros und Sitzungsräume des Deutschen Bundestages; hier war eine Herzkammer des politischen Bonn. Der Spitzname war nicht anzüglich gemeint – er verewigte den Vornamen jenes kleingewachsenen Politikers, der den von Stararchitekt Egon Eiermann entworfenen Bau veranlasst hatte. Trotz des berühmten Baus ist Eugen Gerstenmaier fast völlig vergessen. Dabei war er einer der prominentesten Politiker in den ersten zwei Jahrzehnten der Republik. Gerstenmaier war CDU-Mitglied der ersten Stunde, saß ab 1949 im Bonner Parlament, war mehrfach als künftiger Minister gehandelt worden. Vor allem stand er ab 1954 an der Spitze des Bundestags. Im Januar 1969 endete innerhalb von zwei Wochen und völlig überraschend seine Karriere. Ironie des Schicksals: Als der Lange Eugen im Februar 1969 eingeweiht wurde, war der „kleine" Eugen schon nicht mehr im Amt.

Gerstenmaier war über eine Affäre gestolpert, in der ihm Selbstbegünstigung vorgeworfen wurde. Der Begriff „Korruption" fiel nicht, aber der Vorwurf ähnelte dem, was etwa zehn Jahre früher den Beamten des Beschaffungsamts und des Verteidigungsministeriums vorgeworfen worden war. Nur ging es im Fall Gerstenmaier nicht um einfache Vorteilsnahme.

Der Bundestagspräsident hatte angeblich die Gesetzgebung der Republik zu seinen Gunsten beeinflusst.

Den Hintergrund bildete Gerstenmaiers Rolle im Dritten Reich. Der Unionspolitiker hatte alles andere als eine typische Biografie im politischen Bonn der Nachkriegszeit, zumal bei den bürgerlichen Parteien. Gerstenmaier war Teil des Widerstands gewesen. 1937 habilitierte sich der Theologe an der Universität Rostock, wurde aber wegen politischer Unzuverlässigkeit aus dem Berufungskarussell für eine Professur sofort aussortiert. Daraufhin arbeitete er bei der Verwaltung der evangelischen Kirche. Gerstenmaier machte die Bekanntschaft mehrerer Verschwörer des 20. Juli 1944 und wurde als deren Komplize verhaftet. Der Volksgerichtshof verurteilte ihn im Januar 1945 zu sieben Jahren Zuchthaus.[107]

Nach dem Krieg machte Gerstenmaier sich einen Namen als Integrationsfigur für jene Wähler der Union, die evangelischen Glaubens waren, sowie für die Vertriebenen. Zwar war Gerstenmaier selbst Schwabe, hatte aber nach dem Krieg das Evangelische Hilfswerk aufgebaut, das unter anderem den deutschen Kriegsflüchtlingen unter die Arme griff. Gerstenmaier hielt regelmäßig Grundsatzreden und profilierte sich als Vordenker der Union. Dabei zeigte er sich als erklärter Gegner des Sozialismus. Als Bundestagspräsident bemühte er sich, das parlamentarische Geschehen durch distinguierte Symbolik mit einer gewissen Würde zu versehen. Politisch versuchte er, die Rechte von Parlament und Fraktionen gegenüber der Regierung zu stärken – was Konrad Adenauer nicht immer guthieß. So rückte er machtpolitisch zunehmend aus dem Zentrum.

Mit seinen Reden bediente Gerstenmaier einen wichtigen Teil des kulturkonservativen Klientels der Union. Er forderte in seinen Reden häufig Bürger und Beamte auf, sich selbstlos in den Dienst am Staat zu stellen. Seine Beiträge waren einerseits geprägt von der Tradition der Überhöhung des Staates, andererseits von der Idee eines genügsamen Arbeitsethos', entsprechend seiner Sozialisation als schwäbischer Pietist. Gerstenmaier hatte sich für die Wiederbewaffnung der Bundesrepublik eingesetzt, lehnte stets die Anerkennung der DDR ab und erinnerte immer wieder an das Ziel der Wiedervereinigung. Er begründete die Tradition, die Bundesversammlung zur Wahl des Bundespräsidenten nach Westberlin einzuberufen, setzte also in dieser Frage auf eine konfrontative Symbolpolitik.

Schon Anfang der 1960er-Jahre war Gerstenmaiers Vergangenheit Thema öffentlicher Kontroversen. Hermann Ramcke, ein ehemaliger General, warf dem Bundestagspräsidenten vor, weder habe er im Widerstand gewirkt, noch habe er seine akademischen Titel rechtmäßig erworben. Möglicherweise stand dies im Zusammenhang mit einer Kampagne der Ostberliner Staatssicherheit, die schon früh Dossiers über Gerstenmaier anlegte und in Westmedien platzierte. Allerdings endete die Affäre mit dem Sieg Gerstenmaiers in einem Verleumdungsprozess.[108]

Der Stein des Anstoßes für die Vorwürfe von 1969 war ein anderer Vorgang, der unmittelbar hineinführt in die verdruckste Aufarbeitung der NS-Vergangenheit in der frühen Bundesrepublik. 1965 musste der Bundestag eine Novellierung des Gesetzes zur Entschädigung von NS-Opfern auf den Weg bringen, weil das Verfassungsgericht Teile der bestehenden Regeln verworfen hatte. Bereits ein Jahr zuvor hatte Gerstenmaier über einen Anwalt klären lassen, ob ihm als von den Nazis verhinderter Professor Entschädigungen zustünden, was damals von den zuständigen Behörden verneint wurde. Im Mai 1965 gelangten auf nicht ganz geklärtem Weg Regeln in den Gesetzentwurf, die während der Affäre im Januar 1969 als „Lex Gerstenmaier" bezeichnet werden sollten.

Der Spiegel behauptete, Gerstenmaier persönlich habe im Innenministerium und bei Bundestagsabgeordneten interveniert. Der Passus regelte die höchst seltene Konstellation aus der gerstenmaierschen Karriere. Wessen akademische Karriere kurz vor oder nach der Habilitation wegen politischer Unbotmäßigkeit gestoppt worden war, solle entschädigungsrechtlich so behandelt werden, als wäre er zum Professor ernannt worden. Das schloss Gehalts- und Pensionsansprüche ein und auch das Recht, den Titel „Professor" zu führen. Die im Gesetz eigens geregelte Konstellation war allerdings extrem selten. Bis Anfang 1969 gab es nicht mehr als fünf Fälle vergleichbarer Art. Der Grund dafür lag in der Gesinnung der akademischen Welt. Die meisten Hochschullehrer hatten nämlich den Nationalsozialisten sehr offen gegenübergestanden. Die Universitäten ließen sich bereits 1933 weitgehend freiwillig gleichschalten, vertrieben ihre jüdischen Kollegen binnen Wochen. Politisch „Unzuverlässige" kamen nur sehr selten bis zur Habilitation. Die Regelung wurde ohne öffentliche Aufmerksamkeit im Juli 1965 verabschiedet. Fortan trug Gerstenmaier den Professorentitel. Seine Entschädigung nach neuem Recht belief sich auf rund 250.000 D-Mark, ein Rekord.[109]

Diesmal informierte der *Stern* die Öffentlichkeit als Erster über die Vorgänge. Gerstenmaier reagierte schnell, aber in hohem Maß unklug. Fast sämtliche Kommentatoren urteilten, er sei letztlich über seine eigene Torheit gestolpert. Denn der Bundestagspräsident schaltete sofort auf Angriff und wies jede Kritik zurück. Die Bezüge stünden ihm als Opfer des Nationalsozialismus zu. Dabei machte er zwei kardinale Fehler: Zum einen verglich er seine Lage mit derjenigen der politischen Mitläufer in den Universitäten. Die seien Nazis gewesen und Ordinarien geworden. Nach dem Krieg seien sie bald wieder in Amt und Würden gekommen und bezögen dicke Pensionen. Es sei zudem ein Skandal, wie viele ehemalige Nazis im Staat heute das Sagen hätten. Zum anderen verstieg sich einer der obersten Repräsentanten des Staates zu einer Kritik am Rechtsstaat. Dass die Versorgungsämter von ihm Dokumente als Belege für seine abgebrochene Karriere verlangt hatten, verglich er mit Verhandlungen vor dem Volksgerichtshof.[110]

Das Kuriose an dieser Situation: Ähnliche Kritik am westdeutschen Staat kam zur gleichen Zeit durchaus in Mode. Die sogenannte APO, die außerparlamentarische Opposition der Studenten, kritisierte immer wieder die Kontinuität zwischen dem Dritten Reich und der Bundesrepublik. Ihre Exponenten scheuten sich nicht, Justiz und Verwaltung der Bundesrepublik als faschistisch zu beschreiben. Im Jahr zuvor hatte die Journalistin Beate Klarsfeld in einer spektakulären Aktion darauf angespielt. Am 7. November 1968 bestieg sie die Bühne des CDU-Bundesparteitags in Berlin, ohrfeigte Bundeskanzler Kiesinger und titulierte ihn als „Nazi" – Kiesinger war ab 1933 Mitglied der NSDAP gewesen. Diese Tat galt bei linksliberalen Medien wie dem *Spiegel* und bei vielen Angehörigen der jungen Generation als Großtat der Zivilcourage.

Gerstenmaier aber geriet mit seinen Aussagen zwischen alle Stühle. Tatsächlich argwöhnten viele seiner Parteifreunde, er habe mit seiner Kritik Bundeskanzler Kiesinger treffen wollen, weil der ihn auf seiner Kabinettsliste nicht berücksichtigt habe. Als Exponent einer dezidiert antikommunistischen Politik fand Gerstenmaier aber auch auf der linken Seite des politischen Spektrums keine Anerkennung. Vielmehr musste er sich vorhalten lassen, fürstlich abgefunden worden zu sein, während unzählige KZ-Insassen leer ausgegangen seien. Außerdem formulierte etwa *Der Spiegel* Zweifel an Gerstenmaiers Vergangenheit als Widerständler. Da Gerstenmaier sich uneinsichtig zeigte und das Presseecho eindeutig ausfiel, auch bei den konservativen Blättern, war der Bundestagspräsident schnell isoliert.[111]

Am 23. Januar 1969 erklärte er seinen Rücktritt. *Die Zeit* interpretierte sein politisches Ende so: Gerstenmaier sei „für viele Bürger dieses Landes zu einer negativen Symbolfigur geworden: der politische Pharisäer, der andere den strengen Dienst am Staat predigt, selber aber diesen Staat als Dienstleistungsinstitut benutzt, und der, dabei ertappt, sich neuerdings als Verfolgter gebärdet".[112] Dieser Kommentar zeigt aber auch, dass es im Fall Gerstenmaier nicht darum ging, eine generelle Selbstbedienungsmentalität der Politiker zu kritisieren. Es waren individuelle Umstände und Ungeschicklichkeiten, die Gerstenmaier sein Amt kosteten. Das unterscheidet die Debatte sehr deutlich von der Stimmung, die bei den Affären der 1990er-Jahre und später vorherrschte. Seitdem wurden solche Fälle meist als Beispiele für eine angeblich verkommene Politikerelite dargestellt. Diese Stimmung gab es in den späten 1960er-Jahren noch nicht. Und daran änderte selbst die folgenschwerste Korruptionsaffäre der bundesdeutschen Geschichte zunächst wenig.

Stimmenkauf im Bundestag: Geldner, Steiner, Wienand in der sozialliberalen Ära 1970–1973

Nur 247 Stimmen – zwei zu wenig. Nach einem kurzen Moment ungläubigen Staunens brandete Applaus im Bundestag auf. Es gab Jubelrufe für Bundeskanzler Willy Brandt. Versteinert dagegen die Miene von Rainer Barzel. Der Chef der Unionsfraktion war nur beinahe zum Bundeskanzler gewählt worden. An diesem 27. April 1972 hatten drei seiner Anhänger sich der Stimme enthalten, der als sicher geglaubte Aufstieg zum Regierungschef fiel aus. Die politische Karriere des erst Siebenundvierzigjährigen überschritt an diesem Tag ihren Zenit.

Die Unionsfraktion hatte wenige Tage zuvor ein konstruktives Misstrauensvotum beantragt. In diesem Verfahren wird der amtierende Bundeskanzler mit der Mehrheit der Abgeordneten abgewählt und ein neuer Regierungschef bestimmt. Vorsorglich hatte Barzel vor der Parlamentssitzung Fotos seines künftigen Kabinetts machen lassen. Auf Regierungsseite herrschte Nervosität. Nach etlichen Parteiaustritten hatte nämlich die sozialliberale Koalition keine Mehrheit mehr im Bundestag. Nachdem die Union den Misstrauensantrag stellte, wurden im Kanzleramt hektisch Akten vernichtet und verdiente Beamte befördert – was eben so passiert, wenn eine Regierung ihrem Ende entgegensieht.[113] Eine gestandene Sozialdemokratin, Gesundheitsministerin Käte Strobel, soll an dem Tag, der so bitter begann, in Tränen ausgebrochen sein.[114]

In der Bundestagsdebatte sprach Willy Brandt sehr emotional und beschwor sein politisches Erbe. Immerhin standen nicht nur das Amt, sondern auch die Ostverträge mit Polen und der Sowjetunion infrage, Brandts politisches Hauptwerk. Außenminister Walter Scheel unkte, die Mehrheit für Barzel sei auf Sand gebaut, und er stellte die moralische Legitimität dieses Regierungssturzes infrage. Damit spielte er auf die vielen Parteiübertritte zur Opposition an. Tatsächlich: Ein Geruch von Korruption lag schon vorher in der Luft. Nach der Sensation soll der sozialdemokratische Abgeordnete Horn Barzel ins Gesicht gerufen haben „Trotz Bestechung, trotz Bestechung."[115]

Rund ein Jahr später machten dann abenteuerliche Geschichten vom Stimmenkauf die Runde im politischen Bonn, Geschichten, die alles andere als aus der Luft gegriffen waren. Doch vorerst war nur klar: Willy Brandt bleibt im Amt. Zwar hatte die Regierung in diesem Moment keine Mehrheit mehr, doch bei den anschließenden Wahlen vom Herbst 1972 gewann die SPD. Zugleich begann der politische Abstieg des Rainer Barzel. Im Frühjahr 1973 verdrängte Helmut Kohl ihn von der Parteispitze. Ironischerweise endete Barzels politische Karriere elf Jahre später im Rahmen des nächsten Korruptionsskandals. 1984 trat er als Bundestagspräsident zurück, nachdem öffentlich der Eindruck entstanden war, er habe nach seinem Rücktritt als Parteivorsitzender eine vom Flick-Konzern finanzierte Scheinbeschäftigung aufgenommen.

Bestechungsvorwürfe und Korruption waren in der Geschichte der Bundesrepublik nicht selten. In der Regel hingen keine großen politischen Entscheidungen daran. Das war aber Anfang der 1970er-Jahre ganz anders. Ohne die damalige Serie von Bestechungen wäre die Geschichte anders verlaufen. Nichts weniger als die Kanzlerschaft Willy Brandts und die Entspannungspolitik mit den Warschauer-Pakt-Staaten standen auf der Kippe. Zunächst wurde sie (auch) durch Bestechung von Abgeordneten untergraben und anschließend mit ähnlichen Mitteln gerettet. Wichtigste staatspolitische Weichenstellungen wurden also durch Korruption manipuliert. Es ging um viel mehr als um die Steuerbefreiung eines Unternehmens wie später in der Flick-Affäre oder um den Verdacht der Begünstigung einzelner Firmen wie in der CDU-Spendenaffäre, um viel bedeutendere Fragen als den möglichen Anschein persönlicher Vorteilsnahme wie im Fall von Christian Wulff. Umso erstaunlicher, dass diese Affäre heute fast vergessen ist. Eine Erklärung ist sicher darin zu sehen, dass 1974 ein anderer Skandal Kanzler Brandt wirklich zu Fall brachte: Die Affäre um den Stasi-Spion Günter Guillaume.

Schon vor dem gescheiterten Misstrauensvotum entstand ein Geflecht unterschiedlicher Affären und Skandale. Sie alle rankten um die Frage, ob Abgeordnete des Bundestages käuflich waren. Zugleich kann man einiges über die Umgangsformen, aber auch Sorgen und Nöte von eher unbedeutenderen Parlamentariern lernen. Vor allem aber ist kaum zu übersehen, dass in dieser Phase mit allen Mitteln um die Macht gekämpft wurde.

Die Mission der Regierung Brandt

Die Bundesrepublik erlebte eine politische Zeitenwende. Nach der Bundestagswahl 1969 wurde überraschend Willy Brandt Bundeskanzler. Überraschend deshalb, weil die SPD nicht die stärkste Partei war. Deshalb reklamierte die Union wie selbstverständlich die Kanzlerschaft für sich. Doch FDP-Chef Walter Scheel hatte noch in der Wahlnacht gemeinsam mit Brandt die Bildung einer sozialliberalen Koalition beschlossen. Die erfolgsverwöhnte Union hielt das für wenig legitim. Nicht nur wegen der Stimmenverteilung, sondern auch, weil die Christdemokraten seit 1949 ununterbrochen den Kanzler gestellt hatten. Nicht ganz zu Unrecht rechneten sie ihrer eigenen Partei das Verdienst zu, die neue Republik aufgebaut, sie gegen innere Konflikte und äußere Feinde stabilisiert zu haben. Zentrale politische Weichenstellungen wie die soziale Marktwirtschaft und die außenpolitische Westbindung hatte Kanzler Adenauer gegen den Widerstand der Sozialdemokratie durchgesetzt. Zwar hatte die SPD mit diesen Entscheidungen seit Anfang der 1960er-Jahre ihren Frieden gemacht und seit 1966 in der Großen Koalition mit der Union am Kabinettstisch gesessen. Dennoch empfand die Union die Kanzlerwahl von 1969 als eine Art der Usurpation. Man rechnete fest damit, oder hoffte zumindest, die Regierung Brandt werde eine kurze Episode werden.

Ganz anders die Wahrnehmung im gegnerischen Lager. Die SPD hatte sich rund ein Jahrzehnt systematisch auf die Regierung vorbereitet. Zunächst einmal war 1959 auf dem Godesberger Parteitag klassenkämpferischer Ideologieballast abgeworfen worden. Spätestens seit diesem Zeitpunkt, eigentlich schon davor, stand die Sozialdemokratie voll hinter dem politischen Grundkonsens der Bundesrepublik und erkannte die Marktwirtschaft wie auch die Bundeswehr an. Willy Brandt galt seit der Bundestagswahl 1961 als jugendlicher Hoffnungsträger. Er trat als Kandidat auch 1965 und 1969 mit dem Anspruch an, die Republik zu modernisieren. Eine solche Modernisierung schien nötig angesichts einer an der Macht ausgelaugten Union. SPD und FDP nahmen 1969 für sich in Anspruch, dies umzusetzen.

Modernisierung konnte man einerseits technokratisch und wirtschaftspolitisch verstehen. So gestaltete SPD-Wirtschaftsminister Karl Schiller schon während der Großen Koalition eine neue Wirtschaftspolitik. Auf der Grundlage wissenschaftlicher Erkenntnisse sollte die wirtschaftliche Entwicklung staatlich geplant und gelenkt werden. Das galt als kühner und notwendiger Schritt in eine bessere Zukunft in einer Zeit, als Experten und auch viele Journalisten geradezu euphorisch die Überlegenheit rationaler Planung und Steuerung lobten. Allerdings beteiligte sich auch die Union an diesem Politikmodell – in Gestalt des zwischen 1966 und 1969 wieder am Kabinettstisch sitzenden Franz Josef Strauß, jetzt als Bundesfinanzminister. Als „Plisch und Plum“ führten Schiller und Strauß die neue Wirtschaftspolitik erstaunlich harmonisch ein, bevor sie wenige Jahre später grandios scheitern sollte. So weit modernisierte sich also auch die CDU/CSU.

Die Wirtschaftspolitik mit ihrer „mittelfristigen Finanzplanung“, der „konzertierten Aktion“, ließ indes nur die Augen von Experten leuchten. Modernisierung, das bedeutete am Ende der 1960er-Jahre für die Mehrheit der Bevölkerung etwas ganz anderes. Die späten 1960er-Jahre waren geprägt von einer gesellschaftlichen Aufbruchstimmung, sinnfällig geworden in den Studentenprotesten von 1968 gegen den Vietnamkrieg, gegen die Notstandsgesetze der Großen Koalition und gegen das Verschweigen der NS-Vergangenheit. So hart die Auseinandersetzungen waren, dies war nur die Spitze des Eisbergs. Tiefgreifende tektonische Verschiebungen in der Gesellschaft kündigten sich an – Prozesse, die man heute wahlweise als Liberalisierung oder als Wertewandel bezeichnet. Die sozialen und politischen Prioritäten verschoben sich, wenn auch langsam. Bislang akzeptierte politische und gesellschaftliche Autoritäten wurden infrage gestellt. Kritik an patriarchalisch auftretenden Familienvätern, an der Autorität von Religion und Kirche oder an Politikern schien vor allem der jüngeren Generation notwendig. Aufbruch machte sich in neuen Umgangsformen, neuen Kleidungsstilen, neuen Musikstilen bemerkbar. Gleiche Rechte für Frauen, die Belange der unterentwickelten Weltregionen und drohende Umweltverschmutzung waren Themen, die nun Aufmerksamkeit und bald in politischen Bewegungen Niederschlag fanden. Eine neue Form der Pädagogik wurde gefordert, die autoritäre Methoden durch mehr Verständnis für Kinder und Jugendliche ersetzen sollte. Eine neue Sexualmoral lag in der Luft. Die Kriminalisierung von außerehelichem Geschlechtsverkehr und von Homosexualität wurde massiv infrage gestellt. Die bisherigen Vorstellungen über das familiäre Zusammenleben erodierten, in Wohngemeinschaften probierten junge Leute neue Formen der Alltagsgestaltung aus. Immer mehr Westdeutsche forderten, sich der nationalsozialistischen Vergangenheit offensiv zu stellen, den „unsichtbaren Elefanten im Raum" zu benennen und die Täterschaft eines großen Teils der Älteren zuzugeben. Die Liste ließe sich fortsetzen. Jedenfalls sollte deutlich geworden sein, dass viele Bestandteile einer Gesellschaftsauffassung damals entstanden, die heute weitgehend Konsens geworden ist.

Zwar brauchten diese Entwicklungen zwei bis drei Jahrzehnte, aber der Impuls des Neuen spielte gewiss nicht der Union in die Hände. Zu diesem Zeitpunkt lehnten ihre Vertreter die meisten Veränderungen mit kulturkämpferischer Verve ab. Dagegen waren Willy Brandt und die SPD ideale Projektionsflächen für das neue Lebensgefühl. Als Regierender Bürgermeister von Berlin hatte Brandt 1963 den ungemein populären US-amerikanischen Präsidenten John F. Kennedy empfangen. Bereits damals sahen viele Beobachter große Ähnlichkeiten bei den zwei jungen Politikern. Sie repräsentierten einen zukunftsgewandten, offenen Politikstil, während der greise Adenauer anscheinend die Vergangenheit symbolisierte. Fortan setzte Brandt sich als eine Art „deutscher Kennedy" in Szene, wobei ihm sein Charisma sehr half.

Außerdem gab es hinter der Inszenierung eine unbestreitbar authentische Geschichte. Brandt als ehemaliger Widerstandskämpfer verkörperte in den Augen der jüngeren Generation das „bessere" Deutschland. Noch zu Beginn der 1960er-Jahre war es den Konservativen opportun erschienen, den ehemaligen Exilanten des Vaterlandsverrats zu bezichtigen. Der unehelich geborene Brandt konnte glaubhaft machen, sich für eine neue Familien- und Sexualmoral einzusetzen, war er doch Opfer unappetitlicher Andeutungen über seine Herkunft durch die Union geworden. Gerade nach 1968, als die Ungeduld in Teilen der Bevölkerung zunahm, war Brandt der wohl wichtigste Hoffnungsträger im politischen Personal der Republik, zumindest in der Sicht vieler Reformanhänger.

So schien der Machtwechsel 1969 ein Gebot der Stunde. Auch in der FDP gab es große Bereitschaft, neue politische Projekte zu beginnen. Dazu zählte die neue Ostpolitik, für die sich FDP-Chef Walter Scheel starkmachte. Aber der Anspruch ging zunächst noch weiter – nichts weniger als eine Art Umgründung der Republik hatten auch die Liberalen im Sinn. Seit ihrer Gründung hatte die liberale Partei einen längeren Weg zurückgelegt. Unmittelbar nach dem Krieg war sie noch ein Sammelbecken rechts- und nationalliberaler Kräfte gewesen. Doch unter dem Eindruck der gesellschaftlichen Veränderungen wurde Liberalismus nun stärker als Eintreten für bürgerliche Freiheitsrechte verstanden. Dies hatte sich ab den frühen 1960er-Jahren angedeutet, etwa als der Koalitionspartner FDP Franz Josef Strauß während der Spiegel-Affäre massiv kritisierte. Seit dem Bundesparteitag 1968 in Freiburg und den 1971 verabschiedeten „Freiburger Thesen" bekannte sich die Partei zum „sozialen Liberalismus" und zu gesellschaftlichen Reformen. Damit reagierte sie auf die Forderungen nach politischer Teilhabe, vor allem von jungen Leuten.

Dass die neue Regierung solche Forderungen willkommen hieß, fasste der frisch gewählte Bundeskanzler Brandt in seiner Regierungserklärung vom 28. Oktober 1969 in die berühmt gewordenen Worte, „mehr Demokratie wagen" zu wollen. Er fügte hinzu: „Wir haben so wenig Bedarf an blinder Zustimmung, wie unser Volk Bedarf hat an gespreizter Würde und hoheitsvoller Distanz" und „Wir brauchen Menschen, die kritisch mitdenken, mitentscheiden und mitverantworten."[116] Die Regierungserklärung bildete den Auftakt zu einem fieberhaft entwickelten Reformprogramm in der Finanz-, Rechts-, Sozial- und Außenpolitik. Neue Politikbereiche wie die Umweltpolitik wurden aus der Taufe gehoben. Viele glaubten, die bundesdeutsche Gesellschaft könne sich dank dieser Regierung aus den Verkrustungen der Vergangenheit befreien.

Der großen Euphorie eines Teils der Bevölkerung – und eines größeren Teils der liberalen Presse – standen aber auch Sorgen und Skepsis, ja Feindseligkeit gegenüber. Die Stimmenmehrheit der Koalition war knapp. Und die konservative Opposition leckte nicht nur ihre Wunden nach dem Machtverlust. Sie sah in den Zeichen des gesellschaftlichen Aufbruchs bedrohliche Gefahren für den sittlichen Zustand der Gesellschaft. Und auch auf dem Gebiet der Außenpolitik drohte die neue Regierung, eherne Grundsätze zu brechen.

Wie nur selten in der Geschichte der Bundesrepublik prägten außenpolitische Themen die Jahre um 1970. Als Westberliner Stadtoberhaupt hatte Brandt ab 1957 außenpolitische Erfahrung gesammelt. Hier hatte er bei aller Gegnerschaft zu Ostberlin immer pragmatisch auf Lösungen für die Betroffenen der Teilung hingearbeitet, etwa als er nach dem Mauerbau Besuchserlaubnisse aushandelte. Am Ende der 1960er-Jahre ging es schließlich um größere Themen. Als Außenminister der Großen Koalition entwickelte Brandt ein Programm zur Annäherung an die Staaten des Warschauer Pakts. Brandt und seine Berater wie Egon Bahr waren der Überzeugung, dass man mit realpolitischem Pragmatismus auf die Staaten des Ostblocks zugehen solle, um Vertrauen und Stabilität zu fördern. Dazu war man bereit, einstmals unverrückbare Positionen zu überdenken.

Hochumstritten war der Umgang mit den Ergebnissen des Zweiten Weltkriegs. Seit 1949 hatte die Bundesregierung die Ansicht vertreten, die DDR sei ein illegales politisches Gebilde. In der sogenannten Hallstein-Doktrin war verankert, Bonn unterhalte keine diplomatischen Beziehungen zu Ländern, die die DDR anerkennen. Auch wurden die Grenzen in Osteuropa nicht akzeptiert – im Sinn einer juristischen Fiktion galten die Grenzen Deutschlands aus dem Jahr 1937; das betraf in erster Linie die DDR und Polen.

Diese Positionen war die neue Regierung bereit aufzugeben, um engere Beziehungen zu den sozialistischen Staaten aufnehmen zu können. Im Moskauer und im Warschauer Vertrag erkannte die Bundesregierung 1970 feierlich die Grenzen Polens und der DDR an. Sie schloss die Anwendung von Gewalt zur Wiederherstellung der deutschen Einheit aus. Im Gegenzug akzeptierte die Sowjetunion offiziell die enge Bindung Westberlins an die Bundesrepublik. Das Transitabkommen mit der DDR von 1971 ermöglichte einen deutlich erleichterten Reiseverkehr in die ehemalige Hauptstadt. Im 1972 abgeschlossenen Grundlagenvertrag mit Ostberlin erkannte die Bundesrepublik die DDR als souveränen Staat an, freilich ohne sie als Ausland zu bezeichnen. Erst jetzt konnten beide Staaten Mitglied bei den Vereinten Nationen werden.

Dies alles war höchst umstritten. Die Gegner der Ostpolitik fürchteten, der Anspruch auf Wiedervereinigung werde leichtfertig verspielt. Sie gaben zu bedenken, dass man sich gegenüber den Diktaturen des Ostens willfährig zeige. Das Unrecht an den von der Sowjetarmee aus den Ostgebieten vertriebenen Deutschen werde vergessen. Die Unterdrückung in der DDR werde auf diese Weise akzeptiert. Hinzu kam ein gewisser Antikommunismus in der Bundesrepublik. So entstand der Vorwurf, die SPD sei noch immer in ihre klassenkämpferische Vergangenheit verstrickt. Die Sozialdemokraten würden mit ihren ideologischen Geschwistern im Osten Verabredungen zulasten der Allgemeinheit treffen. Dieser Vorwurf war aus zwei Gründen brisant. Zum einen war mit Herbert Wehner ein ehemaliger

Kommunist mit recht guten Kontakten nach Ostberlin in die Führungsriege der Partei aufgerückt. Zum anderen hatten sich die Studenten von 1968 auf den Marxismus berufen. Reform- und Ostpolitik zusammengenommen, konnten den Eindruck vermitteln, die Regierung drifte gefährlich nach links.

Die politische Gemengelage in den frühen 1970er-Jahren war also explosiv. Zwischen den euphorischen Anhängern der Erneuerung und den Verfechtern des Bewährten gab es polarisierte, hochemotionale Auseinandersetzungen. Es ging für die Beteiligten um viel – und gelegentlich wurden die Grenzen des Erlaubten überschritten. Davon zeugen auch die Korruptionsaffären der Jahre 1970 bis 1973.

Die Affären

Je nach Lesart kann man zwei große oder vier ineinander verschachtelte Skandale unterscheiden. Malt man mit dem breiten Pinsel, reduzieren sich die Vorgänge auf Stimmenkauf im Bundestag und die anschließende Aufarbeitung in der Öffentlichkeit.

Das Wahlergebnis von 1969 war knapp. Im Bundestag hatte die sozialliberale Koalition 254 Mandate, nur fünf mehr, als man für die Kanzlerwahl benötigte. Eine Reihe von FDP-Abgeordneten war von vornherein mit dem politischen Kurs ihrer Partei unzufrieden, vor allem in der Ostpolitik. Auch einige Sozialdemokraten wollten der Regierung nicht dauerhaft folgen. So kam es in den ersten Regierungsjahren zu Parteiübertritten, vor allem von FDP-Abgeordneten. Ein besonders prominenter Fall war der frühere Parteichef, Bundesminister und Vizekanzler Erich Mende, ein Nationalliberaler. Er trat im Oktober 1970 mit zwei weiteren Kollegen der Unionsfraktion bei. Auch die SPD blieb nicht verschont. Der Präsident der Landsmannschaft Schlesien, Herbert Hupka, wechselte im Februar 1972 zur Union. Insgesamt gingen der Regierung bis Ende April 1972 sechs Abgeordnete von den Fahnen – und dies war der unmittelbare Auslöser für den Misstrauensantrag des Rainer Barzel.

Schon früh gab es Gerüchte, bei den Parteiübertritten sei es nicht mit rechten Dingen zugegangen. Versprechungen, Begünstigungen und Geld aus der Union hätten eine Rolle gespielt. Die alten Kräfte versuchten mit allen Mitteln, ihre auf demokratischem Weg verlorene Macht zu retten, so die gängige Interpretation aufseiten der Koalition. Wir werden weiter unten sehen, dass diese Vorwürfe nicht ganz unbegründet waren. Das passte gut in die Selbstinszenierung einer Regierung, die ihre moderne und fortschrittliche Politik auch mit dem Zeitgeist begründete. Widerstand konnte nur aus sinisteren Motiven erfolgen und mit dubiosen Mitteln organisiert sein. Wegen der Parteiübertritte stand das Misstrauensvotum von Anfang an im Geruch des Illegitimen – sollte das Ergebnis der letzten Wahlen korrigiert werden?

Rund ein Jahr nach dem Votum wurde aber bekannt, dass der Sieg Brandts ebenfalls gekauft war. Mindestens zwei, möglicherweise auch drei Unionsabgeordnete ließen sich durch Geld dazu bewegen, in der geheimen Wahl mit Enthaltung zu stimmen. Auch wenn dies 1973 alles andere als bewiesen war – nach dieser Volte standen am Ende beide, Regierung und Opposition, in dem Verdacht, die Geschicke der Republik mit Stimmenkauf zu manipulieren. Erst die Öffnung der Stasi-Archive nach 1990 brachte mehr Klarheit: Es spricht viel dafür, dass der ostdeutsche Geheimdienst die Enthaltungen herbeiführte.

Den spektakulären Auftakt für die Korruptionsdebatten machte die Affäre Geldner vom November 1970. Der bayerische FDP-Abgeordneten Karl Geldner inszenierte ein politisches Husarenstück, um die Union der Korruption zu überführen. Nur wenige Wochen zuvor hatten die Parteiübertritte von Mende und anderen für Furore gesorgt. Geldners Version der Geschichte ist die eines Helden der Demokratie. Demnach sei er vom westfälischen Papierfabrikanten Anton Beyer aus der „National-Liberalen Aktion" angesprochen worden, einer Organisation des kürzlich aus der FDP ausgetretenen Abgeordneten Siegfried Zoglmann. Man habe ihm zwei Beraterverträge über insgesamt 400.000 D-Mark angeboten, wenn er zur CSU übertrete. Geldner versprach, weitere FDP-Leute mitzunehmen, so dass die Opposition die Kanzlermehrheit bekomme. Geldner traf sich nach der Vermittlung durch Beyer heimlich mit den CSU-Granden Richard Stücklen und Franz Josef Strauß. Von diesen forderte Geldner eine schriftliche Zusicherung, dass er langfristig über die CSU-Landesliste mit einem Bundestagsmandat abgesichert werde. Umgekehrt war er bereit, eine Übertrittserklärung zu unterzeichnen, die medienwirksam im gerade laufenden bayerischen Landtagswahlkampf verkündet werden sollte. Nach dem Gespräch begannen angeblich die CSU-Politiker Strauß, Stücklen und Friedrich Zimmermann schon damit, eine Liste für das neue Bundeskabinett zu erstellen. Am 6. November erhielt Geldner seinen Beratervertrag bei Beyer, am 12. November unterzeichneten Strauß und Geldner die Übertritts- und Garantieerklärungen, am 13. November verkündete Stücklen bei einem Wahlkampfauftritt in Nürnberg den Übertritt Geldners in die CSU.

Allerdings hatte Geldner im Vorfeld seine eigene Fraktionsführung in Kenntnis gesetzt, da er nie die Absicht hatte, aus der FDP auszuscheiden. Mit seinem Fraktionsvorsitzenden Wolfgang Mischnick und dessen Kollegen Herbert Wehner von der SPD verabredete er, zum Schein auf die Angebote einzugehen. Geldner verfasste ein Schreiben an den Bundestagspräsidenten, in dem er die Vorgänge darlegte. Den Brief hinterlegte er bei einem Notar, bis die Angelegenheit öffentlich wurde. Kurz nach Stücklens Nürnberger Auftritt ließ Mischnick die Sache auffliegen. Die CSU-Politiker standen als Manipulatoren und Korrumpierer da.[117]

Allerdings lagen die Dinge, wie oft in solchen Fällen, etwas komplizierter. Denn zum einen verband Geldner eine längere Beziehung mit Beyer. Der Unternehmer hatte Geldner bereits Jahre zuvor unter Vertrag genommen, auch wenn er bislang keine Honorare gezahlt hatte. Umgekehrt hat Stücklen wohl intern sofort mit Entsetzen reagiert, als er von den Beraterverträgen erfuhr. Vermutlich drängte er darauf, sie wieder zu lösen, allerdings ohne Erfolg. Freilich wollten sich die CSU-Leute ihren vermeintlichen Coup trotzdem nicht verderben lassen und hielten an dem Drehbuch fest. Später verbreitete die Passauer *Neue Presse* das Gerücht, Geldner sei nicht aus freien Stücken auf Mischnick und Wehner zugegangen. Die Fraktionsvorsitzenden hätten ihn mit einer Frauengeschichte zur Umkehr gepresst; tatsächlich hatte Geldner in Bonn eine außereheliche Affäre.[118]

„Beide Seiten haben den Vorfall benutzt, der Gegenseite schäbige und gesinnungslose Praktiken zu unterstellen", konstatierte *Die Zeit.*[119] Während Franz Josef Strauß Geldners Täuschung als Tiefpunkt der politischen Moral qualifizierte, sprach Mischnick von Notwehr gegen die unlauteren Methoden der politischen Gegner. Wie aufgeheizt die Stimmung war, zeigt eine Äußerung von SPD-Verkehrsminister Georg Leber wenig später. Er werde die Kalkulationen jener Unternehmen noch kritischer prüfen, die die CSU im Wahlkampf finanziell unterstützten und sich um Aufträge des Bundes bemühten.[120]

Im Herbst 1972 begann der zweite Akt des Korruptionsdramas. Nach dem Misstrauensvotum im April gab es zwar wilde Spekulationen, wer die Abweichler gewesen waren. Doch eine Korruptionsdebatte folgte zunächst nicht. Selbst *Der Spiegel* brachte keinerlei Manipulationsvorwürfe. Aber

Bundeskanzler Willy Brandt sorgte Ende September für einen kleinen Skandal. Mittlerweile war der Wahlkampf für vorgezogene Bundestagswahlen im Gang.

Auch hier lohnt wieder ein Blick auf die Kontexte – eine weiterhin angespannte Stimmung und Anzeichen für Probleme im Regierungslager. SPD-Finanzminister Karl Schiller trat Anfang Juli 1972 unter Protest über die Regierungspolitik zurück und warb unverhohlen für die Politik der Union. Herbert Wehner warf Schiller nun Nepotismus vor, denn der ehemalige Minister habe den Schwager seiner Frau zum Präsidenten der Bundesanstalt für Bodenkunde gemacht. Am anderen Ende des politischen Spektrums tauchte ein angeblicher Zeuge mit der Behauptung auf, Willy Brandt habe 1933 in Lübeck einen SA-Mann erstochen. CDU-Wahlkämpfer ließen durchblicken, Brandt habe im Fall einer Wahlniederlage vor, ins Ausland zu ziehen. Wieder stand der Verdacht des Landesverrats im Raum.[121] Jede Seite verglich einen möglichen Wahlsieg der anderen mit der späten Weimarer Republik. Franz Josef Strauß unkte, dies seien die letzten freien Wahlen in Deutschland, bevor der Linksradikalismus regiere. Die SPD sah die Union in einer Linie mit den Deutschnationalen. So viel Polemik wurde sogar dem *Spiegel* zu viel.[122]

In einem Interview mit dem Hamburger Nachrichtenmagazin sprach Brandt Ende September 1972 über die Erosion der Regierungsfraktionen und die Parteiwechsler. Dies war schließlich auch der Grund für die Neuwahlen – die Regierung besaß tatsächlich keine Mehrheit mehr im Parlament. Die Frage des Journalisten, ob bei den Parteiwechseln Korruption eine Rolle gespielt habe, bejahte Brandt mit knappen Worten.[123] Sofort erhob sich ein Sturm der Entrüstung. Opposition, große Teile der Presse und Bundestagspräsident Kai-Uwe von Hassel forderten Belege für den als ungeheuerlich empfundenen Vorwurf oder ein Dementi. Selbst *Die Zeit*, eigentlich eine treue Anhängerin der Regierungspolitik, distanzierte sich deutlich von Brandts Vorwurf und lobte im Gegenzug die Hartnäckigkeit des Parlamentspräsidenten von der Union, der um Anständigkeit im Wahlkampf bemüht sei.[124]

Nun suchte die SPD hektisch nach Belegen. Brandt versicherte in einem Gespräch mit von Hassel, unter Korruption verstehe er nicht ausschließlich Schmiergeldzahlungen, sondern Versprechungen aller Art. Dann bot die SPD zwei Zeugen auf, Hans Bardens und Günther Metzger. Glaubt man Metzger, dann enthüllte ihm sein Fraktionskollege Günther Müller, der

1972 zur CSU wechselte, man habe Müller einen sicheren Platz auf der Landesliste und eine Professur für Geschichte an der Universität Regensburg versprochen. Bardens wiederum berichtete, er wisse durch einen Hotelmitarbeiter von einem heimlich abgelauschten Treffen zwischen Strauß und dem FDP-Abgeordneten Siegfried Zoglmann im Jahr 1970. Sie hätten verabredet, vier bis acht liberale Fraktionsmitglieder mit gut bezahlten Beraterverträgen und sicheren Listenplätzen zur CSU zu locken. Als die Debatte drohte, sich gegen die Union zu wenden, brach von Hassel seine Nachforschungen eiligst ab.[125] Außenminister Scheel ging vorsichtig auf Distanz zum Kanzler, nicht in der Sache, aber in der Wortwahl. Statt von Korruption spreche er lieber von „politischer Sittenverderbnis" und „politischer Täuschung" durch die Union.[126]

Die meisten professionellen Beobachter aus Presse und Politik glaubten, die Korruptionsdebatte schade massiv der SPD.[127] Das Reizwort Korruption war immer noch tabu. Obwohl der Wahlkampf ohnehin den Charakter einer Schlammschlacht besaß, fürchteten viele sich vor allem vor der Korruptionsdiskussion. Offenbar hatte der Korruptionsvorwurf mehr Sprengkraft als der Vorwurf des Landesverrats oder derjenige, eine Diktatur errichten zu wollen. Doch die Wähler sahen es anders. Entweder sie glaubten Brandt oder die Vorwürfe waren zweitrangig. Jedenfalls fuhr Brandt am 19. November 1972 einen triumphalen Sieg ein. Erstmals wurde die SPD stärkste Fraktion. Bei einer Wahlbeteiligung von 91 Prozent kam die SPD auf fast 46 Prozent der Stimmen – das beste Ergebnis aller Zeiten für die bundesdeutsche Sozialdemokratie. Im Bundestag verfügte die Koalition nun über 271 zu 255 Stimmen. Das Bangen um Mehrheiten war damit Vergangenheit. Ostpolitik und innere Reformen konnten fortgesetzt werden.

Freilich holten Korruptionsvorwürfe auch die neue Regierung wieder ein, und zwar in Gestalt der sogenannten Steiner-Wienand-Affäre. Auslöser war Julius Steiner. Der CDU-Bundestagsabgeordnete schied Ende 1972 aus dem Parlament aus. Anfang Juni 1973 meldete er sich zu Wort, zunächst im *Spiegel*.[128] Er sei einer der Verräter beim Misstrauensvotum gewesen. Zunächst behauptete er, Gewissensgründe hätten ihn dazu genötigt. Wenige Tage später präsentierte er eine andere Geschichte. Der Fraktionsgeschäftsführer der SPD, Karl Wienand, habe ihm 50.000 D-Mark in bar für seine Enthaltung geboten. Das alles sei bei einem Treffen eingefädelt worden, zu dem der vormalige SPD-Abgeordnete Hans-Joachim Baeuchle

Wienand und ihn selbst nach Hause ins baden-württembergischen Schelklingen eingeladen habe. Natürlich schlug diese Nachricht ein wie eine Bombe, obwohl Steiner ein Glaubwürdigkeitsproblem hatte. Denn er galt als Alkoholiker, als notorischer Wichtigtuer und politisch nur mäßig erfolgreich. Zudem war bekannt, dass er in den 1950er-Jahren für den Verfassungsschutz in Baden-Württemberg, später für den Bundesnachrichtendienst gearbeitet hatte. Zudem gab er an, sich zum Schein auch bei der Auslandsaufklärung der Staatssicherheit verpflichtet zu haben. Außerdem tauchte er nach seinen Anschuldigungen für eine längere Zeit unter und wohnte in einem österreichischen Hotel. Der Aufenthalt wurde von der Zeitschrift *Quick* finanziert, die auch Steiners Aussagen publizierte. All dies machte ihn nicht gerade zu einem überzeugenden Ankläger.

Wienand leugnete und wurde dabei von seiner Fraktionsführung unterstützt. Ein sogleich eingesetzter Untersuchungsausschuss versuchte, die Umstände aufzuklären. Im Ausschuss bestätigte Baeuchle das Treffen in seinem Haus, nicht aber die Vorwürfe gegen Wienand. Auch Baeuchle erschien als windige Gestalt mit hohen Schulden und einem zweifelhaften Ruf hinsichtlich seiner Amtsführung als Bürgermeister von Schelklingen. Zudem stellte sich heraus, dass die Angaben Steiners über die angebliche Geldübergabe nach der Misstrauensabstimmung nicht stimmen konnten. Wienand hatte entgegen Steiners Schilderung sein Büro an diesem Tag nicht mehr betreten. Sogar Steiners Beschreibung von Wienands Sekretärin glich der Vorzimmerdame nicht. Dennoch sprachen einige Indizien auch für ihn. So hatte Wienand bereits vor der Abstimmung im Abgeordnetenhochhaus Bierfässchen aufbauen lassen, angeblich um hinterher feiern zu können. Woher war diese Zuversicht gekommen? Und Steiner zahlte am Tag nach dem Misstrauensvotum nachweislich 50.000 D-Mark auf sein Konto ein – Herkunft unbekannt. Der Untersuchungsausschuss konnte bis zum Ende seiner Arbeit im März 1974 dennoch nichts weiter feststellen, als dass die Bestechungsvorwürfe unbeweisbar blieben.[129]

Nun sollte man erwarten, dass die Sozialdemokratie aus dieser Affäre gestärkt hervorging. Doch dem war nicht so. Das Problem lag vor allem in der Person Wienands. Der Fraktionsgeschäftsführer galt als gewiefter Strippenzieher und man traute ihm den Stimmenkauf allgemein zu. Denn Wienand hatte in einer älteren Affäre offenbar die Unwahrheit gesagt und sich finanzielle Vorteile verschafft. Zwar stützte Fraktionschef Wehner ihn fast bedingungslos, doch im Grunde war Wienand längst politisch angezählt. Wienands Rücktritt am 30. August wurde von vielen erwartet und war mancher Zeitung am Ende nur noch eine kurze Notiz wert.

Das kam so: Ausgangspunkt war eine der größten Tragödien im Flugverkehr der bundesdeutschen Geschichte. Am 6. September 1971 gerieten die Triebwerke einer Maschine der deutschen Minifluggesellschaft Paninternational in Brand, nur wenige Minuten nach dem Start in Hamburg. Der Pilot machte eine Notlandung auf der Autobahn A 7. 22 Menschen starben und Dutzende wurden verletzt. Wie sich bald herausstellte, war statt Wasser Kerosin in die Kühlanlagen der Triebwerke gepumpt worden. Der Grund dafür war Schlamperei bei der Wartung der Maschine. Dahinter steckte offenbar Methode: Das Luftfahrtbundesamt hatte die vor wenigen Jahren gegründete Airline viel zu lax kontrolliert, so dass der Schlendrian Einzug gehalten hatte. Offenbar war die Firma schon seit längerer Zeit unter Beobachtung und es drohte ihr wegen Fehlern im Betriebsablauf ein Entzug der Genehmigung. Das Unglück hätte also leicht verhindert werden können, fragte sich nur, warum die Luftfahrtbehörde so lange gezögert hatte.

Hier kam der Verdacht gegen Wienand ins Spiel. Am Beginn der Affäre erklärte er noch, den Namen Paninternational habe er zum ersten Mal in der Zeitung gelesen. Bald stellte sich heraus, dass Wienand eng mit der Airline verbunden war und das Personal zum Teil persönlich kannte. In seinem Bundestagsbüro fanden Gespräche zwischen der Geschäftsleitung, dem Verkehrsministerium und dem Luftfahrtbundesamt statt – womöglich, um die Betriebsgenehmigung trotz der Bedenken zu verlängern. Obwohl ihm dies niemand vorgeworfen hatte, erklärte Wienand vor dem Paninternational-Untersuchungsausschuss des Bundestages im März 1972, er habe keinen Beratervertrag mit der Firma. Entgegen früheren Behauptungen habe er zwar Geldzahlungen von rund 160.000 D-Mark von der Airline erhalten, doch seien das Rückzahlungen von Privatkrediten gewesen. Am Ende der Ausschussarbeit im September 1972 stellten die Abgeordneten fest, dem Verkehrsministerium sei kein Fehler nachzuweisen; illegale Absprachen konnten nicht belegt werden. Es blieb aber der Eindruck, Wienand nehme es mit der Wahrheit nicht genau und nutze seine politische Rolle für Begünstigungen und persönliche Bereicherung.[130]

Ende 1973, die Arbeit im Steiner-Wienand-Ausschuss war in vollem Gang, holte die Paninternational-Affäre Wienand wieder ein. Mittlerweile interessierte sich die Steuerfahndung nämlich für die angebliche Kreditrückzahlung. Nach einigem Hin und Her erreichte die Bonner

Staatsanwaltschaft im Dezember 1973 die Aufhebung von Wienands Immunität und die Erlaubnis, sein Abgeordnetenbüro zu durchsuchen. Dabei wurden mehrere Ordner mit der Aufschrift „Paninter" beschlagnahmt. Im Sommer 1974 packte dann der ehemalige Paninternational-Geschäftsführer aus und gab zu, Wienand habe Honorare von der Fluggesellschaft bezogen. Die Fahnder fanden insgesamt eine halbe Million Mark auf Wienands Konten mit ungewisser Herkunft. Damit gerieten auch seine Angaben in der Korruptionsaffäre erneut ins Zwielicht.[131] Dies war die Konstellation, in der Wienand von seinen politischen Funktionen zurücktreten musste.

Gleichwohl ebbte die Korruptionsdebatte ab, denn mittlerweile beanspruchten andere Ereignisse die politische Aufmerksamkeit. Am 6. Mai 1974 war Willy Brandt vom Amt des Bundeskanzlers zurückgetreten, weil in seinem Umfeld der Stasi-Spion Günter Guillaume enttarnt worden war. Helmut Schmidt war sein Nachfolger. In vielerlei Hinsicht herrschte nun ein anderer Ton. Auf den charismatischen Brandt war ein sich betont nüchtern gebender Pragmatiker gefolgt. Das reduzierte auch den Bedarf an emotionalisierter Auseinandersetzung. Ab Mitte der 1970er-Jahre rückten die Parteien außerdem im Angesicht des RAF-Terrors wieder enger zusammen. Erst zu Beginn der 1980er-Jahre sollte Bonn wieder in einer Korruptionsaffäre versinken.

Es bleibt noch zu klären, was wirklich passierte, wer wen bestach. Eine definitive Antwort hierauf gibt es nicht, aber es gibt Hinweise und Indizien aus dem Reich des untergegangenen Auslandsgeheimdienstes der DDR. Alles spricht dafür, dass 1972 tatsächlich Julius Steiner und der CSU-Abgeordnete Leo Wagner jeweils 50.000 D-Mark erhielten, und zwar von der Stasi mit dem Auftrag, sich beim Misstrauensvotum der Stimme zu enthalten. Ostberlin fürchtete um die Zukunft der Entspannungspolitik. Über einen Informanten erfuhr die Stasi, dass Wagner finanzielle Probleme hatte. Allerdings gibt es hierüber keine schriftlichen Dokumente, sondern nur Zeugenaussagen ehemaliger Geheimdienstmitarbeiter sowie ein finanzielles Indiz: Wagner hat nachweislich im Jahr 1972 50.000 Mark aus unbekannter Quelle erhalten, das stellte sich in einem Prozess wegen Kreditbetrugs acht Jahre später heraus. Spätestens 1976 war Wagner dann auch tatsächlich ein regelmäßiger Informant der Stasi. Allerdings ist unklar, ob er davon wusste oder unbewusst abgeschöpft wurde. Auch zur Rolle Steiners beim Misstrauensvotum gibt es keine direkten schriftlichen Unterlagen, jedoch ist belegt, dass er in den 1960er- und 1970er-Jahren als informeller Mitarbeiter geführt wurde. Ein weiteres Indiz lieferte Erich Honecker. Er behauptete im Mai 1972 in einer Unterredung mit dem rumänischen Machthaber Nicolae Ceauşescu, die DDR habe vor dem Misstrauensvotum Maßnahmen getroffen, um die Regierung Brandt zu stützen, da man eine CDU-Regierung verhindern wollte. Gleichwohl bleibt die Frage unbeantwortet, welche Person die dritte Enthaltung in die Wahlurne des Bundestages geworfen hat. Spekuliert wird zum einen über die CSU-Bundestagsabgeordnete Ingeborg Geisendörfer, die eine heimliche Befürworterin der Ostpolitik gewesen sei und die in einem Interview erklärte, die Stimmenthaltungen seien moralisch nicht anrüchig. Daneben wird der Name des damals gerade aus der FDP ausgetretenen Abgeordneten Wilhelm Helms genannt, der angeblich finanzielle Probleme hatte. Alle Beschuldigten haben die Vorwürfe indes zurückgewiesen.[132]

Pragmatismus und Empörung: die politische Bewertung

Karl Wienand, parlamentarischer Geschäftsführer der SPD-Fraktion, darf man getrost eine dubiose Figur nennen. Seine Begegnungen mit der Justiz endeten nicht mit der Verurteilung wegen Steuerhinterziehung von Paninternational-Honoraren im Jahr 1975. Nach der Öffnung der Stasi-Akten enttarnten Fahnder Wienand als Auslandsmitarbeiter der Staatssicherheit. 1997 wurde er wegen Spionage für die DDR zu zweieinhalb Jahren Haft und einer hohen Geldbuße verurteilt. Offenbar vermittelte Wienand außerdem Geschäftskontakte zwischen Ostberlin und bundesdeutschen Unternehmern, wofür er auch Provisionen erhielt. In den 1990er-Jahren war Wienand zu allem Überfluss in den Kölner Müllskandal verwickelt. Er nahm Schwarzgelder in Millionenhöhe von dem Unternehmer Trienekens an und sorgte mit dafür, dass dieser den Zuschlag für den Bau einer Müllverbrennungsanlage erhielt. Wiederum musste er ein hartes Gerichtsurteil hinnehmen: 2004 erhielt Wienand zwei Jahre Gefängnis auf Bewährung.

Wienand verstand sich als eine Art Techniker im Maschinenraum der Politik. In den frühen 1990er-Jahren hat er einem Journalisten Auskunft über sein Rollenverständnis als SPD-Fraktionsgeschäftsführer gegeben. Daraus wurde ein Buch, aus dem die Informationen für die folgenden Passagen stammen.[133] Als Weggefährte Helmut Schmidts erhielt er unter der Großen Koalition 1966 den Posten als Geschäftsführer. Er hatte die

Aufgabe, fernab der Öffentlichkeit die sozialdemokratische Parlamentariergruppe zusammenzuhalten, weniger in inhaltlichen Fragen als organisatorisch. Dabei nutzte ihm offenbar ein extrem gutes Gedächtnis für Personen und ihre Meinungen, aber auch seine leutselige Art.

Wienand behielt seinen Posten nach dem Regierungswechsel von 1969 bei. Er stand nun unter besonderem Druck, weil die Regierungsmehrheit so knapp war und Fraktionschef Wehner von ihm erwartete, dass er ihm den Rücken freihielt. Wienand war für die gute Stimmung in der Fraktion zuständig. Dafür erhielt er Anteil an der Macht, war in die Beratungen der engsten Regierungs- und Koalitionszirkel eingebunden, bestimmte die Rednerliste für die Plenardebatten und bezog ein Gehalt in der Höhe von Bundesministern. Für die Fraktionsmitglieder war Wienand der Zerberus am Eingang zu Herbert Wehners Büro. Wer als Abgeordneter mit einem Anliegen zu Wehner wollte, musste über Wienand den Termin machen. Und das nutzte der Geschäftsführer für seine eigene Agenda. Wehners Stimmung sank meist im Tagesverlauf. Wollte Wienand einen Abgeordneten und sein Thema fördern, machte er einen ganz frühen Termin, war er skeptisch, wurde man erst am Nachmittag zu dem dann grantelnden Wehner vorgelassen. Bei Brandt war es offenbar umgekehrt, da fanden die angenehmen Termine nachmittags statt.

Offenbar sah Wienand sich als politisches Schlitzohr, das jenseits des hochtönenden Reformpathos der Regierung die entscheidenden Kniffe für politischen Erfolg kannte. Er reklamierte für sich die Idee, Karl Geldner als Lockvogel zum Schein auf das Übertrittsangebot der CSU eingehen und die Sache dann auffliegen zu lassen.

Wienand informierte sich sehr genau über die Sorgen und Nöte der Mandatsträger, darunter Ehekrisen und Gesundheitsprobleme. Wo er gekonnt habe, habe er zu helfen versucht. Seine größte Herausforderung waren die Parteiwechsler. Nach eigenen Angaben führte Wienand ununterbrochen Gespräche mit den Wackelkandidaten, bot alle psychologischen Tricks auf, um sie zu halten. In den frühen 1970er-Jahren habe er häufig Geschichten über finanzielle Probleme gehört. Nach der Affäre Geldner sei unter Hinterbänklern eine mehr oder weniger offene Diskussion über den Preis des Wohlverhaltens ausgebrochen. Stimme man nicht mit der Regierung, verliere man den Listenplatz, werde vielleicht auch nicht mehr als Landrats- oder Bürgermeisterkandidat aufgestellt. Damit könne man gut und gerne 400.000 D-Mark verlieren. Der Fraktionsspitze waren diese

Diskussionen bekannt und man sah sie wohl nicht ungern wegen ihrer disziplinierenden Wirkung.

Schon kurz nach den Ereignissen wurde der Fall des FDP-Abgeordneten und Landwirts Wilhelm Helms bekannt. Helms war am 23. April 1972 aus der FDP-Fraktion ausgetreten. Dieser Wechsel hatte die Union veranlasst, das Misstrauensvotum einzubringen. Mit Helms hatten wohl im Vorfeld beide Lager Gespräche geführt, in deren Verlauf der Landwirt auf seine schlechte wirtschaftliche Lage hinwies. Willy Brandt soll angedeutet haben, das Problem könne man lösen. Medien berichteten später, Helms habe seinen Fraktionswechsel gegenüber Brandt gerechtfertigt mit den Worten „Ich kann doch nicht anders, mein Hof, mein Hof" – ein Satz den Helms selbst dementierte. Als Willy Brandt ihn in seinen Memoiren zitierte, ging Helms dagegen gerichtlich vor.[134]

Nach Wienands Angaben fanden auch Gespräche mit Abgeordneten der Gegenseite statt. Julius Steiner habe verklausuliert angeboten, für die Ostverträge zu stimmen. Deshalb habe er sich mit ihm getroffen, jedoch kein Geld angeboten. In den Tagen und Stunden um das Misstrauensvotum sei es hoch hergegangen. Wienand behauptete, er habe zunächst zwei SPD-Abgeordnete davon abhalten müssen, für Barzel zu stimmen.

Wienand gab in Gesprächen mit seinem Biografen Gerd Lotze zu, dass im Umfeld des Misstrauensvotums nicht alles mit rechten Dingen zugegangen sei. Er behauptete aber, froh gewesen zu sein, dass der Verdacht sich auf Steiner richtete, weil er den nun wirklich nicht bestochen habe. Ein nicht genannter anderer Fall dagegen hätte ihn wirklich in Bedrängnis bringen können. Gleich, ob das der Wahrheit entspricht oder Ausdruck von Wichtigtuerei ist: Solche Sentenzen zeigen das Selbstverständnis eines Mannes, der die Schmuddelarbeit im Dienst einer höheren Sache – nämlich der Ostverträge – gemacht haben wollte.[135]

Nun ist die Selbstdarstellung eines verurteilten Straftäters die eine Sache, eine andere Sache ist, ob solche Selbstdeutungen Anerkennung finden. Erstaunlicherweise finden sich Hinweise darauf, dass Wienand in den 1970er-Jahren mit viel Verständnis rechnen konnte. Der bemerkenswerteste Text in dieser Hinsicht ist ein Kommentar von Rudolf Augstein vom Juni 1973, aus einer Zeit also, als die Bezichtigungen Steiners im Raum standen. Einerseits erklärte der Chef des *Spiegels*, Stimmenkauf sei absolut inakzeptabel und unmoralisch. Er warf Wienand zudem vor, die Öffentlichkeit belogen zu haben, vor allem im Paninternational-Ausschuss.

Augstein kritisierte die SPD-Führung dafür, Wienand nicht schon längst fallen gelassen zu haben. Wienand selbst forderte Augstein gegen Ende des Textes unverhohlen zum Rücktritt auf. Und dennoch verteidigte Augstein Wienands Verhalten auf einer moralischen Ebene. Bestechlichkeit sei weitverbreitet. Und vor allem: Es sei moralisch nichts dagegen zu sagen, wenn Wienand „für diese Regierung" Dinge getan habe, die „am Rande der Legalität" lagen – und für die andere sich zu fein gewesen seien. „Wienand ist, man muß es kurioserweise zugeben, ein ehrenwerter Mann." Nun solle er mit seinem Rücktritt ein letztes Opfer bringen: „Hätte er tatsächlich durch [...] Korruption [...] die Regierung Brandt/Scheel gerettet – wäre das etwa kein Opfer wert?"[136]

Dieser Kommentar wirft ein Licht auf eine auch von den Medien geführte politische Auseinandersetzung, in der der Moral unterschiedliche Facetten abgewonnen wurden. Der Zweck konnte also unter Umständen die korruptiven Mittel heiligen. Wenn es aber ruchbar wurde, durfte der stille Held nicht mit publizistischer Schonung oder Fortsetzung seiner Karriere rechnen. Unausgesprochenes Motto: Wer sich erwischen lässt, der ist selbst schuld. Korruptionsbekämpfung, so könnte man den Text lesen, ist etwas für die Schauseite der Politik. In Wahrheit ist Bestechung gang und gäbe und es gibt auch keinen Bedarf, systematisch etwas dagegen zu tun.

Nun blieb dieser Kommentar nicht unwidersprochen – in der Fernsehsendung „ZDF-Magazin" warf der für seine konservative Haltung bekannte Moderator Gerhard Löwenthal Augstein vor, Korruption im Dienst des Machterhalts der Brandt-Regierung zu rechtfertigen.[137] Doch auch andernorts gab es unter Journalisten Verständnis für die Tätigkeit des Fraktionsgeschäftsführers. Obwohl er die Vorgänge teilweise deutlich ernster bewertete, zeichnete auch der *Zeit*-Journalist Rolf Zundel ein positives Bild Wienands, der stets seiner Partei gegenüber loyal, seinen Kollegen hilfsbereit begegne und im Hintergrund jene „Drecksarbeit" mache, die jede Regierung benötige.[138] An anderer Stelle findet sich voll Hochachtung der Hinweis, Wienand sei Profi genug, so dass man annehmen könne, er habe einer Gestalt wie Steiner bestimmt keine 50.000 Mark in bar in seinem Büro überreicht.[139] In einem Porträt Wienands vom Juli 1973 wird exakt diese Selbstwahrnehmung des Politikers verständnisvoll wiedergegeben. Demnach störe Wienand vor allem der Verdacht, er könne einen handwerklichen Fehler gemacht haben. Ihm zu unterstellen, eine Person wie Steiner zu schmieren, das ärgere ihn. „Und der moralische Anspruch des

Kanzlers Brandt und seiner sozialliberalen Regierung? So ehrlich jedenfalls ist Karl Wienand zuzugeben, daß ihm dieser Anspruch immer schon zu hoch gewesen sei."[140]

Sieht man einmal vom Stimmenkauf ab, so bekannten sich auch die Vertreter der Parteien offensiv dazu, dass Abgeordnete diskret zum Wohl Einzelner wirken sollten, innerhalb wie außerhalb des Parlaments. Anfang März 1972 veröffentlichte der SPD-Abgeordnete Friedrich Schäfer, Vorsitzender des Innenausschusses, eine Pressemitteilung in Sachen Wienand und Paninternational. Er wandte sich gegen Kritik an Wienand, nur weil der sich bei den Luftfahrtbehörden für die Airline eingesetzt habe. Die Stellung des Abgeordneten sei so „konzipiert, daß er dem ratsuchenden Staatsbürger Hilfe zu geben sucht". „Wir erhalten täglich Hilfeersuchen aus allen Teilen der Bevölkerung." „Wir gehen den vorgebrachten Sorgen nach, ohne in allen Fällen sofort erkennen zu können, ob sie zu Recht oder zu Unrecht vorgebracht worden sind."[141]

Dabei könne zu viel Transparenz nur schaden, so empfand es jedenfalls Herbert Wehner. Als die Staatsanwaltschaft im Dezember 1973 Wienands Abgeordnetenbüro durchsuchte, ließ er sich mit folgendem Satz zitieren: „Da muß ich jetzt wohl allen Leuten, die sich mit Sorgen und Problemen an mich wenden, sagen: ‚Laßt das sein, denn der Staatsanwalt liest mit!'"[142]

Vertrauen wurde in diesen dunkel gehaltenen Regionen des politischen Betriebs folglich durch Diskretion erzeugt, jedenfalls war davon das politische Personal überzeugt. Und es gab zumindest viel Verständnis dafür bei einem Teil der journalistischen Berichterstatter.

Dieses Verständnis für Wienand war freilich nur eine Facette der Berichterstattung. Zum Gesamtbild gehören auch die sehr kritischen und höchst besorgten Kommentare. Vor allem in der Hochphase der Debatte nach Steiners Selbstbezichtigung im Sommer 1973 fanden sich viele alarmierte Stimmen. Die Glaubwürdigkeit von Politik und Parlament stand infrage. Vor allem die SPD verlor ihren moralischen Nimbus bei den ihr wohlgesinnten Journalisten der *Zeit*. Während man von der Union schon länger nichts als den „Zynismus der Macht" erwartet habe, habe die neue Regierung für „moralische Erneuerung" gestanden. Doch „vom moralischen Hochglanz der deutschen Sozialdemokratie ist nichts übrig geblieben. Der Lack ist ab."[143] *Der Spiegel* stellte in fast den gleichen Worten fest, „der moralische Anspruch der sozialliberalen Regierung" sei

„erschüttert" und Brandt müsse sich angesichts seiner eigenen Korruptionsvorwürfe gegen die Union nun fragen lassen, ob er von den Vorgängen gewusst habe.[144]

Die beiden Plenardebatten zur Einsetzung wie auch zum Abschluss des Steiner-Wienand-Ausschusses zeigen sehr deutlich, wie stark die SPD in der Defensive war. Der junge Unionsabgeordnete Wolfgang Schäuble nutzte die Gelegenheit, seine Besorgnis über das Ansehen des Parlaments und die strukturelle Krise der Demokratie zu formulieren. Redner aller Fraktionen waren sich mit Schäuble einig, dass es in diesem Fall keine Sieger, sondern nur Verlierer gab. Zur Sprache kam hier auch die schon aus den 1950er-Jahren bekannte Sorge über den drohenden Verdruss der Bürger an ihrem Parlament und am Staat. In der abschließenden Aussprache ging es dann auch darum, ob Kanzleramtsminister Horst Ehmke sich beim Verwenden eines Dispositionsfonds korrekt verhalten hatte. Die Sozialdemokraten unterstellten der Union, die Ausschussarbeit für Angriffe auf die Regierung genutzt zu haben – business as usual eben.[145]

Schon mit kurzem zeitlichen Abstand wurden die Urteile allerdings milder. Dabei half der Watergate-Skandal in den USA, der zur gleichen Zeit die Gemüter erregte. Verglichen mit den Machenschaften in Washington, so der Tenor, nehme sich die Bonner Bühne doch recht seriös aus.[146] So diente das Bild der korrupten amerikanischen Politik und der Bonner Harmlosigkeit als Argument gegen allzu große Besorgnis. Je mehr Zeit ins Land ging, desto kritischer betrachteten die politischen Beobachter allzu harte Korruptionsdebatten. Schon im August 1973 kommentierte der *Zeit*-Journalist Rolf Zundel die Arbeit im Untersuchungsausschuss in betont abgeklärter Pose. Man wisse ja seit Langem, dass im Jahr 1972 mit allen erlaubten und unerlaubten Mitteln um die Macht gekämpft worden sei. Doch müsse man sich immer wieder klarmachen, dass kaum eines dieser Mittel je erfolgreich gewesen sei. Wenn der Ausschuss sich jetzt intensiv mit den Ereignissen um Steiner und Wienand beschäftige, entstehe ein völlig verzerrtes Bild: Jetzt sehe „der Bürger nur noch ein Kolossalgemälde der Korruption und des Komplotts".[147] Angesichts der Debatten über offene oder verdeckte Einnahmen von Abgeordneten geißelte Eduard Neumaier 1974 „Ressentiments, apolitische und antiparlamentarische Affekte". „Daß Abgeordnete bestechlich seien – diese Meinung freilich hat mehr mit Vorurteilen als mit der Wirklichkeit zu tun. Die Deutschen haben, nimmt man alles in allem, ein braves, sauberes Parlament."[148]

Wir haben also ein vielstimmiges Bild: Mal beklagte man Sittenverfall und Glaubwürdigkeitsverlust des Parlaments, mal gab es Verständnis für die wienandsche „Drecksarbeit“ als notwendiges Übel, mal stritt man das Korruptionsproblem rundheraus ab.

Korruptionsdebatten waren kein Tabu mehr, auch wenn auf Brandts Einlassung im Herbst 1972 fast so reagiert wurde – von Feind und Freund. Doch als ein Strukturproblem der westdeutschen Politik betrachtete sie niemand, trotz oder gerade wegen des offenen Pragmatismus' im Umgang mit den dunklen Seiten der Parlamentsarbeit. Es gingen zwar einige Impulse von den Skandalen aus: Der Bundestag verabschiedete einen Verhaltenskodex über den Umgang mit Einnahmen von Parlamentariern; der Parlamentsneuling Norbert Gansel von der SPD entschloss sich gar, der erste „gläserne Abgeordnete“ zu werden – von beidem wird noch ausführlich die Rede sein. Doch am Ende sahen die meisten Beobachter den Stimmenkauf als ein sekundäres Problem.

Die Korruptionsaffären auf Bundesebene in den frühen 1970er-Jahren zeigen also zunächst, dass man in der Korruption an sich keine große Gefahr für die Demokratie sah. Wirklich gefährlich, das waren für die einen übertriebener Reformeifer und linke Gesinnung, für die anderen waren es der Beharrungswille der Konservativen. Es ging also um konkurrierende politische Programme, um die Nähe zu linken Idealen und um den Generationenkonflikt. Korruption blieb weiterhin nachrangig.

Exkurs: Der Sport verliert seine Unschuld: der Bundesligaskandal 1971

In den frühen 1970er-Jahren erregte ein weiterer Korruptionsskandal die Gemüter der Nation. Es ging dabei nicht um Politik, sondern um den Sport. Im Unterschied zu den komplizierten Rochaden in Bonn waren die Vergehen eindeutig: Mindestens achtzehn Spiele der Fußballbundesliga waren gekauft, manipuliert, verschoben worden. In Wahrheit waren es vermutlich viel mehr. Das staunende Publikum bekam einen Spielbetrieb vorgeführt, in dem Trainer, Spieler und Vereinsfunktionäre systematisch betrogen hatten. Kurioserweise ging das dabei nie um die Meisterschaft, sondern um Panik vor dem Abstieg im Verdrängungswettbewerb im Tabellenkeller.

An die Öffentlichkeit brachte die Geschichte ein anscheinend schlechter Verlierer. Horst Gregorio Canellas war Präsident von Kickers Offenbach. Die Kickers waren in den frühen 1970er-Jahren ein Fahrstuhlverein, der zwischen Bundesliga und Regionalliga Süd pendelte, die zweite Bundesliga gab es noch nicht. Anfang Juni 1971 war der Abstieg wieder einmal besiegelt: Mit einer Niederlage gegen den 1. FC Köln und einem Sieg des Abstiegskonkurrenten Arminia Bielefeld bei Hertha BSC rutschte Offenbach auf die Regionalebene. Doch Canellas wusste sich zu rächen. Auf der Party zu seinem fünfzigsten Geburtstag am 6. Juni 1971, einen Tag nach dem letzten Spieltag, führte er seinen verblüfften Gästen ein Tonband vor. Das Band gab ein konspiratives Telefongespräch wieder, in dem Canellas mit Spielern der Hertha und von Köln darüber verhandelte, wie viel Geld eine Niederlage zugunsten der Offenbacher Kickers kosten würde.

Canellas behauptete, die Verhandlungen nur zum Schein geführt zu haben und er sorgte gewissenhaft dafür, dass seine Anschuldigungen auch bekannt wurden: Canellas hatte die *Bild*-Zeitung in seine „Verhandlungen" eingeweiht, der *Bild*-Journalist Werner Bremser durfte die Telefonate mithören – im Gegenzug konnte Canellas seine Version der Ereignisse exklusiv in der *Bild* schildern. Damit erreichte er rund vier Millionen Leser und einen großen Prozentsatz der Fußballfans in Westdeutschland. Der Deutsche Fußballbund hatte ein massives Problem.

Zwar entfernte der DFB Canellas via Sportgerichtsbarkeit binnen Wochen aus allen Ämtern. Doch der ehemalige Funktionär blieb bei der Geschichte und *Bild* hielt ihm die Treue. Das Boulevardblatt inszenierte sich als Plattform für Aufklärung und Säuberung des deutschen Fußballs. Im November 1971 schilderte der Arminia-Spieler Jürgen Neumann in mehreren Episoden, wie er im Auftrag des Vereinsvorstands Gespräche und Geldübergaben mit Spielern anderer Klubs abgewickelt hatte, um den Klassenerhalt zu sichern.[149]

Die Canellas-Enthüllungen lösten eine Lawine weiterer Aussagen aus. So erfuhr die Öffentlichkeit beispielsweise, dass drei Stuttgarter Spieler insgesamt 45.000 D-Mark für eine Niederlage gegen Bielefeld am vorletzten Spieltag kassierten. Auch mögliche Siege wurden querfinanziert: Nationalspieler Lothar Ulsaß bekam von Offenbach das Angebot einer Siegprämie von 20.000 D-Mark, falls er mit Braunschweig gegen Bielefeld gewinne.[150]

Nach einigen Monaten sah die Bilanz so aus: Mindestens achtzehn Spiele in der Abstiegszone waren manipuliert, zehn Vereine waren involviert. Die DFB-Sportgerichte verurteilten über 50 Spieler, darunter auch Nationalspieler, zwei Trainer und sechs Funktionäre. Viele von ihnen wurden zunächst lebenslang gesperrt, allerdings in zweiter Instanz meist deutlich milder behandelt. Arminia Bielefeld und Kickers Offenbach verloren vorübergehend ihre Bundesligalizenz, so dass in der Saison 1971/72 der Bundesliga eine Mannschaft weniger als vorgesehen angehörte. Neben der Sportgerichtsbarkeit mussten sich auch ordentliche Gerichte mit der Bundesligaaffäre beschäftigen. Grund waren Falschaussagen von acht Spielern des FC Schalke 04. Sie hatten unter Eid behauptet, vom Vorstand der Arminia kein Geld erhalten zu haben, was sich bald als falsch herausstellte. Sie erhielten als einzige Geldstrafen wegen Meineids vom Essener Landgericht.[151] 1974 noch anhängige Verfahren wegen Veruntreuung von Vereinsgeldern zum Zweck der Manipulation wurden nach Angaben des *Spiegels* vom Innenministerium des Landes Nordrhein-Westfalen offenbar gestoppt, um die Fußballweltmeisterschaft in Deutschland im gleichen Jahr nicht zu belasten.[152]

Anders als in vielen ähnlich gelagerten Fällen hatte der Skandal konkrete, schmerzliche Folgen für den Deutschen Fußballbund und die Vereine. Die Fans mieden die Stadien. In der Saison 1970/71 schauten im Schnitt knapp 21.000 Zuschauer ein Spiel an. Die Zahlen sackten auf knapp 18.000 in der folgenden Saison und gut 16.000 Zuschauer in der Saison 1973/74 ab – ein Rückgang um fast ein Viertel. Eine Umfrage des Magazins *Kicker* im Jahr 1973 ergab, dass ein Drittel der Befragten wegen des Bundesligaskandals nicht mehr ins Stadion ging.[153] Schon im Sommer 1971 waren 80 Prozent der Bundesbürger zu der Überzeugung gelangt, die Manipulationen seien keine Einzelfälle.[154] Der Spielbetrieb hatte also einen denkbar schlechten Ruf. Dennoch verlor der Fußball in Deutschland nicht vollständig sein Prestige. Dafür sorgten die internationalen Erfolge: 1972 wurde die Nationalmannschaft Europameister, 1974 im eigenen Land Weltmeister. Die prominentesten Spieler und die erfolgreichen Klubmannschaften wie Bayern München und Borussia Mönchengladbach waren nicht betroffen – auch das half dem Image. Hinzu kamen die erkennbaren Bemühungen des DFB, die Unregelmäßigkeiten aufzuklären.

Der Bundesligaskandal war ein prominentes Thema – nicht nur in den großen Printmedien von *Bild* über *Die Zeit* bis zum *Spiegel*, sondern auch in der Regionalpresse. Auch ARD und ZDF informierten in ihren Sportsendungen über die Vorkommnisse. Trotz der allgemeinen Aufregung, trotz des gefährlichen Vertrauensverlusts in der Bevölkerung blieb auch beim Korruptionsskandal im Fußball der Ton der Kommentatoren erstaunlich zurückhaltend. Selbstverständlich las man Formulierungen wie „Verfallserscheinungen in der Fußballbundesliga" oder „doppelte Moral".[155] Davon abgesehen, waren die Reaktionen bemerkenswert analytisch. Das Hauptproblem bei den Manipulationen, so die einhellige Meinung, waren weniger mangelnde Sauberkeit oder Geldgier, sondern der Effekt auf die Zuschauer: Wenn Spiele verschoben würden, ende die Offenheit des Spiels, damit werde Fußball langweilig.

Bei den Ursachen waren sich die politischen Medien, zumindest *Zeit* und *Spiegel*, in ihrer Analyse im Grunde einig. Konkret sei ein Abstieg aus der Bundesliga für die betroffenen Vereine zu hart. Es drohe die finanzielle Katastrophe, so dass alle Mittel und Wege zur Abwendung des Unglücks gesucht würden.

Als Lösung für das Problem schlugen die Sportjournalisten, anders als die DFB-Gerichtsbarkeit, nicht etwa mehr Sauberkeit vor, mehr Anstand, mehr Ehrgefühl oder mehr Überwachung. Vielmehr müsse es darum gehen, endlich anzuerkennen, dass der Fußball ein Profigeschäft sei. Der DFB halte selbst für die Bundesliga die Fiktion aufrecht, man habe es mit Amateuren zu tun. Das führe zu völlig unangemessenen Strukturen, schicke Spieler und Klubs beim Abstieg in den finanziellen Ruin. Das führe zu einer Art Doppelmoral, die Käuflichkeit fördere. „Idole der Nation" würden zu „zirzensischen Hanswursten" degradiert: „Man applaudiert ihren Leistungen, die Gesellschaft aber verachtet insgeheim ihren Beruf."[156] Spieler und zum Teil auch Offizielle erschienen so als Opfer eines Reformstaus und einer Öffentlichkeit, die es den Fußballern übelnahm, wenn sie mit ihrem Talent Geld verdienten – ganz offensichtlich war die Realität der Transfers, Ablösegelder und Manager noch nicht im Bewusstsein der Öffentlichkeit verankert.[157]

Die Verantwortlichen dafür sah *Der Spiegel* in der DFB-Leitung. Die Frankfurter Verbandschefs weigerten sich beharrlich, das Amateurleitbild aufzugeben. Das Nachrichtenmagazin sah darin eine Art ideologische Verblendung. Ähnlich beurteilten das mehrere Redakteure der *Zeit* und viele andere Beobachter. Nun kamen konkrete, arbeitsrechtliche Fragen auf die Agenda. Die Deutsche Angestelltengewerkschaft hatte ebenso wie der Unionsabgeordnete Wolfgang Vogt Zweifel, ob die informellen Verbandsgerichte mit ihren Sperren nicht verfassungswidrige Berufsverbote aussprachen.[158] Der Sportsoziologe Gerd Hortleder vertrat die Ansicht, die geschmierten Spieler seien wegen konkreter sozialer Rahmenbedingungen korruptionsanfällig: Während die internationalen Stars mit ihren hohen Gagen sich nicht schmieren ließen, hätten ältere Spieler die Hand aufgehalten, weil sie nur mittlere Gehälter bezogen und keine Altersabsicherung hätten.[159]

Die Lösung für das Korruptionsproblem hieß also nicht Rückkehr in die seligen Zeiten des Freizeitfußballs, sondern: Kommerzialisierung und Professionalisierung auf allen Ebenen. Es hieß, die gewandelten Rahmenbedingungen anzuerkennen. Die Korruption der Spieler erschien als ein Übergangsphänomen in einem Fußball auf dem Weg zum erfolgreichen Geschäftsmodell. Selbst in der Fußballaffäre diente der Korruptionsvorwurf also nicht dazu, den Kapitalismus oder auch nur individuelles Gewinnstreben zu kritisieren. Nicht mangelnde Moral oder Gier, sondern unzureichende Strukturen waren das Problem.

Vorboten des Wandels: die Flick-Affäre 1981 bis 1986

„Müssen demokratische Parteien korrupt sein, und wenn ja, durch und durch oder nur bis zu einem gewissen Grad? [...] Könnten sie sich auch [...] wenigstens bis zu einem gewissen Grad an die Gesetze halten?" Mit diesen rhetorischen Fragen krönte der linksliberale Publizist Hans Magnus Enzensberger seine Analyse der Flick-Spendenaffäre.[160] Korruptionskritik wurde in den 1980er-Jahren wieder Parteienkritik und sie wurde pauschal – welch Gegensatz zu den Diskussionen der vergangenen Jahrzehnte. Allerdings gab es keine Rückkehr zu den antidemokratischen Ressentiments der Zwischenkriegszeit. Korruptionskritik war *nicht* Demokratiekritik geworden, eher das Gegenteil: Im Hintergrund zeichnete sich die Utopie neuer Politikformen jenseits des Parteienstaats ab. Freilich blieb es bei der Utopie.

Die Flick-Parteispendenaffäre gilt als einer der folgenreichsten Skandale für die politische Kultur und für das Ansehen der politischen Eliten in der Bundesrepublik Deutschland. Brisant war die Affäre nicht wegen einer gekauften politischen Grundsatzentscheidung. Anders als im Fall des gescheiterten Misstrauensvotums ging es nicht um einen Regierungswechsel, sondern um Steuererleichterungen für einen Großkonzern. Brisanter war etwas anderes: Der Flick-Skandal handelte nicht so sehr von der Käuflichkeit Einzelner. Stattdessen zeigte er enge Verflechtungen bis hin zu finanziellen Abhängigkeiten zwischen den großen Parteien und einem Teil der Wirtschaft. Es zeigten sich also strukturelle Probleme. Dazu gehörten vor allem systematische Rechtsbrüche bei der Finanzierung aller etablierten Parteien: CDU/CSU, SPD und FDP.

Die Flick-Affäre enthielt unzählige Aspekte und Unteraffären – von einer ministeriellen Erlaubnis für die Steuerbefreiung von Aktienverkäufen des Flick-Konzerns über ausgeklügelte Schwarzgeldsysteme der

Parteien, Amnestieversuche der Bundesregierung bis hin zu den Strafverfahren gegen ehemalige Minister und zur Blackout-Affäre um Kanzler Helmut Kohl. Dabei entstand in den Jahren zwischen 1981 und 1986 ein düsteres Sittenbild der politischen Kultur. Flick entwickelte sich zum sprichwörtlichen Parteienskandal.

Möglich wurde die Skandalisierung durch eine Reihe von Faktoren. Dazu gehörten hartnäckige staatsanwaltschaftliche Ermittlungen. Hinzu kamen die mittlerweile kaum noch auf Schonung der Politik eingestellten Medien. Ein weiterer Faktor war die neue Partei Die Grünen – in dieser Frage die eigentliche und einzige Opposition. Die Grünen standen für ein neues Politikmodell und sie gaben einem gewissen Grundmisstrauen gegenüber Politikern und dem Staat Ausdruck. Während der Flick-Affäre wurde deutlich: Abhilfe von der Korruption erwartete man kaum noch durch Besinnung auf die staatliche Tradition Preußen-Deutschlands oder das Ehrgefühl der deutschen Beamtenschaft. Die Staatstradition war nun eher Teil des Problems als der Lösung. Dafür war ein neuer Umgang mit der NS-Vergangenheit verantwortlich. Sie galt nun nicht mehr als abgeschlossene Episode, sondern als problematisches Erbe, als Teil einer unseligen Kontinuität. Flick bestätigte diese Einschätzung, denn die Komplizenschaft des Konzerns mit der Politik reichte bis weit in das „Dritte Reich" zurück.

Geistig-moralische Wende? Das politische Bonn in den 1980er-Jahren

Ähnlich wie die Parteiwechsleraffären fiel der Flick-Skandal in eine Zeit politischen Wandels und das hieß zunächst einmal: Regierungswechsel. Erste Wellen der Aufregung schlug die Affäre noch in den letzten Monaten der sozialliberalen Koalition unter Bundeskanzler Helmut Schmidt. Zur vollen Entfaltung kam sie dann in der Regierungszeit Helmut Kohls, der ab Dezember 1982 eine Koalition aus Union und FDP führte. Es spricht viel dafür, dass die Verschlechterung des Klimas in der alten Koalition auch mit der Flick-Affäre zu tun hatte: Ende 1981 scheiterte ein Allparteiengesetzentwurf zur Änderung der Parteienfinanzierung am Widerstand von Teilen der SPD. Zu diesem Zeitpunkt liefen bereits staatsanwaltschaftliche Ermittlungen gegen hochrangige Politiker, unter anderen gegen

FDP-Wirtschaftsminister Otto Graf Lambsdorff, worüber die Öffentlichkeit noch nicht informiert war. Das Gesetz hätte ihn nachträglich straffrei gestellt. Offenbar ließ Hans-Dietrich Genscher bereits im Dezember 1981 gegenüber Karl Wienand durchblicken, die Koalition könne nur fortbestehen, wenn das Gesetz durchgehe.[161] Immerhin scheiterte das, was Kritiker später recht pauschal als unerträgliche Kumpanei der Parteien untereinander bezeichneten, in diesem Moment am Widerstand einer Reihe von SPD-Abgeordneten und des Justizministers Jürgen Schmude.

Die tieferen Gründe für den Machtwechsel in Bonn betrafen andere Themen. Die letzten Jahre der sozialliberalen Koalition waren geprägt von wachsender Verdrießlichkeit. Seit Mitte der 1970er-Jahre befand sich das Land in einer ernsten Wirtschaftskrise. Deren sichtbarste Auswirkung war eine Massenarbeitslosigkeit, die es in dem Ausmaß seit den 1950er-Jahren nicht mehr gegeben hatte. Zwar inszenierte der Bundeskanzler sich als „Weltökonom“, etwa indem er 1975 das erste Treffen der wichtigsten westlichen Industrienationen (G6) anregte. Arbeitsmarktpolitische Erfolge im Inland waren jedoch nicht groß genug. Die Gründe dafür waren vielfältig – dazu gehörte der sich rasant beschleunigende Strukturwandel in der westdeutschen Wirtschaft, bei dem die traditionelle Montan- und Schwerindustrie an Bedeutung verloren. Vor allem in den bisherigen Zentren an Rhein und Ruhr und im Saarland mussten Arbeitsplätze abgebaut werden. Allerdings muten die Zahlen in der Rückschau viel weniger dramatisch an, als die Zeitgenossen sie sahen: In den späten Jahren der sozialliberalen Koalition schwankte die Arbeitslosigkeit zwischen vier und sieben Prozent – erst unter der Regierung Kohl sollte sie auf bis zu neun Prozent ansteigen.

Mindestens so wichtig wie diese Zahlen waren übergeordnete Fragen der Wirtschaftspolitik. Ab den 1970er-Jahren forderte eine neue Generation von Ökonomen weltweit, der Staat solle sich aus der Wirtschaft zurückziehen, solle dem freien Spiel der ökonomischen Kräfte Raum geben. Im Fokus sollten optimale Bedingungen für die Unternehmen stehen und nicht so sehr die Kaufkraft der Konsumenten und Arbeitnehmer. Dies bedeutete auch, die seit den 1950er-Jahren weltweit gestiegenen Sozialausgaben zu reduzieren. Diese neoliberale Ökonomie sollte im Übrigen für die weltweite Korruptionsdebatte der 1990er-Jahre noch eine zentrale Rolle spielen – ich werde darauf später zurückkommen.

Zum Koalitionsbruch in der Bundesrepublik kam es jedenfalls, als die FDP eine neoliberal inspirierte Wirtschaftspolitik forderte, die die SPD nicht mittragen wollte. Im Unterschied zu den USA und Großbritannien, wo Ronald Reagan und Margaret Thatcher ungefähr zur gleichen Zeit tatsächlich neoliberale Konzepte umsetzten, verfolgte die Regierung Kohl de facto dann aber doch eine sehr gemäßigte Politik. Mit Schlagworten wie Deregulierung und den Projekten zur Privatisierung von Staatsbetrieben (Post, Bahn) bekannte sie sich gleichwohl zu einigen Grundsätzen des Neoliberalismus und konnte auf dem Gebiet des Wirtschaftswachstums einige Erfolge erzielen.

Für die Kontexte der Skandalgeschichte sicherlich wichtiger waren Interpretationen und Selbstdeutungen des politischen Wandels. Ab Mitte der 1970er-Jahre machte das Wort von der „Tendenzwende" bei konservativen Journalisten und Publizisten die Runde. Gemeint war damit eine Zeitdiagnose, nach der das Pendel der politischen und kulturellen Entwicklung wieder nach rechts ausschlage. Nach der Studentenrevolte von 1968, nach der Zeit des sich progressiv verstehenden Aufbruchs zu mehr Liberalität, nach der Abkehr von traditionellen Werten kehre man nun zu bürgerlichen Weltanschauungen zurück. Hatte sich die Gesellschaft zuvor anscheinend unaufhaltsam nach links bewegt, folge nun die Rückbesinnung auf gefestigte Normen. Diese Stimmung, die von den einen begrüßt, von anderen beklagt wurde, griff auch Helmut Kohl auf. Bereits im verlorenen Bundestagswahlkampf 1980 hatte Kohl eine „geistig-moralische Wende" verlangt. Er griff diesen Gedanken auch in seiner Regierungserklärung von 1982 auf. Welche Politikziele im Einzelnen damit gemeint waren, blieb letztlich diffus. Anders als Willy Brandt ein gutes Jahrzehnt zuvor gelang es Kohl nicht, sich als Repräsentant eines (nun konservativen) Aufbruchs zu inszenieren. Seine Regierung stand jenseits punktueller wirtschaftspolitischer Korrekturen auch nicht für ein umfassendes Reformprojekt. Oftmals beschränkte sich die geistig-moralische Wende auf eine rhetorische Abwehr linksliberaler oder ökologischer Forderungen und verdeckte, wofür die Kohl-Regierung im Grunde stand: politische Kontinuität. Interessanterweise schrieben die publizistischen Gegner der Regierung ebenso fleißig über die Wende wie deren Unterstützer. Im Wesentlichen war die „Wende" also eine Projektion – als enttäuschte Hoffnung der einen und ausgebliebener Albtraum der anderen.[162]

Der nicht eingelöste Anspruch auf eine moralische Erneuerung ist aber als Hintergrundfolie der Flick-Affäre äußerst wichtig. Denn die Enthüllungen und Strafprozesse, in deren Mittelpunkt vor allem Repräsentanten von

FDP und Union standen, führten deren Anspruch auf moralische Überlegenheit auf grausame Weise ad absurdum. Unter den gegebenen Umständen verlor allerdings die gesamte politische Elite ihre Glaubwürdigkeit in Fragen von Moral und Sittlichkeit.

Weitere Affären und symbolpolitische Pannen überschatteten die ersten Jahre der Kohl-Regierung, vor allem mit Blick auf das, was man heute Geschichtspolitik nennt. Dazu gehörten eine verunglückte Rede Kohls auf seiner Reise nach Israel im Januar 1984, als er sich auf die „Gnade der späten Geburt" berief, ein Treffen mit dem US-amerikanischen Präsidenten Ronald Reagan auf dem Soldatenfriedhof in Bitburg im Mai 1985, wo unter anderen Angehörige der SS begraben waren, sowie die Gleichsetzung von Michail Gorbatschow und Joseph Goebbels im Oktober 1986.[163] All diese Episoden zeigten einen Kanzler, der einen möglichst unbefangenen Umgang mit der deutschen Vergangenheit und mehr Stolz auf das Erreichte wünschte. Zum Gesamtbild gehören denn auch Projekte Kohls zur Errichtung eines großen deutschen Geschichtsmuseums, das in Berlin entstehen sollte. Politisch war Kohl mit seiner Behandlung der NS-Vergangenheit nicht sehr erfolgreich, denn er erntete mehrheitlich kritische Kommentare. Anstelle Kohls sollte schließlich Bundespräsident Richard von Weizsäcker den neuen Konsens im Umgang mit der NS-Vergangenheit formulieren. Weizsäckers Rede zum 50. Jahrestag der Kapitulation des Dritten Reiches am 8. Mai 1985 im Deutschen Bundestag bezeichnete diese als „Befreiung". Ein gutes Leben im Falschen war nun nur noch in kompletter Abwendung vom NS denkbar, völlig anders als noch im Fall des ehemaligen SS-Richters Konrad Morgen. Zwar gab es vereinzelt Kritik an Weizsäcker, vor allem aus konservativen Kreisen der Union und den Vertriebenenverbänden. Dem stand jedoch eine Zustimmung der überwältigenden Mehrheit gegenüber. Weizsäckers Rede war sehr populär. Sie kam mehrfach gedruckt und sogar als Schallplatte auf den Markt.[164]

Im folgenden Jahr entwickelte sich eine Debatte in den Feuilletons der Republik, die unter dem Namen „Historikerstreit" bekannt wurde. Sie wurde weniger von Politikern als von Journalisten und Wissenschaftlern geführt. Im Zentrum stand die Einzigartigkeit des Nationalsozialismus und seiner Verbrechen. Auf der einen Seite standen eher konservativ und national gesinnte Autoren, denen es darum ging, den Nationalsozialismus zu historisieren, in einen Zusammenhang mit den Verbrechen in der Sowjetunion zu stellen und dadurch die Einzigartigkeit deutscher Schuld zu relativieren.

Auf der anderen Seite standen linksliberale Denker, allen voran der Philosoph Jürgen Habermas, die genau diese Besonderheit betonten. Es wurde rasch klar, dass die Mehrheit der Publizisten und der veröffentlichten Meinung sich für die zweite Position entschieden, die bald zum Konsens in der westdeutschen Öffentlichkeit wurde.[165] Dieser Hinweis auf die Geschichtsdebatten der 1980er-Jahre ist auch deshalb wichtig, weil auch in der Flick-Affäre die Kontinuitäten vor und nach 1945 zum Thema wurden.

Die Hoffnung auf eine bürgerliche Tendenzwende war noch aus einem anderen Grund trügerisch, denn der alternativ geprägte Zeitgeist war längst auf dem Weg in die Mitte der Gesellschaft. Das hatte auch parteipolitische Folgen. Bei den vorgezogenen Bundestagswahlen von 1983 betrat die erst drei Jahre zuvor gegründete Grüne Partei endgültig die Bühne der Bundespolitik. Sie repräsentierte noch viel stärker als die SPD jene gesellschaftspolitischen Positionen, gegen die sich die Tendenzwender positionierten. Und es waren die Grünen, die in der Flick-Affäre den Part der Opposition übernahmen und die etablierten Parteien mit Fundamentalkritik vor sich hertrieben.

In vielerlei Hinsicht waren die Grünen die politischen Erben von 1968 und dessen Folgen, auch weil die SPD ursprüngliche Hoffnungen in dieser Hinsicht enttäuscht hatte. Im Lauf der 1970er-Jahre war in der Bundesrepublik – ähnlich wie in vielen anderen westlichen Ländern – ein völlig neues Feld politischer Betätigung entstanden: die sogenannten neuen sozialen Bewegungen.[166] Landauf, landab entstanden Bürgerinitiativen, meist Zusammenschlüsse von politisch interessierten Menschen aus den gebildeten Mittelschichten, häufig eher jünger als dreißig Jahre. Die Initiativen verstanden sich als Form pragmatischer Politik jenseits von Parteien und Ideologien, die konkrete Probleme des Alltags adressierten. Heute fasst man solche Phänomene unter dem Begriff „Zivilgesellschaft" zusammen. Die Themen der neuen sozialen Bewegungen spiegelten vielfach jene gesellschaftspolitischen Inhalte, gegen die sich die Tendenzwende wandte: Gleichberechtigung und Minderheitenschutz, gewaltfreie und antiautoritäre Politikkonzepte. Besonders groß und einflussreich waren die Friedensbewegung, die Umweltbewegung, die Antiatomkraftbewegung, die Frauenbewegung und die Dritte-Welt-Bewegung; zum Gesamtbild gehören aber auch die Alternativ-, Kinderladen- und Schwulen-/Lesbenbewegung. In der Regel einte diese Bewegungen Sympathie für ein libertäres Gesellschaftsverständnis und alternative Lebensentwürfe. Ferner herrschte ein ausgeprägtes Misstrauen gegenüber den Eliten in Wirtschaft, Wissenschaft und vor allem in der Politik vor. Die repräsentative Demokratie sei durch die Interessen von Wirtschaft und Parteien völlig beherrscht. Die Belange der Bürgerinnen und Bürger würden missachtet. In diesem Sinn argumentierte vor allem die Umweltbewegung: Die Natur habe im Unterschied zur Industrie keine Lobby im Parteiensystem – die Folge sei eine Umweltverschmutzung, die den Globus an den Rand des Abgrunds treibe. Durch „Graswurzelpolitik" und das Engagement der Bürger, so die Hoffnung, könne die Demokratie neu erfunden werden.[167]

Die Grünen lebten einerseits von dieser Utopie, andererseits waren sie das Ergebnis erster Ernüchterung. Die 1980 in Karlsruhe gegründete Partei war zunächst ein Sammelbecken unterschiedlicher Strömungen und Initiativen aus den neuen sozialen Bewegungen. Explizit verstanden sich die Grünen als parlamentarisches Sprachrohr, als verlängerter Arm der Bewegungskultur. Man sah sich gezwungen, in den Parlamenten mitzumischen, wenn man etwas erreichen wollte. Die frühen Grünen waren nichts weniger als ein Paradoxon: eine „Antiparteienpartei", wie sie sich selbst beschrieben. In den frühen und mittleren 1980er-Jahren verstanden sie sich nicht allein als Opposition zur Regierung, sondern zum Politikbetrieb insgesamt. Das Ende der Geschichte ist bekannt: Schritt für Schritt integrierten sich die Grünen; bis Mitte der 1990er-Jahre wurden sie eine politische Partei unter vielen.[168]

Zur Zeit der Flick-Affäre war ihre Rolle jedoch noch eine andere. Die Grünen versuchten, die etablierten Machttechniken zu durchbrechen, und prangerten vor Bekanntwerden der Vorgänge die Bonner Hinterzimmerpolitik an. Bei den Grünen gab es nicht den Hauch eines Verständnisses für die Rolle eines Karl Wienand. Im Kampf gegen Machtkonzentration gaben sich die Grünen eine Reihe von Regeln, die keine andere Partei kannte. Dazu gehörte die Trennung von Amt und Mandat, das heißt ein Verbot, zugleich ein Amt in der Partei und ein Parlamentsmandat zu bekleiden; die Rotation, das heißt der obligatorische Rücktritt von Parlamentariern nach der Hälfte der Legislaturperiode; die Frauenquote, nach der die Hälfte aller Landeslisten und politischen Ämter mit Frauen zu besetzen waren. Vielfach pflegten die Grünen auch das Konsensprinzip, nach dem keine Mehrheitsentscheidungen, sondern nur einstimmige Beschlüsse gültig waren. Ihre Distanz zum politischen Betrieb in Bonn zelebrierten die Grünen aber auch symbolisch. Die grünen Bundestagsabgeordneten brachen die Regeln des parlamentarischen Betriebs, erschienen nicht etwa in Anzug und Krawatte, sondern mit Latzhosen oder Strickzeug im Parlament, verlangten Dienstfahrräder anstelle von Dienstwagen. Nach seiner erneuten Wahl zum Bundeskanzler überreichte die grüne Abgeordnete Marieluise Beck Helmut Kohl im März 1983 nicht etwa den obligatorischen Blumenstrauß. Stattdessen erhielt der verdutzte Regierungschef einen verdorrten Tannenzweig als Symbol für das Waldsterben.

Inhaltlich vertraten die Grünen die Themen Abrüstung und Pazifismus, Umweltschutz, Gleichstellung der Geschlechter, teilweise zunächst auch recht weitgehende Forderungen nach einem Umbau der Wirtschaft. Allerdings war die Konfrontation mit den Altparteien auf der symbolischen und rhetorischen Ebene stärker als bei den Inhalten. Zwar setzte Helmut Kohl die von seinem Vorgänger begonnene Nachrüstungspolitik mit Mittelstreckenraketen fort. Aber im Bereich des Umweltschutzes unternahm seine Regierung eine Menge. Sie reagierte schnell und umfassend auf das vom sauren Regen verursachte Waldsterben. Auch das Krisenmanagement nach dem Nuklearunfall in Tschernobyl 1986 zeugte in Wahrheit von großer Lernfähigkeit der etablierten Politik.[169]

Gleichwohl gilt für die Zeit der Flick-Affäre: Mit den Grünen waren Fremde in den Bonner Betrieb eingedrungen. Sie konnten sich nach den Enthüllungen in ihrer Parteienskepsis bestätigt fühlen. Mit ihrer Forderung nach einer neuen Form der Politik waren sie deutlich glaubwürdiger als die Protagonisten der „geistig-moralischen Wende“.

Die Aufdeckung

Korruption, „Lobbykratie“, „Putschversuch gegen die Verfassung“[170], so lauteten die Diagnosen zum Flick-Skandal. Wie so häufig bei größeren Affären ging es dabei um mehrere Probleme. Kernpunkt war die Erkenntnis, dass sich die Parteien über Jahrzehnte auf illegale Weise mit Spenden aus der Industrie finanzierten, wofür sie ein System von Tarnorganisationen unterhielten. Hinzu kamen detaillierte Einsichten zum Umgang eines Lobbyisten mit Spitzenpolitikern, der in einem Klima der Vertrautheiten und Gefälligkeiten stattfand. Schließlich versuchten die Parteien sich darin, die Vorgänge zu vertuschen oder mit Amnestiegesetzen straffrei zu stellen, was öffentliche Proteste aber verhinderten.

Wann genau die Flick-Affäre begann, ist nicht einfach zu sagen, da sie eine extrem lange Inkubationszeit hatte. Bundespolitische Bedeutung bekam sie in den letzten Monaten der Regierung Schmidt. Spätestens im Spätherbst 1981 wurde den Haushältern der Parteien klar, dass Staatsanwälte in Nordrhein-Westfalen hinter die illegalen Tricks der Parteienfinanzierung gekommen waren. Um den immensen Flurschaden noch abzuwenden, bereiteten die Fraktionen im Bundestag einen verfassungsändernden Gesetzentwurf vor, der diese Praktiken im Nachhinein legalisieren sollte. Das Ziel: Strafprozesse vermeiden, die führenden Kollegen drohten, darunter mehrere Bundesminister. Solch ein Vorhaben war wenig populär. Die Fraktionsführungen bereiteten es in aller Stille vor und hofften, es geräuschlos im Eilverfahren kurz vor der Weihnachtspause durch das Parlament zu bringen. Doch damit waren nicht alle Abgeordneten einverstanden. Namentlich FDP-Generalsekretär Günter Verheugen sowie Peter Glotz und Jürgen Schmude von der SPD sollen sich intern quergestellt haben.[171] Die Angelegenheit fand ihren Weg in die Redaktion des *Spiegels*. Dieser informierte Anfang Dezember die Öffentlichkeit – damit war das Vorhaben gestorben. Noch brisanter: *Der Spiegel* erkundigte sich über die genauen Vorwürfe. So erfuhren die Leser drei Tage vor Heiligabend, dass mehrere Bundesminister im Verdacht standen, dem Flick-Konzern im Austausch gegen Parteispenden Steuervergünstigungen beschafft zu haben. Das böse Wort der Bestechung war in der Welt.[172]

Und so nahm der Skandal Fahrt auf: Ende Februar 1982 erhielten mehrere Spitzenpolitiker die offizielle Mitteilung über Ermittlungen gegen sie. Ende 1983 erhob die Staatsanwaltschaft Bonn offiziell Anklage wegen Bestechung und Bestechlichkeit sowie Steuerhinterziehung gegen den ehemaligen Wirtschaftsminister und aktuellen Chef der Deutschen Bank Hans Friderichs, den amtierenden Wirtschaftsminister Otto Graf Lambsdorff (beide FDP) sowie gegen den Cheflobbyisten des Flick-Konzerns, Eberhard von Brauchitsch.

Allerdings war der Fall Flick nicht das Ergebnis investigativer Journalisten, sondern vor allem hartnäckiger staatsanwaltschaftlicher Ermittlungen – im Zusammenspiel mit politischer Unklugheit. Im Verdeckten schwelte die Affäre schon seit Mitte der 1970er-Jahre. Den allerersten Anstoß gab eine Strafanzeige aus dem Jahr 1975, zu einem Zeitpunkt also, als die später so verhängnisvolle Steuerbefreiung für Flick noch gar nicht anhängig war. Damals erstattete ein gewisser Klaus Müllenbach Anzeige wegen Betrugs gegen einen Anlageberater. Müllenbach war verdeckter Spendensammler für die CDU. Durch seine Anzeige wurde die Steuerfahndung in Sankt Augustin bei Bonn auf ihn aufmerksam. Bei einer Hausdurchsuchung stellte sie einen Aktenordner sicher, der es in sich hatte. Hier fanden sich Dokumente über illegale Spenden deutscher Unternehmen an die CDU, die über die Liechtensteiner Scheinfirma „Europäische Unternehmensberatungsanstalt" abgewickelt wurden. Der Fall kam zunächst nicht an die Öffentlichkeit, auch weil die Landesregierung in Nordrhein-Westfalen die Ermittlungen torpedierte, sorgte aber für große Unruhe bei Schatzmeistern aller Parteien.[173]

Trotz allem Druck ermittelten die Behörden kontinuierlich weiter. Im Herbst 1980, kurz vor der Bundestagswahl, beging dann die CDU-Führung einen folgenschweren Fehler. Da sich die Ermittlungen bislang gegen die Union richteten, suchte man nach Wegen, andere Parteien in die Affäre hineinzuziehen. Die Unionspolitiker wussten natürlich sehr genau, dass alle Parteien ähnliche Praktiken pflegten. Sie hielten es für ungerecht, wenn allein ihre Partei als schwarzes Schaf dastand. So schien es ein Gebot politischer Klugheit zu sein, den Ermittlern und der Öffentlichkeit entsprechende Informationen zukommen zu lassen.

Wenige Tage vor der Wahl fand sich auch eine auskunftsfreudige Quelle. Johanna Gertrud Rech, wohnhaft in Euskirchen bei Bonn, kürzlich entlassene Sekretärin beim FDP-Landesverband Nordrhein-Westfalen, wusste viel über die Materie und hatte Geldsorgen. Sie war nicht nur ihren Job losgeworden und hatte Schulden, sondern stand selbst im Visier der Strafverfolger wegen Steuerhinterziehung. Motiviert durch finanzielle Zuwendungen, packte Rech im Herbst 1980 aus – gegenüber der Staatsanwaltschaft und in den Medien.

Von Rech erfuhren die Behörden viel über das System von Tarnorganisationen der Parteien, die Industriegelder über ausländische Konten in die Parteikassen schleusten. Rech berichtete über konspirative Treffen mit Übergaben von Bargeld, von denen sie sich wohl gelegentlich etwas abzweigte. Vor allem Rechs Nähe zu Otto Graf Lambsdorff machte sie interessant, da der ein erfolgreicher Spendenwerber war. In der Öffentlichkeit interessierte vor allem eine andere Geschichte. Nach Angaben Rechs hatte es aus der Rüstungsindustrie Zahlungen an FDP-Politiker gegeben, um ein Waffengeschäft mit Saudi-Arabien zu ermöglichen. Vor allem Landwirtschaftsminister Josef Ertl sei finanziell begünstigt worden, so die

Exsekretärin. Diese Enthüllungen hatte zunächst die konservative *Welt* gebracht, *Der Spiegel* nahm den Ball aber rasch auf und startete eine Serie mit Artikeln, in denen bereits von strukturellen Vergehen in der Parteispendenszene die Rede war.[174] Bis Frühjahr 1981 diskutierten die Medien aber vor allem darüber, dass mehrere FDP-Politiker es mit dem Geld nicht so genau nahmen. Kurzfristig war also das Kalkül der Union aufgegangen. Diese Vorgeschichte erklärt auch die besondere Nervosität der FDP im Winter 1981/82.

In der Stille der staatsanwaltschaftlichen Ermittlungen bereitete sich zeitgleich die eigentliche Flick-Affäre vor, die auch für die CDU ungleich brisanter als alles zuvor Bekannte war. Nach dem Schneeballsystem ackerten sich die Staatsanwälte durch das Geflecht von Tarnorganisationen. Es traf zunächst auch die SPD. Der parteieigene Vorwärts-Verlag hatte faktisch Spendengelder gewaschen, indem er Rechnungen für nicht erbrachte Leistungen ausstellte – im Sommer 1981 kam es zu entsprechenden Hausdurchsuchungen.

Noch ergiebiger waren Nachforschungen bei der Societas Verbi Divini (Soverbia), einer Organisation des Ordens der Steyler Missionare, ebenfalls von der Steuerfahndung in Sankt Augustin veranlasst. Die Gesellschaft des göttlichen Wortes war so etwas wie die hauseigene Geldwaschanlage des Düsseldorfer Flick-Konzerns. Ähnliches bot sie aber offenbar auch kleineren Firmen oder Selbstständigen an. Flick spendete jährlich etwa eine Million D-Mark an die Soverbia. Da sie gemeinnützig war, konnte der Konzern diese Spenden von der Steuer absetzen. Nach Abzug einer Provision von etwa 20 Prozent erhielt der Konzern aber sein Geld von der Soverbia in bar zurück. Dies floss dann in eine schwarze Kasse, aus der unter anderem Zuwendungen an Politiker finanziert wurden. Erfreulich für die Ermittler: Einnahmen und Ausgaben der Kasse wurden vom Buchhalter Rudolf Diehl minutiös dokumentiert. Als das Kassenbuch Diehls im November 1981 beschlagnahmt wurde, kam der Fall Flick ins Rollen.

Flicks Verbindungen

Im Zentrum der öffentlichen Diskussionen und des späteren Untersuchungsausschusses standen weniger die Feinheiten der illegalen Parteienfinanzierung als die Frage, ob der Flick-Konzern durch Bestechung eine

Entscheidung zu seinen Gunsten erwirkt hatte. Ausgangspunkt war eine Finanztransaktion aus dem Jahr 1975. Damals verkaufte Inhaber Friedrich Karl Flick ein Aktienpaket von Daimler-Anteilen im Wert von fast zwei Milliarden D-Mark an die Deutsche Bank. Auf diese Summe wäre unter normalen Umständen Einkommenssteuer fällig geworden, und zwar in Höhe von fast einer Milliarde Mark. Das wollte der Industrielle vermeiden. Einen Ausweg bot § 6b des Einkommenssteuergesetzes: Auf Antrag konnte der Bundeswirtschaftsminister die Steuerpflicht dann erlassen, wenn die Einnahmen in einer volkswirtschaftlich förderungswürdigen Weise reinvestiert wurden. Der Aktienverkauf war ein kleines Politikum, da Flick zunächst an arabische Investoren hatte verkaufen wollen. Als die Deutsche Bank ein Angebot abgab, war dies nicht zuletzt Ergebnis von Wünschen aus Bonn. Dies war ein Paradebeispiel für das Zusammenwirken von Politik und Wirtschaft in der alten Bundesrepublik, das häufig mit dem Schlagwort „rheinischer Kapitalismus" belegt wird. Flick rechnete wohl auch wegen seines Entgegenkommens damit, dass sein Antrag keine Probleme bereiten würde.

Damit hatte er allerdings seine Rechnung ohne genauere Kenntnis der politischen Gemengelage in Bonn gemacht. Die Ministererlaubnis war nicht ohne Weiteres zu bekommen und das, obwohl Wirtschaftsminister Hans Friderichs mit dem Geschäftsführer des Flick-Konzerns persönlich befreundet war. Immerhin amtierte eine sozialliberale Bundesregierung, in der vor allem Teile der SPD durchaus kritisch gegenüber den Großkonzernen eingestellt waren. Allen Beteiligten war klar, dass es hier lediglich um Steuerbegünstigungen zum Vorteil des Hauses Flick ging. Vorteile für die deutsche Volkswirtschaft im Sinn des Gesetzes spielten keine Rolle.

Zwischen 1976 und 1981 widmete sich Flicks wichtigster Manager Eberhard von Brauchitsch in unzähligen Initiativen in Bonn diesem Thema und versuchte, die Ministererlaubnis gegen politische wie administrative Widerstände durchzusetzen. Sowohl Finanzstaatssekretär Rolf Böhme von der SPD als auch der sozialdemokratische Abgeordnete Dieter Spöri kämpften gegen das Vorhaben. Auch fast alle Fachbeamten im Finanz- wie im Wirtschaftsministerium hielten eine Genehmigung der Anträge für rechtswidrig.[175]

Solchen Widerständen stand das ausgesprochene Wohlwollen an der Spitze des Wirtschaftsministeriums gegenüber. Als Friderichs 1977 die Leitung der Dresdner Bank übernahm, erhielt Otto Graf Lambsdorff das

Amt und knüpfte in der Flick-Angelegenheit nahtlos an die Politik seines Vorgängers an. Schon ganz zu Beginn riet Friderichs seinem Freund von Brauchitsch, fintenreich zu agieren. Um den Zusammenhang mit dem Aktiengeschäft zu verschleiern, sollten mehrere Anträge an den Wirtschaftsminister gestellt werden. Diese wiederum sollten unterteilt werden, damit der Minister öffentlichkeitswirksam einzelne Anträge ablehnen konnte. Und so geschah es. Brauchitsch reichte insgesamt drei sogenannte Geleitzüge von jeweils zwei bis vier Einzelanträgen ein, und zwar 1976, 1978 und 1981. Wie verabredet, wurden jeweils einzelne Anträge abgelehnt und das Haus Flick verzichtete scheinbar großzügig darauf, Rechtsmittel einzulegen. Insgesamt erreichte man aber die von Beginn an avisierte Summe. Flankierend führte von Brauchitsch unzählige Gespräche in Bonn und ließ den Parteipolitikern großzügig Spenden zukommen. Diese Zusammenhänge führten zum Bestechungsprozess vor dem Bonner Landgericht.

Schriftliche Dokumente zu produzieren, das war im Haus Flick offenbar eine wichtige Maxime. So vermerkte eben nicht nur Buchhalter Diehl seine Schwarzgeldtransaktionen, sondern auch von Brauchitsch führte in „Tageskopien" ausführlich Buch über seine Bonner Aktivitäten. Grund waren wohl auch misstrauische Nachfragen von Friedrich Karl Flick, dem gegenüber er Rechenschaft ablegen musste. Dem Konzernherrn wollte nicht einleuchten, dass die Angelegenheit so vertrackt war und – mit Blick auf die Schwarzgelder – so teuer. Der Dokumentationseifer der Flick-Manager bescherte den Staatsanwälten, Journalisten und Politikern einen tiefen Einblick in die rastlosen Aktivitäten des Toplobbyisten von Brauchitsch.[176]

Von Brauchitschs Aufzeichnungen ließen zum einen erkennen, dass die Genehmigungen des Wirtschaftsministers nur mit Verfahrenstricks durchgingen. 1978 etwa nutzten Lambsdorff und der ebenfalls wohlgesinnte Finanzminister Hans Matthöfer (SPD) den Sommerurlaub von Staatssekretär Rolf Böhme, um die notwendigen Unterschriften ohne Aufsehen zu erhalten.

Brauchitschs „Tageskopien" sind keine neutralen Dokumente, sondern von dem Bemühen geprägt, die Rolle des Lobbyisten möglichst bedeutend und daher die Willfährigkeit der Politik möglichst groß erscheinen zu lassen. Zieht man diese Färbung der Berichte ab, bleiben genug Informationen, die das enge Verhältnis zwischen Wirtschaft und Politik dokumentieren. Von Brauchitsch führte regelmäßig Gespräche zur Vorbereitung seiner „Geleitzüge", und zwar nicht nur mit den zuständigen Ministern, sondern auch mit Beamten aus den Fachabteilungen und mit Bundestagsabgeordneten. Da einige Beamte im Finanzministerium besonders hartnäckig kritisch waren, munitionierte er Finanzminister Matthöfer mit Argumenten gegen seine eigenen Fachleute und bat Hans-Dietrich Genscher, auf einen bestimmten Unterabteilungsleiter einzuwirken, der FDP-Mitglied war. Seine Gesprächspartner lud der Manager gern in Spitzenrestaurants ein. Häufig übergab er angeblich bei solchen und anderen Gelegenheiten Umschläge mit Spendengeldern an die Politiker. Darin befand sich das Schwarzgeld aus Diehls Kasse.

Die besten Kontakte hatte von Brauchitsch in die FDP sowie zur CDU, insbesondere zu CDU-Bundesschatzmeister Walther Leisler Kiep, der von 1971 bis 1992 amtierte. Die Union spielte jedoch für die Ministererlaubnis keine Rolle, da sie in der Opposition war. Wichtiger schien da zunächst die FDP. Der FDP-Nachwuchspolitiker Jürgen Möllemann etwa wurde 1978 mit einem Beratervertrag im Wert von 60.000 D-Mark an den Flick-Konzern gebunden. In den Reihen der SPD beschäftigte der Konzern Günter Markscheffel als Berater, einen früheren Referenten des Bundespräsidenten Gustav Heinemann mit exzellenten Kontakten zur Parteispitze, der offenbar finanzielle Sorgen hatte. Auch zu Hans-Jürgen Wischnewski, dem Vertrauten von Helmut Schmidt, hatte von Brauchitsch einen guten Kontakt. Wischnewski bat er 1980, nochmals auf Hans Matthöfer einzuwirken. Wenig später erhielt offenbar die SPD-nahe Friedrich-Ebert-Stiftung eine Spende über eine halbe Million D-Mark aus dem Haus Flick.[177]

Auch wenn Eberhard von Brauchitsch offenbar einen ganz persönlichen Stil entwickelt hatte – die Firma Flick besaß eine lange Tradition von Lobbyismus und illegaler Parteienfinanzierung. Schon der Vater von Friedrich Karl, Unternehmensgründer Friedrich Flick, hatte seinen Erfolg auf die Verflechtung mit staatlichen Entscheidern gestützt. Im Dritten Reich gehörte er dem sogenannten Freundeskreis Heinrich Himmler an. Der Kreis bestand aus Unternehmern, die versuchten, Einfluss auf die Wirtschaftspolitik des NS-Regimes zu nehmen. Die Mitglieder trafen sich regelmäßig und unterstützten Himmler, die SS sowie die NSDAP insgesamt mit großzügigen Spenden. Als Anteilseigner großer Firmen der Stahl- und Rüstungsindustrie profitierte Flick von Aufrüstung und Krieg. Seine guten politischen Kontakte erlaubten es ihm, bei der Verdrängung und Enteignung jüdischer Geschäftsleute in großem Umfang zu profitieren. Während des Krieges gehörten die Unternehmen des Flick-Konzerns zu den großen

Ausbeutern von Zwangsarbeit – Kriegsgefangene und KZ-Insassen mussten für die Firmen arbeiten.[178]

Nach dem Krieg knüpfte Friedrich Flick an frühere Praktiken an. Schon in den 1950er-Jahren unterstützte er „mit Systematik und Routine"[179] alle Bonner Parteien. Zwar wurde Flick als Kriegsverbrecher in Nürnberg verurteilt, doch gelang es ihm schon Anfang der 1950er-Jahre, wieder ins Geschäft zu kommen. Als reichster Mann der Bundesrepublik spielte er in der westdeutschen Wirtschaft eine zentrale Rolle. Zunächst pflegte er enge Kontakte zur FDP, deren Mitglied Thomas Dehler sich als Justizminister für Flicks vorzeitige Entlassung aus der Haft eingesetzt hatte. Später waren die Verbindungen zur Union besonders eng, aber nicht exklusiv. In allen Fällen spielte die Versorgung der Parteien mit Geld eine zentrale Rolle. Flicks Generalbevollmächtigter Wolfgang Pohle hatte hier in den 1960er-Jahren eine Schlüsselfunktion, möglicherweise noch stärker als jene, die von Brauchitsch später einnehmen sollte. Der Grund: Pohle war nicht nur Lobbyist, sondern auch parteipolitisch aktiv. Er amtierte mehrere Jahre als Schatzmeister der CSU und war daran beteiligt, illegale Finanzierungstricks für die Parteien zu entwickeln. Das Hauptziel lag darin, Unternehmensspenden an Parteien so zu gestalten, dass sie einerseits steuerlich absetzbar waren und andererseits unbekannt blieben, obwohl das Gesetz eine Veröffentlichungspflicht vorsah. Pohle nutzte beispielsweise die Deutsche Kolpingfamilie e. V. als Durchlaufstation für diese Gelder. Der Historiker Norbert Frei spricht mit seinen Koautoren von Pohle als „eine Art Clearingstelle der deutschen Industrie" im Bereich der Parteienfinanzierung.[180] Nicht alle Details dieser Geschichte waren in den 1980er-Jahren bereits bekannt – die NS-Vergangenheit des Konzerns kam allerdings auf die Tagesordnung.

Rückblick: die Geschichte der Parteienfinanzierung in der Bundesrepublik

Die Geldquellen der Parteien sind in Demokratien immer heiße Eisen. Mit Ausnahme von Mitgliedsbeiträgen kommen nämlich nur zwei in Betracht: Spenden und Gelder des Staates – und beides gibt regelmäßig Anlass zu Kritik. Finanzieren sich Parteien durch Steuergelder, droht ihnen der Vorwurf der Selbstbedienung und die Vermutung, sich den Staat untertan machen zu wollen. Egal, ob ein Parlament die Abgeordnetenbezüge erhöht oder ob es staatliche Ressourcen an die Parteien verteilt: Ungeteilte Kritik kann ihm sicher sein. Verlassen sich die Parteien auf Spenden, so entsteht der Verdacht der Käuflichkeit und Herrschaft des großen Geldes, da nennenswerte Summen meist aus der Wirtschaft kommen. Auf dieses Strukturproblem aller Demokratien reagierten Politiker unterschiedlich. In Großbritannien entstand um 1900 die Praxis, Adelstitel und Sitze im Oberhaus als Gegenleistung für finanzielle Zuwendungen gegenüber der Regierungspartei zu vergeben, allerdings eine nur scheinbar elegante Lösung, da es regelmäßig zu Affären kam, in denen dieser Zusammenhang skandalisiert wurde.[181]

Das Finanzdilemma prägte auch die Parteiengeschichte in der Bundesrepublik. In den ersten Jahren verzichtete man völlig auf Staatsgelder. Das war für die SPD ein geringeres Problem, da sie viele Mitglieder besaß, die auch regelmäßig ihre Beiträge zahlten. Die bürgerlichen Parteien verzichteten deswegen auf eine Staatsfinanzierung, weil sie dadurch ihre Unabhängigkeit wahren wollten. Insbesondere in der Union galt zunächst noch das Ideal der Honoratiorenpartei, geführt von Berufstätigen, die sich in ihrer Freizeit der Politik widmeten. Und noch einen Vorteil hatte der Verzicht auf Staatsgeld: Es waren keine Rechenschaftsberichte notwendig; die Parteiführungen konnten ihre Finanzen weitgehend im Geheimen verwalten.[182]

Dieses romantische Politikbild hatte aber schon 1949 nicht viel mit der Wirklichkeit zu tun. Alle Parteien brauchten einen personell gut aufgestellten Apparat für das laufende Geschäft und die Wahlkämpfe waren von Beginn an geradezu ruinös. Vor diesem Hintergrund entwickelten die Parteien in der frühen Bundesrepublik eine Art finanzielle Schattenwirtschaft, und zwar insbesondere die bürgerlichen Parteien mit der CDU und Adenauer persönlich an der Spitze.

Gemeinsam mit seinem Vertrauten, dem Kölner Bankier Robert Pferdmenges, ersann Adenauer ein System verdeckter Parteienfinanzierung, das bis Ende der 1960er-Jahre gut funktionierte und den politischen Interessen des Kanzlers haargenau entsprach. Adenauer und seine Mitstreiter spielten dabei mit der Angst vieler Unternehmer vor einer Mehrheit der SPD im Bundestag. Bevor sich die SPD 1959 in ihrem Godesberger Programm zur Marktwirtschaft bekannte, drohten ihnen möglicherweise Verstaatlichungen und Sozialismus im Fall eines Machtwechsels. Das Finanzierungssystem war auf die Interessen der westdeutschen Industrie maßgeschneidert: Es war diskret, diente dem Kampf gegen die SPD und ermöglichte Steuerbegünstigungen. Das war deshalb ein Thema, weil Direktspenden an die Parteien nur sehr begrenzt steuerlich absetzbar waren.

In den Ländern wie auf Bundesebene entstanden scheinbar gemeinnützige Tarnorganisationen, die die Spenden der Wirtschaft entgegennahmen und oft auch von Wirtschaftsvertretern geleitet wurden. Unternehmen oder ihre Verbände waren Mitglieder und zahlten Beiträge. Diese Organisationen verteilten anschließend die Gelder nach einem festen Schlüssel an die bürgerlichen Parteien. Dabei bekam die Union den Löwenanteil, aber auch die FDP und einige Kleinparteien wie die Deutsche Partei (DP) oder der Block der Heimatvertriebenen und Entrechteten (BHE) erhielten Geld. Diese Organisationen halfen vor allem bei der Wahlkampffinanzierung, da die Verhinderung sozialdemokratischer Regierungen ihr Hauptmotiv war.

Der bekannteste dieser Vereine war die „Staatsbürgerliche Vereinigung e. V." – eine Organisation, die auch im Zuge der Flick-Affäre noch eine Rolle spielte. Erst 1990 wurde sie infolge der Enthüllungen der 1980er-Jahre aufgelöst. Sie war 1954 im Haus von Pferdmenges in Köln-Marienburg gegründet worden. Geladen waren Vertreter der Wirtschaft und Industrie; der Kanzler persönlich forderte die Anwesenden zur Freigebigkeit angesichts der Bedrohung durch den Sozialismus auf. Neben ähnlichen Organisationen auf Landesebene entstanden angebliche Berufsverbände, die ebenfalls steuerlich begünstigt waren und die Einnahmen an Parteien abführten. Die Staatsbürgerliche Vereinigung wurde in den folgenden Jahren von hochrangigen Lobbyisten dominiert, darunter die Chefs des Bundesverbands der Deutschen Industrie (BDI) und der Bundesvereinigung der Deutschen Arbeitgeberverbände (BDA).

Das bürgerliche Spendensystem nutzte Adenauer nicht nur dabei, moderne Wahlkämpfe zu finanzieren. Vielmehr ermöglichte ihm das System, Druck auf die anderen Parteien auszuüben, die profitierten. So verlor die FDP stets dann an Zuwendungen aus der Staatsbürgerlichen Vereinigung oder ähnlichen Organisationen, wenn sie drohte, aus der Koalition auszuscheren. Gelegentlich sorgten kaum verhohlene Drohungen der Spender dafür, dass die FDP bei Wahlen in bestimmten Bezirken keine eigenen Kandidaten gegen die Union ins Rennen schickte. Vor allem aber halfen versiegende Finanzzuflüsse dabei, dass neben der Union keine weitere bürgerliche Partei aufsteigen konnte – DP und BHE verkümmerten sehr schnell. Auch innerhalb der CDU konnte Adenauer unbotsame Landesverbände entsprechend maßregeln und auf Kurs bringen.[183] Erst als die SPD in Bonn an die Macht kam, weitete die Staatsbürgerliche Vereinigung ihre Zahlungen auch gelegentlich auf die Sozialdemokratie aus. In den 1970er-Jahren floss das Geld in der Regel über Konten in Liechtenstein, die dem Anschein nach Instituten der Sozial- oder Wirtschaftsforschung gehörten.

Auch wenn die SPD in geringerem Maß von Spenden profitierte, war die Sozialdemokratie ebenfalls eingebunden in das System illegaler Parteienfinanzierung. Dazu gehörten Organisationen wie der „Verein zur Förderung der Demokratie und der Wiedervereinigung". Die parteinahe Friedrich-Ebert-Stiftung scheint in den 1970er-Jahren 22 Millionen D-Mark auf ein Schweizer Konto überwiesen zu haben, die von dort aus möglicherweise an die SPD flossen. Alle größeren Parteien profitierten auch von Scheingutachten bei Firmen, die den Parteien gehörten. Hinzu kamen Scheinabonnements von Parteizeitungen wie das SPD-Organ *Vorwärts* oder das *Wirtschaftsbild*, welches hauptsächlich Einnahmen für die Union generierte.[184]

Nur langsam änderte sich die Rechtslage. Der erste Meilenstein war ein Urteil des Bundesverfassungsgerichts im Jahr 1958. Die Karlsruher Richter erklärten, Spenden an politische Parteien dürften nicht unbegrenzt von der Steuer abgesetzt werden. Damit waren die Transaktionen über die Spendensammelvereine rechtswidrig und die Beteiligten machten sich der Steuerhinterziehung schuldig. Allerdings hatte das Urteil zunächst kaum praktische Folgen. Das lag auch daran, dass die staatliche Aufsicht nicht so genau hinschaute. Offensichtlich wurden die Spendensammelvereine von den Finanzämtern nicht kontrolliert – häufig auf Anweisung der jeweiligen Landesregierung oder des Behördenchefs. Konkret konnte Helmut Kohl 1968 als Fraktionsvorsitzender der CDU in Mainz erreichen, dass die Betriebsprüfung eines Vereins in Linz am Rhein verschoben wurde. Daraufhin wurde die Organisation schnell liquidiert und ihr Vermögen ins Ausland verschoben. Das illegale Finanzgebaren der Parteien wurde also auch von den Behörden gedeckt.[185]

All dies erklärt, warum einige Politiker während der Flick-Affäre die öffentliche Empörung nicht verstehen wollten oder die Amnestie für richtig hielten: Was über Jahrzehnte allen Eingeweihten klar gewesen war, was sozusagen zum Spiel gehörte, konnte doch nicht plötzlich ins Gefängnis führen. Jene, die davon nicht gewusst hatten, waren umso entsetzter angesichts des Schweigekartells.

Kurz nach dem Urteil zur Absetzbarkeit von Spenden führte der Bundestag 1959 die staatliche Parteienfinanzierung ein. Das hatte zur Folge, dass alle Parteien nun zumindest über die staatlichen Gelder öffentliche Nachweise führen mussten. Zugleich sank die Abhängigkeit der Union von den Industriespenden. Tatsächlich aber sah sich die CDU-Führung erst 1967 gezwungen, den Parteigremien einen annähernd vollständigen Haushaltsentwurf vorzulegen.[186]

1967 änderte sich die Rechtslage noch einmal entscheidend. Erstmals verabschiedete der Bundestag ein Parteiengesetz. Laut Paragraf 25 mussten die Parteien seit 1968 jede Spende ab einem Volumen von 20.000 D-Mark im jährlichen Rechenschaftsbericht offenlegen. Dem kamen die Parteizentralen nur sehr zögerlich nach. Die weiter geübte Praxis der geheimen Spendensammlungen war nun zusätzlich ein Verstoß gegen das Parteiengesetz.

Unter dem Eindruck der Flick-Affäre kam es in den 1980er-Jahren zu weiteren Verschärfungen. So wurde 1983 der neue Paragraf 23a über rechtswidrige Spenden eingeführt – zum Beispiel durften politische Stiftungen fortan nicht mehr an die Parteien spenden. Hinzu kamen detailliertere Vorschriften über den Rechenschaftsbericht und eine Präzisierung hinsichtlich der Obergrenze: Diese galt nun für ein Gesamtvolumen von 20.000 D-Mark im Jahr und nicht mehr für jede Einzelspende.[187]

Die Affäre

Ab Ende 1981 arbeitete sich die Bonner Staatsanwaltschaft an der Spendenaffäre ab. Nicht weniger als 1.800 Verfahren wegen Verstoßes gegen das Parteiengesetz kamen in Gang, wobei über 1.000 wegen Geringfügigkeit wieder eingestellt wurden. Rund 500 Verfahren gaben die Bonner an andere Staatsanwaltschaften ab, was in der Regel auch zur Einstellung führte. In fast 60 Fällen ordnete die Staatsanwaltschaft Hausdurchsuchungen bei Parteien, Verbänden, Unternehmen, Politikern und Managern an. Die wichtigsten Verfahren waren die Strafprozesse gegen Hans Friderichs, Otto Graf Lambsdorff, Eberhard von Brauchitsch und einige Politiker der zweiten Reihe zwischen 1983 und 1987. Alle Angeklagten wurden vom

Vorwurf der Bestechung oder Bestechlichkeit freigesprochen. Eine konkrete Unrechtsvereinbarung, so die Begründung, könne nicht nachgewiesen werden. Immerhin kritisierten die Richter die Schaffung eines Klimas des Wohlwollens durch die Spenden an Parteien. Das Gericht stellte auch fest, es gebe Indizien für illegale Geldzahlungen des Flick-Konzerns an Willy Brandt, Helmut Kohl, Franz Josef Strauß und Walter Scheel Mitte der 1970er-Jahre. Von Brauchitsch erhielt eine zweijährige Freiheitsstrafe auf Bewährung, Otto Graf Lambsdorff und Hans Friderichs hohe Geldstrafen wegen Steuerhinterziehung.[188]

Wie bereits erwähnt, hatte die sieche Regierungskoalition aus FDP und SPD im Winter 1981 versucht, den Skandal durch ein Amnestiegesetz einzuhegen. Dessen Scheitern trug zum wachsenden Misstrauen innerhalb der Koalition bei. Doch auch der Nachfolgeregierung gelang diese Operation nicht. In gewisser Weise wiederholte sich die Geschichte Anfang Mai 1984, als die Koalitionsfraktionen von Union und FDP einen bislang geheim gehaltenen Gesetzentwurf berieten, der wiederum auf eine Amnestie hinauslief. Zwar stimmten die Abgeordneten in den Fraktionen von Union und FDP zunächst zu, doch das Presseecho war verheerend. Noch entscheidender: Die Bundestagsabgeordneten bekamen in ihren Wahlkreisen und an Infoständen scharfen Gegenwind. Viele berichteten anschließend in Fraktionssitzungen, dass sie sich angesichts solcher Entscheidungen der Parteiführung alleingelassen fühlten. Einige Kreisverbände fassten gar Beschlüsse gegen das geplante Gesetz. In Umfragen straften die Bürger die Parteien mit deutlicher Missachtung ab. Daraufhin zog die FDP den Entwurf zurück.[189] Alle Versuche, die Affäre zu ersticken oder unter den Teppich zu kehren, schlugen fehl. Dazu trug in erster Linie die Presseberichterstattung bei. Aber auch Teile der SPD und der FDP forderten eine Aufklärung der Vorgänge.

Noch wichtiger für den Verlauf der Affäre war die Partei Die Grünen, die 1983 in den Bundestag einzog. Ohne Zweifel spielte die neue Partei konsequent ihre Rolle als Kritikerin und Aufklärerin angesichts des viel beschworenen Sumpfs der Gefälligkeiten, in dem die „Altparteien" versunken schienen. In den Wahlaufrufen zu den Bundestagswahlen 1983 und 1987 bezogen sich die Grünen auf die Flick-Affäre. 1983 gingen die Grünen mit einem nachgerade utopisch angehauchten Programm in die Wahlen: „Wir müssen unser Leben grundlegend ändern, wir müssen die Zivilisation neu entwerfen", vor allem mit Blick auf die Umweltzerstörung, die weltweite Ausbeutung und den drohenden Krieg zwischen Ost und West. Die einleitende Passage des Wahlaufrufs endet mit einer Passage zum Zustand des politischen Systems: „Es handelt sich um eine Gesamtalternative zu dem Angebot des bisherigen Parteienkartells, das sich in phantasieloser Fortschreibung des Krisenzustandes, Verfilzung und Korruption verschlissen hat.“ Der Urnengang solle zum „Denkzettel“ werden.[190]

Vor den Wahlen vier Jahre später, nur wenige Monate nach den Urteilen des Bonner Landgerichts, nahmen die Grünen wiederum Anleihen bei der Flick-Affäre. Im Wahlprogramm konstatierte die Partei im ersten von insgesamt sieben Punkten: „Abhängigkeiten der Altparteien vom großen Geld einiger Industriekonzerne wurden offenkundig. Der Bundestagspräsident und ein Minister mußten ausgewechselt werden.“[191] Im „Brief an die Wählerinnen und Wähler“ spielte sie die Karte des Misstrauens gegen die etablierten Eliten: „Politik darf nicht den Politiker/innen überlassen bleiben.“ „Was wir immer ahnten[,] ist wahr: Denen da oben ist nicht zu trauen.“ Diese Bemerkung bezog sich zwar auf den Umgang mit der Reaktorkatastrophe von Tschernobyl, muss aber eben auch im Kontext der Flick-Affäre gesehen werden.[192] Bundestagswahlen gewinnen konnte man mit diesem Thema allerdings nicht – die Grünen erhielten 1983 5,6 Prozent und 1987 8,3 Prozent der Stimmen.

Einmal im Bundestag, nutzten die Grünen ihre parlamentarischen Rechte, um sich für die Aufklärung der Flick-Affäre einzusetzen. Schon wenige Wochen nach ihrem Einzug ins Parlament stellte die Grünen-Fraktion den Antrag auf Einsetzung eines Untersuchungsausschusses. Wenig später reagierte die SPD mit einem eigenen Antrag, der aufgrund des öffentlichen Drucks auch die Stimmen der Union erhielt. Bis Anfang 1986 versuchte der Untersuchungsausschuss zu klären, welchen Einfluss die Lobbyisten der Firma Flick in Bonn ausübten. Vor allem der Rechtsanwalt Otto Schily, der für die Grünen im Bundestag saß und einer ihrer Fraktionssprecher war, nutzte dieses Forum. Auch der SPD-Abgeordnete Dieter Spöri engagierte sich in diesem Sinn. Vor allem dank der öffentlichen Sitzungen des Untersuchungsausschusses und seiner Rechte, Zeugen zu vernehmen und Beweismaterial von der Staatsanwaltschaft anzufordern, fanden die Details über von Brauchitschs Wirken in die staunende Öffentlichkeit. Selbst der nach eigenem Selbstverständnis mit allen Wassern gewaschene Herausgeber des *Spiegels*, Rudolf Augstein, hatte ein solches Ausmaß zuvor nicht für möglich gehalten.[193]

Die Presseberichterstattung war voll von Schilderungen über Zeugenauftritte vor dem Untersuchungsausschuss. Hier hatten sich nahezu die gesamte politische Führung der alten wie der neuen Regierung sowie zahlreiche Manager peinlichen Fragen zu stellen und sie machten oft genug keine gute Figur. Dabei kam ein „Sittengemälde bundesdeutscher Politik" zustande, das mit Blick auf die unter Druck geratenen Zeugen gelegentlich ins Höhnische kippte. In der Regel kritisierte die Presse die Logik des Untersuchungsausschusses, in dem außer Schily niemand ein Interesse an Aufklärung habe. Jenseits der Grünen, so die häufig zu lesende Kritik, zeige das Verhalten der Politiker im Ausschuss entweder mangelndes Unrechtsbewusstsein oder Vertuschungsversuche.[194]

In der Flick-Affäre nahmen also fast nur die Grünen die Oppositionsrolle ein. Das äußerte sich auch in scharfen Angriffen auf die Regierung, von denen eine besonders bekannt geworden ist. In einer außenpolitischen Debatte am 18. Oktober 1984 erwähnte der Grünen-Abgeordnete Jürgen Reents polemisch am Rand, Helmut Kohl habe sich mithilfe von Flick-Geldern den Weg zum Bundesvorsitz der CDU freigekauft. Daraufhin schloss Bundestagsvizepräsident Richard Stücklen Reents von der Sitzung aus. Wenig später gab es einen heftigen Wortwechsel zwischen Stücklen und mehreren Mitgliedern der Grünen-Fraktion, an deren Ende auch Joschka Fischer aus dem Saal gewiesen wurde. Vor dem Verlassen des Plenarsaals rief Fischer: „Mit Verlaub Herr Präsident, Sie sind ein Arschloch." Solche Szenen zeigen einerseits, wie sensibel die etablierten Parteien auf die Vorwürfe reagierten – Helmut Kohl hatte sofort mit heftigen Zwischenrufen auf Reents' Bemerkung reagiert und Stücklen sprach von einem „ungeheuren Vorwurf". Zum anderen zeigen sie eine Grüne Partei, die auf die Usancen des Bonner Betriebs demonstrativ wenig Rücksicht nahm.[195]

In den Berichten und Kommentaren der Wochenzeitung *Die Zeit* Ende Oktober und Anfang November 1984 kann man sehr gut nachvollziehen, welchen Eindruck die Enthüllungen auf den linksliberal ausgerichteten Journalismus machten. Den Grünen wurde hier mit einiger Distanz begegnet. Die neue Partei galt den meisten Kommentatoren noch als chaotischer Haufen, letztlich als unfähig zu konstruktiver Politik. Und so beklagten sie, dass ausgerechnet die Grünen vom „Anti-Bonn-Effekt" und von den „Fehlleistungen der Etablierten" profitierten. Allerdings saßen die etablierten Parteien nach Ansicht der *Zeit*-Journalisten zu Recht auf der

Anklagebank. Die Rolle Schilys als Aufklärer fand Lob, ebenso wie sein Versuch, den Untersuchungsausschuss zu einem öffentlichen Tribunal über die Praktiken der Altparteien zu machen. Um das „Bonner System" auch vor den Grünen zu retten, so die Empfehlung, müssten alle Vorgänge restlos aufgeklärt werden.[196]

Während die „Arschloch"-Affäre vergleichsweise harmlos blieb, bewirkten die Enthüllungen um Flick in mindestens zwei Sekundärskandalen ernste politische Folgen. Zum Ersten betraf dies Rainer Barzel, den gescheiterten Helden des Misstrauensvotums von 1972. Wie bereits erwähnt, sank sein Stern unmittelbar danach und Helmut Kohl griff erfolgreich nach dem Vorsitz der CDU. Durch die Flick-Unterlagen wurde nun bekannt, dass Barzel kurz nach seinem Rücktritt vom Parteivorsitz bei einer Rechtsanwaltskanzlei einen lukrativen Beratervertrag erhalten hatte. Der Flick-Konzern zahlte dieser Kanzlei über zehn Jahre mehr als 1,7 Millionen D-Mark.[197] Von Brauchitsch, ein Förderer Kohls, war zumindest persönlich davon überzeugt, er habe mit dieser Aktion den Weg des Ministerpräsidenten von Rheinland-Pfalz an die CDU-Spitze frei gemacht; die Aussicht auf ein weiches finanzielles Polster habe Barzel seinen Rücktritt erleichtert. Diese Information bildete den Hintergrund für Jürgen Reents' Attacken auf Helmut Kohl im Bundestag. Solche Angriffe schützten Barzel zunächst, doch hielt die Solidarität der Unionsfraktion nicht lange. Es half auch nichts, dass Abgeordnete der Union gerade Barzel für weniger korrumpierbar hielten als einige seiner Kollegen. Ende Oktober 1984 musste Barzel sein Amt als Präsident des Deutschen Bundestags aufgeben. Bei der nächsten Bundestagswahl 1987 kandidierte er nicht mehr für das Parlament.

Eine weitere Affäre wäre dagegen beinahe Bundeskanzler Helmut Kohl zum Verhängnis geworden. Wie bereits erwähnt, tauchte Kohl mit seiner langen Karriere in der Union mehrfach in den beschlagnahmten Unterlagen auf. Neben dem Bundestag hatte auch der Landtag von Rheinland-Pfalz einen Untersuchungsausschuss eingerichtet. Dieser Ausschuss befragte Kohl im Juli 1985 zu seinen Bemühungen um Parteispenden während seiner Zeit als Ministerpräsident in Mainz. Die Abgeordneten fragten ihn unter anderem, ob er die Staatsbürgerliche Vereinigung gekannt habe, die wichtigste Organisation für Spendengeldwäsche. Der Kanzler verneinte, obwohl er schriftlich zuvor eine gegenteilige Aussage gemacht hatte. Die politische Krise löste nun Otto Schily aus, als er sich dazu entschloss, im Januar 1986 Strafantrag gegen den Kanzler wegen uneidlicher Falschaussage zu stellen. Erstmals richteten sich staatsanwaltschaftliche Ermittlungen gegen einen amtierenden Bundeskanzler.

Zwar stellte die zuständige Staatsanwaltschaft in Koblenz das Verfahren bald ein, doch wurde die Angelegenheit mehrere Wochen lang intensiv diskutiert. Dazu trug auch eine ungeschickte Formulierung des CDU-Generalsekretärs Heiner Geißler bei. In einer Fernsehdiskussion bezeichnete Geißler Kohls (offensichtlich falsche) Aussage als Lapsus, als Folge eines „Blackout" des Kanzlers. Nun stand die Verlässlichkeit des Regierungschefs zur Diskussion. Kohls politische Zukunft hing in dieser Zeit am seidenen Faden, was er selbst später ähnlich einschätzte. In der Union machte man sich Sorgen, ob der angezählte Kanzler bei den nächsten Bundestagswahlen noch ein Zugpferd sein könne. Manche unterstellten Geißler im Übrigen, mit seinen Worten ganz bewusst am Stuhl des Vorsitzenden gesägt zu haben.[198]

In den 1990er-Jahren behaupteten der Wirtschaftsprüfer Horst Weyrauch und der damalige Generalbevollmächtige der CDU-Schatzmeisterei, Uwe Lüthje, Kohl in dieser Lage durch Falschaussagen entlastet zu haben. Allerdings hatten beide infolge der zweiten CDU-Spendenaffäre zu diesem Zeitpunkt ganz eigene Interessen. Kohl überlebte also politisch die Blackout-Affäre, doch sein Ruf als Kanzler der Skandale und Peinlichkeiten festigte sich.[199]

Moral, Parteienkritik und Transparenz

In der Bewertung der Flick-Affäre gab es wenig Dissenz – spätestens gegen Ende der Affäre, als die Vorgänge aktenkundig belegt waren. Niemand mehr bestritt, dass alle Parteien systematisch das Recht gebrochen hatten, um an Industriespenden zu gelangen. Es bestand kein Zweifel, wie eng Teile der deutschen Wirtschaft und des politischen Spitzenpersonals miteinander verflochten waren. Insidern war dies bereits vor 1981 klar gewesen, doch die breite Öffentlichkeit und anscheinend auch große Teile der Presse hatten offensichtlich Neues erfahren. Anders als im Fall Steiner und Wienand überlagerten in den 1980er-Jahren keine anderen politischen Erwägungen die Bewertung – möglicherweise auch deshalb, weil schriftliche Beweise auf dem Tisch lagen.

Liest man sich chronologisch durch die Spalten der politischen Presse, insbesondere *Zeit* und *Spiegel*, so wird deutlich, welchen Imagegewinn die Grünen aus ihrer Rolle in der Flick-Affäre erzielen konnten. Kurz nach ihrem Einzug in das Bonner Parlament 1983 überwog die Skepsis. Die neue Partei schien eher eine Gefahr für die Demokratie, zumindest jedenfalls politisch nicht ganz ernst zu nehmen. Ihr Ansehen wuchs in dem Maß, wie die Grünen sich an der Aufklärung der Flick-Affäre beteiligten, vor allem in Gestalt von Otto Schily. Am Ende der Affäre galten nun die Grünen als das entscheidende Korrektiv im System, das die demokratiegefährdenden Machenschaften der Altparteien mit aufgedeckt habe. Nun erschienen die Grünen als treibende Kraft hinter den Reinigungsprozessen. Es war die Antiparteienpartei, die das Zeug hatte, der Bonner Demokratie neues Leben einzuhauchen und ihre Legitimität neu zu begründen. Schily sei der lebende Beweis, dass der Parlamentarismus noch funktioniert, verkündete gar die linksalternative *tageszeitung*.[200] Das sah die konservative *FAZ* zwar nicht ganz so, doch zog auch das Frankfurter Blatt die wichtigsten Vorwürfe nicht in Zweifel. Es konstatierte einen enormen Ansehensverlust bei den großen Parteien, insbesondere bei der Union. Nachdem die *FAZ* die Grünen wegen ihrer Vorwürfe 1984 noch als „Pharisäer“ beschimpft hatte, blieben solche Charakterisierungen zwei Jahre später aus.[201]

Lassen wir an dieser Stelle Otto Schily zu Wort kommen, den im politischen Bonn wohl einflussreichsten Ankläger der Flick-Affäre. Er fasste die Ergebnisse seiner Arbeit 1986 in einem Buch zusammen, mit vielen Bewertungen, die weithin Zustimmung fanden. Schily stellte drei Punkte heraus: systematischen Rechtsbruch, Doppelmoral der Eliten und Aushebelung demokratischer Verfahren. Er unterstrich wieder und wieder die Tatsache, dass die Parteien über Jahre die Gesetze zur Parteienfinanzierung gebrochen hätten. Analog zum organisierten Verbrechen hätten „konspiratives Geld“ und „kriminelle Kooperation“ mit der Industrie die Parteien finanziert.[202] Zweitens kritisierte Schily die Doppelmoral der politischen und wirtschaftlichen Führungsschicht, die sich selbst moralisch über die einfache Bevölkerung erhebe, aber tatsächlich kriminell und unmoralisch handle: „Die ehrenwerte Gesellschaft scheut nicht die politische Prostitution.“[203] Drittens kritisierte Schily, die Parteien hätten die Grundregeln der Demokratie missachtet. Durch Käuflichkeit und Komplizenschaft hätten „Konzerne und Banken“ einen unkontrollierten Einfluss auf die Politik erhalten. „Manche Politiker“ seien „nur noch Handlanger von Kapitalinteressen".[204] Gerade weil die Absprachen und Geldübergaben geheim erfolgten, liege ein „massiver Eingriff in den demokratischen Willensbildungsprozeß" vor; es drohe die „Gefahr der Zerstörung demokratisch-parlamentarischer Institutionen".[205]

Wie schon in den 1940er- und 1950er-Jahren wurde die NS-Geschichte Bezugspunkt in einer Korruptionsdebatte, diesmal aber in einer völlig anderen Funktion. Kaum ein kritischer Kommentator versäumte es nämlich, auf die Geschichte des Flick-Konzerns im Dritten Reich hinzuweisen. Diese Vergangenheit erhöhte das Skandalisierungspotenzial, und zwar in zweierlei Hinsicht. Die Ausbeutung der Zwangsarbeiter und die Nähe zum Regime schienen zu belegen, dass Flick von Beginn an in einer Tradition unmoralischer Politik stand – eine Tradition, die das Handeln der aktuellen Generation zugleich erklärte und delegitimierte. Die Parteien hätten direkt von den „blutbefleckte[n] Flick-Millionen" profitiert, so Otto Schily. Neben dieser Art „Kontamination" des Flick-Konzerns durch seine Geschichte gesellte sich ein konkreteres Argument: das Problem der Kontinuität. Der Fall Flick belegte einmal mehr, was ab den 1970er-Jahren viele zumeist jüngere Kritiker der Bundesrepublik vorhielten: Es hätten keine Entmachtung der NS-Eliten nach 1945 und keine Aufarbeitung oder Reflexion über diese Kontinuitäten stattgefunden.[206] Dabei behaupteten allerdings nur vereinzelte Stimmen, Flick beweise die kontinuierliche Herrschaft „der grundlegenden Profit- und Machtinteressen des Monopolkapitals" über den Staat von Weimar bis in die Gegenwart, wie es in einer von der Deutschen Kommunistischen Partei inspirierten Darstellung heißt.[207]

Die linksliberale Kritik bot eine komplexere Argumentation. Flick führe vor, wie die mangelnde Aufarbeitung konkrete politische Fehlfunktionen mit sich bringe. Erhellend ist eine Passage aus einem Buch von zwei Rundfunkjournalisten zu der Affäre aus dem Jahr 1985, die eine Analogie zur Generationendebatte herstellten. Mit Blick auf die etablierten Parteien stellten die Autoren fest: „Ihre Ausreden [...] wirken ähnlich [...] wie die Argumente der Elterngeneration, die den deutschen Faschismus mit all seinen Folgen zwar für ein betrübliches, aber weder vermeidbares noch aus eigener Kraft zu überwindendes Übel halten und den Jungen ihr unverschuldetes Glück einer späteren Geburt vorhalten." Die Autoren stellten eine Verbindung zu Helmut Kohls aus ihrer Sicht verfehlter Geschichtspolitik her. Zudem ließen sie erkennen, dass die Mechanismen innerhalb der politischen Parteien der Bundesrepublik in einer bestimmten Hinsicht ähnlich funktionierten wie im Dritten Reich – in beiden Fällen sei die „Grenze zwischen Machern und Mitmachern" verwischt worden.[208] Daraus spricht die Überzeugung, dass eine Aufarbeitung der NS-Vergangenheit die Bereitschaft zu Zivilcourage und Widerstand allgemein gefördert und in den Parteien ganz konkret die Bereitschaft zum Mitmachen bei der illegalen Parteienfinanzierung gesenkt habe. Somit war Flick in doppelter Hinsicht eine Folge des NS-Regimes. Im Kontext der geschichtspolitischen Debatten der 1980er-Jahre bedeutete dies eine klare Stellungnahme gegen all jene, die einen unbefangeneren Umgang mit dem Dritten Reich forderten.

Eine weitere Besonderheit ist die Rückkehr einer leicht kapitalismuskritischen Note in die Korruptionskritik während der Flick-Affäre. Allerdings blieb diese im Vergleich zur Zwischenkriegszeit recht verhalten. So vertrat kaum jemand die Ansicht, der Kapitalismus zersetze notwendigerweise die Demokratie. Freilich verderbe er die Sitten.

Selbst die des Antikapitalismus wahrlich nicht verdächtige *FAZ* warf dem Management von Flick vor, man sei so extrem ungeschickt aufgetreten, wie „Kabarettisten Kapitalisten karikieren", „als wolle man die Stamokap-These des linken Juso-Flügels illustrieren".[209] Die *Frankfurter Allgemeine Zeitung* verurteilte also nicht die Spenden als solche, aber die Umstände der Zahlungen.

Hans Werner Kilz und Joachim Preuß, zwei in der Affäre führend recherchierende Journalisten des *Spiegels*, gingen in ihrer Buchpublikation deutlich weiter. In ihren Augen hatten Politiker und Industrielle bewusst gemeinsame Sache gegen das Gemeinwohl gemacht. Kilz und Preuß konstatierten, die meisten Politiker seien gewissenlos, während die anständigen Volksvertreter machtlos blieben. Ebenso wie Schily vermuteten sie, von Brauchitsch habe nicht nur die Steuerbefreiung erlangt, sondern mit seinen Geldzahlungen auch zum Regierungswechsel 1982 beigetragen.[210] Eine ähnliche Position bezog *die tageszeitung*: Sie sah in der Flick-Affäre einen Beweis dafür, dass die Politik der Union immer den Interessen der Wirtschaft diene. Sarkastisch hieß es, von Korruption könne gar nicht die Rede sein, weil nur derjenige korrumpiert werden müsse, der andere Interessen vertrete. Das sei aber zwischen CDU und Flick nie der Fall gewesen.[211] Otto Schily hingegen betonte seine Einschätzung, nach der die

Unrechtsvereinbarungen meist von den Politikern und nicht von den Industriellen ausgegangen seien.[212]

Bonmots von der „Bonner Lobbykratie“[213] oder von der „Kuvertokraten“[214] machten die Runde. Die Rundfunkjournalisten Rainer Burchardt und Hans-Jürgen Schlamp ließen es sich nicht nehmen, angesichts des „sumpfigen Morasts“ in Bonn Kohls „geistig-moralische Erneuerung“ mit Hohn zu übergießen und den Vergleich mit den Staaten des Ostblocks zu wagen, also den Diktaturvorwurf zu erheben: In Bonn finde man „eine demokratisch-kapitalistische Variante der Nomenklatura östlicher Prägung“.[215] Letzteres war kaum eine ernst gemeinte Analyse, vielmehr ging es darum, der von vielen Journalisten empfundenen Selbstgerechtigkeit der Regierung Kohl polemisch den Spiegel vorzuhalten. Diese Punkte bestätigten in mancherlei Hinsicht jenes Bild, das die neuen sozialen Bewegungen sich von der etablierten Politik bereits in den 1970er-Jahren gemacht hatten. Demnach bildeten die Parteien ein industriehöriges Kartell, das sich gegen die wahren Bedürfnisse der Menschen und vor allem der Umwelt richte. Der Vorwurf der Doppelmoral gegen „die Herrschenden“ war ebenfalls nicht gänzlich neu. Denn eine ähnliche Erzählung grundierte ab den späten 1960er-Jahren die Kritik jüngerer, linksalternativ eingestellter Menschen an den angeblich verlogenen Werten und der Lebensweise der Elterngeneration, von der Sexualmoral über den Umgang mit der eigenen Rolle im Dritten Reich bis hin zur angeblichen Orientierung an rein materiellen Werten. Mit anderen Worten: Diese Vorwürfe hatten auch deshalb eine so große Resonanz, weil sie bestehender Skepsis und Kritik weitere Nahrung gaben.

Tatsächlich entwickelte sich aus der Flick-Affäre keine systematische Kritik an der Marktwirtschaft. Im Gegenteil, schon bald sollte das kapitalistische Wirtschaftssystem weltweit als ein Mittel gegen Korruption gepriesen werden. Anstelle der ökonomischen Analyse der Korruption blieb die moralische und sozusagen stilistische Kritik beherrschend.

Der Schriftsteller und Zeitkritiker Hans Magnus Enzensberger widmete der Flick-Affäre einen längeren Text unter dem Titel „Kassensturz“. Er versah die Affäre mit einer Deutung, wie sie für die kulturellen Auseinandersetzungen der 1980er-Jahre charakteristisch war. Zunächst stellte sich der Autor auf den Standpunkt des Ethnologen und betonte Ähnlichkeiten zwischen den Praktiken der Politiker und jenen der „Kopfjäger von Papua-

Neuguinea" oder anderer Naturvölker. Korruption, das war in dieser Lesart eine Eigenschaft primitiver Völker – eine Vorstellung, die bis ins 19. Jahrhundert zurückreichte.[216] Wichtiger noch war Enzensbergers Stilkritik. Er beschrieb das, was er aus der Presse über die Umgangsformen von Brauchitschs und seiner Verhandlungspartner erfahren hatte, als Ausdruck eines konservativen und überholten Habitus: All das erinnere „an altdeutsche Herrenzimmer, kalten Zigarrenrauch und gepolsterte Türen. In diesem Dunstkreis gibt es keine Frauen. Die einzige Phantasie [...] ist eine militärische". Enzensberger bemühte den lebensweltlichen Konflikt zwischen den liberalen, von 1968 geprägten Teilen der Bevölkerung und ihrem Bild von der älteren, konservativen, dabei fantasielosen und frauenfeindlichen Generation, um das Phänomen Flick als ein Problem der falschen Kultur, des falschen Habitus und der falschen Einstellung zu deuten. Der Kern des Aufsatzes war dann auch eine moralbasierte Gesellschaftskritik. Warum, so fragte der Autor sich, haben die Machenschaften der Parteien keine politische Revolution ausgelöst? Die Antwort: mangelndes Moralempfinden in der Mehrheitsbevölkerung. Die meisten Bundesbürger erwarteten von den Parteien nichts anderes als krumme Geschäfte, auch weil sie sich selbst dem Absahnen und Durchmogeln im Alltag widmeten. Enttäuscht urteilte Enzensberger über seine Landsleute: Es „triumphiert ein abgebrühter Wirklichkeitssinn, der stolz darauf ist, alles zu durchschauen". Die Politik als ein schmutziges Geschäft anzusehen, das sei auch Ergebnis der langen antidemokratischen Tradition in Deutschland, also Folge mangelnder politischer Reife – welch starker Kontrast zur Deutung der Steiner-Wienand-Affäre rund zehn Jahre zuvor. Enzensbergers Diagnose gipfelt in der Klage, dass die Bevölkerung „von vorneherein darauf verzichtet, sich einen anderen moralischen Aggregatzustand als das Püree auch nur vorzustellen".[217]

Enzensbergers Betonung der Moral oder besser des Mangels an moralischen Maßstäben in Politik und Bevölkerung war kennzeichnend für einen Wandel in der politischen Debatte. Dieses Motiv sollte in den folgenden Jahren immer wichtiger für die Interpretation des politischen Geschehens werden. Diese Hinwendung zu moralischer Beurteilung von Politik war sicher ein Faktor, der Korruptionsdebatten begünstigte. Enzensbergers Beitrag atmete den wachsenden Anspruch von Publizisten und Intellektuellen auf Meinungsführerschaft in Moraldingen. Die ungewollte Ironie: Jene zunächst zaghaft, später immer deutlicher ausgesprochene Verachtung des politischen Personals war nicht geringer ausgeprägt als die angeblich populäre Vorstellung von Politik als schmutzigem Geschäft. Mehr noch: Politik sei ein unsauberes Geschäft, diese Vorstellung wurde vor allem von den Verfechtern einer moralbasierten Interpretation in den Medien genährt.

Das zeigen etwa auch die Beiträge im *Spiegel*. Noch in den 1970er-Jahren war die Berichterstattung über Skandale in der Regel bewusst sachlich gehalten, die Redakteure ließen entweder die Fakten sprechen oder woben gelegentlich ironische Bemerkungen ein, um ihr Missfallen oder ihre Kritik zu artikulieren. Im Flick-Skandal schrieb man anders, direkter und mit deutlichem Anspruch, moralische Urteile zu fällen. Nun nahmen sich die Berichte stellenweise so aus wie früher die Kommentare. Das verdeutlichen zwei wahllos aus der Berichterstattung entnommene Zitate: „Was soll der Normalverdiener […] davon halten, wenn der Wirtschaftsminister, der am wortkräftigsten zur Bescheidenheit mahnt, selber Hunderttausende für seine Partei kassiert?" oder „Welche Republik will Helmut Kohl – die gekaufte, in der nicht er, sondern die Geldgeber der Parteien die Richtlinien der Politik bestimmen?" Ihre Aufgabe beschrieben die *Spiegel*-Journalisten so: „Bei einem Skandal dieser Dimension geht es nicht um das Recht der Presse, sondern um ihre Pflicht, Alarm zu schlagen. Täte sie es nicht, überginge sie den offenkundigen Tiefstand öffentlicher Moral, verfehlte sie ihre Aufgabe in der Demokratie."[218]

Im Kontext der Flick-Affäre entstand das Genre einer gelegentlich kaum differenzierten und von Ressentiments geprägten Parteienkritik, wie das Zitat von Enzensberger am Beginn dieses Kapitels zeigt. Um das zu verstehen, ist wieder ein Hinweis auf die tektonischen Verschiebungen in der politischen Kultur der Bundesrepublik erhellend. Charakteristisch dafür ist ein Dokument, das die Stimmung in linken und alternativen Kreisen zeigt.

1983 erschien an der Universität Gießen ein hektografiertes Heftchen mit der Aufforderung, die Basisgruppen/Grüne ins Studentenparlament zu wählen. Das rund 35 Seiten dicke Heft erschien unter der Schlagzeile „Wählt Flick, damit unsere Politiker berechenbarer bleiben." Als Eyecatcher erschienen auf dem Titel Fotos von Friedrich Karl Flick, Franz Josef Strauß, Otto Graf Lambsdorff und dem konservativen hessischen CDU-Politiker Alfred Dregger. Mit Ausnahme der Titelseite mit ihrer ironischen Aufforderung zur Stimmabgabe für den Konzernchef tauchte das Thema Flick in dem Traktat gar nicht mehr auf – es ging stattdessen um studentenpolitische, abrüstungspolitische und ökologische Themen. Die Autoren bekannten sich zu einer „basis-demokratischen" „menschenwürdigeren Gesellschaft" und wollten „hierarchische Machtstrukturen [...] aufknacken" sowie „kritisches Bewußtsein gegen all die kleinen und großen Ungerechtigkeiten" wecken.[219] Dieses Dokument zeigt, dass die Flick-Affäre zumindest in der alternativen Szene wohl als ein weiterer und ironisierbarer Beweis für die Verkommenheit der politischen Eliten gelten konnte. Es zeigt, mit anderen Worten, gerade aufgrund der Beiläufigkeit die große Distanz eines Teils der jüngeren Generation zu den politischen Parteien. Diese Distanz entwickelte sich nicht wegen Flick, aber Flick festigte Grundannahmen, die sich ab den 1970er-Jahren verbreitet hatten.[220] Die zunehmende Distanz zu den Parteien war zumindest in diesen Teilen der Bevölkerung Ausdruck von Kritik und Missfallen gegenüber dem Staat und seinen Repräsentanten, gegenüber den politischen Werten und Verhaltensweisen älterer Generationen und gegenüber Autoritäten im Allgemeinen.

Mit der Flick-Affäre setzte eine bemerkenswerte Verallgemeinerung der Kritik an Politikern und Parteien auch in der politischen Presse ein. Dafür lieferten die systematischen Gesetzesbrüche selbstverständlich einen konkreten Anlass. Die *Spiegel*-Journalisten Hans Werner Kilz und Joachim Preuß brachten das in ihrem Buch auf den Punkt. Angesichts der Affäre „muß der Argwohn gedeihen, daß dreckige Elbe, Saurer Regen und Startbahn West zu tun haben mit der Käuflichkeit der Politik in Deutschland".[221] Damit war ein Ton gesetzt, alle politischen Missstände mit dem letztlich moralischen Versagen der Parteien in einen Zusammenhang zu bringen.

Etwas verhaltener äußerte sich lediglich die konservative Presse. Die *Frankfurter Allgemeine Zeitung* hielt anlässlich der Beendigung der Ausschussarbeit 1986 fest, der Bundestag habe durchaus klargestellt, dass keine Korruption stattgefunden habe und dass die Republik eben „nicht gekauft" war. Doch werde dies kaum wahrgenommen, zumal die Parteien sich weiter die Schuld gegenseitig in die Schuhe schieben würden.[222]

Zum Gesamtbild gehören viele kleine Anzeichen für das schwindende Prestige der politischen Parteien und ihrer Vertreter. Nur ein kleines Detail, aber charakteristisch: Die ARD sendete in den Jahren 1989 bis 1991 eine politische Satireserie mit Gummipuppen unter dem Titel „Hurra Deutschland". Zwar waren die Episoden nach Ansicht vieler Kritiker harmloser als beim britischen Vorbild „Spitting Image". Deutsche Politiker wurden eher wie liebenswerte Trottel dargestellt und nicht als Verbrecher. Doch selbst in dieser weichgespülten Variante der Verballhornung war es selbstverständlich, das Bonner Spitzenpersonal in Vampirverkleidung als „die Regierigen“ zu apostrophieren.[223]

Wieder erspürte Richard von Weizsäcker mit feinem Sensorium diese Stimmung. Wie auch in der geschichtspolitischen Debatte setzte er sich an die Spitze der Diskussion über die Parteien. In einem langen Interview mit der *Zeit* beklagte der Bundespräsident 1992 deren Machtansprüche. Ausdrücklich bezog er sich auf die Parteifinanzen, also letztlich auf Flick. Zwar betonte das Staatsoberhaupt, Parteien seien notwendig für die Demokratie. Statt einfacher Ressentiments lieferte er also durchaus eine differenzierte Analyse. Doch ließ er erkennen, wie sehr er die Praktiken des Machterwerbs verurteilte. Außerdem ließ er durchblicken, dass die Parteien über den Kampf um die Macht die Politikgestaltung und das Lösen von Problemen vernachlässigten: „Nach meiner Überzeugung ist unser Parteienstaat [...] machtversessen auf den Wahlsieg und machtvergessen bei der Wahrnehmung der [...] politischen Führungsaufgabe.“[224]

Das Interview sorgte für Furore, weil der höchste Repräsentant der nun wiedervereinigten Republik die moralbasierte Politikanalyse autorisierte. Weizsäcker hat seine Bedenken hinsichtlich der Parteienmacht aber nicht erst 1992 formuliert, sondern schon in der Frühphase der Flick-Affäre. Bereits 1982 kritisierte er in einer Rede, die Parteien machten sich „den Staat zur Beute“.[225] Weizsäcker stand damit in der Phalanx der politischen „Querdenker“ und „Mahner“, die in den politischen Debatten der 1980er- und 1990er-Jahre so populär waren – darunter Heiner Geißler und Kurt Biedenkopf von der CDU sowie Oskar Lafontaine von der SPD.

Vor dem Hintergrund der Flick-Affäre begann denn auch eine Debatte über Parteienverdruss. Journalisten und Politikwissenschaftler sahen die Parteien seit dieser Zeit in einer ernsten Krise. Es ist schwer, festzustellen, wie weit die Entfremdung der Bevölkerung vom Parteiensystem ging. Jedenfalls brachten die 1980er-Jahre einen Trend, der sich später noch fortsetzte, nämlich zunehmende Auflösung von milieugebundener Treue zu bestimmten Organisationen. Neben den Parteien litten darunter auch ganz besonders die Kirchen und die Gewerkschaften. Sowohl das katholische Milieu als Reservoir der Union wie auch die Arbeiterschaft mit ihrer Nähe zur Sozialdemokratie verloren ab den 1970er-Jahren ihre prägende Wirkung. Das machte sich in den Stimmenanteilen der Großparteien bemerkbar:

Stimmten 1976 noch 91 Prozent der Wählerinnen und Wähler für Union und SPD, waren dies 1990 nur noch 77 Prozent. Meinungsumfragen von EMNID zeigten zudem einen markanten Vertrauensverlust. 1983 setzten noch 50 Prozent der Befragten Vertrauen in die politische Kompetenz der Parteien – sieben Jahre später glaubten nur noch 37 Prozent daran.[226]

Der Vertrauensverlust der Parteien beruhte nicht zuletzt auf den massiven Gesetzesbrüchen in bislang uneinsehbaren Hinterzimmern der Macht, vor allem bei der Finanzierung. Dagegen stand der Grundsatz des Parteienrechts, nach dem größere Parteispenden öffentlich zu machen waren, um den politischen Einfluss der Geldgeber zu beschränken.

Die Funde im Haus Flick, vor allem von Brauchitschs Tageskopien und die Diehl-Liste, stellten schonungslos etwas her, was man Intransparenz-Transparenz nennt[227], das öffentliche Bewusstsein, dass wichtige Akteure permanent etwas verbergen. Es gab in den 1980er-Jahren das erkennbare Bemühen, es ganz genau wissen zu wollen. Erstmals in der Skandalgeschichte der Bundesrepublik erschienen auf dem Buchmarkt umfangreiche Dokumentationen der Gerichtsprozesse, der Zeugenaussagen und detaillierte Auswertungen der geheimen Dokumente.[228] Diese Publikationen sind sehr ausführlich und haben deshalb einen doppelten Quellenwert. Sie zeigen die Interpretation des Flick-Skandals durch die Zeitgenossen, lassen aber auch tiefe Einblicke in die Praktiken von Brauchitschs selbst zu. Ihre Leser konnten und sollten sich selbst ein möglichst unvermitteltes Bild von den Tatsachen und Vorgängen machen, sollten also ihr Urteil nicht allein auf einen Kommentar im Leitmedium stützen. Freilich schloss das nicht aus, diese Dokumente mit sarkastischen, ironischen, kritischen und moralisierenden Kommentaren zu begleiten, wie weiter oben deutlich geworden ist.

Um das große Interesse an solchen dokumentarischen Wälzern zu verstehen, muss man wiederum auf die 1970er-Jahre und die neuen sozialen Bewegungen zurückblicken. Die neuen sozialen Bewegungen waren unter anderem Ergebnis der Vorstellung, jeder Bürger und jede Bürgerin sollten sich ins politische Geschehen einmischen. Ihr Selbstverständnis beruhte auf politischer Emanzipation von jenen Deutungen, die Parteien, Verbände, Experten und Presse vorgaben. Kurz: Es ging darum, sich ein unabhängiges Urteil zu bilden. Das schien vor allem in Umweltfragen auch dringend nötig, da sich zunächst keine der genannten Instanzen für ökologische Fragen interessierte und einsetzte – so sahen es zumindest die frühen Bürgerinitiativen. Information war aber nicht nur die Voraussetzung für die eigene Meinungsbildung. Sie hatte einen weiteren, ganz praktischen Wert: Wer sich erfolgreich gegen ein umweltschädigendes Großprojekt zur Wehr setzen wollte, der brauchte Fachargumente, etwa über die Auswirkungen von atomarer Strahlung auf den menschlichen Organismus, über die technischen Schwachstellen in Reaktortypen, über die ökologischen Folgen eines Autobahnbaus. Kurz: Man brauchte wissenschaftlich fundierte Informationen, um in Anhörungen, vor Gerichten und in der öffentlichen Debatte Widerstand organisieren zu können. Der Zugang zu Informationen aus der Wissenschaft, den Behörden und auch der Wirtschaft erwies sich als strategische Notwendigkeit, allerdings zugleich auch als sehr schwierig.[229]

Aus dieser Erkenntnis heraus starteten die neuen sozialen Bewegungen vielfältige Aktionen zur Information und Bildung engagierter Mitbürgerinnen und Mitbürger. Das Ziel hieß, Wissen im Sinn von Gegenexpertise zu den „etablierten" Fachleuten aufzubauen. Um sich gegenseitig zu unterstützen, veröffentlichten die Protagonisten des gesellschaftlichen Protests Ratgeberliteratur, darunter umfangreiche Dokumentationen über die genannten Gefahren, aber auch über eigene Aktionen und über die Positionen der politischen Gegner.[230] In letzter Konsequenz begünstigten diese Entwicklungen die spätere Transparenzpolitik wie etwa das sogenannte Informationsfreiheitsgesetz, das seit 2006 allen Bürgern Einblick in staatliche Akten garantiert – zumindest in der Theorie. Es ist kein Zufall, dass dieses Gesetz von der rot-grünen Bundesregierung in den letzten Wochen ihres Bestehens dem Bundestag vorgelegt wurde. Die Grünen, die als Sprachrohr der Bürgerinitiativbewegung begonnen hatten, hatten sich jahrelang für diese Regelung eingesetzt.

Der Boden war also bereitet für eine Art Literatur, die die Leser mit umfangreichen Dokumenten versorgte. Erklärtes Ziel der einschlägigen Veröffentlichungen über Flick war nun aber nicht die fachliche Gegenexpertise. Hier ging es allein um die Idee, dass die Bürger sich selbst ein Urteil über die etablierten Parteien bilden sollten. „Einer der einflußreichsten westdeutschen Industriellen liefert tiefe Einblicke, wie die Bundesrepublik wirklich funktioniert", hieß es über von Brauchitsch. Er gehöre „zu einem Berufsstand, der nicht in der Tagesschau vorkommt und der doch das Leben in der Bundesrepublik so nachhaltig beeinflußt: dem der Lobbyisten".[231] Dahinter stand nichts weniger als der Anspruch, die wahren Machtverhältnisse durchsichtig zu machen.

Transparenz als Wort tauchte in diesen Veröffentlichungen nicht auf, dafür aber in der Debatte über die Parteifinanzen. Schon zu Beginn der Affäre beklagte *Die Zeit* einen Mangel an „Transparenz“ bei den Einnahmen und Ausgaben der Parteien.[232] Das Parteiengesetz enthalte ein „Transparenzgebot“, so hieß es bei Journalisten wie auch bei Politikern. Auch Helmut Kohl verwendete (wie Hans Dietrich Genscher) diesen Begriff. In der Vergangenheit hätten alle Parteien „gegen das Transparenzgebot“ verstoßen, was aber nicht rechtfertige, die gesamte Politik zu kriminalisieren, so Kohl Ende 1984 in einem Fernsehbeitrag.[233] CDU-Generalsekretär Heiner Geißler startete zur gleichen Zeit eine Initiative für mehr Transparenz hinsichtlich der Einnahmen von Bundestagsabgeordneten, allerdings mit geringem Erfolg.[234] Der Begriff fand langsam Eingang in den politischen Wortschatz – so stellte ein Zeitungsbericht über Wahlkampf und Parteienfinanzierung in Frankreich 1986 fest, „Transparenz ist in Frankreich keine Tugend“.[235]

Auch wenn sich hier bereits der Zusammenhang von Korruptionsbekämpfung und Transparenz andeutet – einstweilen waren andere Verwendungen des Begriffs dominanter. In der Bundestagsdebatte zum Abschlussbericht des Untersuchungsausschusses am 13. März 1986 tauchte der Begriff nur zweimal auf. Otto Schily erklärte die heimliche Parteienfinanzierung zu einem Problem, denn: „Demokratie lebt von der Transparenz, von der Durchschaubarkeit und Überschaubarkeit politischer Entscheidungsprozesse für die einzelnen Bürger.“[236]

Transparenz also als Gegenmodell zur Komplexität und Undurchschaubarkeit des Politischen: Dies war ein wichtiges Motiv, nicht nur hinsichtlich der Glaubwürdigkeit der Politik, sondern auch als praktische Voraussetzung für bürgerschaftliches Engagement. So forderte der Ministerpräsident von Niedersachsen Ernst Albrecht in seiner Antrittsrede als Präsident des Bundesrates im November 1985 eine höhere Transparenz staatlichen Handelns, um dem Problem der Komplexität und Unübersichtlichkeit zu begegnen. Er rief dazu auf, „staatliches Handeln so transparent zu machen, daß die Teilnahme aller Bürger am politischen Prozeß [...] tatsächlich möglich ist“.[237]

Daneben fand Transparenz vor allem im Bereich der medizinischen Versorgung Verwendung. Noch am gleichen Tag der Debatte über den Abschlussbericht des Flick-Untersuchungsausschusses ging es im Bundestag um Transparenz im Gesundheitswesen, konkret um eine Novelle des

Arzneimittelgesetzes. Die Bundesregierung beabsichtigte die Einsetzung einer „Transparenzkommission“, die „Transparenzlisten“ erstellen sollte, um damit kostenbewusste Therapieentscheidungen zu ermöglichen, so Gesundheitsministerin Rita Süssmuth.[238]

Rechtfertigungen und Kritik der Moralisierung

Kaum noch Aufmerksamkeit erhielten jetzt Argumente, die jahrzehntelang in Korruptionsaffären gegolten hatten. Nach Reents' Intervention im Bundestag zur Beratertätigkeit von Rainer Barzel rief der CDU-Abgeordnete Rudolf Seiters in Richtung Grüne: „Die Methoden, die Sie anwenden, haben in früheren Jahren schon einmal zur Zerstörung einer Demokratie, nämlich der Weimarer Republik, geführt“ – kaum jemand nahm noch Notiz von dieser Warnung vor den Gefahren exzessiver Korruptionskritik.[239] Neben der Sorge um das Image der Bonner Demokratie gab es eine zweite Verteidigungslinie, vor allem bei Union und FDP, aber auch in Teilen der SPD. Ihre Verfechter beriefen sich auf ähnliche Argumente wie in der Wienand-Steiner-Affäre und übten sich in Abgeklärtheit. Horst Ehmke etwa erklärte in der SPD-Fraktion Ende 1981 in der Debatte über den ersten Amnestieversuch, jeder Politiker wisse doch, wie die Parteien ihr Geld beschafften. Daher solle man sich nicht über die Maßen aufregen.[240]

Als die neue Regierung Anfang Mai 1984 den zweiten Anlauf für eine Amnestie machte, wurde in der Unionsfraktion ähnlich argumentiert. Helmut Kohl führte aus, alle hätten in gutem Glauben gehandelt. Parteileute, die sich mit Finanzen beschäftigt hätten, dürften dafür nicht bestraft werden – jene also, die die „Drecksarbeit gemacht“ hätten. Auch in der öffentlichen Sitzung des Untersuchungsausschusses nahm Kohl mit ganz ähnlichen Worten für sich in Anspruch, bei seinen Treffen mit von Brauchitsch nur seine Pflicht als Parteivorsitzender getan zu haben. Franz Josef Strauß blies in der Fraktionssitzung ins gleiche Horn und warnte vor einem „ultra-moralischen Supra Rigorismus der chemisch reinen Weste“. Alle Beteiligten, auch die Finanzämter und Staatsanwaltschaften, wüssten seit Jahrzehnten von den Praktiken, hätten aber nichts unternommen. Die aktuellen Prozesse seien das Ergebnis einer ideologischen Veränderung. Seit einigen Jahren säßen an vielen Stellen in Justiz und Verwaltung Menschen, die die Marktwirtschaft ablehnten.[241] War also eine ideologisch motivierte

Kampagne am Werk? Den Vorwurf politisch motivierter Strafverfolgung erhoben Unionspolitiker regelmäßig.[242] Solche Argumente drangen freilich nicht durch; selbst die Anhänger und die Parteibasis der Union wollten diese Sicht der Dinge nicht hinnehmen, weshalb auch die zweite Amnestie scheiterte.

In seiner Warnung vor der Moralisierung bekam der bayerische Ministerpräsident aber Unterstützung von ungewohnter Seite: Der Bundesgeschäftsführer der SPD, Peter Glotz, wandte sich in einem Beitrag für den *Spiegel* im November 1984 ebenfalls gegen ein Übermaß moralischer Entrüstung. Glotz beklagte, der „ethische Personalismus" und der „Appell an die Privatmoral" sei an die Stelle profunder ökonomischer Analyse getreten. Er stimme zu, dass man die Macht der Wirtschaft beschneiden müsse, nur könne das nicht mit der Verfolgung von Einzelpersonen geschehen. Vielmehr müssten die wirtschaftspolitischen Parameter entsprechend verändert werden, etwa durch bessere Mitbestimmung, Verhinderung von Monopolbildung, Maßnahmen gegen Konzentrationsprozesse usw. Interessanterweise sah Glotz den Aufstieg der Moralisierung eng verbunden mit dem politischen Aufstieg der Ökologie.[243] Insofern sind diese Ausführungen auch als Versuch zu verstehen, eine Antwort auf den Erfolg der Grünen zu finden, die das Wählerreservoir der SPD merklich schmälerten.

Von journalistischer Seite gab es ebenfalls gelegentlich Kritik am Verlauf der Debatte, auch wenn das nur vereinzelte Stimmen waren. Die regierungsnahe Tagespresse, etwa aus dem Springer-Verlag, kritisierte vor allem in den ersten Monaten die öffentliche Vorverurteilung der bislang angeklagten, aber nicht verurteilten Politiker.[244] Die *Frankfurter Allgemeine Zeitung* trat zwar schon recht früh für den Rücktritt Barzels ein und kritisierte die Amnestiepläne.[245] Ansonsten finden sich Kommentare, die bezweifelten, die Zahlungen Flicks hätten politische Folgen oder hätten politischen Zielen gedient, und immer wieder darauf verwiesen, dass die SPD in ähnlicher Weise wie die Union von Flick-Spenden profitiert habe. Kritik an der Union von linken Gewerkschaften sei scheinheilig und „schlimmer Verfall der politischen Kultur".[246]

Wie schon im Fall der Dienstwagenaffäre gab es teilweise Unbehagen am forschen Auftreten der Justiz. Ende 1983 jedenfalls war sich eine mit Juristen besetzte Diskussionsrunde im Deutschlandfunk einig, aufsehenerregende Pressekonferenzen der Strafverfolger kämen einer unzulässigen Vorverurteilung gleich. Dieselbe Kritik traf auch die Tagespresse.[247]

Die wohl überraschendste Verteidigungsstrategie legte sich Eberhard von Brauchitsch zurecht, allerdings erst viele Jahre nach Ende der Prozesse. In seinen Memoiren von 1999 rechtfertigte er sich mit dem Motiv der Erpressung und politischen Notwehr. Von einer engen und vertrauensvollen Zusammenarbeit zwischen Politik und Industrie könne gar keine Rede sein. In Wahrheit hätten Politiker aller Parteien den Vertretern der Wirtschaft immer wieder damit gedroht, ihnen das Leben mit wirtschaftsfeindlichen Gesetzen schwer zu machen. Zugleich hätten sie ständig Spenden eingefordert, als handle es sich um Schutzgelder. Um Schlimmeres für die deutsche Wirtschaft und den Wohlstand des Landes zu verhindern, habe man zahlen müssen.[248] Mit dieser offensichtlich absurden Darstellung hoffte der ehemalige Manager offenbar, auf der weiter anwachsenden Welle der Politikerschelte und auf Kosten der Parteien das Image der Lobbyisten aufzupolieren, allerdings ohne Erfolg.

Große Wende: die Welt im Korruptionsfieber ab 1990

Nach 1990 war nichts mehr wie zuvor in der deutschen Korruptionsdebatte. An die Stelle der unterkühlten, vorsichtigen Kommentare zu Korruptionsfällen in der Bonner Republik traten Empörung und Moralisierung. Schon nach wenigen Jahren in der Berliner Republik war man sich einig, dass das Land ein Korruptionsproblem hatte. Skandale in hoher Schlagzahl und Antikorruptionsexperten betraten die politische Bühne. Dafür gab es viele Ursachen im Land selbst. Aber wirklich verstehen kann man den Wandel nur, wenn man die globale Ebene berücksichtigt.

Denn erstmals in der Geschichte gab es weltweite Debatten über Korruption. Sie wurden ausgelöst von theoretischen Überlegungen in der Wirtschaftswissenschaft, befeuert von mächtigen internationalen Organisationen wie der Weltbank, getragen aber auch von Nichtregierungsorganisationen. Dabei machte die Korruption eine erstaunliche Karriere. Korruption mauserte sich zu einer politischen Meistererzählung. Korruption avancierte ziemlich rasch zur Ursache für Demokratiedefizite, soziale Ungerechtigkeit und wirtschaftliche Stagnation. Der Kampf gegen Korruption schien ein Allheilmittel, um Staat und Wirtschaft effizienter und gerechter zu machen. Es ist faszinierend, aber auch erklärungsbedürftig, warum und in welchem politischen Umfeld die Korruption zu dieser Karriere kam. Die USA haben viel dazu beigetragen – auf der wissenschaftlichen, publizistischen und politischen Ebene. Deshalb wird in diesem Abschnitt auch wenig von Deutschland die Rede sein. Allerdings hatte ein zentraler Akteur in diesem Feld seinen Sitz in Berlin: die Antikorruptionsorganisation Transparency International.

Der Name dieser wichtigsten Nichtregierungsorganisation (NGO) im Antikorruptionskampf deutet bereits darauf hin: Korruptionsbekämpfung lag an der Schnittstelle vieler unterschiedlicher Konzepte. Das Gegenmittel zum Schattenreich der Korruption bildete die lichtdurchflutete „Transparenz". Warum Korruption mit einem Mal so bedrohlich erschien, aus welchen Gründen und mit welchen Mitteln man dagegen vorgehen wollte, das erschließt sich nur, wenn man andere Konzepte aus dieser Epoche im Blick hat: das sogenannte New Public Management, das Paradigma guter Regierung sowie einige Grundsätze aus der Wirtschaftstheorie. Gemeinsam haben diese neuen Konzepte Verwaltung, Politik und Wirtschaft seither stark verändert. Die globale Korruptionsdebatte ab 1990 war ein Teil davon.

Der Aufstieg der Korruptionsdebatte war aber nicht allein das Ergebnis neuer Ideen. Es gab konkrete Akteure und Interessen, die sich für den Kampf gegen Korruption einsetzten und ihn weltweit politisch in Stellung brachten. Hiervon wird im Folgenden zu berichten sein, auch weil dabei ganz neue Organisationen auf den Plan traten. Faszinierend ist die Breite dieser Allianz von neoliberalen Herolden der Globalisierung bis hin zu Globalisierungskritikern. All diese Kräfte wirkten zeitgleich aufeinander. Eine klare Chronologie ergibt sich kaum; zu viel geschah innerhalb weniger Jahre. Zeitlich gesehen, werden wir also immer wieder vor- und zurückspringen, um die unterschiedlichen Fäden aufzunehmen. Das unterscheidet dieses Kapitel von den vorherigen Abschnitten.

Moral und Effizienz: neue Ideen über Korruption und ihre Bekämpfung

Korruption und „Antikorruption" bildeten in und ab den 1990ern zunehmend eine politische Obsession. Den Ausgang nahm die Debatte von der Wirtschaftstheorie. Es wäre einerseits zu simpel, den Antikorruptionskampf allein als Folge des Neoliberalismus anzusehen. Gleichwohl spielten ökonomische Deutungsmuster eine ganz wichtige Rolle. Das liegt daran, dass die ökonomischen Vorstellungen in ein Geflecht weiterer Konzepte und Programme eingebunden waren. Diese wiederum waren in unterschiedlichen Gebieten der Politik wirksam. Leuchtet man die Zusammenhänge bis in die hintersten Winkel aus, trifft man einerseits auf Konzepte von Freiheit, Offenheit und Teilhabe, andererseits auch auf Kontrolle und Überwachungsfantasien.

Auf den folgenden Seiten versuche ich deshalb eine „Archäologie" der gedanklichen Konzepte und Bedeutungsschichten, die wie die Häute einer Zwiebel um die Idee der Antikorruption gelegt waren. Anders als Äpfel, Nüsse und Birnen hat die Zwiebel keinen Kern, den man freilegen könnte. Man findet immer nur neue Häute. Es gibt also keinen Kern der Sache, sondern sich gegenseitig stützende Konzepte und Annahmen. Und diese unterstützten ganz unterschiedliche Mechaniken der Macht.

Zum einen haben wir es mit politischen Großkonzepten zu tun. Dazu gehören Freihandel und Marktorientierung, aber auch „gute Regierung", New Public Management, Compliance und Transparenz. Alle sind in den 1990er-Jahren und im frühen ersten Jahrzehnt des 21. Jahrhunderts zentrale Begriffe für Reformen in Politik und Wirtschaft gewesen. Alle können als moralische Gebote oder alternativ als Gebote zur Effizienzsteigerung ausgedeutet werden. Sie können außerdem in Richtung liberaler Öffnung oder in Richtung überwachender Kontrolle verstanden werden. Das entscheidende Scharnier ist möglicherweise die Transparenz. So ist auch zu erklären, warum Transparenz in den 1990er-Jahren zum wichtigsten Gegenmittel für Korruption erklärt wurde. Ein weiteres zentrales Motiv ist das der Verantwortung, im englischsprachigen Gebrauch „accountability", eng verbunden mit guter Regierungsführung auf der einen Seite sowie Transparenz auf der anderen.

Es gibt keine klare Hierarchie. Transparenz kann ein Merkmal guter Regierungsführung sein, gute Regierung kann aber auch mit dem Ziel eingeführt werden, Transparenz und Verantwortlichkeit herzustellen. Verantwortlichkeit mag ein Gegenmittel zur Korruption darstellen, ebenso wie die Transparenz von Entscheidungsprozessen. Transparenz, gute Regierung, Verantwortung, Korruptionsbekämpfung: Sie alle können Mittel zum Erreichen anderer Zwecke wie etwa Wachstum sein. Sie können aber auch Ziele an sich darstellen, die keiner weiteren Begründung bedürfen.

Im Ergebnis finden wir ein Wimmelbild der immer gleichen Begriffe, die aber ständig ihren Ort und ihre Beziehung zu den anderen Konzepten verändern.

Korruptionsbekämpfung und Neoliberalismus

Der Kampf gegen Korruption seit den 1990er-Jahren beruht auf unterschiedlichen Traditionen. Ich beginne an dieser Stelle mit der politischen Ökonomie und das aus zwei Gründen. Zum einen taucht der Begriff Korruption hier am frühesten auf und er erhielt die nachhaltigste Aufmerksamkeit. Zum anderen wurde das ökonomisch inspirierte Denken über den Staat in den 1990er-Jahren und im ersten Jahrzehnt des 21. Jahrhunderts bis weit in die praktische Politik hinein dominant. Mithilfe des ökonomischen Denkens, so glaubte man, könne der Staat besser werden, vielleicht sogar gerechter. Diese Vorstellung hat auch zur Verbreitung der „Antikorruption" beigetragen.

Die Hinwendung der Wirtschaftswissenschaft zum Problem der Korruption kann nur überraschen. Dies liegt an der alten Frontstellung zwischen den traditionellen Korruptionskritikern einerseits und dem Kapitalismus andererseits. Wie schon angedeutet, denunzierten die meisten Korruptionskritiker im 19. und frühen 20. Jahrhundert den Kapitalismus als eigentliche Ursache für Korruption. Im Kapitalismus, so der Vorwurf, werde alles zur Ware, auch das, was niemals gehandelt werden dürfe, nämlich öffentliche Ämter und politische Entscheidungen. Die Ökonomisierung des Alltags lasse alle Regeln des Anstands erodieren und entfremde Beamte, Richter und Politiker von ihren eigentlichen Aufgaben. Die Prinzipien wirtschaftlichen Handelns würden das öffentliche Leben zerstören. Ein Echo dieser traditionellen Vorwürfe fand sich noch in den Korruptionsdebatten der Bonner Republik, wenn die SPD den Einfluss von „Unternehmermillionen" auf die Parteien kritisierte.

Auch die Ökonomen der neoliberalen Ära identifizierten Korruption als ein Hindernis für Demokratie und Wohlstand. Doch sie drehten den Spieß um. Nicht weniger, sondern mehr Wirtschaft sollte das Problem beheben. Ökonomische Anreize sollten dafür sorgen, dass Korruption verschwand.

Ursprünglich galt auch in den Wirtschaftswissenschaften das, was die Politik der Nachkriegsjahrzehnte prägte: Korruption spielte kaum eine Rolle. Wenn dies doch der Fall war, so hatte die Korruption aus wirtschaftswissenschaftlicher Sicht nicht unbedingt einen negativen Beiklang. Die Wirtschaftswissenschaft der Nachkriegszeit bemühte sich um eine nicht moralisierende, eine funktionale Betrachtung der Korruption. Da erschienen Bestechung und Bestechlichkeit zumindest mehrdeutig in ihrer Wirkung, vor allem in den Entwicklungsländern.[1] Denn dort, in den Staaten des globalen Südens, machte man in der Regel die Hochburgen von Korruption aus.

Ökonomen interpretierten den gewünschten ökonomischen Wandel in Ostasien und Afrika oft vor dem Hintergrund der Modernisierungstheorie. Der Wirtschaftswissenschaftler Walt Rostow hoffte, man könne durch künstliche Stimulierung von hohem wirtschaftlichen Wachstum eine Art Kettenreaktion auslösen. Sie führe aus dem Zustand vormoderner Unterentwicklung automatisch zu Industrialisierung, Wohlstand und schließlich auch Demokratie.[2] Ergebnis solcher Überlegungen waren oftmals gigantische, aber punktuelle Industrialisierungsprojekte wie Staudämme und andere großtechnische Anlagen.

In den Konzepten dieser Art Entwicklungsmechanik ging es nur selten um Korruption; wenn sie doch ein Thema war, dann als ein Übergangsphänomen. Korruption sei ein Rest der vormodernen Handlungsroutinen, die dank des erhofften Fortschritts bald wegfallen würden – eine Ansicht, die der schwedische Ökonom und Nobelpreisträger Gunnar Myrdal vertrat.[3] Andere wie der Sozialwissenschaftler Joseph S. Nye forderten, Korruption, wenn überhaupt, streng rational nach dem Kosten-Nutzen-Prinzip zu bewerten und die Moral außen vor zu lassen.[4] Manche Autoren argumentierten offensiver, Korruption könne auch eine positive Wirkung haben, zum Beispiel, wenn sie schwerfällige bürokratische Entscheidungswege umgehen helfe und damit Hindernisse für die Entfaltung der Marktkräfte und die wirtschaftliche Entwicklung beseitige.[5] Der amerikanische Politikwissenschaftler Samuel Huntington nahm Ende der 1960er-Jahre noch an, Korruption sei ein Signal für einsetzende Modernisierung. Auch Huntington beschrieb positive Merkmale der Korruption – sie verringere in Gesellschaften mit starken Umwälzungen die Gewaltbereitschaft. Für ihn hatte Korruption also eine stabilisierende Wirkung.[6] Huntington war mit seiner Position nicht allein. Zahlreiche Soziologen teilten seine Auffassung. Der später zu großem Ruhm gekommene Soziologe James Scott veröffentlichte ebenfalls am Ende der 1960er-Jahre einen Aufsatz über Korruption. Er beschrieb sie als ein Mittel, mit dem neue soziale Schichten Einfluss gewinnen können, auch wenn das politische System sie formal (noch) ausschließe.[7]

In eine ähnliche Richtung zielten auch die Studien von amerikanischen Historikern, die sich mit den sogenannten politischen Maschinen in den großen Städten des späten 19. und frühen 20. Jahrhunderts beschäftigten. Die Maschinen waren Begünstigungssysteme, mit denen Lokalpolitiker stabile Wählerschaften an sich banden. Meist bestand ihre Klientel aus europäischen Einwanderern. Sie erhielten nämlich sehr schnell das Wahlrecht, blieben aber zunächst am unteren Ende der sozialen Leiter stecken. In den politischen Maschinen wurden sie mit Geld, mit kleinen Pöstchen oder anderen Vergünstigungen bedacht. In der Mitte des 20. Jahrhunderts interpretierten viele Historiker die Maschinenpolitik als einen Integrationsmotor für Migranten in die Gesellschaft und in den Arbeitsmarkt.[8] Generell kann man beobachten, dass in den ersten Jahrzehnten nach dem Zweiten Weltkrieg in vielen Wissenschaften, auch in der Soziologie, solche Interpretationen vorherrschten, die Korruption positiv zu bewerten versuchten. Sie ließen sich ganz bewusst nicht vom moralisch sinisteren Klang des Wortes dazu verleiten, Korruption von vornherein als Problem zu definieren. Solche Ansätze kamen allerdings spätestens ab den 1980er-Jahren aus der Mode.[9]

Ab den 1970er-Jahren fanden solche Aussagen über Korruption in der Wirtschaftswissenschaft immer weniger Zustimmung. Das lag auch daran, dass die Modernisierungstheorie im Sinn Rostows gescheitert war. Hinzu kommt: Die Vorstellung von Korruption als Fortschrittsmotor hatte keine Tradition, hatte weder historische Vorbilder noch Nachahmer. Seit dem 18. Jahrhundert galt Korruption als Merkmal traditioneller und vormoderner Gesellschaften und der Sieg über Korruption als Zeichen des Fortschritts.

Gleichwohl: Korruption war in den Nachkriegsjahrzehnten ein Randthema der Wissenschaft. Das änderte sich nachhaltig erst in den 1990er-Jahren. Nun ergoss sich eine Welle theoretischer und empirischer Beiträge zur Korruption über die Kongresse und Zeitschriften der Wirtschaftswissenschaften, der Politikwissenschaft und der Entwicklungspolitik.

Die Vorstellung von Korruption als sinnvolles Korrektiv im Modernisierungsprozess verschwand. Die Ökonomen sahen in der Korruption jetzt eher einen Beweis oder zumindest ein schlagendes Beispiel für negative Einflüsse staatlicher Willkür auf die Wirtschaft. Korruption stand nun für Störungen des Wirtschaftsverkehrs.

Bevor wir uns zwei wichtigen Korruptionsökonomen widmen, seien ein paar Worte zum Neoliberalismus vorweggeschickt. Die Debatte über den Einfluss neoliberaler Wirtschaftstheorie auf Politik und Gesellschaft seit den 1970er-Jahren ist unüberschaubar. Seit wann genau, in welcher Weise und wie nachhaltig das neoliberale Denken die Wirtschaftspolitik beeinflusst hat, ist umstritten. In der Bundesrepublik der Ära Kohl etwa wurde trotz weitgehender Rhetorik nur wenig von neoliberalen Programmen umgesetzt.[10]

Problematisch ist der Begriff außerdem, weil er in der Öffentlichkeit oft mit polemischem Unterton, nicht selten wie ein Kampfbegriff erscheint. Dennoch ist es sinnvoll, mit diesem Begriff eine Reihe von Trends im ökonomischen Denken des späten 20. und frühen 21. Jahrhunderts zusammenzufassen – und zwar ohne die Absicht, ihren Gegnern oder Unterstützern das Wort zu reden.

Im Mittelpunkt neoliberalen Denkens steht das Verhältnis zwischen Staat und Markt. Der britisch-australische Sozialwissenschaftler Barry Hindess charakterisiert den Neoliberalismus folgendermaßen: Neoliberale Konzepte laufen darauf hinaus, Elemente des öffentlichen Sektors zu privatisieren oder zumindest Wettbewerb und marktähnliche Mechanismen im staatlichen Bereich wirken zu lassen. Anstelle staatlicher Fürsorge soll die Verantwortung des Einzelnen für sich selbst gestärkt werden. In diesem Geist hat in der Bundesrepublik Deutschland die Rentenreform der Jahre 2000 bis 2002 mit der „Riester-Rente" ein Element privater Vorsorge eingeführt: Nicht der Staat allein ist verantwortlich für den Kampf gegen Altersarmut, sondern jeder Einzelne soll sich daran mit eigenen Mitteln beteiligen.[11]

Auf der internationalen Ebene, so Hindess, stehe der Neoliberalismus für offene Märkte, Abbau von Handelsschranken, möglichst weltweit gleiche Handelsgesetze. Es gehe aber immer auch um Wege, das Verhalten von Regierungen den Marktmechanismen zu unterwerfen. Im Unterschied zum klassischen Liberalismus interessiere sich der Neoliberalismus aber auch für die Kernbereiche staatlichen Handelns. Er strebe danach, den Staat und das öffentliche Leben im Sinn des Marktes umzuorganisieren. Dahinter stehe die Auffassung, Wettbewerb und das freie Spiel der Kräfte führe zum Höchstmaß an Leistungsfähigkeit.[12]

Spätestens seit den 1980er-Jahren erschienen unzählige Publikationen mit dem Credo, mehr Markt und weniger Staat führten zu einer effizienteren und gerechteren Welt.[13] Das zentrale Argument lautete so: Wenn der Staat zu stark in der Wirtschaft interveniere, etwa mit Subventionen und Regulierungen, dann schaffe dies eine Art staatliches Monopol. Dieses würden dann Beamte und Staatsbedienstete ausnutzen, um Gewinne daraus zu erzielen. Man sprach in dem Zusammenhang auch vom „Rent seeking" der Monopolisten. Schon 1974 hatte die Wirtschaftswissenschaftlerin Anne Krueger diesen Begriff geprägt und behauptet, Gewinnstreben dominiere letztlich alle Lebensbereiche.[14]

Von solchen Ideen ist der Schritt zur Korruption nicht weit. Die in den 1990er-Jahren boomende Antikorruptionsliteratur konnte sich auf einige wenige Pioniere stützen, die bereits in den Jahrzehnten davor das Thema entdeckt hatten. Zwei Namen sind hier zu nennen: Robert Klitgaard und Susan Rose-Ackerman. Ihren ersten großen Aufsatz zur Korruption veröffentlichte Rose-Ackerman schon 1975. Drei Jahre später folgte ihre erste Monografie – in gewisser Weise das Gründungsdokument der neuen Korruptionsforschung. Robert Klitgaard publizierte 1988 eine umfassende Studie über Korruptionskontrolle, in der viele Elemente der späteren Debatte enthalten waren.

Liest man die frühen Studien der amerikanischen Politikwissenschaftlerin Susan Rose-Ackerman, so fällt zunächst einmal auf, dass sie nicht ohne Weiteres unter die genannte Neoliberalismusdefinition fallen. Ganz im Gegenteil: In ihrem Aufsatz empfahl sie, der Staat solle unter bestimmten Umständen von ihm benötigte Güter lieber selbst herstellen, anstatt sie auf dem

Markt zu kaufen.[15] Außerdem konzentrierte sich Rose-Ackerman zunächst noch auf die westlichen Demokratien, insbesondere die USA, während die Aufmerksamkeit später fast ausschließlich der Dritten Welt galt.

In einem Punkt fügt sich Rose-Ackermans Ansatz aber nahtlos in das neoliberale Denken: Ihre wohl einflussreichste Innovation lag darin, politische Systeme und politische Korruption mit einer ökonomischen Brille zu interpretieren. Korruption sei eine Art illegaler Markt, auf dem politische Entscheidungen torpediert würden. Alle Individuen, auch und gerade die Bestechlichen oder die Bestechenden, handelten getrieben von kalkuliertem Selbstinteresse. Um Korruption zu bekämpfen, müssten diese Mechanismen genauestens seziert werden. Man könne das Problem nur lösen, indem man Anreize so verändere, dass Beamte keinen Vorteil aus Bestechlichkeit ziehen könnten.

Allerdings vergötterte Rose-Ackerman in ihrem Buch von 1978 keineswegs den wirtschaftlichen Wettbewerb. Im Gegenteil: Hier ging es noch darum, die Demokratie gegen die Gefahr der korruptiven Marktkräfte zu beschützen und nicht die Demokratie durch mehr Markt zu retten. Eine strikte Trennung zwischen Staat und Wirtschaft schien Rose-Ackerman zu diesem Zeitpunkt noch erstrebenswert. Und sie betonte, dass ökonomische Anreize in der Demokratie an Grenzen stoßen können. Ohne Idealismus, ohne die Selbstverpflichtung zu Ehrlichkeit und demokratischen Grundsätzen, könne man die Korruption nicht niederringen. Das beste Gegenmittel zu Korruption auf Regierungsebene seien gut informierte Wähler, die die Regierung im Zweifel abwählten. Aus dieser Empfehlung spricht durchaus ein tiefes Vertrauen in die Institutionen der Demokratie und der öffentlichen Debatte, womöglich inspiriert vom Ausgang des Watergate-Skandals nur wenige Jahre zuvor. In einer Hinsicht allerdings blieb die Ökonomie bestimmend: Auch das Spiel von demokratischer Wahl und Abwahl betrachtete die Autorin als quasi ökonomisches Anreizsystem – ein erfolgsorientierter Politiker lasse sich nicht bestechen, weil er auf dem Wählermarkt bestehen wolle.[16]

Zwar gilt Susan Rose-Ackerman gelegentlich als Gründungsmutter der neuen Korruptionsökonomie, doch die genau zehn Jahre jüngere Studie von Robert Klitgaard ist in vielerlei Hinsicht charakteristischer. Der amerikanische Politikwissenschaftler Klitgaard hatte zu diesem Zeitpunkt schon als Berater im Bereich der Entwicklungshilfe gearbeitet und ließ seine Erfahrungen einfließen. Klitgaard formulierte 1988 eine Reihe von Grundsätzen, die bis heute die Diskussion prägen.

Dazu gehörte vor allem die Aussage, Korruption sei eines von drei oder vier der drängendsten Probleme in der Dritten Welt. Korruption sei ein wesentlicher Grund für Ungerechtigkeit, für geringe Wirtschaftskraft und politische Instabilität in Asien, Afrika und Südamerika. Klitgaard empfahl ganz im Sinn von Rose-Ackerman, Korruption nicht als eine Frage der Moral zu betrachten, sondern als Folge falscher Anreize. Ganz ausdrücklich forderte er, Korruption mit „ökonomischen Metaphern" zu beschreiben. Am Ende solle ein Anreizsystem stehen, das sie minimiere.

Klitgaard berief sich auf das sogenannte Prinzipal-Agent-Modell, das bis auf den heutigen Tag in der Korruptionsforschung verbreitet ist. Dieses Modell wurde Mitte der 1970er-Jahre erstmals beschrieben.[17] Auf die Korruption angewendet, funktioniert es so: Korruption ist ein Vergehen des Agenten gegenüber seinem Prinzipal. Gemeint ist ein Angestellter (Agent), der von seiner Behörde oder dem Staat (Prinzipal) auf bestimmte Regeln im Umgang mit Bürgern (Klienten) verpflichtet wurde. Verlangt der Agent nun Bestechungsgelder und ändert daraufhin sein Verhalten, so verletzt er zum eigenen Vorteil seine Pflicht gegenüber dem Prinzipal.[18]

Dieses Modell ist unabhängig von juristischen Definitionen der Korruption. Es blendet die kulturellen und sozialen Kontexte aus und kann deshalb weltweit angewandt werden – es hat einen universalen Geltungsanspruch.

Damit hängt auch Klitgaards politisches Argument für seine ökonomischen Metaphern zusammen. In der Zusammenarbeit mit den Entwicklungsländern müsse man jeden Eindruck vermeiden, die westliche Kultur oder Staatsordnung moralisch höher zu bewerten. Korruption vor allem ökonomisch zu betrachten, ermögliche den Dialog, weil ökonomische Prinzipien und Anreize in der ganzen Welt gültig seien.[19] Zwar überrascht diese Aussage zu einem Zeitpunkt, als die sozialistischen Staaten des Warschauer Pakts noch weitgehend an ihrem antikapitalistischen Modell festhielten. Doch schon wenige Jahre später, nach dem Zusammenbruch des Staatssozialismus, blieben solche Auffassungen weitgehend unwidersprochen.

Klitgaards Rezepte für den Antikorruptionskampf lagen ganz auf der Linie des Neoliberalismus. Der Autor empfahl zunächst einmal, die Staatstätigkeit insgesamt einzuschränken, was auch die Gelegenheit zur Korruption reduziere. Seine verblüffend simple Argumentation lautete: Wo keine Zölle mehr fällig seien, könnten auch die Zollämter abgeschafft werden; wo es keine Zöllner gebe, existierten keine korrupten Zöllner. Außerdem solle man die Entscheidungskompetenzen der einzelnen Beamten reduzieren, etwa mittels eindeutiger Gesetze. Privatisierung staatlicher Aufgaben senke schon deshalb die Korruption, weil in der Privatwirtschaft bessere Löhne gezahlt würden und die Angestellten keine (illegalen) Zusatzeinnahmen mehr benötigten.[20] Das letzte Argument überrascht nicht nur wegen seiner Naivität, sondern, weil es dem Rent-seeking-Ansatz widerspricht, der dem gesamten Buch eigentlich zugrunde liegt. Und schließlich: Exakt dieses Argument hatte ab dem frühen 19. Jahrhundert dazu gedient, einen Ausbau der Verwaltung und hohe Gehälter von Beamten zu rechtfertigen und nicht deren Gegenteil.

Schließlich beklagte Klitgaard den Mangel an Wissen in den Drittweltstaaten. Damit bewegte er sich weiter in der Logik des Prinzipal-Agent-Modells. Das geht nämlich davon aus, die Beteiligten seien unterschiedlich gut informiert. Insbesondere der Agent habe Informationsvorteile gegenüber dem Prinzipal. Um Korruption zu bekämpfen, so Klitgaard, müsse der Staat darüber informiert sein, was seine Angestellten tun. „Schlechte Information ist eine Hauptursache für Korruption", so der Autor, „Information ist die Grundlage eines guten Anreizsystems."[21] Damit schlug Klitgaard mehr Überwachung und Kontrolle vor. Solche Überlegungen bildeten später auch die Grundlage für den Ruf nach „Transparenz".

Die Arbeiten von Rose-Ackerman und Klitgaard zur Korruption etablierten eine Verbindung zwischen Staatslehre und Ökonomie. In den frühen Arbeiten von Rose-Ackerman ging es zunächst nur darum, Korruption in ökonomischen Kategorien zu denken, nicht aber den Staat zu beschränken. Bei Klitgaard war dies dann ein klarer Teil der Agenda. Korruption war kein Argument für die Einhegung des Kapitalismus mehr. Im Gegenteil: Der Markt sollte nun die Korruption überwinden. Damit verabschiedeten sie sich von einer eineinhalb Jahrhunderte alten Tradition der Korruptionskritik.

Klitgaard und Rose-Ackerman forderten in ihren Schriften mehr empirische Forschung zu den Auswirkungen der Korruption auf Wirtschaft und Gesellschaft, vor allem in den Entwicklungsländern. Zunächst blieben ihre Thesen nicht viel mehr als nachvollziehbare Spekulationen. Die Zeit der Empirie kam erst in den 1990er-Jahren mit einer Vielzahl von Studien, die mit immer wieder gleichen Ergebnissen aufwarteten. Korruption, das war in diesen Studien fast ausschließlich Bestechlichkeit im öffentlichen

Sektor. Auch wenn kaum ein Autor Korruption im Privatsektor ausschloss, interessierte man sich dafür vor der Jahrtausendwende eher selten. Zudem stand kaum die große politische Korruption, sondern eher die Alltagskorruption von Beamten im Fokus, mit denen sich Wirtschaftsunternehmen konfrontiert sahen. Auch wenn dies selten explizit wurde: Das Bild vom korrupten Staat, der die Wirtschaft behindert, lag vielen Arbeiten zugrunde. Insofern überraschen die Resultate wenig.

Es ist nicht übertrieben, den Output ökonomischer Forschung zur Korruption schon in den 1990er-Jahren als inflationär zu bewerten. Das betrifft nicht in erster Linie die absolute Anzahl von Studien, die noch weiter steigen sollte. Inflationär wuchs vor allem die Anzahl der Übel, die nun durch Korruption erklärt wurden. Korruption in der Dritten Welt führe zu höheren Ausgaben von Unternehmen, fördere Steuerflucht, führe zu Ineffizienz bei der Erledigung staatlicher Aufgaben, erhöhe Unsicherheit für Unternehmen, verzögere Investitionen, nähre unsinnige Staatsaufträge mit dem einzigen Ziel, Bestechungsgelder für die Entscheider zu generieren. Im Endergebnis verhindere Korruption wirtschaftliches Wachstum. Auch die Produktivität in Ländern mit viel Korruption sei niedriger, ausländisches Kapital werde abgeschreckt. Vergleichsstudien lieferten Argumente für die These, staatliche Eingriffe in die Wirtschaft bewirkten höhere Korruptionsraten; generell gingen wachsende Staatsausgaben mit wachsender Korruption einher. Schließlich führe Korruption zu mehr Armut und Ungleichheit.[22]

Wie die Argumentationen aufgebaut waren, zeigt ein Artikel im *Economic Journal* aus dem Jahr 1997. In Staaten mit starker Korruption gebe es hohe staatliche Subventionen sowie geringe Privatinvestitionen. Zwar fördere eine aktive staatliche Industriepolitik auch die Investitionstätigkeit. Dies aber sei nicht effizient, weil sie ja neben den positiven Effekten immer auch Korruption fördere. Letztlich ging es in dem Beitrag darum, staatliche Industriepolitik als Förderung von Korruption zu diskreditieren.[23]

Noch deutlicher war der wirtschaftspolitische Fokus einer Studie von 1999, die im Auftrag des Internationalen Währungsfonds entstand. Die Arbeit stellte einen Ländervergleich an. Die Autoren verglichen bestimmte ökonomische, aber auch wirtschaftspolitische Parameter mit sogenannten Korruptionsindizes, die die Korruptionshäufigkeit in einem Land angaben. Dabei kam zunächst einmal heraus, dass die Korruptionswahrscheinlichkeit in Ländern mit einem hohen Anteil der Rohstoffindustrie stieg. Mit anderen Worten: je weniger entwickelt eine Volkwirtschaft, umso höher die Korruption. Außerdem verglichen die Autoren konkrete wirtschaftspolitische Maßnahmen in unterschiedlichen Ländern mit der Entwicklung der Korruption. Kaum überraschend: Die vom Währungsfonds empfohlenen Maßnahmen erhöhten nicht nur das Wachstum, sondern verringerten auch die Korruption. Wäre beispielsweise Venezuelas Handelspolitik ebenso liberal wie die Chiles in den 1970er- und 1980er-Jahren gewesen, dann wäre dessen Korruptionsindex sehr viel besser ausgefallen, so die Autoren. Hätte sich Venezuelas Wirtschaft ähnlich wie die Chiles nach außen geöffnet, so wäre das Land ebenfalls im Ranking erheblich gestiegen.[24] Mit solchen Studien konnte man durchaus Karriere machen: Einer der beiden Autoren ist der heutige Bundesbankpräsident Jens Weidmann.

Um diese und ähnliche Arbeiten zu verstehen, ist es unerlässlich, sich mit dem Phänomen der sogenannten Korruptionsindizes zu beschäftigen. In der ökonomischen Korruptionsforschung sind sie Segen und Fluch zugleich. Der Mangel an empirischen Forschungen, den Klitgaard beklagte, war nicht nur Ergebnis geringen Interesses. Er basierte auf einem bis dahin unlösbaren methodischen Problem. Empirische wirtschaftswissenschaftliche Untersuchungen sind in der Regel quantifizierend. Sie beruhen also auf Daten in Form von Zahlen. Für alle entscheidenden wirtschaftlichen Faktoren gab es in den 1990er-Jahren zuverlässige Statistiken – vom Wachstum über die Investitionstätigkeit bis hin zur Einkommensverteilung. Korruption ließ sich aber nicht messen, weil, abgesehen vom Flick-Konzern, kaum jemand über Bestechung Buch führte. Zunächst versuchten die Ökonomen, sich mit Kriminalstatistiken zu behelfen, doch lieferten die gerade für die Länder des globalen Südens äußerst positive Ergebnisse: nämlich kaum Verurteilungen wegen Korruption. *Direkt* kann man Korruption bis auf den heutigen Tag nicht messen.

Damit wollten sich die Korruptionsforscher nicht zufriedengeben. Sie fanden ab Mitte der 1990er-Jahre Wege, Korruption indirekt zu bestimmen, und zwar mit Korruptionsperzeptionsindizes. Der wichtigste derartige Index wird seit 1995 jährlich von Transparency International vorgelegt. Sein Erfinder ist der deutsche Ökonom Johann Graf Lambsdorff. Der Corruption Perception Index von Transparency International basiert auf Umfragen bei Managern und Politikexperten, die die Korruptionsneigung in einem Land bewerten. Deshalb auch der Begriff „Perzeption": Der Index kann nur die Wahrnehmung von Korruption abbilden, nicht die Sache selbst. Transparency führte dazu keine eigenen Befragungen durch, sondern nutzte eine von Jahr zu Jahr steigende Anzahl von Umfragen und Untersuchungen anderer Stellen. Diese wurden nach einem einheitlichen Punkteschema zusammengefasst – in den ersten Jahren auf einer Skala zwischen 1 und 10, seit 2012 zwischen 1 und 100. Heraus kam ein Zahlenwert, der das Korruptionsniveau in mehreren Ländern abbildete. Ein hoher Wert zeigte geringe Korruption – beispielsweise 9,33 für Dänemark im Jahr 1995. Ein geringer Wert zeigt grassierende Korruption – beispielsweise 3,42 für Italien im gleichen Jahr.[25]

Transparency blieb nicht allein. Ab 1996 legte die Weltbank die Worldwide Governance Indicators vor. Diese Indikatoren beruhen im Prinzip auf dem Vorgehen von Transparency, aber mit erweiterter Grundlage. So berücksichtigte die Weltbank nicht nur Aussagen von Managern und Experten, sondern auch Umfrageergebnisse in der Bevölkerung. Neben Korruption wurden außerdem weitere Faktoren guter Regierungsführung abgefragt. Aber auch die Worldwide Governance Indicators sind ein Abbild von Meinungen und produzieren Zahlenwerte.[26]

Trotz aller Anstrengungen sind derartige Messinstrumente problematisch. Verglichen mit der hohen Qualität anderer Wirtschaftsdaten sind solche Werte bestenfalls Hilfskonstruktionen. Zum einen stellen Meinungen keine verlässlichen Daten dar – die gefühlte Sicherheitslage in Umfragen und die Kriminalstatistik sprechen oft nicht die gleiche Sprache. Zum anderen sind Aussagen über Ursache und Wirkung hochspekulativ. Wie bereits angedeutet, arbeiteten die meisten Korruptionsforscher mit sogenannten Korrelationen, stellten also fest, in welchen Ländern etwa ein schlechter Wert im Korruptionsindex mit geringen Wachstumsraten zusammenfiel. Die meisten von ihnen unterstellten dann einen Kausalzusammenhang. Die hohe Korruption sei die *Ursache* des schwachen Wachstums. Das methodische Problem dabei: Genauso denkbar ist die umgekehrte Wirkung: Schwächelndes Wachstum fördert die Bestechlichkeit. Denkbar ist noch eine weitere Interpretation, die nichts mit kausalen Zusammenhängen zu tun hat: Länder mit schwachem Wachstum gelten bei den befragten Experten und Managern als korrupt, *weil* sie für schwaches Wachstum bekannt waren.[27]

Die ökonomische Korruptionsdebatte könnte also wie eine selbsterfüllende Prophezeiung funktionieren, ohne dass man jemals dahinterkommt, wie oft in einem Land bestochen wird und wie hoch die Bestechungsgelder sind. Um das Beispiel von Chile und Venezuela wieder aufzugreifen: Es ist nicht ausgeschlossen, dass die Experten Venezuela allein deshalb für korrupter als Chile hielten, weil das Land die Empfehlungen des Internationalen Währungsfonds nicht beherzigte. Wer sich den Washingtoner Entwicklungskonzepten nicht unterwarf, riskierte das Image der Korruption.

Auch Susan Rose-Ackerman änderte den Fokus ihrer Argumentation unter dem Eindruck der Forschungen in den 1990er-Jahren. Nicht ohne Einfluss dürfte auch ihr Forschungsaufenthalt bei der Weltbank 1995/96 gewesen sein. Nun konzentrierte auch sie sich auf die Entwicklungsländer und die Staaten des ehemaligen Ostblocks. Und so forderte auch Rose-Ackerman 1999 in einer Monografie den Abbau staatlicher Subventionen und eine auf Wettbewerb beruhende Verwaltung, um Korruption einzudämmen. Gleichwohl hielt sie an der Idee fest, Korruption untergrabe vor allem die Legitimität des Staates und gefährde das Gemeinwohl. Auch die Grenze zwischen Staat und Wirtschaft wollte sie gewahrt wissen. Die Forderung nach Transparenz blieb zunächst in einem Nebensatz versteckt.[28]

Die neoliberale Korruptionsforschung ist nicht unwidersprochen geblieben. Allerdings waren kritische Stimmen für lange Zeit eher leise und hatten auf die weltweite Debatte so gut wie keinen Einfluss. Erst in den Jahren ab etwa 2010 scheint die Korruptionsbekämpfungseuphorie Dämpfer erhalten zu haben, aber die Kritik beschränkte sich hauptsächlich auf die akademische Debatte. Der französische Wirtschaftswissenschaftler Jean Cartier-Bresson formulierte schon in den frühen 1990er-Jahren massive Zweifel an den Annahmen von Rose-Ackerman und Klitgaard. Der Hauptfehler des „liberalen Ansatzes“ liege darin, Korruption ohne ihre Kontexte zu betrachten. Nur, wenn man die sozialen Zusammenhänge ausblende, könne man Korruption als ein Phänomen reiner Marktbeziehungen oder gar der Nutzenmaximierung missverstehen. In Wirklichkeit finde Korruption in sozialen Netzwerken statt, die von Machtausübung und tief verwurzelten Umgangsformen geprägt seien. Cartier verglich diese mit der organisierten Kriminalität. Weil dies so sei, könne es auch nicht gelingen, allein mit veränderten Anreizen Korruption auszurotten.[29]

Das ökonomische Standardargument gegen den wirtschaftswissenschaftlichen Antikorruptionshype ist allerdings ein anderes: Es gebe einerseits keine Möglichkeit, den genauen Anteil der Korruption an den Entwicklungshemmnissen des Südens zu bestimmen; über anekdotische und moralisch gefärbte Behauptungen hinaus fehle die Präzision. Vor allem gebe es schlicht keine Evidenz, dass Korruption Wachstum verhindere. Das zeigten

Länder wie Südkorea in der zweiten Hälfte des 20. Jahrhunderts oder China seit der Jahrtausendwende: Beide gelten in allen Untersuchungen als hochgradig korrupt, beide verzeichneten astronomische Wachstumsraten.[30]

Mit guter Regierung gegen Korruption

Gute Regierung – wer würde sich das nicht wünschen? Seitdem es Staatstheorien gibt, seit der griechischen Antike, reflektieren Menschen über den guten, den gerechten, den legitimen Staat. Herrschaft und politische Macht waren schon immer begründungspflichtig, über ihre Ziele und Mittel wird seit je gestritten. Zu den großen Einschnitten in dieser Geschichte gehört die Vorstellung, staatliche Gewalt gehe im Kern von allen Menschen aus und müsse auch von der Bevölkerung kontrolliert werden. Die Ideen der Volkssouveränität und der Demokratie verbreiten sich seit der Aufklärung und bestimmen seit dem 20. Jahrhundert die Letztbegründung des Politischen, zumindest in der westlichen Welt.

Kontrovers war und bleibt die Antwort auf die Frage, worin genau gute Regierung besteht und wie man sie durchsetzen kann. In den 1990er-Jahren tauchte eine neue Antwort auf, die weltweit rasant Karriere machte. Es war nicht die Rede von Revolution oder Kampf gegen Tyrannen; kein Freiheitspathos, kein strahlender Mythos, sondern ein ziemlich technokratisches Konzept. Anders als die großen politischen Utopien war der Begriff nicht medientauglich und blieb eine Angelegenheit für Kenner, für Wissenschaftler, Politiker, Verwaltungsfachleute. Und dennoch vollzog sich unter diesem Etikett ein tiefgreifender Wandel von Politik und Verwaltung weltweit. Der endgültige Abschied vom autoritären Anstaltsstaat und die Verbreitung westlicher, meist angelsächsischer Verwaltungskonzepte standen dahinter.

Man sprach und spricht schlicht von „guter Regierung", sehr häufig mit dem englischen Wort „good governance" bezeichnet. Dieses Konzept galt als neu, nicht weil die Grundidee neu gewesen wäre, sondern weil dieser Begriff konkrete Instrumente zur Verbesserung der Regierung bereitstellte. Es ging um praktische Möglichkeiten, die Art des Regierens zu bewerten und vor allem: sie zu verbessern.

Bevor wir uns mit der guten Regierungsführung näher beschäftigen, möchte ich zwei historische Kontexte erläutern, nämlich den Aufstieg der Corporate

Governance in der Privatwirtschaft und die weltpolitische Situation nach 1990. Gute Verwaltung war auch in Wirtschaftsunternehmen zu dieser Zeit ein großes Thema – häufig als „Corporate Governance“ bezeichnet. Auch hier ist die Grundidee nicht neu gewesen – jeder Unternehmer hat ein Interesse an guter, effizienter, leistungsstarker Organisation seines Betriebs. Schon nach dem großen Börsencrash von 1928 begannen die Vertreter der Wirtschaftstheorie, darüber nachzudenken, wie man die Position von Anlegern und Eigentümern gegenüber dem Management verbessern könne.[31]

In den 1990er-Jahren gab es einen wichtigen Mentalitätswandel. Wirtschaftswissenschaftler und Investoren hatten zunehmend Zweifel, ob die Manager großer Unternehmen sich an den Interessen ihrer Anteilseigner orientierten oder stattdessen eher eigene Ziele verfolgten. Man sprach von „Shareholder-Value“, also der Forderung, den Wert eines Unternehmens für seine Anteilseigner dauerhaft zu steigern und diesem Ziel alle anderen Unternehmensziele unterzuordnen. Erstmals war der Shareholder-Value-Ansatz 1986 von dem US-amerikanischen Wirtschaftswissenschaftler Alfred Rappaport vorgestellt worden.[32] Er machte rasant Karriere, weil er sich hervorragend mit der neoliberalen Forderung nach Marktorientierung verband. Unternehmen sollten all jene Ziele abschütteln, die sie von ihrem eigentlichen Zweck abhielten: Gewinne für die Eigentümer.

Um den Interessen der Anteilseigner Geltung zu verschaffen, benötigte man innerhalb der Unternehmen Strukturen, die das Management auf Linie bringen sollten. Die Prinzipale verlangten Durchgriff auf ihre Agenten in den Chefetagen. Ein Mittel dazu sollte Transparenz sein, also Zugang zu Informationen über Investitionen, Gewinne, Produktivität und Eigentumsverhältnisse in den Unternehmen. Von diesen Zahlen erhoffte man sich zwei Effekte: Die Manager mussten sich daran messen lassen und potenzielle Anteilseigner konnten ihre Entscheidungen zum Kauf von Unternehmensanteilen auf einer rationalen Grundlage treffen.

Solche Überlegungen fanden Widerhall nicht nur in der Wissenschaft, sondern auch in Politik und Wirtschaft. Prinzipien guter Unternehmensführung einzuführen und möglichst durch internationale Handelsverträge oder nationale Gesetze festzuschreiben, das wurde ein wichtiges Thema der internationalen Handelspolitik. 1995 entstand das „International Corporate Governance Network“, eine Interessenvertretung großer Investoren. Das ICGN mit Sitz in London trat als schlagkräftige Lobbyorganisation für gute Unternehmensverwaltung auf. 1999 publizierte das Netzwerk ein Dokument mit Forderungen an die Gesetzgeber, das „Statement on Global Corporate Governance Principles". Ein zentraler Abschnitt widmete sich der Notwendigkeit von Öffentlichkeit und Transparenz („Disclosure and Transparency"). Die Forderungen des ICGN beeinflussten maßgeblich die Politik der OECD zur Fortentwicklung des internationalen Wirtschaftsrechts.[33]

Auch in der Bundesrepublik kamen diese Debatten sehr schnell an. Der Deutsche Bundestag verabschiedete im Mai 1998 das Gesetz zur Kontrolle und Transparenz im Unternehmensbereich, das viele der international erhobenen Forderungen aufnahm. Die Regierung unter Gerhard Schröder setzte 2001 eine „Regierungskommission Deutscher Corporate Governance Kodex" ein. Diese Kommission legte ein Jahr später einen Leitfaden für gute Unternehmensführung vor („Deutscher Corporate Governance Kodex"). Bis in die Gegenwart arbeitet diese von der Regierung einberufene, mit Wirtschaftsvertretern besetzte Kommission und aktualisiert jährlich ihre Empfehlungen zu Grundsätzen guter Unternehmensführung.

Ein zweiter Gesichtspunkt darf in der Geschichte von guter Regierungsführung nicht außer Acht bleiben, die scheinbare Alternativlosigkeit der liberalen westlichen Demokratie samt Marktwirtschaft. Nach dem Fall der Berliner Mauer und dem Zusammenbruch des Ostblocks gab es für Marktwirtschaft und liberale Demokratie (zunächst) keinen ideologisch fundierten Gegenentwurf mehr. Die von den USA geprägte liberale Staatsform war aus Sicht der westlichen Akteure nicht nur die einzig legitime – das hatten ihre Vertreter selbstverständlich schon immer angenommen. Nein, sie hatte sich in einer Art historischem Wettbewerb mit dem Staatssozialismus auch als die einzig leistungsfähige Variante des Staatlichen erwiesen – ein gewichtiges Argument auch vor dem Hintergrund der neoliberalen Denkweisen. Unvergessen die populäre Hoffnung, damit sei das Ende der Geschichte erreicht. Es komme jetzt nur noch auf die perfekte Verwirklichung des einzigen Modells an, eben von Marktwirtschaft und Demokratie, so der amerikanische Politikwissenschaftler Francis Fukuyama im Jahr 1992.[34]

Interessant zu wissen war, welche Merkmale im Einzelnen den legitimen und leistungsfähigen Staat ausmachten – interessant vor allem für jene Staaten, die sich auf den Weg zur perfekten liberalen Demokratie machen wollten. Das betraf vor allem die Entwicklungsländer und die Staaten des ehemaligen Ostblocks. Für sie also wurde das Konzept der guten Regierung entwickelt, aber es wirkte später auch zurück in die Staaten des hochindustrialisierten Westens.

Der wichtigste Anwendungsbereich der guten Regierungsführung war und blieb die internationale Entwicklungszusammenarbeit. Wissenschaftler, Experten, die Geldgeber in Weltbank und Internationalem Währungsfonds, Nichtregierungsorganisationen, auch Aktivisten von Bürgerrechtsbewegungen und viele andere stellten eine Art Katalog von Merkmalen guter demokratischer Regierung auf, Merkmale, die Aussagen über die „Qualität" eines Staates oder der Regierung erlauben sollten.

Wie nicht anders zu erwarten, wichen die Konzepte voneinander ab – es gab keinen weltweiten Konsens über einen abgeschlossenen Katalog guter Regierung. Doch gibt es starke Ähnlichkeiten. Die wichtigsten davon fassten die Politikwissenschaftler Larry Diamond und Leonardo Morlino 2004 in einem Aufsatz zusammen: Freiheit, Rechtsstaatlichkeit, Gleichheit, politische Teilhabe, politischer Wettbewerb, Reaktionsbereitschaft und Verantwortlichkeit (nach unten gegenüber dem Volk sowie horizontal zwischen den Institutionen des Staates).[35]

Tonangebend wurde die Weltbank mit ihrem Forschungsprogramm zu guter Regierung unter Leitung des aus Chile stammenden Ökonomen Daniel Kaufmann. Die Weltbank definierte „good governance" 1999 als legitime Machtausübung im Dienst des Gemeinwohls. Dabei machte sie drei Kernbereiche guter Regierungsführung aus. Es komme darauf an, wie eine Regierung ins Amt komme (z.B. durch Wahlen), ob sie die Mittel habe, ihre Politik auch umzusetzen (etwa mit einer leistungsstarken Verwaltung) und dass sich Regierung, Verwaltung und Gesellschaft an das Recht halten.[36] Ab Ende der 1990er-Jahre machte die Weltbank ihre finanziellen Hilfen davon abhängig, dass sich die Empfängerländer auf gute Regierungsführung verpflichteten. 2002 beschloss die Weltgemeinschaft auf einer UN-Konferenz, gute Regierung solle fortan Ziel der Entwicklungszusammenarbeit und zugleich ein Kriterium für die Vergabe von Geldern sein.[37]

Gute Regierung ist undenkbar ohne Korruptionsbekämpfung. Stets war die Abwesenheit von Korruption ein wesentliches Merkmal guter Regierung. Grassierende Korruption galt und gilt als Beleg für schlechte Governance. In der Praxis der internationalen Organisationen war Korruptionsbekämpfung daher häufig nur ein anderes Wort für das Streben nach guter Regierungsführung; zumindest sind beide aufs Engste miteinander verknüpft.[38]

Im Hintergrund stand nicht allein das neoliberale Interesse an Korruptionsbekämpfung. Zusätzlich gab es im Umkreis der Governance-Debatte weitere Motive. Dazu gehört eine Art universalhistorische Erzählung über Fortschritt in der Verwaltung. Eine einflussreiche Denkschule innerhalb der Politikwissenschaft geht davon aus, dass es eine „alte", vormoderne und undemokratische Form der Verwaltung gebe, nämlich die patrimoniale Verwaltung. Hier herrschten Klientelismus, Eigennutz, Korruption und Schlendrian. Niemand werde für diesen Eigennutz zur Rechenschaft gezogen. Auf der anderen Seite stehe die moderne Verwaltung. Sie halte sich an Recht und allgemeine Regeln, behandle alle Bürger gleich und sei universalen Werten verpflichtet. Es komme darauf an, möglichst überall auf der Welt die moderne Verwaltung durchzusetzen. Als Vorbilder gelten westliche Staaten, vor allem die skandinavischen Länder. Diese Sicht wird etwa von den Forschern des einflussreichen „Quality of Government Institute" der Universität Göteborg in Schweden vertreten, das 2004 aus der Taufe gehoben wurde. „Becoming Denmark" oder „getting to Sweden", so heißen bis heute die Zielvorgaben für Drittländer.[39] Ein Schelm, wer Böses dabei denkt.

Die einschlägigen Studien verweisen gern auf die Arbeiten des Soziologen Max Weber zum Zeitpunkt der Wende zum 20. Jahrhundert. Weber beschrieb erstmals die patrimoniale und die bürokratische Verwaltung – übrigens deutlich differenzierter und mit großen Bedenken hinsichtlich der modernen Bürokratie. Für Weber barg gerade die moderne Bürokratie die Gefahr ungeheurer Machtkonzentration.[40] In Wahrheit ist diese Fortschrittserzählung aber noch viel älter. Sie geht auf die Verwaltungsreformer der Zeit um 1800 zurück, die nach Argumenten für ihre damaligen Ziele suchten.[41] Und sie war natürlich bereits damals zu einfach.

Bis auf den heutigen Tag erscheinen verstörend simpel argumentierende Aufsätze in diesem Geist, wonach es im Grunde nur vormoderne und moderne Verwaltung gebe. Da werden bestimmte historische Abläufe als quasi natürliche Abfolge auf dem Weg zu Fortschritt und guter Regierung skizziert. Es heißt, moderne Verwaltung und gute Regierungsführung seien die Voraussetzung für Innovationskraft einer ganzen Gesellschaft oder – umgekehrt – überkommene patrimoniale Strukturen würden Korruption und organisierte Kriminalität fördern.[42] Korruption steht somit für Stillstand oder Rückschritt, gute Regierungsführung für Zukunft, Wohlstand und Innovation.

Andere Akteure hatten politisch-praktische Motive, sich dem Ruf nach guter Regierung anzuschließen. Die Grundidee von „good governance“ umfasste nämlich auch ein neues Verhältnis von Staat und Gesellschaft. Der Staat wurde in der Governance-Debatte weniger autoritär und weniger hierarchisch gedacht. Staat und Gesellschaft sollten möglichst partnerschaftlich miteinander umgehen. Politische Entscheidungen sollten idealerweise das Ergebnis von Aushandlungen zwischen Regierung oder Verwaltung und allen Betroffenen sein. Das machte im Übrigen erhöhte Transparenz notwendig.[43]

Das Governance-Denken war insofern inklusiv und partizipativ. Der Staat galt nicht mehr als Gegenpol der Gesellschaft, sondern als ihr Gesprächspartner. Daher auch die Betonung der Verantwortlichkeit: Wenn die Gesellschaft Beamte oder Politiker zur Verantwortung ziehen kann, wird auf sie gehört – das ist einerseits demokratisch. Andererseits entsprach das exakt dem Prinzip des Shareholder-Value. Grundlage war das Prinzipal-Agent-Modell, wobei die Gesellschaft in diesem Fall der Prinzipal war. In der politikwissenschaftlichen Forschung zur Korruption galten und gelten kritische Öffentlichkeit und starke Bürgergesellschaft häufig als entscheidende Elemente.[44]

Dieses Interesse an der Zivilgesellschaft ermöglichte breite Koalitionen. So unterstützten etwa linke Bürgerrechtsaktivisten aus Südamerika in den 1990er-Jahren die Programme für gute Regierungsführung. Sie waren mit der Frage beschäftigt, wie der Übergang von der Diktatur zur Demokratie dauerhaft gelingen könne. In den USA schlossen sich Organisationen an, die nach der Jahrtausendwende gegen Wahlmanipulationen (vor allem in Florida) protestierten.[45] Ab den 1990er-Jahren begann weltweit die große Zeit der Nichtregierungsorganisationen. Sie forderten permanent die Partnerschaft mit dem Staat ein – umgekehrt hörten Regierungen deshalb auf die NGOs, weil das Prinzip der guten Regierungsführung das verlangte.[46] Wir werden weiter unten noch sehen, welch zentrale Rolle die NGOs in der Antikorruptionspolitik erhielten, weltweit wie auch in der Bundesrepublik.

Demokratie und Regierungsqualität anhand einzelner Merkmale zu bestimmen, das ermöglichte nun auch erstmals, sie zu messen. Ähnlich wie beim Korruptionsindex entstanden ab Ende der 1990er-Jahre weltweit vergleichende Demokratieindizes. Vor allem die Weltbank legte Wert darauf, die Regierungsqualität in einzelnen Ländern mit einer Messzahl zu bewerten, einem „Governance-Indikator". Damit sollten die Länder, trotz unterschiedlicher Institutionen und Traditionen, vergleichbar gemacht werden. Die politischen Systeme wurden ähnlich behandelt wie Unternehmen. Und es kam wie im Fall der Korruption: Die Weltbankstudien um die Jahrtausendwende belegten anscheinend einen Zusammenhang von Wirtschaftswachstum, offenen Märkten, Demokratisierung und Rechtsstaatlichkeit.[47]

Transparenz war also nicht nur ein Merkmal guter Regierung. Umgekehrt stellte die Quantifizierung der Regierungsqualität Transparenz über den Stand der Demokratisierung in einem Land her. Freilich birgt ein Regierungsqualitätsindex noch viel gravierendere Probleme als ein Korruptionsindex: Zum Ersten ist der Stand der Demokratisierung oder Rechtsstaatlichkeit in verschiedenen Bereichen meist völlig unterschiedlich – so mag Religionsfreiheit gewährt sein, während es keine Pressefreiheit gibt, die Gerichte mögen zuverlässig nach Recht und Gesetz arbeiten, aber freie Wahlen sind ein Fremdwort. Es ist kaum möglich, diese heterogenen Verhältnisse in einem einzigen Wert abzubilden. Zum Zweiten war die Auswahl der Kriterien für Demokratie immer umstritten. Zum Dritten lassen sich politische Verfahren und Institutionen weltweit nur bedingt vergleichen. Solche Indizes unterschlagen, wie komplex die Welt von Verwaltung und Politik in Wirklichkeit ist.

Mehr Markt und mehr Kontrolle: New Public Management und Compliance

In etwa zeitgleich mit der Erfindung des Kampfes gegen die Korruption und kurze Zeit vor der Debatte über gute Regierung begann in Nordamerika und Europa die Geschichte eines anderen Konzepts, ohne das man die anderen Entwicklungen nur unzureichend versteht. Gemeint ist das Konzept des „New Public Managements".[48] Prägend für das New Public Management waren Verwaltungs- und Wirtschaftsreformen in den angelsächsischen Ländern ab den 1980er-Jahren – namentlich in Großbritannien, den USA, aber auch in Australien und Neuseeland. Grund für die Reformen war ein Sozialstaat, dessen Kosten die öffentlichen Haushalte nicht mehr tragen konnten oder sollten. Um Geld zu sparen, sollte der Staat viele Leistungen privaten Anbietern übertragen. Private Unternehmen, die miteinander in Konkurrenz traten, würden Kosten senken, so hofften die Reformer. Außerdem sollten Staat und Verwaltung selbst sich ändern, und zwar ebenfalls nach dem Vorbild der Privatwirtschaft.

Hinter all dem stand die aus dem Neoliberalismus bekannte Idee, der Markt schaffe die effizientesten Strukturen. Zum New Public Management gehörte daher die Forderung, der Staat solle sich nicht mehr als Gegenüber des Marktes sehen. Seine Leistungen solle er wie Produkte behandeln, er solle sich als Dienstleister am Bürger (als Kunden) betätigen. Konkurrenz und Wettbewerb sollten nebenbei Korruption verhindern – denn Monopole galten als ihre Ursache.[49]

Für die staatlichen Aufgaben bedeutete dies einen Rückzug, wenn ehemals öffentliche Leistungen privatisiert wurden, beispielsweise im Bereich von Post und Telekommunikation, im Verkehrswesen oder in der städtischen Daseinsfürsorge bis hin zur Müllabfuhr. Nun sollte die öffentliche Hand unternehmerisch handeln – Kommunen begannen damit, privatwirtschaftliche Bilanzen vorzulegen. Universitäten sollten zur „unternehmerischen Hochschule" fortentwickelt werden. Die Förderprogramme der Europäischen Union setzten spätestens ab den 1990er-Jahren systematisch auf öffentlich-private Partnerschaften, was de facto auf eine Kommerzialisierung öffentlicher Aufgaben hinauslief.[50] Zumindest aber galt die Forderung, Kosten-Nutzen-Rechnungen auch in der öffentlichen Verwaltung aufzustellen. Eigentlich behaupteten die Verfechter des New Public Managements, den Staat näher an die Bürger heranzuführen, ihn dezentraler zu machen. Doch das Kosten-Nutzen-Prinzip führte in der Regel zum Gegenteil und die öffentliche Verwaltung zog sich aus der Fläche zurück: Wo zu wenige „Kunden" waren, lohnte es sich nicht, eine Zwergschule, ein Postamt oder eine Bahnlinie zu betreiben.

Ein so verstandener Staat hatte im Übrigen nur noch wenig mit dem von Max Weber beschriebenen bürokratischen Anstaltsstaat zu tun. Erstaunlicherweise berücksichtigten die oben genannten Arbeiten zum fortschrittlichen nachpatrimonialen Staat diesen enormen Epochenbruch in der Verwaltungsgeschichte kaum. Allein dieser Bruch macht klar, dass es einen geradlinigen Fortschritt vom vormodernen zum „gut regierten" Staat der Gegenwart nie gab.

Staatstätigkeit findet in der Realität aber häufig nicht am Markt statt, schlicht deswegen, weil staatliche Leistungen oft nicht gehandelt werden können oder dürfen. In solchen Fällen muss in der Logik des New Public Managements ein Markt simuliert werden, indem etwa ein Wettbewerb um

Ressourcen künstlich erzeugt wird. Dies geschieht im Bereich der deutschen Forschungspolitik seit der Jahrtausendwende: Universitäten und ihre „besten Köpfe" konkurrieren auf einem künstlichen Markt um öffentliche Gelder für Forschungsprojekte. Privatwirtschaftliches Handeln wurde auch auf einem anderen Gebiet simuliert. Wie bereits angedeutet, hatte die Corporate Governance im Interesse der Anteilseigner Einblicke in Unternehmen verlangt. Eine Lösung dafür waren Monitoring und Auditierung von Unternehmen durch außenstehende Organisationen, häufig Ratingagenturen. Diese Strategie übertrug man nun auch auf öffentliche Verwaltungen. Die Agenturen sollten Zahlen über Output und Effizienz vorlegen.[51] In der Verwaltung der Europäischen Gemeinschaft etwa ist dieses Prinzip ab den 1980er-Jahren verankert worden, zunehmend unter dem Stichwort „Transparenz".[52]

Für die interne Organisation hieß New Public Management, Wettbewerb und Konkurrenz auch innerhalb der Verwaltung zu fördern, Hierarchien abzubauen, Sonderrechte für Beamte zu beschneiden. Vor allem die leistungsorientierte Bezahlung der Staatsdiener war eine radikale Abkehr vom Alimentationsprinzip aus dem 19. Jahrhundert. In der deutschen Verwaltungstradition galt ursprünglich das Prinzip der lebenslangen und bedingungslosen Versorgung durch den Dienstherrn. Das war nicht uneigennützig, sondern ursprünglich eine der wichtigsten Maßnahmen gegen Korruption und Missmanagement gewesen. Mit der Alimentierung sollten die Staatsdiener unabhängig von privaten Nebeneinkünften werden und sie sollten ein exklusives Treueverhältnis zum Staat entwickeln. Deshalb auch das sogenannte Anciennitätsprinzip: Je länger man dem Staat im Dienst die Treue gehalten hatte, desto höher sollte das Gehalt steigen. Auch die Witwen und Waisen der Beamten wurden in dieses System integriert.[53]

Aus Sicht des New Public Managements hatte dies einen entscheidenden Nachteil. Zwar verminderte es Anreize zur Korruption, es gab aber eben auch kaum Anreize für Leistungsbereitschaft. Denn das Alimentationsprinzip beruhte letztlich auf dem Vertrauen des Dienstherrn in die Treue seiner Beamten.

Dem standen nun gleich mehrere Grundsätze des New Public Managements und der guten Regierung entgegen. Schon das Prinzipal-Agent-Modell ging ja davon aus, dass der Prinzipal seinen Agenten überwachen muss. Das neue Verständnis von Demokratie und Zivilgesellschaft verlangte, Entscheidungsträger verantwortlich zu machen. Beide Prinzipien erforderten zugängliche Informationen über das Handeln der Verwaltung, der Beamten und der Politiker, kurzum: Transparenz. An die Stelle eines Staates, der dem gesellschaftlichen Leben entrückt war, trat das Prinzip der Durchsichtigkeit – Voraussetzung für mehr Partizipation von Außenstehenden, Voraussetzung aber auch für Bewertungen und Kontrollen.

An die Stelle des Vertrauens in die Arbeit spezialisierter Organisationen und ihrer Mitarbeiter trat das Prinzip der Kontrolle und Außensteuerung. Das galt nicht nur für staatliche Verwaltungen, sondern auch für Privatunternehmen. Wir erinnern uns an das Shareholder-Value-Prinzip, das den Anteilseignern einen besseren Einblick in die Aktiengesellschaften verschaffte. In der Praxis funktionierten auch die Strategien zur Korruptionsbekämpfung stärker nach dem Kontroll- als nach dem Anreizmuster. Hier siegte also letztlich das auf Misstrauen beruhende Prinzipal-Agent-Modell über die auf Anreizstrukturen vertrauende Ursprungsidee von Rose-Ackerman.

Das zeigen die Reformen, die unter dem Stichwort Compliance-Revolution spätestens in den Jahren ab 2000 einsetzten. Sie betrafen Verwaltungen und private Unternehmen gleichermaßen, und zwar weltweit – und ganz besonders in den westlichen Industrieländern. Hier schlug die Antikorruptionsdebatte mit voller Wucht in ihre Ursprungsländer zurück.

Spätestens seit der Jahrtausendwende sahen sich große Unternehmen und öffentliche Verwaltungen in der Pflicht, die Einhaltung von Regeln aller Art mithilfe spezieller Strukturen und Abteilungen abzusichern. Die politischen Gründe für den Siegeszug der Compliance schildere ich weiter unten im Kontext der US-Handelspolitik. Das wohl wichtigste Thema der Compliance war und ist bis heute die Verhinderung von Korruption. Der Organisationssoziologe Fran Osrecki hat zwei Strategien einschlägiger Korruptionsbekämpfung beschrieben.[54]

Der erste Ansatz besteht darin, interne, aber möglichst unabhängige Überwachungsorgane zu schaffen. Das können „Ombudsleute" für Korruptionsbekämpfung sein, die zum Stillschweigen verpflichtet sind. Es können auch ganze Compliance-Abteilungen sein, die ähnlich wie klassische Revisionsabteilungen die Aufgabe haben, aktiv nach Unregelmäßigkeiten zu fahnden und die Schuldigen zur Rechenschaft zu ziehen. Die zweite, damit oft verbundene Strategie zielt darauf ab, Korruption zu vermeiden, indem den Mitarbeitern ein möglichst detaillierter Katalog an

Regeln vorgeschrieben wird. Das Ziel: Die Ermessensspielräume für die einzelnen Mitarbeiter sollen so eng wie möglich werden. Wer keine Macht hat, der wird auch nicht bestochen.

Beide Herangehensweisen beruhen auf dem Prinzip der Laiensteuerung, der Vorstellung also, dass das Verhalten von Mitarbeitern von außerhalb überprüft und verbessert werden soll. Das verträgt sich einerseits hervorragend mit dem Prinzipal-Agent-Modell und dem Shareholder-Value-Prinzip, aber auch mit der Demokratietheorie im Geist der guten Regierung: Die Öffentlichkeit sollte ja staatliches Handeln überprüfen können, Beamte und Entscheider sollten verantwortlich gemacht werden. Je detaillierter die Regeln und je engmaschiger die Überwachung, umso besser scheint dies möglich.

Dazu ein konkretes Beispiel. Bereits in den 1980er-Jahren hat die Stadtverwaltung in New York sich dem Kampf gegen Korruption in ihren Reihen verschrieben. Sie setzte ganz auf Transparenz, Verantwortlichkeit und die oben genannten Compliance-Instrumente. Zunächst erhielt das Department of Investigations eine neue Rolle. Diese Abteilung war bereits in den 1930er-Jahren gegründet worden. Sie hatte lange Zeit eine rein beratende Funktion und sollte helfen, Kosten zu senken oder Verwaltungsabläufe zu verbessern. Ab Mitte der 1970er-Jahre baute die Stadtregierung das Department schrittweise zu einer Art Polizeieinheit aus, die berechtigt war, verdeckte Ermittlungen durchzuführen. Das Department erhielt weitere Unterstützung dadurch, dass in allen Fachabteilungen sogenannte Generalinspektoren zum Einsatz kamen. Diese Inspektoren hatten Zugang zu allen Akten und Besprechungen und sie waren allein dem Department rechenschaftspflichtig. Sie agierten also ähnlich wie externe Kontrolleure und traten häufig in Konkurrenz zur eigentlichen Behördenhierarchie: Die Leiter der Fachabteilungen verloren deutlich an Autorität über ihre Mitarbeiter. Zugleich führte die Stadtverwaltung ein ausgeklügeltes System von Konsequenzen und Bestrafungen für Bestechlichkeit, Nepotismus und immer mehr ähnliche Vergehen ein.

Diese ungewöhnlich strikten Maßnahmen hatten zahlreiche negative Folgen. Die Behördenleiter, aber auch untergeordnete Mitarbeiter setzten nun alles daran, Fehler zu vermeiden, da diese ja umgehend bestraft wurden. So wurden Entscheidungen möglichst lange hinausgeschoben, Verantwortung für Entscheidungen abgelehnt oder die Mitarbeiter sicherten sich durch Absprachen mit den Generalinspektoren gegen mögliche Kritik ab – das Gegenteil von Effizienzsteigerung. Innerhalb der Behörden entstand ein Klima der Angst und des Misstrauens. Viele Mitarbeiter fühlten sich geradezu kriminalisiert, etwa durch ständig ausgeweitete Offenlegungspflichten über ihre privaten Besitzverhältnisse und die ständige Ausweitung von Antikorruptionsregeln. Ironischerweise förderten Verdachtskultur und latente Kriminalisierung am Ende das Gegenteil ihres Zwecks: Als sich bei den städtischen Angestellten das Gefühl verbreitet hatte, jede ihre Handlungen breche irgendeine Regel, fielen auch die Hemmnisse gegenüber „wirklicher" Kriminalität. Zuvor unbescholtene Beamte waren nun eher bereit, sich auf korrupte Beziehungen einzulassen, weil das Korsett des Erlaubten viel zu eng gezogen war. Korruptionsbekämpfung führte zu Korruption und verringerte dramatisch die Regierungsfähigkeit der New Yorker Verwaltung, so jedenfalls die Diagnose einer Studie aus dem Jahr 1996.[55]

Viele andere Studien belegen, dass auch die Angestellten in der Privatwirtschaft die Compliance-Regeln und -Abteilungen meist kritisch sehen. Neben der Misstrauenskultur ist dafür noch ein weiterer Grund verantwortlich. Compliance führte zu einer Moralisierung der Verhaltensstandards in Unternehmen. Dabei gelten die Grundsätze der Korruptionsbekämpfung als eine Art Kopfgeburt aus der Chefetage mit wenig Praxistauglichkeit. Zudem werden die Regeln als unehrlich empfunden, da die Unternehmen nach wie vor in erster Linie Gewinn erzielen wollen. So leidet Compliance als „Ritualisierung moralischer Erneuerung" häufig unter mangelnder Glaubwürdigkeit.[56]

Am Beispiel Compliance in Verwaltung und Unternehmen lässt sich die repressive Seite in der Allianz von New Public Management, Prinzipal-Agent-Modell, guter Regierungsführung und Transparenzgebot ablesen. Hier galten frei entscheidende Menschen und unbeobachtete Fachleute als Fehlerquellen. Zugleich ist die Compliance ein Ausdruck dessen, was man als Moralisierung des Kapitalismus interpretieren kann. Auf die politischen Hintergründe gehe ich im Abschnitt über die US-Handelsinteressen noch einmal ein.

Die Versprechen der Transparenz

Unter welchem Banner bekämpft man am erfolgreichsten die Korruption? Mit welchem Begriff erlangt man die größte Aufmerksamkeit, die überzeugendste Glaubwürdigkeit? Diese Fragen stellten sich die Gründungsmitglieder der Nichtregierungsorganisation Transparency International um Peter Eigen. Sie trafen sich Anfang 1993 zu einem Vorbereitungstreffen in der Nähe von London. Zur Debatte standen Ehrlichkeit („honesty") und Integrität. Am Ende einer langen Diskussion setzte sich schließlich Transparenz durch, obwohl vor allem die amerikanischen Gründungsväter zunächst Bauchschmerzen hatten. Einer von ihnen fürchtete, in seinem Land könnten die Menschen dabei an Kondome denken.[57] Die Befürchtungen waren unbegründet. Denn die 1990er-Jahre waren nicht nur das Jahrzehnt der Korruptionsobsession, sondern auch das der Transparenzhoffnung, der Beginn eines „Zeitalters der Transparenz".[58] Das hervorragende Image von Transparency International verdankt die Organisation mit großer Wahrscheinlichkeit auch dem positiven Klang ihres Namens. Während Ehrlichkeit eher konservative Werte angesprochen hätte, war und ist Transparenz ein Gut, mit dem alle gesellschaftlichen Gruppen etwas Positives verbinden können.

Transparenz wurde im politischen Denken der 1990er-Jahre zu einem der zentralen Mythen, an denen sich weltweit Reformforderungen und Hoffnungen auf Demokratisierung orientierten. Das war selbstverständlich kein Zufall. Wir haben auf den letzten Seiten gesehen, wie das Transparenzgebot in den Debatten über Wirtschaft und Staat immer wieder auftauchte. Die Idee der Transparenz war und ist ein wichtiges Verbindungsglied zwischen den Ideen des Neoliberalismus, denen der guten Regierung und Compliance sowie dem Kampf gegen Korruption.

Warum das Konzept so wichtig wurde, warum es einen so guten Klang hatte, möchte ich im Folgenden erläutern. Ich möchte aber auch auf die

Widersprüche und falschen Hoffnungen hinweisen, die mit diesem Konzept verbunden sind. Das führt uns (wieder) in wirtschaftswissenschaftliche, vor allem aber auch in politische und gesellschaftliche Debatten der letzten Jahrzehnte. Mittlerweile gibt es zahlreiche wissenschaftliche Arbeiten zu dem Thema, die auch die Widersprüche und Schattenseiten gut beleuchten – was in der breiteren Öffentlichkeit aber noch kaum angekommen ist.

Was ist Transparenz? Die Stärke der Transparenz als Ideal und Mythos liegt wohl auch darin, dass der Begriff extrem schillert. Transparenz ist zunächst einmal eine physikalische Eigenschaft, etwa von Glas: Man kann hindurchschauen. Wichtiger für unsere Zwecke ist natürlich die übertragene Bedeutung. Durchsichtigkeit steht für Wissen über Politik und Gesellschaft. „Sehen heißt Wissen", so die kaum hinterfragte Vorstellung dahinter.[59] Diese Metaphorik findet sich in der politischen Symbolik wieder. Alle Architekten, die seit seinem Bestehen für den Deutschen Bundestag bauten, orientierten sich an einer Ästhetik der Durchsichtigkeit. Sie planten daher mit großen Fenstern, lichtdurchfluteten Räumen, hellen Farben.[60] Der Literaturwissenschaftler Manfred Schneider sieht in dieser Metapher geradezu ein „messianisches Potenzial". Dahinter stehe der „Wunsch nach perfekter Sichtbarkeit und Wissbarkeit" von Politik, aber zugleich auch der „Wunsch nach trugloser, täuschungsfreier Kommunikation".[61]

Dieser Doppelcharakter der Transparenz macht sie so schlagkräftig: Es geht hier einerseits um etwas eher Technisches, nämlich Wissen und Information. Andererseits geht es um politische Moral: Die Abwesenheit von Täuschung. Daher hatte Peter Eigen mit seiner Idee für den Namen der neuen Organisation auch absolut recht: Transparenz ist ein Instrument des rationalen Geistes, aber eben *auch* eine moralische Forderung und deshalb emotional besetzt.

Beide Eigenschaften der Transparenz sind keine Erfindung des späten 20. Jahrhunderts, sondern sie gehen bis ins Zeitalter der Aufklärung zurück. Damals dachte der französische Philosoph Jean-Jacques Rousseau über die Voraussetzungen ehrlicher Kommunikation nach.[62] Das Ziel, die Welt zu beschreiben, lag dem gesamten Denken der Aufklärung zugrunde. Die Lesbarkeit der Welt dank Wissen und Wissenschaft galt als Aufgabe, um der Dunkelheit zu entkommen.[63] Das konnte die Dunkelheit des Aberglaubens sein oder die Düsternis infolge von Indoktrination durch Religion und Kirche. Transparenz war in diesem Sinn die Voraussetzung für eine Entzauberung der Welt, für rationale Beherrschung, für Effizienz und letztlich auch für Gerechtigkeit. Denn größere Klarheit und bessere Einsicht galten als Voraussetzungen für eine bessere Menschheit.[64] Das Konzept der Transparenz basiert also auf dem Vertrauen in die heilsame Wirkung menschlicher Rationalität, die sich entfaltet, wenn Fakten und Informationen zugänglich sind.[65]

Mit der Dunkelheit konnten auch Geheimniskrämerei und Ohnmacht in der Politik gemeint sein. Die Aufklärung wandte sich ja mit Macht gegen den traditionellen Anspruch der Fürsten, Politik sei ein „Arcanum", sei und müsse geheim bleiben, um zu funktionieren. Es ging um politische Emanzipation, denn mit dem Wissen von der Politik konnte man den Fürsten auch ihre illegitime Herrschaft entreißen oder zumindest ihre Fehler erkennen. So erfanden die französischen Aufklärer in den 1770er-Jahren die Idee vom „Tribunal der öffentlichen Meinung": Die Bürger sollten über Politik informiert werden und darüber offen diskutieren. Dabei würde der wahre Wille der Nation erkennbar. Es ging also auch damals schon um politische Emanzipation.[66]

Licht und Sonnenschein waren seitdem Metaphern, die man mit der Transparenz verband – bis auf den heutigen Tag. Wie wirkmächtig solche Metaphern sind, zeigt ihre politische Funktion. „Regierung im Sonnenlicht – Gesetz", so wurde eines der zentralen Regelungswerke getauft, das ab 1976 Zugang zu Regierungsinformationen in den USA gewährte. Noch 2010 erließ der Kongress ein Gesetz mit dem Titel „Sonnenlicht auf Arzteinkünfte", das Pharmafirmen verpflichtet, ihre Zahlungen an niedergelassene Ärzte oder Krankenhäuser offenzulegen.[67] Transparenz, das ist also von Beginn an ein utopisches Konzept mit dem Versprechen von Wissen und Macht für die Bürger, von Entmachtung der Tyrannen, von Rationalität und Moral gewesen.

Diese lange Tradition im Transparenzdenken war im späten 20. Jahrhundert wohl den wenigsten bewusst. Sie griffen aber unbewusst darauf zurück. Und es kamen völlig neue Aspekte hinzu. Dabei stoßen wir wiederum auf den Neoliberalismus, auf die gute Regierung, und in einer späteren Phase auf die Interneteuphorie. In all diesen Bereichen war und ist Transparenz ein Ordnungsmuster, das die Wahrnehmung der Welt beeinflusst und Auswirkungen auf politische Handlungsweisen wie auch auf Organisationsprinzipien hat.[68]

Viele Beobachter sehen eine enge Verbindung zwischen neoliberaler Wirtschaftstheorie und Transparenzversprechen. Die Ära des Neoliberalismus sei eine Ära der Transparenzhoffnung.[69] Transparenz im Sinn von verbessertem Wissen über den Zustand von Staaten und Unternehmen war und bleibt eine zentrale Forderung wirtschaftspolitischer Akteure. Dahinter stehen zwei Herangehensweisen. Einerseits ist da ein Optimierungsversprechen unter dem Vorzeichen der freien Marktwirtschaft. Unterstellt wird ja, dass der Markt das gesellschaftliche Zusammenleben und vor allem Wohlstand und Wachstum am effizientesten regelt. Der Markt muss, um dieses Versprechen zu erfüllen, nicht nur frei sein, also von staatlichen Regulierungen und Fesseln entlastet. Der Markt muss daneben auch objektiv handeln können. Das heißt, die Akteure am Markt müssen alle relevanten Informationen besitzen. Rationale Entscheidungen können sie umso genauer treffen, je mehr Wissen sie besitzen – umso besser funktionieren dann die entsprechenden Märkte. Auch das Prinzip des freien Zugangs zu allen Märkten, möglichst frei von staatlicher Regulierung, ist mehrfach mit der Metapher der Transparenz verbunden worden, da nur so realistische Preise entstehen könnten. Daher hat der Korruptionsindex nicht nur eine politische Funktion, indem er „schlecht gerankte" Länder an ihre Pflicht zur Umsteuerung erinnert. Er erleichtert es den Investoren außerdem, das Korruptionsrisiko in einem bestimmten Land einzuschätzen.

Für die Korruptionsbekämpfung war und ist aber noch eine andere Herangehensweise wichtig. Nach dem Shareholder-Value-Prinzip und dem Prinzipal-Agent-Modell ist es für Unternehmensinhaber wichtig, möglichst viele Informationen über die Mitarbeiter zu besitzen. Allein dieses Wissen ermöglicht gute Steuerung und Fehlverhalten zu verhindern – die Compliance-Revolution zeigt, wie viel Einfluss diese Ideen auf die Unternehmenskultur nahmen. Im Kern sind beide Perspektiven schon in der frühen ökonomischen Literatur zur Korruption nachweisbar, etwa in dem Werk von Robert Klitgaard aus dem Jahr 1988.[70]

Exkurs: Den Staat einhegen: Protagonisten und Profiteure der Transparenz im 20. und 21. Jahrhundert

Der „Transparenztraum" (Manfred Schneider) wird nicht nur von Wirtschaftsliberalen geträumt. Politisch wichtiger ist sicherlich das Versprechen, durch Transparenz mehr Bürgernähe und Teilhabe, mehr Demokratie zu erreichen. Die Minimalanforderung an transparente Regierung ist es, der Öffentlichkeit alle relevanten Informationen über das Regierungshandeln zur Verfügung zu stellen.[71] Damit ist Transparenz ein wichtiger Teil dessen, was wir als gute Regierung kennengelernt haben. Und so ist transparentes Regieren ebenfalls seit den 1990er-Jahren eine zunehmend populäre Forderung. Transparenz gilt meist als Forderung derjenigen, die von der Macht ausgeschlossen sind. Das ist bei genauerem Hinsehen jedoch weniger eindeutig. Seit dem späten 20. Jahrhundert haben vor allem vier Gruppen von Akteuren für das Transparenzgebot gestritten und davon auch profitiert: Journalisten, Bürgerinitiativen und Nichtregierungsorganisationen, Lobbyisten und digitale Vordenker. Von ihnen wird im Folgenden die Rede sein.

Auch wenn das Wort erst ganz am Ende des 20. Jahrhunderts zu einem wichtigen politischen Begriff avancierte: Es gibt eine lange politische Vorgeschichte von Transparenzkonzepten, die teilweise bis ins 19. Jahrhundert zurückreichen. Ich möchte an dieser Stelle nur eine Tradition herausgreifen, nämlich die der sogenannten Informationsfreiheit. Gemeint ist der Anspruch der Öffentlichkeit auf Zugang zu Regierungsdokumenten. Mittlerweile ist dieser in den meisten westlichen Ländern gesetzlich geregelt – er widersprach aber lange Zeit dem Selbstverständnis bürokratischer Verwaltung, die ihre Akten vertraulich behandelte und er widersprach lange Zeit auch der Meinung vieler Regierungen über die Aufgaben der Presse.

Lange Zeit konzentrierte sich also etwa die Presse darauf, Zugang zu Dokumenten zu erhalten. Seit dem Aufstieg der guten Regierung in den 1990er-Jahren wird Transparenz aber viel umfassender angelegt. Nun ging es nicht mehr ausschließlich um Informationspflichten gegenüber der Öffentlichkeit, sondern auch um nachvollziehbare Entscheidungen, klare Verantwortlichkeiten und das Einbeziehen der Zivilgesellschaft in politische Prozesse.[72] Neben der „Nachsorge", die eine kritische Presse natürlich weiterhin mit ihrer Berichterstattung leisten sollte, trat gewissermaßen die „Vorsorge", Regierungshandeln müsse von Anfang an im Vollzug transparent sein. Transparenz wurde dann auch ein wichtiges Argument, um die Idee der Laiensteuerung von Regierungshandeln zu begründen. Transparenz war nun ein weiteres Element bei dem Versprechen, aus der Herrschaft des Staates endlich eine Partnerschaft mit der Gesellschaft werden zu lassen.[73] Wenn der Staat umfassend Rechenschaft ablege, und zwar bereits in der Entstehung von politischen Entscheidungen, dann würden alle Betroffenen rechtzeitig eingebunden und alle Interessen berücksichtigt.

Neben der Presse kamen also nun die neuen Akteure der Zivilgesellschaft ins Spiel. Daher lagen solche Forderungen auf der Linie der neuen sozialen Bewegungen, die ab den späten 1960er- und vor allem seit den 1970er-Jahren mehr Teilhabe und mehr Einfluss auf die Politik gefordert hatten. Ein bunter Strauß von politischen Gruppierungen gehörte dazu, die mehr Rechte etwa für Frauen, für Kinder, für sexuelle und ethnische Minderheiten forderten – in den USA vor allem für die schwarze Bevölkerung. In der Bundesrepublik war diese Szene stark dominiert von der Friedens- und von der Umweltbewegung. Sie war in den 1970er-Jahren meist aus kleinen, häufig städtischen Initiativen hervorgegangen, verfügte in den 1990er-Jahren aber bereits über schlagkräftige, professionell geführte, bundesweit operierende Organisationen wie den Naturschutzbund (NABU) oder den Bund für Umwelt und Naturschutz Deutschland (BUND).

Allerdings sind die vielen Beteiligungsformen der Zivilgesellschaft nicht in jeder Hinsicht zugunsten neuer politischer Akteure oder benachteiligter Gruppen ausgegangen. Das Prinzip der Transparenz hat immer auch den Mächtigen Nutzen gebracht. Das gilt vor allem für die großen Wirtschaftsunternehmen. Als die Idee entstand, staatliches Handeln müsse für die Gesellschaft durchlässig sein und müsse gegenüber ihrem Prinzipal Rechenschaft ablegen, ist nicht zwischen der Bevölkerung, zwischen Verbänden, Lobbygruppen und der Privatwirtschaft unterschieden worden. In extremer Vereinfachung stellte man sich den Staat als Gegenüber aller anderen Gruppen und Interessen vor. So fanden zwei ganz unterschiedliche Formen von Staatskritik zueinander, jene, die den Staat für zu autoritär und zu wenig demokratisch hielten, wie auch jene, die ihn aus Unternehmenssicht als zu teuer oder ineffizient ansahen.

Hierzu ein Beispiel. Seit den 1990er- Jahren entschieden sich viele Staaten, im Dienst der Transparenz Betroffene frühzeitig in Gesetzgebungsprozesse einzubinden und dabei interne Dokumente nach außen zu geben. Vorreiterin war in Westeuropa die Europäische Union, die zunächst im Bereich der Finanzpolitik „Green books“ weitergab. Diese „Grünbücher“ enthielten Strategiepapiere und Entwürfe für Verordnungen in einem frühen Stadium. Transparente Regierung hieß hier, Vertretern der Banken und anderen Lobbyisten frühen Einblick in die Willensbildungsprozesse zu geben. Sie wussten also schnell, in welche Richtung die Politik sich bewegte. Mehr noch: Die Kommission forderte die Empfänger der Grünbücher auf, sich mit eigenen Vorschlägen am Gesetzgebungsprozess zu beteiligen. Das ermöglichte der Finanzindustrie exklusiven Einfluss auf die Gesetze der Union – und zwar völlig ohne öffentliches Aufsehen. Was hier geschah, war eine Art intransparente Einflussnahme infolge partieller Transparenz.

Bei der Aufstellung eines Aktionsplans zur Umsetzung des europäischen Finanzmarktrahmens von 1999 führte die Kommission lange im Vorfeld Beratungen unter Beteiligung unterschiedlicher Experten und Betroffener durch.[74] Zur Begründung diente auch das Argument, nur Transparenz könne für effiziente Regeln sorgen. Neben solchen eher instrumentellen Argumenten finden sich aber auch werteorientierte Motive im Geist der guten Regierungsführung: Beteiligung verbessere die Demokratie. Gelegentlich erscheint Transparenz sogar als Ersatz für andere demokratische Verfahren.[75] Solche und ähnliche Entwicklungen entsprechen der Kritik von Colin Crouch, der die westlichen Staaten auf dem Weg in die „Postdemokratie“ sieht. Dort besitzen entgegen dem schönen Schein nur noch enge Zirkel aus den Eliten von Staat und Wirtschaft die Macht.[76]

Hier liegen die widersprüchlichen Folgen von Transparenz und guter Regierung: Auf die anscheinende Ermächtigung der Bürgergesellschaft sattelte eine zusätzliche Ermächtigung der Wirtschaft und ihrer Lobbyisten auf. Der Abschied vom autoritären Staat ermöglichte auch den Unternehmen Autoritätsgewinne gegenüber der öffentlichen Verwaltung.

Nach der Jahrtausendwende inspirierten Digitalisierung und Ausbau des Internets neue Ideen für die Weiterentwicklungen transparenter Regierungsführung. Man spricht auch von „digitaler Transparenz“ und „liquid democracy“.[77] Diese Ideen sind zunächst in den USA aufgekommen und haben in Europa noch recht wenig Einfluss. In Deutschland hatte die Piratenpartei für ein paar Jahre Erfolg mit ähnlichen Konzepten – ich gehe darauf im Abschnitt über die Berliner Republik noch genauer ein. Die Bewegung in den USA wurde und wird getragen von Repräsentanten der Internetindustrie, also von Wissenschaftlern und Programmierern, von den interessierten Unternehmen selbst, aber auch von Nichtregierungsorganisationen. Wieder finden wir die Metapher vom Sonnenschein: Ein zentraler Akteur ist die Sunlight Foundation. Sie besteht seit 2006 und veranstaltet jährlich sogenannte TransparencyCamps, also Kongresse, auf denen Entwickler und Politiker zusammenkommen, um über neue Formen der Demokratie im Internetzeitalter nachzudenken. Auch diese Organisation nimmt für sich in Anspruch, gegen Geheimniskrämerei und den Einfluss von Lobbyisten zu kämpfen. So scheint es nur folgerichtig, dass die neu gewählte Obama-Regierung sich 2009 zur digitalen Transparenz bekannte und eine sogenannte Open Government-Initiative startete. Viele Kommunen in den USA sprangen auf den Zug auf. Die Stadt New York ernannte 2011 einen Digitalbeamten (Chief Digital Officer) und lobte einen Ideenwettbewerb für Entwickler aus, die die besten Apps zur Öffnung kommunaler Datenbestände für Einzelnutzer programmierten. Zu den Gewinnern gehörten eine Kommunikationsplattform über Straßenbaustellen und ein Tool zur Parkplatzsuche.

Der Staat öffnete also seine Datenbestände in der Erwartung, die privaten Nutzer der Daten würden anschließend die öffentlichen Dienstleistungen verbessern. Ganz im Geist des New Public Managements ging es auch hier um Effizienzsteigerung und die Hoffnung, mehr Markt verbessere staatliches Handeln. Einige Vordenker der digitalen Transparenz hoffen sogar, die Verwaltung am Ende auf die Rolle einer reinen Plattform zu reduzieren, auf der die Akteure der Zivilgesellschaft miteinander kommunizieren und Entscheidungen treffen.

Auch in Deutschland wurden ähnliche Ansätze diskutiert, allerdings stärker bezogen auf politische Debatten. Hierfür stand und steht der Begriff „Liquid Democracy". Seit 2009 gibt es in Berlin eine Nichtregierungsorganisation unter diesem Namen.[78] Sie setzt sich dafür ein, die technischen Möglichkeiten des Internets zu nutzen, um die Beteiligung von Bürgern an der Politik zu erleichtern. Die Metapher der Flüssigkeit verweist auf den Kampf gegen Verkrustungen im politischen Betrieb.

Dahinter stand die Vorstellung, Staat und Bürger mittels der neuen Techniken in einen Dialog über Politik einzubinden, bei dem die traditionelle Presse oder Organisationen wie Parteien und Interessengruppen als Vermittler nicht mehr gebraucht würden. Dahinter steht das Versprechen, alle Interessierten ohne Zugangshürden gleichberechtigt am politischen Prozess zu beteiligen. Derartige Vorstellungen blenden freilich aus, dass die digitale Welt selbst Zugangshürden errichtet und in jedem Fall gut ausgebildete junge Personen aus den Mittelschichten privilegiert. Außerdem ist zu bedenken, dass der aktuelle Populismus auf ganz ähnlichen Kommunikationsprinzipien beruht. Zwar geht es den Populisten in keiner Weise um eine Beteiligung der Bevölkerung an Entscheidungsprozessen. Die Ausschaltung traditioneller Vermittler wie Journalisten, Parteien und

Verbände bei der Organisierung von Interessen und der Vermittlung von Inhalten gehört dagegen zu den erfolgreichen Methoden digital kommunizierender Populisten.

Ein Merkmal verbindet fast alle Transparenzaktivisten der jüngsten Zeit, übrigens auch Transparency International: Sie verstanden sich überparteilich, lehnten jede Form von Ideologie ab, versprachen, alle sozialen Gruppen gleichberechtigt einzubeziehen, setzten auf angeblich objektivierbare Verfahren. Und vor allem: Sie verweigerten sich einer Diskussion über die Machtfrage.

Repressive Transparenz und Misstrauen: Warum Korruption nicht durch Transparenz besiegt wird

Zur Machtfrage bei der Transparenz äußert sich der britische Politikwissenschaftler Matthew Fluck. Er hält die Hoffnung für eine Illusion, mithilfe von Transparenz die Macht von Staaten oder großen Konzernen zu brechen. Allenfalls in Einzelfällen gelinge es, Missbrauch oder Fehlverhalten aufzudecken, nämlich dann, wenn die Verantwortlichen zur Rechenschaft gezogen oder durch einen Skandal entmachtet werden. Das überdecke aber nur die strukturelle Machtlosigkeit der Kritiker. Sie blieben nämlich bei alledem im Grundsatz abhängig von den Informationen, die ihnen zur Verfügung gestellt werden. Damit sind auch die Kritiker abhängig von den Techniken der Informationsgewinnung, die die Mächtigen im eigenen Interesse entwickelten.[79] Man muss diesen tiefen Pessimismus nicht teilen, was die politische Wirkung angeht. Dagegen spricht die Geschichte vieler Skandale, die in einen Politikwechsel mündeten. Aber Fluck legt den Finger in eine wichtige Wunde. Er erinnert daran, dass das Transparenzdenken *allein* kaum Demokratiepotenzial besitzt.

Staaten oder Unternehmen können sich selbst das Image von Transparenz zulegen, ohne etwas Substanzielles über sich preiszugeben. Je nachdem, wann und zu welchen Themen sie dies tun, steuern sie jene, die glauben, sie zu überwachen. Gerade größere Organisationen sind in der Lage, die Öffentlichkeit gleichsam mit Informationen zu fluten. Je mehr Informationen, Dokumente und Details der Öffentlichkeit zugänglich gemacht werden, desto schwieriger ist es, sie zu verarbeiten und zu deuten. So kann eine geschickte Veröffentlichungspolitik der Forderung nach Transparenz scheinbar Genüge tun, faktisch aber eine neue Undurchsichtigkeit durch Informationsüberflutung schaffen.[80]

Dies gilt im Übrigen auch für diejenigen, die Transparenz einfordern, etwa für die Internetindustrie. So verlangen Konzerne wie Google, Facebook und Apple prinzipiell die Zugänglichkeit von Daten, die Lockerung des Datenschutzes und sie treten als Kämpfer für eine Transparenz auf, die angeblich den Verbrauchern und Kunden mehr Einfluss und mehr Selbstständigkeit verschaffe. Zugleich geben sie über ihre eigenen Datenerhebungen nur widerwillig Auskunft. Das Geschäftsgeheimnis ist auch diesen Unternehmen heilig. Anders und zugleich ähnlich verhalten sich die zivilgesellschaftlichen Transparenzakteure. Über das neoliberale Vertrauen in die Marktkräfte, das hinter dem Engagement von Transparency International steht, hat die Organisation nie transparent Rechenschaft abgelegt. Stattdessen beruft man sich auf Ziele wie Armutsbekämpfung oder Gerechtigkeit.

Bei alledem sollten wir auch die Tradition der repressiven Transparenz nicht vergessen, die weitgehend die Tradition des Überwachungsstaates ist, in der Gegenwart aber durch weitere Akteure der Repression ergänzt wurde. Die Historiker der Transparenz weisen regelmäßig auf diese Tradition hin. Sie geht bis auf die Schreckensherrschaft der Jakobiner in der Französischen Revolution zurück. Damit sind die vielen staatlichen Bemühungen gemeint, Informationen über die eigene Bevölkerung zu sammeln. Im 19. Jahrhundert verwendeten die Regierungen darauf enorme Anstrengungen, bevor die entsprechenden Techniken der Datenerhebung und der Statistik im 20. Jahrhundert dann perfektioniert wurden. In jüngster Zeit kamen neue Möglichkeiten hinzu, etwa Überwachungskameras, die nun auch das alltägliche Verhalten von Passanten aufzeichnen und die Verwirklichung einer „transparenten Gesellschaft" vorantreiben.[81] Wenn sie der Verbrechensbekämpfung dienen, setzen solche Kameras vor allem auf eine abschreckende und disziplinierende Wirkung. Damit folgen sie einer Logik, die bereits im frühen 19. Jahrhundert entwickelt wurde, zumindest in der Theorie.

Der britische Philosoph Jeremy Bentham erfand damals das sogenannte Panoptikum. Er stellte sich ein Gefängnis vor, in dem dank der Transparenz die Gefangenen mit minimalem Aufwand überwacht und diszipliniert werden sollten. Das benthamsche Gefängnis sollte so gebaut sein, dass die

Wärter von einem zentralen Turm aus alle Zellen lückenlos überblicken konnten. Das Verhalten der Insassen war also aus der Sicht des Turms völlig transparent. Da die Gefangenen keine Rückzugsorte hatten, mussten sie damit rechnen, jederzeit unter Beobachtung zu stehen. Unter diesem Druck würden sie sich ohne Unterlass an die Anstaltsregeln halten. Das funktioniere deshalb so gut, weil der Wachturm selbst nicht transparent war: Die Gefangenen konnten nicht sehen, wohin der Wärter aktuell schaut, fühlten sich also potenziell immer beobachtet.[82]

Das Prinzip dieses Modells liegt auch den heutigen Überwachungskameras auf Bahnsteigen und öffentlichen Plätzen zugrunde. Transparenz ist in diesem Zusammenhang nichts anderes als das absolute Gegenteil jenes Ermächtigungsversprechens an die Bürger, die Presse oder die Interessengruppen, das wir weiter oben kennengelernt haben. Auch dieser Punkt ist aber unerlässlich, um den fundamentalen Doppelcharakter des Transparenztraums zu verstehen. Als Prinzip allein garantiert Transparenz gewiss weder Demokratie noch Freiheit.

Transparenz als Gegenmodell zur Korruption war und ist deshalb so attraktiv, weil sie in der Regel mit positiven Werten in Verbindung gebracht wird, mit Aufklärung, Licht und Fortschritt, Wissen und Erkenntnis. Schon die üblichen Metaphern deuten das an: Transparenz steht für Klarheit und Sonne, während Korruption im trüben Sumpf stattfindet. Korruption verbindet man mit lichtscheuen Gestalten, mit heruntergezogenen Hutkrempen, mit Hinterzimmern und illegaler politischer Macht. Transparenz dagegen steht für Offenheit, Zugänglichkeit und Ehrlichkeit.

Nun hat die Transparenz die unangenehme Eigenschaft, ein Versprechen zu machen, das niemals eingelöst werden kann. Erkenntnistheoretisch gesprochen, ist Transparenz unmöglich. Sie verspricht umfassende und direkte Kenntnis von der Welt. Diesen direkten Zugang gibt es aber nicht – das wissen Philosophen seit dem berühmten Höhlengleichnis des griechischen Denkers Platon. Der Zugang zur Welt muss immer vermittelt sein, etwa über Sprache, über Zahlenwerte (in der Ökonomie) oder über Metaphern und Bilder.[83]

Doch als politische Forderung kann Transparenz nie vollkommen eingelöst werden, weil sich hinter jeder aufgedeckten Information stets zahllose weitere Tatsachen vermuten lassen, die nicht aufgedeckt sind. Wir haben gesehen, dass das Transparenzdenken seit dem späten 20. Jahrhundert oft auf Misstrauen beruht – Misstrauen von Ökonomen, Journalisten,

Bürgergruppen und anderen gegenüber dem Staat. Das Prinzipal-Agent-Modell brachte dieses Misstrauen wissenschaftlich auf eine Formel nach dem Prinzip: Traue nie deinem Angestellten. Auch die Compliance nimmt Transparenz für sich in Anspruch: Ihre detaillierten Verhaltensregeln waren ebenso transparent wie das Verhalten der Angestellten, die immer enger überwacht wurden.

Wer also mit Transparenzforderungen gegen Korruption kämpft, der unterstellt Beamten und Politikern eine Neigung zum Fehlverhalten. Insofern hat die Transparenzdebatte immer auch eine repressive Tendenz gegen die Vertreter des Staates oder Unternehmensmitarbeiter. Dieser Umstand verbindet die Transparenzforderungen an die Politik mit der alten Tradition der politischen Korruptionskritik. Ab dem 19. Jahrhundert und bis Mitte des 20. Jahrhunderts brachten Korruptionsskandale und Korruptionsdebatten regelmäßig Zweifel an der Zuverlässigkeit der Politiker und am Zustand des jeweiligen politischen Systems zum Ausdruck. Korruptionsdebatten waren immer auch Ausdrucksformen des Misstrauens gegenüber den Eliten und ihrem Verhalten. Allerdings war Korruptionsbekämpfung nie durchgreifend erfolgreich.[84]

Bot die Transparenz nun endlich einen Ausweg? Das Versprechen der Transparenzakteure lautete: Wenn erst totale Transparenz herrsche, wenn alle Vorgänge und Fakten bekannt seien, dann gebe es auch keinen Grund für Misstrauen. Politisches Vertrauen könne dank Transparenz wiedergewonnen werden. Dieses Versprechen hat allerdings einen Haken. Es ist nämlich prinzipiell unmöglich, völlige Transparenz herzustellen. Dies liegt an unterschiedlichen Gründen.

Da ist zum einen der niemals stillbare Hunger nach Transparenz. Unzählige Beispiele aus der praktischen Politik zeigen es: Je mehr Informationen und Details über einen politischen Vorgang offengelegt werden, desto deutlicher werden auch die Grenzen der Offenlegung. Jede Veröffentlichung von Informationen ist endlich und weckt die Frage: Warum wurde nicht alles offengelegt? Wer verbirgt was mit welchen Hintergedanken? Der unstillbare Hunger nach Transparenz kann zu absurden Situationen führen: Während der Verhandlungen der Europäischen Union mit den USA über das Freihandelsabkommen TTIP war zunächst weitgehend Stillschweigen vereinbart worden. Später geriet das Projekt gerade deshalb in Gefahr. Um Vertrauen zu schaffen, legten die europäischen Stellen sehr viele Dokumente offen. Dabei konnte die Öffentlichkeit unter anderem erfahren, dass die deutsche Delegation bei einer Verhandlungsrunde eine höhere Raumtemperatur forderte.[85]

Der zweite Umstand liegt in der begrenzten Aufnahmefähigkeit des Menschen. Wenn Hunderte oder Tausende Seiten Sitzungsprotokolle über Vertragsverhandlungen öffentlich sind, können nur Spezialisten diese Sprache verstehen und entschlüsseln, wofür sie viele Arbeitsstunden benötigen. Um beim Beispiel TTIP zu bleiben, muss jemand die Raumtemperaturinformation im Vergleich zu anderen Informationen gewichten, einordnen, wieder für irrelevant erklären. Normale Beobachter sind also wiederum auf Vermittlungsinstanzen angewiesen. Das sind in der Regel Journalisten oder Nichtregierungsorganisationen, die aber wiederum über ihre eigenen Arbeitsweisen umfangreich Auskunft geben müssten, um transparent zu sein.

Der dritte Umstand liegt darin begründet, dass Offenlegung und ihre Überwachung nie ohne Geheimnis funktioniert. Wenn etwa die Privateinkommen von Politikern überprüfbar sein sollen, dann müssen die Kontrollorgane das Recht haben, deren Angaben verdeckt zu überprüfen. Sie arbeiten also unsichtbar, intransparent. Das Gleiche gilt für den Quellenschutz von Whistleblowern oder für die Arbeit der Internetplattform Wikileaks. In der Regel können geheime und brisante Informationen nur öffentlich werden, wenn deren Urheber im Dunkeln der Anonymität verharren dürfen – das ist ja auch ein alter Grundsatz des investigativen Journalismus.[86]

Transparenz an einer Stelle schafft also immer Intransparenz an einer anderen. Das Geheimnis wird niemals aus Politik und Gesellschaft, ja nicht einmal aus der Kommunikation verbannt werden können.[87] Die anscheinend guten Gründe für Misstrauen gegenüber dem Staat werden mithin nicht einfach verschwinden. Oft trägt Transparenz zur Misstrauensspirale noch bei.

Hinzu kommt eine weitere Komplikation. Das Transparenzdenken besitzt Ähnlichkeiten mit dem Prinzip der Verschwörungstheorie. Transparenzdenken wie auch Verschwörungstheorien sind Antworten auf das gleiche Problem, nämlich auf eine politische Wirklichkeit, über die man zwar immer mehr Informationen erhält, die aber gerade deshalb immer unverständlicher und komplizierter erscheint, deren Wirkungsmechanismen kaum mehr erfassbar sind. Beide sind von dem Wunsch getrieben, einen „verborgenen Schatz der wirklich relevanten Informationen über Politik" zu heben und dabei verständliche Erklärungen zu erhalten.[88]

Verschwörungstheorien wiederum sind traditionell eng verbunden mit der Korruptionskritik. Zum klassischen Arsenal dieses Denkschemas gehören unter anderem die Angst vor der jüdisch-kapitalistischen Weltverschwörung, die angebliche Unterjochung der europäischen Politik durch die Freimaurer und Kritik an der Plutokratie, der Herrschaft der Reichen. Diese drei Vorstellungen waren in der politischen Diskussion im späten 19. und frühen 20. Jahrhundert in Europa sehr stark verbreitet und alle drei waren Teil von Korruptionsdebatten: Jüdische Bankiers würden die Politik kaufen, die geheim agierenden Freimaurer würden durch korrupte Verflechtung Staat und Regierung unterjochen, die Plutokraten würden mithilfe ihres Geldes die Parlamente zu Marionettentheatern machen.[89] Dieser Zusammenhang ist sogar noch älter: Bereits um 1800 galten Geheimgesellschaften als Hotspots politischer Korruption.[90]

Bekanntlich sind Verschwörungstheorien nicht mit rationalen Argumenten zu entkräften, sondern es ist eine Frage des Glaubens. So ähnlich verhält es sich mit dem Misstrauen gegenüber dem Staat, dessen Ausdruck die Korruptionskritik häufig ist. Es kann kaum durch Transparenz entkräftet werden.[91]

Transparenzdenken und Korruptionskritik passen deshalb so gut zusammen, weil sie gemeinsame Strukturprinzipien enthalten. Hat man also die Funktionsweise der Kommunikation über Korruption im Blick, dann treibt das eine die andere nicht aus, sondern beide ergänzen sich. Korruptionskritik und Transparenzforderung passen gleichsam im Paket hervorragend zusammen, weil sie auf ähnlichen Deutungsstrukturen beruhen. Beide halten sich gegenseitig am Leben: Solange Transparenz noch nicht vollständig ist, droht Korruption. Also immer.

Interessen, Akteure, Politik: die Herrschaft der „Antikorruptionsindustrie“

Ging der Kampf gegen die Korruption von Deutschland aus? Im Februar 1993 gründeten elf Männer in Anwesenheit eines deutschen Notars und nach deutschem Recht einen gemeinnützigen Verein mit Sitz in Berlin. Der Name: Transparency International. Spiritus Rector und Ideengeber, Vernetzer und charismatischer Trommler für den Kampf gegen Korruption war Peter Eigen, ein deutscher Staatsbürger. Noch im gleichen Jahr eröffnete in Berlin eine veritable Geschäftsstelle mit mehreren festen Angestellten.[92] Mit der deutschen Identität der Organisation ist das aber so eine Sache – denn die Gründung fand in den Räumen des niederländischen Entwicklungshilfeministeriums in Den Haag statt, der Notar war angereist. Unter den ersten elf Mitgliedern waren nur zwei Deutsche, die anderen stammten aus Großbritannien, den USA, von den Philippinen, aus Bangladesch, Kenia. Sie kannten sich nicht aus einem deutschen Vereinsheim, sondern aus der internationalen Entwicklungszusammenarbeit. Berlin als Standort lag nahe, weil Peter Eigen dort wohnte. Vielleicht noch wichtiger: So kurz nach dem Fall der Mauer gab es relativ wenige Organisationen an der Spree. Zwar saß die Bundesregierung noch in Bonn, doch der Umzug war beschlossene Sache. So hoffte Eigen, am künftigen Standort der deutschen Regierung mit ihrem international wachsenden Gewicht eine Art Startvorteil bei der Medienaufmerksamkeit zu haben. Er sollte recht behalten.

So kam es, dass von Berlin aus bis heute der wohl wichtigste weltweite Einzelakteur im Kampf gegen Korruption operiert. Transparency ist eine durch und durch globalisierte Organisation, deren Einfluss nicht auf guten Kontakten zur deutschen Regierung basiert, sondern auf Gehör in internationalen Organisationen von der UNO bis zur OECD, bei global tätigen Unternehmen, bei Geldgebern der Entwicklungshilfe und nicht zuletzt bei der Weltbank.

Mit Transparency International rückt ein Aspekt in den Vordergrund, der in den vorigen Abschnitten kaum Thema war. Die Konzepte und Ordnungsmuster der Transparenz, der guten Regierung, des New Public Managements – sie alle gehören nicht allein ins Reich der Ideen. Tatsächlich haben Personen und Organisationen sie popularisiert. Geleitet von konkreten Interessen, haben bestimmte Akteure sich weltweit in konkreten Momenten dafür eingesetzt. Der wohl wichtigste Baustein dabei war der Kampf gegen Korruption. Diesen Prozess und diese Akteure wollen wir uns nun genauer anschauen.

Transparency International ist auch deshalb interessant, weil sie als Nichtregierungsorganisation eine weltweite politische Agenda dominieren konnte. Der Berliner e. V. steht für eine neue Art politischer Machtausübung, wenn man so will. Am Beispiel von Transparency kann man beobachten, mit welchen Strategien Nichtregierungsorganisationen und Netzwerke einen so bedeutenden Platz in der politischen Landschaft der letzten dreißig Jahre erringen konnten. Deshalb gibt diese Geschichte auch Auskunft über den Wandel der politischen Kultur. Anders als die Ökonomen hat Transparency den Kampf gegen Korruption stets *auch* moralisch begründet. Es ging also um eine bessere Welt, um ethische Integrität, nicht nur um mehr Effizienz und Verantwortlichkeit. Im Fall von Transparency und ähnlichen NGOs spricht man deshalb auch von „moralischen Unternehmern".[93]

Solche Organisationen setzen sich nicht für einzelne wirtschaftliche Interessen oder Belange von konkreten sozialen Gruppen ein – sie sind keine Arbeitgeberverbände oder Gewerkschaften. Auch verfolgen sie nicht wie Parteien politische Programme; sie streben nicht danach, in einem Land die Regierung zu stellen. Aber sie versuchen, in klar umgrenzten Politikfeldern Aufmerksamkeit zu erlangen und politische Maßnahmen durchzusetzen. Es handelt sich um Politikfelder wie Umweltschutz, Menschenrechte, Armuts- oder Elendsbekämpfung, deren Bedeutung häufig moralisch begründet wird.

Die NGOs versuchen in der Regel, zunächst ein Aufmerksamkeitsklima für das Thema zu schaffen, dann Gesetze und staatliche Programme anzuregen und schließlich in eigener Regie Projekte durchzuführen. Hierin ähnelt Transparency sehr stark Gruppen wie Amnesty International, Greenpeace, Médecins du Monde und unzähligen anderen. Wichtig für ihre Arbeit sind öffentliche Aufmerksamkeit und eine hohe Glaubwürdigkeit, also ein positives Image. Es handelt sich um „soft powers“, die durch Medienberichte, Vernetzung und guten Leumund etwas bewegen können.

Die Ähnlichkeit mit den schon mehrfach erwähnten neuen sozialen Bewegungen ist groß, aber es gibt eben auch Unterschiede. Anders als ihre Vorläufer in den 1970er- und 1980er-Jahren handeln diese Organisationen hochprofessionell und sind kaum noch Graswurzelinitiativen. Dennoch bezeichnen sich viele dieser Organisationen als „Bewegung“.

Bevor wir Aufstieg und Arbeitsweise von Transparency näher betrachten, ist aber wieder ein Blick zurück bis in die 1970er-Jahre notwendig. Denn der internationale Erfolg von Transparency ist auch das Ergebnis einer langfristigen politischen Entwicklung. Diese Vorgeschichte zeigt auch, wie sehr der Erfolg der NGOs von Interessenkoalitionen mit anderen abhängt. Diese Geschichte macht dann auch deutlich, welch entscheidende Rolle internationale Handelsinteressen, die Globalisierung und die Entwicklungshilfe für den Siegeszug der Antikorruption spielten.

Moral, US-Handelsinteressen und die Entstehung der globalen Antikorruptionsregime

Am 1. Oktober 1996 hielt der Präsident der Weltbank, James Wolfensohn, eine Grundsatzrede vor dem erweiterten Führungsgremium seiner Organisation. Er blickte auf Erfolge der letzten Monate zurück. Vor allem aber verkündete er seine Vorhaben für die nächsten Jahre. Wolfensohn war erst seit 1995 im Amt und die Öffentlichkeit erwartete Informationen über sein Programm. Zum Erstaunen vieler erklärte er den Kampf gegen Korruption in der Welt zu seinem zentralen Anliegen. Zwar trug die Rede offiziell den Titel „Menschen und Entwicklung“ (People and development). Doch in der Antikorruptionscommunity ist die Ansprache als „Cancer of Corruption“-Speech bekannt, als „Krebsgeschwür der Korruption“-Rede. Wolfensohn stand nicht allein. Seine Ansprache war der hörbare Ausdruck eines informellen Bündnisses, das in der Literatur als „Washington-Konsens“ bezeichnet wird. Weltbank, Internationaler Währungsfonds, US-Regierung und viele amerikanische Unternehmen arbeiteten gemeinsam daran, den Kampf gegen Korruption zu popularisieren und in handfeste Politik umzusetzen. Um diesen Konsens zu verstehen, muss man bis zurück in die 1970er-Jahre schauen.

Am Anfang stand Watergate, jener politische Megaskandal der 1970er-Jahre, der die politische Landschaft der USA nachhaltig umpflügte. Landläufig gilt der Rücktritt von Präsident Richard Nixon 1974 als wichtigste politische Folge, doch das ist viel zu kurz gedacht. Watergate veränderte das politische Washington dauerhaft. Nach Watergate stärkten Gesetzgeber und Gerichte einerseits die Recherchemöglichkeiten der Presse. Watergate veränderte andererseits aber auch das Verhältnis der US-Politik zur Korruption.[94]

Bei den Recherchen über die Machenschaften Nixons kam nämlich heraus, dass viele große Unternehmen die Republikanische Partei und einzelne Politiker im Geheimen finanzierten. Nicht genug damit, einige international tätige US-Konzerne begünstigten auch im Ausland Parteien und Politiker mit Geld. Das betraf vor allem Rüstungsfirmen und andere Unternehmen, die von Regierungsaufträgen lebten. Wie schon im Zusammenhang mit Franz Josef Strauß erwähnt, gehörte Lockheed zur Gruppe dieser Firmen, aber auch viele Vertreter der Ölindustrie wie Exxon, Gulf und Northrop.

Die Enthüllungen sorgten in der amerikanischen Öffentlichkeit für Entrüstung. Idealisten sahen darin einen Verstoß gegen demokratische Prinzipien, weil oftmals autoritäre Regime davon profitiert hatten. Pragmatiker erkannten in dem Treiben der US-Manager andere Gefahren. So böten einschlägige Skandale der Sowjetunion eine Vorlage für antiamerikanische Agitation; der Ruf der USA als Verteidigerin der freien Welt werde geschädigt. Diese Sorge hatte etwa der demokratische Senator Frank Church, der im Kongress einschlägige Untersuchungen leitete. Außerdem sah man die Gefahr, korrupte Firmenmitarbeiter könnten ihrerseits schneller dazu bereit sein, geheime US-Waffentechnik an feindliche Regierungen zu verkaufen. Das alles missfiel auch vielen Anteilseignern dieser Firmen. Im Sinn des Shareholder-Value verlangten sie, Manager dürften nicht auf eigene Rechnung Politik machen. Schließlich war auch bereits Mitte der 1970er-Jahre das Argument zu vernehmen, Bestechung verzerre den Wettbewerb.

Vor diesem Hintergrund erließ der Kongress 1977 das Gründungsdokument des internationalen Antikorruptionsregimes, den Foreign Corrupt Practices Act. Dieses Gesetz stellte Bestechung und Schmiergeldzahlungen auch im Ausland unter Strafe – für das Inland galt die Regel schon lange. Belangt wurden Personen, aber auch Unternehmen. Damit universalisierten die USA ihre internen Regeln. Was im Inland galt, sollte weltweit durchgesetzt werden. Dazu gehörte auch ein moralischer Anspruch: US-Unternehmen und ihre Vertreter sollten im Ausland an den gleichen Standards wie in den Staaten gemessen werden.

Mit diesem Gesetz beschritten die USA aber zunächst einen Sonderweg. Deshalb waren viele US-Firmen zunächst auch sehr kritisch. Mindestens zwanzig Jahre lang folgten die anderen Industrienationen dieser Politik überhaupt nicht, im Gegenteil. Frankreichs weltweit tätiger, staatlich gelenkter Ölkonzern ELF Aquitaine weitete unter der Präsidentschaft François Mitterrands in den 1980er-Jahren seine Aktivitäten als verlängerter Arm der Regierung deutlich aus. Mithilfe von ELF „machte" Paris auf dem afrikanischen Kontinent Regierungen oder brachte sie zu Fall. Neben Waffengeschäften gehörten Schwarz- und Schmiergeldzahlungen zu den routiniert eingesetzten Instrumenten. In Deutschland waren solche Praktiken zwar nicht Teil der offiziösen Regierungspolitik, aber zur Staatsraison gehörte von jeher die Vorstellung, man müsse die exportstarken Unternehmen im Ausland nach Kräften unterstützen. Deshalb waren von Deutschen verübte Bestechungen im Ausland lange straffrei. Mehr noch: Das deutsche Steuerrecht gewährte bis 1999 die Möglichkeit, „nützliche Aufwendungen" im Ausland von der Steuer abzusetzen. Damit förderte der deutsche Fiskus faktisch die Bestechung ausländischer Amtsträger. Erst im Zeitalter der neuen Antikorruptionspolitik der 1990er-Jahre verpflichtete sich die Bundesrepublik, diese Politik zu ändern. Tatsächlich belangt wurden Manager in Deutschland dann erstmals im Siemens-Skandal von 2005.

Die Unterschiede in der Rechtslage waren vielen amerikanischen Managern lange Zeit ein Dorn im Auge. Sie sahen darin Wettbewerbsvorteile für die europäischen Unternehmen. In den frühen 1990er-Jahren erschienen wissenschaftliche Studien, denen zufolge die US-Exportwirtschaft durch den Foreign Corrupt Practices Act Nachteile hatte.[95]

Diese Zusammenhänge waren natürlich auch James Wolfensohn vertraut, als er 1996 den Kampf gegen Korruption ins Programm der Weltbank aufnahm. Zu diesem Zeitpunkt hatten sich seit ein paar Jahren Stimmen mit der Forderung erhoben, den amerikanischen Grundsätzen mit mehr Nachdruck bei den Partnern Geltung zu verschaffen. Solche Überlegungen gab es auch in Unternehmen, die Transparency International von Beginn an unterstützten, etwa die Beratungsagentur Coopers & Lybrand (heute

PricewaterhouseCoopers) oder General Electric. 1994 setzte die Regierung von US-Präsident Bill Clinton das Thema Korruption auf die Agenda der Organisation of American States, auch unter tätiger Mithilfe von Mitgliedern Transparency Internationals.

Ein zentrales Motiv für das Engagement der Regierung Clinton war deren Interesse an den Schwellenländern. Nicht zu Unrecht glaubten führende Wirtschaftspolitiker der USA, der Schlüssel für mehr Wachstum liege in den Schwellenländern, den „emerging markets". Vor allem mit den sogenannten BRIC-Staaten Brasilien, Russland, Indien und China sollten die Wirtschaftsbeziehungen enger werden. Neben vielen anderen Problemen waren investitionsbereite US-Unternehmen in diesen Märkten mit Korruption konfrontiert, so glaubte man in Washington.[96]

Korruption erhöhte aus Sicht der Manager nicht nur die finanziellen Kosten für ihre Investitionen – Korruption war auch ein kulturelles Hindernis. Denn anders als die Wirtschaftswissenschaftler wussten Unternehmensvertreter, die im globalen Süden unterwegs waren, dass es in den allermeisten Fällen eben nicht damit getan war, einen Scheck unter der Tischplatte hindurchzuschieben. Die Intransparenz der Bestechung liegt für weltweit tätige Konzerne bei einem anderen Punkt: Der Bestechende braucht detaillierte soziale und kulturelle Fähigkeiten. Er muss sehr genau wissen, mit welchen Worten, bei welchen Anlässen er das Geschäft anbahnen kann. Häufig verletzen falsche Worte, zu große oder zu kleine Geschenke den informellen Code der Bestechung, greifen die Ehre des Gegenübers an – und das Geschäft platzt. Die Regeln des Spiels unterscheiden sich typischerweise von Land zu Land, von Region zu Region. Kurz: Man braucht einen großen kulturellen Erfahrungsschatz und Fingerspitzengefühl, man braucht vor Ort gut vernetzte Personen, um im Bestechungsgeschäft erfolgreich zu sein.

Je internationaler ein Unternehmen, je weitgespannter seine Aktivitäten, umso geringer seine Möglichkeiten, für jede einzelne Region kundige Bestechungsexperten aufzubieten. Insofern empfanden multinationale Unternehmen die Kleinteiligkeit der Bestechungskulturen als mindestens ebenso wettbewerbsfeindlich wie die damit verbundenen Kosten. Solange diese Bestechungskulturen bestanden, waren regionale Unternehmen den globalen Playern überlegen, so die Befürchtung.

Es ging also vor allem darum, informelle und damit intransparente Regeln bei der Vergabe von Aufträgen auszuhebeln. Deshalb wurde in den einschlägigen Debatten meist auch nicht zwischen Bestechung, Klientelismus, Netzwerken oder anderen Formen informeller Entscheidung unterschieden. Manche Manager interpretierten die Duldung von Korruption gar als eine Form versteckten Protektionismus'. Folglich muss man den Kampf gegen Korruption auch als Teil einer Handelspolitik sehen, die Zugangsschranken in nationale Märkte beseitigen und die Regeln für die Wirtschaft weltweit harmonisieren wollte, also als Teil einer entschiedenen Globalisierungspolitik.[97]

Korruptionsbekämpfung war aber auch deshalb konsensfähig in Teilen der Wirtschaft, weil diese sich etwa zur gleichen Zeit mit einer moralischen Mission betraut sah. Nach dem Zusammenbruch des Sozialismus' betrachteten sich die Akteure der Marktwirtschaft *auch* als Träger eines ethischen Auftrags. Diese Tendenz ging in Einzelfällen bis in die 1970er-Jahre zurück, als Bürgerinitiativen und Presse begonnen hatten, das Geschäftsgebaren einzelner Großunternehmen heftig infrage zu stellen. Dazu wieder ein kurzer Rückblick.

Einer der wichtigsten Fälle war Nestlé gewesen. Der Nahrungsmittelkonzern geriet Mitte der 1970er-Jahre in schweres Fahrwasser. Menschenrechtsorganisationen warfen ihm vor, für den Tod von Tausenden Babys in Entwicklungsländern verantwortlich zu sein. Das Unternehmen werbe aggressiv für sein Milchpulver und verleite stillende Mütter in Gegenden mit verunreinigtem Trinkwasser dazu, die künstliche Nahrung anstelle der sauberen Muttermilch zu verwenden. Die Folge seien unzählige Todesfälle von Säuglingen. Es folgte eine weltweite Boykottaktion von Verbrauchern, die Nestlé stark schadeten.

Weitere Wirtschaftsskandale brachten ähnliche Debatten in Gang, auch mit Blick auf die Produktionsbedingungen in den Ländern des globalen Südens. Die Öffentlichkeit forderte Verantwortung und Fairness von den Unternehmen ein. In vielen Firmen wuchs unter diesem Druck die Bereitschaft, sich mit der Moral des eigenen Geschäftsmodells zu befassen. Im Businessjargon heißt das Corporate Social Responsibility.[98] So bemühte sich etwa der Shell-Konzern nach der Affäre um die extrem umstrittene Entsorgung der Ölplattform Brent Spar 1995 in der Nordsee sehr darum, als umweltfreundliches Unternehmen zu erscheinen, startete entsprechende Imagekampagnen, änderte seine Produktpalette und unterstützte verschiedene Umweltprojekte.[99] In erster Linie ging es natürlich darum, Kunden ein gutes Gefühl zu verleihen und davon zu überzeugen, dass das eigene Unternehmen sich jenseits des Geschäfts für das Gemeinwohl einsetze.

Spätestens nach dem Fall der Mauer verstärkte sich eine Tendenz, die Marktwirtschaft insgesamt als moralische zu überhöhen. Nach der Implosion des Sozialismus schien es vielen so, als könnte der Kapitalismus das Gute in der Welt verbreiten. Zwar war dieser Anspruch nicht völlig neu – bereits der Gründervater der modernen Ökonomie Adam Smith argumentierte im Kern moralisch. Doch nach dem Ende des Staatssozialismus in Osteuropa verstärkte sich die Tendenz bei den einschlägigen Akteuren, diesen Anspruch öffentlich zu erheben und damit Imagepolitik zu betreiben. Unternehmen und Wirtschaftspolitiker arbeiteten teilweise gemeinsam an dieser vom Neoliberalismus inspirierten Vision. Manche Autoren sprechen gar von einer „ethischen Wende" im modernen Kapitalismus.[100]

Was genau diese Moral ausmachte, blieb allerdings stets diffus. So konnte der Coca-Cola-Konzern seinen Limonadehandel in entsprechenden Kampagnen als ethisches Projekt darstellen. Modehersteller wie Benetton vermittelten mit ihren Kampagnen den Eindruck, sich für das Ideal ethnischer Vielfalt einzusetzen. Auch die Internetindustrie des Silicon Valley begriff ihr Geschäftsmodell oft als Beitrag zur Verbesserung der Welt – überschießendes Sendungsbewusstsein miteingeschlossen. Aus diesem Grund passte auch der Anspruch der Korruptionsbekämpfer ins Konzept, auf diesem Weg mehr Demokratie zu bringen. Diese Mentalität machte es vielen Managern leichter, sich auch im Kampf gegen die Korruption zu engagieren.

Die Interessenkoalition aus Unternehmen und Globalisierungspolitikern trieb ab Mitte der 1990er-Jahre mit Nachdruck internationale Organisationen dazu, entsprechende Antikorruptionsregeln zu erlassen. Nach der Organisation Amerikanischer Staaten war die OECD an der Reihe. Die Organisation für wirtschaftliche Zusammenarbeit und Entwicklung ist ein Zusammenschluss westlicher Industriestaaten mit Sitz in Paris, die sich für gemeinsame Standards in der Wirtschaftspolitik einsetzt. Nach Auskunft von Peter Eigen lobbyierten in der OECD-Geschäftsstelle neben der US-Regierung vor allem große Unternehmen dafür, die Verbote aus dem amerikanischen Recht für alle Mitglieder verbindlich zu machen, obwohl die meisten europäischen Regierungen zunächst sehr zurückhaltend waren. Transparency International organisierte 1997 beispielsweise eine Wirtschaftskonferenz in Berlin, auf der der ehemalige Bundespräsident Richard von Weizsäcker mit seiner Teilnahme für „Rationalität und Vertrauen“ bürgte.[101] Das Ergebnis des Treffens war ein offener Brief führender europäischer Manager an die deutsche und andere Regierungen mit der Aufforderung, eine OECD-Konvention gegen Bestechung zu unterstützen.[102]

Und so geschah es. 1995 bereits hatte die OECD eine Empfehlung an die Mitgliedstaaten veröffentlicht, 1997 verabschiedete die Organisation eine bindende Konvention. Sie verpflichtete die Mitgliedstaaten, ihre Strafgesetze im Sinn des Foreign Corrupt Practices Act zu ändern, also die Bestechung von Amtsträgern auch im Ausland zu verbieten.[103] Deutschland ratifizierte das Abkommen als erstes Land im Jahr darauf. Die OECD vereinbarte – ganz im Geist des New Public Managements – außerdem ein Monitoring System: Vertreter der Organisation sollten regelmäßig berichten, ob und mit welchem Erfolg die Konvention in den Mitgliedstaaten umgesetzt wurde.

Nachdem die westlichen Industrieländer vorgelegt hatten, wandten sich die Akteure den Vereinten Nationen zu. Auch die UNO sollte das globale Antikorruptionsregime durchsetzen. Dies war ein etwas längerer Prozess, am Ende aber ebenfalls von durchschlagendem Erfolg. Eine erste Deklaration gegen Korruption und Bestechung verabschiedete die UNO schon 1996, und zwar ausdrücklich mit dem Ziel, die Märkte für den internationalen Handel durchlässiger zu machen. Die Begründungen änderten sich in den folgenden Jahren – jetzt traten Demokratie und gute Regierung neben den Welthandel als Motivation, Korruption unbedingt zu bekämpfen. Im jährlichen Takt verabschiedete die UNO zwischen 1998 und 2002 Resolutionen und Deklarationen zum Antikorruptionskampf der Weltgemeinschaft. Sie alle spiegelten die herrschende Ansicht, Korruptionsbekämpfung sei moralisch geboten, fördere die freie Marktwirtschaft und diese wiederum begrenze die Willkür von Verwaltungen und Politik. Diese Flut an Dokumenten fand 2003 ihren Abschluss mit einer bindenden UNO-Konvention, die 2005 in Kraft trat. Zu den Bestimmungen gehörte wiederum, Bestechungen auch im Ausland zu verfolgen. Die Konvention enthielt eine Fülle weiterer Regeln. Dazu gehörte auch die Verpflichtung, dass die Mitgliedstaaten Abgeordnetenbestechung unter Strafe stellten.[104] Dieser Punkt war vor allem für Deutschland ein großes Problem. Erst im Jahr 2014 ratifizierte der Bundestag diesen Vertrag.

Es fällt schwer, hinter all diesen Entwicklungen nicht den Einfluss der USA zu vermuten. Die Regierung in Washington verfolgte nämlich ihre Strategie, das amerikanische Antikorruptionsrecht weltweit durchzusetzen, auch mit anderen Mitteln als nur der Diplomatie. Die bereits angesprochene Compliance-Revolution ist das Ergebnis konkreten Drucks und einer ausgreifenden Justizpolitik im wichtigsten Markt der globalisierten Wirtschaft. Man könnte auch von einer Art Justizimperialismus sprechen. Ein entscheidender Baustein dafür war die Novelle des Foreign Corrupt Practices Act im Jahr 1998. Aus Anlass der OECD-Konvention schärfte die Clinton-Regierung ihre Waffen. Sie gab den US-Gerichten das Recht, jedes Unternehmen und jede Person zu verfolgen, die im Ausland bestochen hatten, vorausgesetzt, es oder sie war in den USA wirtschaftlich tätig. Das betraf faktisch alle internationalen Unternehmen, schloss es doch etwa die Nutzung von E-Mail-Servern auf US-Territorium oder Bankkonten bei einem US-Geldhaus ein. De facto schwang sich die US-Gerichtsbarkeit zu einer Weltjustiz auf. Das zeigte sich dann auch bei späteren Fällen, etwa im Fall von Siemens.

2002 erließ der Kongress ein weiteres Gesetz, den Sarbanes-Oxley Act. Es machte den größeren Unternehmen hohe Auflagen und verpflichtete sie dazu, aktiv gegen Bestechung in ihren eigenen Reihen vorzugehen. Damit wurden die Firmen für das Fehlverhalten ihrer Mitarbeiter verantwortlich gemacht, wenn sie nicht alles für die Prävention getan hatten. Dieses Gesetz war kein Papiertiger – mehrere Musterprozesse mit astronomisch hohen Geldstrafen machten das deutlich. Auch deshalb konnten es sich größere Unternehmen seit der Jahrtausendwende nicht mehr leisten, auf ausgeklügelte Compliance-Regeln und Compliance-Abteilungen zu verzichten.[105]

Diese Zusammenhänge zeigen einmal mehr die tiefen Paradoxien der Antikorruptionspolitik. Das erste große Paradox zeigt sich in der handelspolitischen Strategie der USA. Die Antikorruptionspolitik, gerichtet gegen informellen Protektionismus durch Klientelismus in anderen Ländern, erwies sich faktisch als Protektionismus zugunsten der US-Wirtschaft, zumindest als Protektionismus des eigenen nationalen Rechts.

Außerdem waren diese Regeln allesamt von dem Gedanken inspiriert, die Unternehmen gegenüber (korrupten) Beamten, Verwaltungen, Politikern und Regierungen zu stärken. Antikorruptionspolitik war als wirtschaftsfreundliche Globalisierungspolitik gedacht. Andererseits nahm eines der wichtigsten Instrumente im Kampf gegen die Korruption, der Foreign Corrupt Practices Act, das Fehlverhalten von Unternehmen oder ihren Mitarbeitern in den Blick. Dies war völlig folgerichtig, weil die USA keine Möglichkeit hatten, Politiker oder Beamte aus anderen Ländern direkt für Korruption zu bestrafen. Nur durch die Disziplinierung der internationalen Unternehmen konnte der Korruption ihre finanzielle Grundlage genommen werden, so das Kalkül. So kam es, dass sich die US-geführte Antikorruptionspolitik gelegentlich auch gegen Champions der Globalisierung richtete. Einzelne Unternehmen zahlten also durchaus einen hohen Preis, wenn sie es versäumt hatten, rechtzeitig auf den Zug aufzuspringen.

Ähnlich ambivalent waren die Wirkungen der Compliance. Es spricht einiges dafür, dass komplizierte Compliance-Regeln ein Unternehmen eher ineffizienter machen und in jedem Fall eine eigene Bürokratie mit sich bringen. Sie haben also Auswirkungen, die die neoliberale Wirtschaftstheorie eigentlich bekämpfte.

Die breitere Öffentlichkeit bemerkte diese Zusammenhänge kaum. Antikorruptionspolitik erschien selbstlos, anscheinend gegen gierige Manager gerichtet, mindestens aber nicht blind gegenüber den Verfehlungen der Wirtschaft. Antikorruptionspolitik wurde deswegen auch für Globalisierungsgegner attraktiv. Und sie wurde an anderer Stelle umso eher als eine Politik für Demokratie und Teilhabe verstanden. Indem sie Korruption bekämpfte, konnte die internationale Handelspolitik als moralische Politik auftreten. Weil auch westliche Firmen zur Rechenschaft gezogen wurden, verpuffte der Vorwurf, der Westen wolle den ärmeren Ländern einseitig seinen Stempel aufdrücken.

Der „Washington-Konsens" gegen Korruption und die Weltbank

Damit kommen wir zurück zum „Krebsgeschwür der Korruption" in der Rede von Weltbankpräsident James Wolfensohn am 1. Oktober 1996. Die Metapher von Korruption als Krebs geht übrigens bis auf das späte 16. Jahrhundert zurück, ein Umstand, der den Beteiligten wohl kaum bewusst war.[106] Transparency International und namentlich Peter Eigen halten sich zugute, den Sinneswandel in der Weltbank mit herbeigeführt zu haben. Eigen war bis 1991 selbst Direktor bei der Weltbank gewesen, kannte also ihre Politik und viele Entscheidungsträger. Traditionell war Korruption ein politisch gewolltes Tabu in den Büros der Weltbank. Dafür war mittlerweile nicht mehr die alte Überzeugung verantwortlich, Korruption könne ein Begleiter für Modernisierung sein. Nun ging es eher um andere Erwägungen – vor allem wollte man die Regierungen der Drittweltländer nicht düpieren und den Anschein westlicher Überheblichkeit vermeiden. Debatten über Korruption mied man also aus diplomatischen Gründen. Hinzu kamen grundsätzliche Überlegungen. Der Chef der Rechtsabteilung, Ibrahim Shihata, fürchtete dann auch, mit dem Thema Korruption die Grenzen der Wirtschaftspolitik zu überschreiten. Attackiere man ein solch umfassendes Problem, maße sich die Weltbank Kompetenzen an, die ihr nicht zustünden. Außerdem drohten Bürokratisierung und Gängelung der Empfänger, wenn man von ihnen Maßnahmen gegen Korruption verlange.[107]

Solche Bedenken verwarf die neue Führung unter Wolfensohn. Wolfensohn war kein Weltbank-Urgestein, sondern er hatte in den Jahren zuvor als Banker und Manager gearbeitet. Er kannte also die Vorstellungen der US-Finanzwirtschaft, namentlich der Anteilseigner und der großen Unternehmen sehr gut. Außerdem verdankte er sein Amt der amerikanischen Regierung. Präsident Bill Clinton schlug Wolfensohn 1995 für den Weltbank-Posten vor und nominierte ihn 1999 ein weiteres Mal. All diese Akteure waren mit seiner Politik einverstanden und aus dem vorangehenden Abschnitt wissen wir, welche Politikziele dahinterstanden.

Weltbank und Internationaler Währungsfonds verkörperten wie kaum andere den neuen „Washington-Konsens" im Kampf gegen Korruption. Dazu muss man deren Rolle verstehen. Beide Organisationen waren Kinder des Kalten Krieges und der Dekolonisierung. Beide wurden im Dezember 1945 mit dem Ziel aus der Taufe gehoben, nach den Kriegszerstörungen den Wiederaufbau in Europa zu fördern. Beide entstanden im Zusammenhang mit der Gründung der Vereinten Nationen. Sie sind also keine privatwirtschaftlichen Unternehmen, sondern internationale Organisationen, in denen Einzelstaaten die Rolle von Mitgliedern einnehmen. Beide haben ihren Sitz in Washington und die USA sind traditionell das jeweils wichtigste Mitgliedsland. In beiden sind die Stimmgewichte ungleich verteilt: Die Mitgliedsländer haben unterschiedlich viele Stimmen in den Gouverneursräten. Je mehr Kapital ein Land einbringt, umso größer der Einfluss. Dies sichert den finanzstarken Industrieländern eine beherrschende Stellung. Bis heute gilt die informelle Regel, nach der an der Spitze der Weltbank ein Amerikaner steht und auf dem Chefsessel des Internationalen Währungsfonds ein Europäer sitzt.

Weltbank und Internationaler Währungsfonds formulierten und förderten langfristige wirtschaftliche Entwicklungsziele. Nachdem die größten Kriegsschäden beseitigt waren und die Wirtschaft in Europa ab den 1950er-Jahren boomte, wandten sich beide Organisationen verstärkt den Ländern des globalen Südens zu. Nach 1990 dehnten beide ihre Aktivitäten auf die Staaten des ehemaligen Ostblocks aus. Nun galt es, die Integration der ehemals sozialistischen Staaten in die Weltwirtschaft zu bewerkstelligen. Zwischen beiden gibt es eine Aufgabenteilung: Der Internationale Währungsfonds versorgt finanziell notleidende Staaten mit Krediten oder Devisen. Die Weltbank konzentriert sich auf Privatunternehmen. Sie unterstützt die wirtschaftliche Entwicklung, aber auch den Kampf gegen Armut mithilfe von Krediten, Know-how, Expertisen, technischer Hilfe sowie mit der Finanzierung von Projekten.

Beide Organisationen hatten kein formelles politisches Mandat. Mit ihren Förderentscheidungen nahmen sie aber erheblichen Einfluss in den ärmeren Ländern. Beide Institutionen haben mit dafür gesorgt, dass viele Länder des Südens ab den 1980er-Jahren zumindest in der Tendenz ihre Ausgaben verringerten, Staatstätigkeit reduzierten und Handelshemmnisse abbauten. Kurz: Weltbank und Internationaler Währungsfonds waren wichtige Transmissionsriemen bei der Verbreitung der neuen Wirtschaftspolitik und sie förderten den global zusammenwachsenden Handel.[108]

James Wolfensohn läutete 1996 mit seiner Korruptionsrede einen Kulturwandel ein. Er verkaufte seine Initiative als Gebot der Ehrlichkeit, denn alle wüssten schon lange von dem Problem. Korruption verteile Geld von den Armen zu den Reichen, erhöhe die Kosten für die Wirtschaft, vertreibe Investoren. Auch untergrabe sie die Anstrengungen der Entwicklungshilfe.[109]

Der Antikorruptionskampf war für Wolfensohn aber nur Teil einer umfassenden Strategie. Eine Strategie war dies, die zwar den Kampf gegen die Armut in der Welt zum Hauptziel hatte. Doch, so der Weltbankchef, dürfe man dieses Problem nicht isoliert betrachten. Insgesamt sollten die „fundamentals“ in den Entwicklungsländern verbessert werden: gute Regierung, liberale Handelsregime, verlässliche Rechtssysteme. Nur in Länder mit diesen Merkmalen fließe privates Kapital. Die Weltbank setzte sich zusätzlich für gesellschaftlichen Wandel ein, etwa für die Gleichberechtigung von Frauen. Auch Nachhaltigkeit und Umweltschutz erhielten Förderung. Kurz: Die Weltbank nahm für sich in Anspruch, Gesellschaft und Regierungsweise in den Nehmerländern umfassend zu steuern.

Wolfensohn kündigte an, Instrumente zu entwickeln, mit denen die Nehmerländer gegen Korruption vorgehen konnten. Ein Jahr später, 1997, veröffentlichte die Weltbank ein Grundsatzpapier unter dem Titel „Helping countries combat corruption". Ihre Projekte, ihre Hilfen und Kredite gewährte Wolfensohns Organisation nur noch, wenn sich die Empfänger und ihre Regierungen zum Kampf gegen Korruption und für gute Regierung verpflichteten. Geld bekamen also nur jene, die sich für die gemeinsamen Werte engagierten.[110] Auch der Internationale Währungsfonds bekannte sich fast zeitgleich mit Wolfensohn zu einer „Partnerschaft für Wachstum", die auf guter Regierung, Rechtsstaatlichkeit und Korruptionsbekämpfung beruhe.

Die Weltbank griff auf Ideen zurück, die Transparency International in den vorangegangenen Jahren entwickelt hatte. Unter Wolfensohn bekam Transparency privilegierten Zugang zur Führungsebene. Peter Eigen und sein Transparency-Kollege Jeremy Pope erhielten Beraterverträge, um die neue Weltbankstrategie auszuarbeiten.[111] Diese Zusammenarbeit war wiederum nicht einfach das Ergebnis guter Kontakte der Leute von Transparency, sondern sie fügte sich nahtlos in die neue Strategie der Weltbank. Dazu gehörte es nämlich, mit Nichtregierungsorganisationen zusammenzuarbeiten. Auch hiermit wollte man zur Demokratisierung beitragen.

Mit der Hilfe der Weltbank gelang es Transparency International, ihr Kernanliegen weltweit bekannt zu machen. Transparency sah in der Korruption das wichtigste und drängendste Hindernis für globale Entwicklung, für Wohlstand und Wachstum. Nachdem die Weltbank sich dieser Interpretation angeschlossen hatte, folgten ihr unzählige weitere Organisationen. Die Entwicklungsprogramme der großen Förderorganisationen in der Entwicklungspolitik wurden binnen weniger Jahre zur wichtigsten Geldquelle für die sogenannte Antikorruptionsindustrie.

Warum ließen sich die Spitzen der Weltbank auf diese Sicht der Dinge ein, warum konzentrierten sie sich plötzlich auf ein Problem, das lange Zeit zweit- oder drittrangig schien? Die US-Interessen allein können diesen Sinneswandel nicht erklären. Trotz des großen Einflusses der amerikanischen Regierung hatte die Weltbank eigene Interessen und Motive.

Entscheidend war ein Mix unterschiedlicher Erwägungen. Zunächst einmal vermied die von Transparency vorgeschlagene Strategie größere Konflikte in den Nehmerländern – ich komme weiter unten darauf zurück. Das neue Thema schreckte zumindest auf den ersten Blick niemanden davon ab, sich hierzu zu bekennen. Zum Zweiten hat Korruption den großen Vorteil, dass sie weltweit als unmoralisch gilt. Es ist politisch äußerst schwierig, offen gegen Korruptionsbekämpfung aufzutreten. Der Antikorruptionskampf war ein Konsensmotor ähnlich wie das Weltbank-Ziel Armutsbekämpfung. Man wählte also den Einsatz für das Gute in der Welt. Kampf gegen Korruption wurde so etwas wie das Herzstück der schon erwähnten Moralisierung, nun ausgeweitet auf die Entwicklungszusammenarbeit.

Gleichzeitig ließ sich, drittens, unter dem Dach der Korruptionsbekämpfung ein weit gespanntes Programm von der wirtschaftlichen Liberalisierung bis hin zur Verwaltungsmodernisierung unterbringen; wir sahen das bereits. Nach den Worten der amerikanischen Politikwissenschaftlerin Mlada Bukovansky hat die Fokussierung der Entwicklungsdebatte auf Korruption es den Washingtoner Akteuren erlaubt, eine wachstumsorientierte, neoliberale Entwicklungspolitik umzusetzen, mehr oder weniger unbemerkt unter dem Etikett der guten Regierung, der Demokratisierung und des Kampfs für Gleichheit.[112] Der Kampf gegen Korruption ist dehnbar und so konnten auch die Erwartungen globalisierungskritischer Gruppen angesprochen werden.

Außerdem lieferte das Korruptionsthema zum Vierten eine Art Meistererzählung für die Politik der Weltbank nach dem Ende des Kalten Krieges. Der Kampf gegen den Kommunismus war gewonnen und es ging nun nicht mehr darum, Entwicklungsländer dem real existierenden Sozialismus zu entreißen. Allerdings blieb man in Washington dabei, die Kombination aus Marktwirtschaft und liberaler Demokratie als Erfolgsformel für die unterentwickelten Gesellschaften anzupreisen. Nach dem Fall der Mauer bekam die Weltbank außerdem eine neue Klientel. Neben die Länder des globalen Südens traten die Staaten des ehemaligen Ostblocks, deren politische und vor allem wirtschaftliche „Transition“ zu unterstützen war. Gerade, weil die Probleme in den beiden Ländergruppen so unterschiedlich lagen, eignete sich der Kampf gegen Korruption als verbindendes Element. Denn darin waren sich die Akteure der Entwicklungspolitik einig: Korruption gab es in beiden Ländergruppen im Übermaß.

In diesem Zusammenhang nennt der bulgarische Politikwissenschaftler Ivan Krastev einen letzten, fünften Vorteil des Antikorruptionskampfs in den Augen der Weltbank.[113] Mitte der 1990er-Jahre war längst klar, dass die postsozialistischen Staaten trotz finanzieller Hilfe und trotz rascher Einführung der Marktwirtschaft allzu bald keine blühenden Landschaften würden. Vielmehr herrschte die Misere: Arbeitslosigkeit, Deindustrialisierung, Zusammenbruch der Sozialsysteme, Auswüchse des Raubtierkapitalismus beherrschten den Alltag in den meisten postsozialistischen Ländern. Ganz offensichtlich zeigten die Washingtoner Rezepte keinen raschen Erfolg. Da war es von Vorteil, den Grund nicht in fehlerhaften Wirtschaftstheorien zu suchen, sondern im Fehlverhalten der Menschen. Das „Krebsgeschwür der Korruption“ war eine willkommene, eine politisch dringend benötigte Erklärung für das Versagen der Marktwirtschaft in den Ländern des Übergangs.

Antikorruption hat einen Namen: Transparency International

Wenn es weltweit einen Markennamen gibt, der für den Kampf gegen die Korruption steht, dann ist das ohne Zweifel Transparency International. Es gelang dieser Organisation innerhalb weniger Jahre, ja Monate, Aufmerksamkeit für das Thema zu schaffen und erheblichen Einfluss auf die Lösungsansätze zu nehmen. In den folgenden Jahren wurde Transparency ein zentraler Verteiler von Ressourcen in der bald boomenden Antikorruptionsindustrie.

Die vorangegangenen Kapitel haben gezeigt, dass Transparency und seine Gründer sozusagen zur rechten Zeit an den richtigen Orten lobbyierten. Allein die Kraft ihrer Argumente erklärt nicht den Aufstieg des Themas. Die große Leistung der Transparency-Gründer besteht aber ohne jeden Zweifel darin, dem Korruptionsthema einen politischen Ort und dem Kampf gegen Korruption ein Gesicht gegeben zu haben. Sie erkannten und bündelten jene Strömungen und Interessen, die das Thema groß machten und sie riefen eine geniale Öffentlichkeitsarbeit ins Leben.

Die Gründungsgeschichte

Ein faszinierendes Dokument für das Selbstverständnis der Transparency-Gründer ist die autobiografisch gefärbte Gründungsgeschichte der Organisation, die Peter Eigen 2003 veröffentlichte. Eigen präsentiert sich selbst und seine Mitstreiter als Philanthropen. Die meisten stritten schon seit Jahrzehnten gegen Armut und Ungerechtigkeit, voller „Abscheu gegen Diktatoren und Ausbeuter", und zwar vor allem in der Dritten Welt.[114] Dies ist der erste Erzählstrang: Korruption sei Armutsursache und Herrschaftsmittel dunkler Mächte. Er und seine Mitstreiter hätten dies während jahrelanger

Arbeit im Dienst von Hilfsorganisationen oder als Diplomaten erlebt. Ihre Vereinsgründung 1993 diente dem Ziel, die „Mauer des Schweigens“[115] rund um die Korruption zu durchbrechen. Es ist also die Geschichte besorgter Helfer, die der Not auf der Welt einen Namen gaben und die Mächtigen infrage stellten, die ein altes Tabu brachen. Das ist die Geschichte von Transparency als Sprachrohr der „Zivilgesellschaft“, der besorgten Weltbürger. Diese Interpretation übernahmen etwas später Weltbank und andere Organisationen der Entwicklungshilfe: Korruptionsbekämpfung sei in erster Linie Armutsbekämpfung. Einer der wichtigsten Gründe für Armut in den Ländern des globalen Südens sei die Korruption.

Die zweite Erzählung in diesem Buch ist ein wenig prosaischer, aber nicht weniger faszinierend. Es ist die Geschichte des weltgewandten ehemaligen Weltbank-Mitarbeiters, der antichambriert, Freundschaften nutzt, Netzwerke webt, Geld organisiert, kurz der sich in der internationalen Diplomatie und in der Geschäftswelt leichtfüßig bewegt. Die Hauptrolle spielt hier ein Held, der die richtigen Leute kennt und seine Organisation gewitzt in Stellung bringt. Der Leser erhält den Eindruck, Peter Eigen habe Wolfensohn, den passionierten Hobbycellisten, bei seiner Liebe für die Musik packen können und so von der Richtigkeit der Antikorruptionspolitik überzeugt.[116] Hier kippt die Erzählung aber auch oft vom Anekdotischen ins Technokratische: Es ist von Ineffizienz durch Korruption, von Monitoring-Systemen und natürlich von guter Regierung und Marktzugang die Rede. Das war offenbar die Sprache, mit der man Diplomaten und Entwicklungshelfer überzeugen konnte.

Genau diese Doppelgesichtigkeit von Transparency International machte und macht wohl den Erfolg der Organisation aus: Sie erhebt den Anspruch, gegen Missstände gleichsam „von unten“ aufzubegehren. Zugleich besteht sie weitgehend aus Topvertretern der internationalen Diplomatie, Entwicklungshilfe und Wirtschaft: Zu den elf Gründungsmitgliedern gehörten ein Justiziar von General Electric, ein Geschäftsführer der Gesellschaft für Technische Zusammenarbeit GTZ, ein Anwalt und Mitbegründer einer Menschenrechtsorganisation, ein Berater für internationale Unternehmen mit Spezialgebiet Afrika, ein ehemaliger Minister aus Bangladesch und so fort.

Wenige Monate nach der offiziellen Gründung richtete Transparency International seine Geschäftsstelle in Berlin ein, wo bald zwei Mitarbeiter und ab Anfang 1994 ein Geschäftsführer ihren Dienst taten. Die Vorbereitungstreffen der Gründer und die Geschäftsstelle wurden finanziert von Organisationen, Stiftungen und Unternehmen aus dem Umfeld der Entwicklungshilfe wie die Ford Foundation, die Global Coalition for Africa und die Gesellschaft für Technische Zusammenarbeit. Später waren Gelder der Weltbank oder der OECD, staatliche Entwicklungshilfefonds, aber auch Spenden wichtiger. Transparency finanzierte sich also mithilfe solcher Drittmittel, nicht durch Mitgliedsbeiträge.

Kurz nach der Gründung bemühten sich die Initiatoren darum, Unterorganisationen aufzubauen. Das Ziel war es, Transparency weltweit auszudehnen. Zu Beginn gab es fünf nationale Abteilungen, „Chapter" genannt. 1997 wuchs die Anzahl auf 38, zehn Jahre später existierten mehr als 90 nationale Transparency-Organisationen.[117]

Eine Graswurzelbewegung ist Transparency nie gewesen. Das verhindert schon die Struktur. Transparency hatte nur sehr wenige persönliche Mitglieder, in der Hauptsache die Gründer und weitere Mitglieder ihres Netzwerks, nie mehr als drei Dutzend Personen. Die eigentlichen Mitglieder von Transparency International sind nicht Einzelpersonen, sondern die nationalen Unterorganisationen. Sie haben sich jedoch nicht „von unten" zusammengeschlossen, wie das für eine Bewegung typisch gewesen wäre. In den ersten Jahren ging die Initiative meist von den Gründern und ihren Netzwerken aus. Das brachte auch Probleme mit sich. Man ließ sich in Berlin darauf ein, die nationale Abteilung Ecuador vom dortigen Vizepräsidenten Alberto Dahik gründen zu lassen. Er war in den Kreisen der internationalen Entwicklungshilfe gut vernetzt, geriet jedoch bald selbst unter Korruptionsverdacht.[118] Auch in den folgenden Jahren achtete die internationale Ebene darauf, dass die Landesorganisationen neu gegründet wurden. Eine Ausnahme war die argentinische Unterorganisation, die 1994 aus der Menschenrechtsgruppe Poder Ciudadano hervorging, übrigens auf Empfehlung ihres international gut vernetzten Gründers Luis Moreno Ocampo. Ocampo wurde knapp zehn Jahre später Chefankläger des Internationalen Strafgerichtshofs in Den Haag, musste sich in jüngerer Zeit aber den Vorwurf gefallen lassen, mit dubiosen Mandaten und Offshorefirmen gegen Compliance-Regeln zu verstoßen.

Diese Mitgliedschaftspolitik erleichterte es der Zentrale, die Politik der Gesamtorganisation zu beherrschen. Transparency verhielt sich wie ein Franchising-Unternehmen.[119] Es stellte eine weltbekannte Marke zur Verfügung, verknappte dieses Gut aber erheblich und ließ pro Staat nur eine nationale Transparency-Organisation zu. Weitere Gruppen durften höchstens als „Kontaktgruppe“ oder als „Alliierte“ von Transparency fungieren. Diese Struktur entspricht ganz dem Denken in Einzelstaaten, wie es in Weltbank und UNO verbreitet ist. Auch der Name der Berliner Zentrale, die „Sekretariat“ heißt, erinnert stark an die Sprache der Vereinten Nationen.

Die Struktur von Transparency sicherte innerhalb der Organisation die Macht des Sekretariats und der Gründergruppe. Dennoch gab es Konflikte und Krisen, vor allem kurz nach der Jahrtausendwende. Zunächst wurden die Mitgründer Jeremy Pope und Fredrik Galtung aus der Organisation herausgedrängt, die daraufhin eine eigene NGO gründeten. Ein mittlerweile in London ansässiges Forschungsinstitut von Transparency machte sich im Zuge dieses Revirements selbstständig. Schließlich zog sich Peter Eigen 2005 aus dem aktiven Management von Transparency zurück. Dies alles kann als Prozess der Professionalisierung beschrieben werden. Im Endergebnis verlor die Zentrale ein Stück weit formale Macht gegenüber den nationalen Teilorganisationen, blieb aber weiterhin der entscheidende Türöffner in die internationale Szene.[120]

Transparency International war auf drei Gebieten tätig. Zunächst einmal platzierte die Organisation das Thema Korruption in der Öffentlichkeit und in unterschiedlichen politischen Arenen. Hier ging es um Pressearbeit und Vernetzung. Zum Zweiten entwickelte die Organisation politische Konzepte und Lösungsansätze und schließlich trat sie als Trägerin konkreter Entwicklungsprojekte und als Ressourcenverteilerin auf.

Aufmerksamkeit für Korruption und ihre Bekämpfung organisierte Transparency auf unterschiedliche Weise – wir haben auf den vorhergehenden Seiten mehrere Beispiele dafür gesehen.

Ein wichtiges Vernetzungsforum war und ist die International Anti-Corruption Conference. Dies ist ein alle zwei Jahre stattfindender Kongress, der von Transparency organisiert wird. Hier präsentieren sich Regierungen, Strafverfolgungsbehörden, UN-Organisationen sowie Nichtregierungsorganisationen und debattieren den Stand der Korruptionsbekämpfung. 2001 nahmen an der Tagung in Prag 1300 Personen aus 133 Ländern teil. Staatspräsident Václav Havel eröffnete die Veranstaltung, zu deren Beiprogramm eine Ausstellung mit dem Titel „Kunst gegen Korruption“ gehörte. Auf den Podien sangen die Redner unzählige Loblieder auf Peter Eigen und seine Mitstreiter und sie versicherten sich gegenseitig, gemeinsam an einer guten Sache zu arbeiten, egal, ob es sich um Regierungschefs, Finanziers oder Aktivisten handelte.[121] Das Beispiel zeigt, wie rasch sich um die Korruptionsfrage ein Milieu mit eigener professioneller und kultureller Identität herausbildete.

Korruptionsindex und Integritätspakte: Transparencys Markenzeichen

Noch wichtiger für das öffentliche Interesse an Transparency war vermutlich der Corruption Perception Index. Wir haben bereits gesehen, wie wichtig dieses Instrument für die wirtschaftswissenschaftliche Forschung war; eine Voraussetzung, um die ökonomische Bedeutung von Korruption überhaupt zu beschreiben. Für Transparency ist der jährlich veröffentlichte Korruptionsindex mehr als ein Glücksfall, nämlich die Eintrittskarte in die internationale Medienarena. Ohne den Korruptionsindex wäre Transparency vermutlich eine geschätzte, aber nur Experten bekannte Organisation im Bereich der Entwicklungshilfe geblieben. Dank des Index konnten die Transparency-Akteure ihre Sicht der Dinge vor globalem Publikum popularisieren, die Interpretation von Korruption als dringendes Menschheitsproblem verbreiten und in einigen Fällen auch die Politik konkret vor sich hertreiben. Neben Vernetzung ist der Aufbau öffentlichen Drucks ja das Hauptinstrument von Nichtregierungsorganisationen. Transparency gewann dieses Druckpotenzial aus der anscheinenden Evidenz seines Index. Das war auch deshalb so wertvoll, weil Transparency mangels Mitgliedern ja nicht in der Lage war, Menschen auf der Straße zu mobilisieren.

Der Korruptionswahrnehmungsindex ist eine Erfindung des deutschen Wirtschaftswissenschaftlers Johann Graf Lambsdorff. Es handelt sich um einen entfernten Verwandten jenes Wirtschaftsministers, den die Flick-Affäre das Amt gekostet hatte. Peter Eigen schildert die Geschichte folgendermaßen:[122] Graf Lambsdorff war 1995 frischgebackener Doktor der Ökonomie und machte ein Praktikum im Sekretariat von Transparency in Berlin. Hier erfuhr er, dass es keine Möglichkeit gab, Korruption exakt zu messen. Die Mitarbeiter hielten das auch nicht für möglich, so Peter Eigen später. Doch Lambsdorff wollte sich damit nicht zufriedengeben. Er wählte den Umweg über Expertenmeinungen, um Aussagen über die Korruptionshäufigkeit in einem Land zu treffen. Dazu gab es bereits verstreute Daten, die man nur noch zusammentragen musste. Lambsdorff stützte sich auf

Länderberichte für Investoren, basierend auf Befragungen von Geschäftsleuten und auf Auswertungen von Risikoagenturen, die sich am Rand auch mit der Bedeutung von Korruption in unterschiedlichen Staaten beschäftigten. Lambsdorff tüftelte an einem Verfahren, um die heterogenen Informationen in ein weltweit einheitliches Punktesystem zu übertragen.

Ohne sich viel davon zu versprechen, ließen die Vorstandsmitglieder von Transparency den Praktikanten an seinem Projekt arbeiten. Im Sommer 1995 verteilte Lambsdorff in der Geschäftsstelle eine Vorabversion. Die gelangte in die Hände von Journalisten. Während die überrumpelten Führungsleute von Transparency noch überlegten, ob sie den Bericht dementieren sollten, schlug bereits die Welle internationaler Journalistenanfragen über dem Sekretariat zusammen. Mit Müh und Not schickte das Sekretariat eine eigene Presseerklärung hinterher. Einen Monat später brachte die *New York Times* den Korruptionsindex in ihrem Wirtschaftsteil in einer Schlagzeile. Transparency war dank des Lecks zum weltweiten Meinungsführer in Sachen Korruption geworden. Ganz offensichtlich hatte man in Berlin einen Nerv bei Journalisten und Politikern getroffen.

Der Index listete in seiner ersten Ausgabe vierzig Länder auf. Jedes Land erhielt einen Punktwert zwischen 0 und 10, der die „absolute" Korruptionswahrnehmung angab. Zugleich wurden die Länder gerankt. Gewinner war Neuseeland vor Dänemark, Verlierer Indonesien hinter Pakistan und China. In den folgenden Jahren berücksichtigte der Index immer mehr Länder. 1998 waren bereits 85 Staaten dabei – mit Gewinner Dänemark und Schlusslicht Kamerun. 2003 wurden 133 Länder berücksichtigt: Finnland und Island standen vor Dänemark an der Spitze, Bangladesch am Ende der Tabelle; 2014 umfasste die Tabelle 175 Länder. Deutschland rangierte im gleichen Zeitraum immer um den 15. Platz herum.[123]

Der Korruptionsindex war und ist attraktiv für journalistische Berichterstattung, weil er das komplexe Phänomen der Korruption auf einen Zahlenwert und vor allem auf einen Rangplatz reduziert. Auch wenn sein Autor das immer ablehnte: In den Medien wurde der Korruptionsindex von Transparency wie eine Fußballligatabelle gelesen.[124] Man wollte erfahren, auf welchem Platz man steht, wer besser, wer schlechter abschneidet und wie sich der eigene Rang von Jahr zu Jahr verändert.

Rangtabellen haben seit den 1990er-Jahren eine wachsende Bedeutung erlangt. Zwischen 1990 und 2014 entstanden nicht weniger als 83 internationale Ratings und Rankings, die die Leistungsfähigkeit von Staaten auf ganz unterschiedlichen Politikgebieten abbildeten.[125] Dazu gehören vor allem Wirtschaftsdaten wie die Kreditwürdigkeit, aber auch ganz andere Themen wie der Grad an Meinungsfreiheit, Lebensqualität, Hunger, Umwelt, Militarisierung in einem Land. Der Siegeszug der Rangtabellen ist Teil der im New Public Management vorgeschlagenen Laienkontrolle. Eine Rangtabelle kann schließlich jedermann lesen. Sie nährt die Illusion totaler Transparenz. Die Rankings sind außerdem eine Folge der Ökonomisierung von Staat und Gesellschaft und sie sind das Ergebnis einer leistungsfähigen Datenverarbeitung, die früher technisch nicht möglich war. Gewinner des internationalen Rankingwesens sind jene Organisationen, die sie produzieren – private Agenturen wie Moody's mit ihren Aussagen über Kreditwürdigkeit von Regierungen, internationale Organisationen wie die OECD oder die Weltbank und vor allem Nichtregierungsorganisationen. Ihnen ist es auch mithilfe der Rankings geglückt, Druck und Einfluss auf nationale Regierungen auszuüben und sich selbst als Akteure bei der Lösung der Probleme anzubieten. Gelegentlich kehren sich nämlich die Machtverhältnisse beim globalen Rating um: Dann machen Regierungen Lobbying beim Urheber des Rankings mit dem Versuch, Einfluss auf die nächsten Ergebnisse zu gewinnen.[126]

In Deutschland war die politisch wohl folgenreichste Rangtabelle die PISA-Studie über die Qualität des Bildungssystems. PISA wird seit dem Jahr 2000 von der OECD durchgeführt und löste hierzulande den sogenannten PISA-Schock aus, eine breite Debatte über Bildungsstandards.

Der Korruptionsindex von Transparency hatte als wichtigstes jährlich wiederkehrendes Medienereignis der Korruptionsdebatte erheblichen Einfluss auf die Art und Weise, wie das Problem weltweit wahrgenommen und definiert wurde. Da der Index die Wahrnehmung von Bestechlichkeit im Staatsdienst abbildete, dominierte die klassische Beamtenkorruption auch die Diskussion der ersten Jahre. In Kombination mit der neoliberalen Grundstimmung der 1990er-Jahre trug der Index dazu bei, die Interessen der multinationalen Großunternehmen zu fördern, während Staat und Verwaltung als Ursachen des Problems dastanden.[127]

Ganz entscheidend für den medialen Erfolg des Korruptionsindex von Transparency war, dass er letztlich die populäre Sicht auf die Welt bestätigte. Sein Irritationspotenzial war minimal, zugleich war das Skandalisierungspotenzial maximal. Denn im Grundsatz zementierte der Index, was alle ohnehin schon zu wissen glaubten: Je weiter ein Land im Süden oder Osten gelegen, desto korrupter sind Staat und Gesellschaft, desto schlechter also auch der Tabellenplatz. Ausnahme: Jene Länder im Süden wie Neuseeland oder Australien, deren Kultur und Eliten aus England importiert waren.

Bei kritischer Analyse des Korruptionsindex stellt man fest, dass es offenbar historisch-kulturelle Merkmale gibt, die für einen schlechten Platz eines Landes sorgen. Nach den Worten der Politikwissenschaftlerin Ina Kubbe, deren Studie sich aber nur auf Europa bezieht, sind diese Faktoren durch orthodoxen, katholischen oder muslimischen Glauben sowie eine kommunistische Vergangenheit vor 1990 geprägt. Je älter die demokratische Tradition in einem Land, als umso geringer wird die Korruption angesehen.[128] Aus diesem Ergebnis kann man zwei gegensätzliche Schlüsse ziehen: Entweder Demokratie, Protestantismus und ein liberaler Lebensstil führen zum Abbau von Korruption – oder aber die liberal geprägten Eliten, auf deren Befragung der Korruptionsindex beruht, projizieren dieses Bild auf die Verhältnisse in der Welt. Viel spricht für die zweite Interpretation, und zwar auch deshalb, weil in solchen Befragungen mit keiner scharfen Definition von Korruption gearbeitet werden kann. Oftmals kommt es vor, dass die Befragten alle möglichen Missstände unter „Korruption" einordnen, obwohl es sich um andere Formen von Missmanagement oder Rechtsbruch handelt.[129] Neben großer Aufmerksamkeit bekam Transparency deshalb auch viel Kritik für seinen Index.[130]

Ein wichtiger Kritikpunkt bezieht sich auf das, was der Index nicht abbildet. Weil der Index auf Länder und ihre Rechtssysteme fokussiert, blendet er das Fehlverhalten von Unternehmen aus. Er macht außerdem Strukturen „unsichtbar", die einen großen Anteil am Zustandekommen von Korruption und Entwicklungshemmnissen haben. Dazu gehört insbesondere die internationale Finanzarchitektur mit ihren Steueroasen, das weltweite Phänomen der Steuer- und Kapitalflucht in diese Oasen hinein. Diese Strukturen erleichtern es korrupten Netzwerken, ihre Geschäfte zu verschleiern, und sie benachteiligen häufig die Länder des globalen Südens.[131]

Auch die Kritiker erkennen jedoch an, dass erst mit dem Index der Siegeszug der internationalen Antikorruptionspolitik begann und dass die Debatten über den Index positive Wirkungen entfalteten. Auch wegen dieser Kritiken hat Transparency den Korruptionsindex nach und nach um einen ganzen Fächer zusätzlicher Berichte ergänzt. Als die Aufmerksamkeit sich wegen der OECD-Konvention stärker auf die bestechenden

Unternehmen richtete, wartete Transparency ab 1999 mit dem „Bribe Payers Index“ auf. Er gab an, wie viel die Firmen eines Industrielandes im Ausland für Bestechung aufwendeten. Das „Global Corruption Barometer“, gestartet im Jahr 2003, erweiterte den Blick auf die Bevölkerung: Es stützt sich auf repräsentative Befragungen über Korruptionserfahrungen der Menschen im Alltag.

Daneben lieferte Transparency einen stetig wachsenden Berg an Papieren und Untersuchungen. 2001 startete Transparency die Serie der „Global Corruption Reports“ mit qualitativen Studien über den Stand der Korruptionsbekämpfung weltweit und in einzelnen Ländern. In der Regel hatten diese Berichte einen Schwerpunkt, etwa 2004 „politische Korruption“ und 2006 „Gesundheit und Korruption“. Hinzu kamen ab 2010 „National Integrity System Reports“ für zahlreiche Einzelstaaten.[132]

Unentbehrlich ist es, noch einmal auf die Ausweitung der Korruptionsauffassung von Transparency hinzuweisen. Wie bereits angedeutet, ging es in den ersten Jahren vor allem darum, lückenhafte Rechtssysteme zu kritisieren und korrupten Beamten und Politikern das Handwerk zu legen. Ein Grundsatzpapier, das sogenannte Quellenbuch von Transparency aus dem Jahr 1996, beschreibt Korruption ganz in neoliberalem Geist als eine Art rechtswidrige Steuer.[133] Deshalb verwendete Transparency zunächst auch die klassische Definition von Korruption: Korruption ist der Missbrauch eines öffentlichen Amtes zum privaten Nutzen, auch amtsorientierte Definition genannt. Wie schon dargestellt, entschlossen sich die USA und später die OECD im Interesse der Chancengleichheit im Wettbewerb, auch gegen bestechende Unternehmen vorzugehen. Transparency wollte nicht in den Ruf geraten, einseitig Staatsdiener mit dem Korruptionsvorwurf zu überziehen. So änderte Transparency dann auch die eigene Definition von Korruption. Seit 2000 heißt diese nun: Korruption ist der Missbrauch anvertrauter Macht zum privaten Nutzen.[134] Diese Änderung war einerseits eine Folge der neoliberalen Wirtschaftspolitik: Nur weil viele ehemals staatliche Betriebe wie etwa in der Wasserversorgung privatisiert waren, sollten diese Bereiche nicht aus dem Kampf gegen Korruption herausfallen.[135] Nun ließen sich Antikorruptionsinitiativen auch in jenen Ländern gut begründen, in denen zwar der Staat nicht als korrupt galt, aber die Großunternehmen, ausgewiesen im Bribes Payers Index. Außerdem hatte dieser Ansatz den politischen Vorteil, nunmehr auch westliche Akteure kritisch in den Blick zu nehmen. Dies wiederum half dabei, den vom

Korruptionsindex genährten Eindruck zu entschärfen, Transparency arbeite mit kulturellen Vorurteilen. Allerdings erkaufte Transparency diese Ausweitung der Definition mit wachsender Unschärfe. Wenn man der neuen Definition folgt, dann ist letztlich jeder Machtmissbrauch Korruption. Aus der Perspektive des Prinzipal-Agent-Modells und auch der guten Regierung ist das verkraftbar, da es hier ja ohnehin um weitreichende Reformen geht. Auch aus Sicht der Nichtregierungsorganisation Transparency hatte diese Ausweitung nur Vorteile, weil man auf diese Weise die eigenen Aktivitäten auf neue Bereiche wie etwa auf Compliance und Integrität innerhalb von Privatunternehmen ausdehnen konnte.

Für eine Analyse der Ursachen und Wirkungen der Korruption dagegen ist die Ausweitung weniger hilfreich gewesen. Mit der neuen Definition wird die Grenze zwischen dem Öffentlichen und Privaten zusehends verwischt, jene Grenze, deren wachsende Bedeutung einst am Beginn der modernen Korruptionsauffassung stand.

Mit diesen Berichten sind wir beim zweiten Schwerpunkt von Transparencys Arbeit angekommen, nämlich bei konkreten Strategien zur Korruptionsbekämpfung. Transparency zielte immer darauf ab, über den Kampf gegen Korruption umfassende Reformen durchzusetzen. Transparency forderte eine breite Strategie inklusive umfassender neuer Gesetzgebung, verantwortliche Institutionen, verbesserte Ausbildung von Staatsdienern, Verhaltensrichtlinien für Privatfirmen und Politiker, öffentliche Kampagnen für eine Kultur der Transparenz und Ehrlichkeit.[136] Das galt zunächst für die Länder des Südens und im östlichen Europa, betraf in wachsendem Maß auch die westlichen industrialisierten Demokratien. Hier ging es dann verstärkt um politische Korruption, um Transparenz im Bereich des Lobbyismus, Parteienfinanzierung und damit verwandte Fragen.

Transparency schlug zunächst eine Politik vor, die unter dem Begriff „Nationales Integritäts-System" firmierte. Dahinter stand ein Konzept, das für eine Nichtregierungsorganisation eher ungewöhnlich war. Viele andere NGOs wie Greenpeace oder Amnesty International setzten darauf, durch Protest, Kritik oder Skandalisierung öffentlichen Druck zu erzeugen. Transparency baute Druck durch Umarmungsstrategien auf. Ganz explizit bekannte man sich in der Berliner Zentrale gegen jede Form direkter Kritik an einzelnen Personen oder Regierungen[137] – der Korruptionsindex war und blieb die schärfste Form öffentlicher Zurechtweisung. Stattdessen setzten Peter Eigen und der Vater dieses Gedankens, Jeremy Pope, auf integrative Koalitionen, auf einen Antikorruptionskonsens. Transparencys Ziel waren Integritätspakte, an denen möglichst viele Teilnehmer in einem Land beteiligt werden sollten: Regierungen, Unternehmen, Gerichte, Strafverfolgungsbehörden, aber auch NGOs und die Förderorganisationen wie Weltbank und Internationaler Währungsfonds. Diese Strategie war eine Antwort auf die alte Tabuisierung der Korruption in der Weltbank. Es sollte möglichst niemand am Pranger stehen. Man wollte eher mit Anreizen arbeiten und auf Freiwilligkeit statt auf Zwang setzen. Zumindest sollte der nicht allzu offensichtlich sein.

Dieses Konzept legte Jeremy Pope 1996 ausführlich im „Quellenbuch" dar. Hier zeigte sich denn auch die neoliberale Stoßrichtung des Konzepts. Das Buch widmete sich fast ausschließlich den Entwicklungsländern, argumentierte noch weitgehend wirtschaftszentriert, indem es Korruption als Kostentreiber beschrieb. Anders als später die OECD brachte es vor allem Staat und Verwaltung in Zusammenhang mit Korruption. Das Quellenbuch forderte Anstrengungen in guter Regierung und argumentierte, Korruption untergrabe die Autorität des Staates. Im Sinn der eigenen Interessen forderte das Buch, den Nichtregierungsorganisationen eine wichtigere Rolle in der Entwicklungspolitik zu übertragen.[138]

Zu den Integritätspakten gehörten auch privatwirtschaftliche Sanktionsstrategien. Peter Eigen beschrieb das Vorgehen in einem Aufsatz von 2003 folgendermaßen: Wenn die Weltbank ein großes Entwicklungsprojekt ausschreibe, setze ich Transparency mit allen potenziellen Bieterfirmen an einen Tisch und vermittle einen Vertrag unter allen Beteiligten. Dieser verpflichte die Firmen zur Vermeidung von Korruption. Sollte ein Partner dagegen verstoßen, drohten privatrechtliche Konsequenzen wie empfindliche Vertragsstrafen oder im Extremfall Ausschluss von späteren Bieterverfahren der Weltbank. Dieses Beispiel illustriert sehr schön, wie sich die Nichtregierungsorganisation Transparency mithilfe der Weltbank und angelsächsischer Rechtsmodelle in eine Position gebracht hat, in der sie faktisch wie ein Staat agiert, indem sie etwa das Recht schützt. Dies ist keine Übertreibung, sondern entspricht haargenau dem Selbstverständnis von Transparency. In dem gleichen Aufsatz beklagt Eigen nämlich, es gebe auf der Ebene des globalen Handels leider keinen Staat. Seine Rolle als Wächter des Rechts und der Moral müssten daher NGOs wie Transparency übernehmen – am besten nicht nur in der Korruptionsbekämpfung, sondern im Umweltschutz und bei ähnlichen Themen.[139]

Kritiker warfen Transparency vor, mit der Strategie der Koalitionen den Kampf gegen Korruption zu entpolitisieren. Denn diese Strategie blende Interessengegensätze aus. Sie bekämpfe moralisches Fehlverhalten und fehlerhafte Verwaltungsstrukturen in Staat und Unternehmen. Weil sie sich als moralische Aufgabe präsentiere, werde auch kaum nach dem Erfolg von Antikorruptionspolitik gefragt.[140] Wieder andere sehen in den Integritätskoalitionen ein völlig untaugliches Mittel gegen Korruption, da die Konfliktvermeidung dazu führe, bestehende nachkoloniale Machtstrukturen zu zementieren, ja sogar zu legitimieren.[141]

In seinem Buch weist Peter Eigen wortreich den Vorwurf des Neokolonialismus zurück. Doch haben Kritiker schon früh darauf hingewiesen, dass das von Transparency unisono mit Weltbank und OECD vermittelte Idealbild von Wirtschaft, Gesellschaft, Integrität und Rechtsnormen dem Modell westlicher Demokratien entspricht. Es ging diesen Akteuren ja auch nicht „nur" um Korruption, sondern um tiefgreifende Reformen im Sinn guter Regierung, um eine Angleichung von Normen und Standards nach westlichem Vorbild.[142] Um das nicht so aussprechen zu müssen, bot sich der Korruptionswahrnehmungsindex an: Nun hieß das Ziel nicht, die USA nachahmen, aber: „Dänemark werden".[143] Und so spricht vieles dafür, dass der Korruptionsindex in Verbindung mit dem Ziel guter Regierung eine unausgesprochene Botschaft transportiert, nämlich die Saga von der wirtschaftlichen, kulturellen und moralischen Überlegenheit des liberalen Westens, eine Überlegenheit, die in scheinbar objektiven Daten, in den technokratisch daherkommenden Rangtabellen, ihren Ausdruck findet.

Peter Bratsis, der sich selbst als Neomarxisten bezeichnet, sieht darin eine neue Version globaler Machtansprüche.[144] Im Kampf gegen Korruption erkennt er Strukturen, die die Theoretiker des Hochimperialismus um 1900 als die „Last des weißen Mannes" bezeichnet hatten: der unter dem Deckmantel einer Selbstverpflichtung getarnte Anspruch hegemonialer Mächte auf Herrschaft, einer Herrschaft, die sich als Dienst an den Unterentwickelten darstellte, aber eben auf Dominanz aus war. In Peter Bratsis' Augen dient die gesamte Antikorruptionsdebatte vor allem dem Ziel, weltweite Ungerechtigkeit so zu erklären, dass die Strukturen des globalen Kapitalismus nicht gefährdet werden und die Interessen der Großkonzerne gewahrt bleiben. In einem politischen Verdrängungswettbewerb hätten sich die multinational tätigen Konzerne gegen jene Unternehmen und Staaten durchgesetzt, die eine regionale oder nationale Wirtschaftspolitik vorgezogen hätten. Nationale Industriepolitik sei systematisch in die Nähe der Korruption gerückt worden. Es sei gelungen, eine „partikulare politische Agenda mächtiger internationaler Interessen als universalen Wert, als Kampf zum Nutzen der Unterdrückten und der Schwachen zu präsentieren, statt als Teil imperialer Herrschaft".[145] Diese durchaus extreme Kritik mit ihrer Neigung zur Verschwörungstheorie irrt sicher, wenn sie einen systematischen Plan hinter der Antikorruptionspolitik unterstellt. Auch ist Macht in der globalisierten Welt nicht so eindeutig verteilt, wie hier der Anschein erweckt wird. Mit Blick auf einige faktische Wirkungen der Antikorruptionspolitik liegt Bratsis aber weniger falsch.

Spinne im Netz der Antikorruptionsindustrie

Dass es mit der Machtverteilung doch meist komplexer zugeht, zeigen die Aktivitäten Transparencys als Projektträgerin im Bereich der internationalen Entwicklungsarbeit. Hier lag der dritte große Schwerpunkt der Berliner Organisation. Transparency entwickelte sich zum wichtigsten Akteur der globalen „Antikorruptionsindustrie" – der schwedische Sozialanthropologe Steven Sampson hat diesen Begriff geprägt.[146] Er beschreibt damit ein wachsendes Netz aus Projektträgern, Beratungsagenturen, Fortbildungsorganisationen und vielen mehr, die sich am globalen Kampf gegen Korruption beteiligen – und sich dadurch finanzieren. Ähnliche Strukturen gebe es auch in anderen Politikgebieten wie im Kampf für Menschenrechte, Frauenrechte, im Natur- oder im Klimaschutz. Ähnlich erfolgreiche Organisationen sind in jenen Bereichen Human Rights Watch, Amnesty International oder Ärzte ohne Grenzen. Diese Politikbereiche haben eine Reihe von Gemeinsamkeiten: Sie beruhen auf moralischen Appellen, sie zielen auf Änderungen im Verhalten oder bei den Einstellungen der Menschen, sie werden durch internationale Verträge und Vereinbarungen gefördert und sehr häufig gehören „moralische Unternehmer" und NGOs zu ihren wichtigsten Vertretern. Anders als bis in die 1980er-Jahre hinein wollen die entsprechenden Organisationen nicht mehr nur im Katastrophenfall helfen, sondern sie versuchen, sich an der Transformation von ganzen Ländern oder ihren politischen Systemen zu beteiligen, wollen also gesellschaftliche Wirklichkeit mitformen.[147]

Sampson beschreibt, wie solche „Industrien" entstehen. Einzelne Akteure bringen ein Thema auf und versuchen, dieses auf die internationale Agenda zu setzen. Wenn dies erfolgt ist, schließen Staaten Verträge und Konventionen ab, in denen sie sich auf das Ziel verpflichten – so geschehen über die OECD 1998 und über die UNO 2003. Zugleich entstehen Fachabteilungen in staatlichen und internationalen Organisationen, die sich mit dem neuen Themengebiet beschäftigen, die Fortschritte überwachen oder Unternehmen beauftragen, diese Fortschritte zu überwachen – das tat beispielsweise die Weltbank ab den späten 1990er-Jahren. Für die neuen Politikziele werden außerdem Haushaltsmittel bereitgestellt, von den Staaten, teilweise aber auch von privaten Stiftungen oder durch Spendenaktionen.

Da externe Beratung notwendig wird, spezialisieren sich neben Praktikern auch Universitätswissenschaftler oder private Consulting- und Forschungsinstitutionen auf das Thema. Das Consultingunternehmen PricewaterhouseCoopers (PWC) etwa gehört zu den großen Anbietern im Bereich Korruptionsbekämpfung. Ab dem Jahr 2000 veröffentlichte PWC einige Jahre einen „Opazitätsindex" nach dem Vorbild von Transparency. Ganze Abteilungen von PWC verdienen mittlerweile ihr Geld mit Compliance-Lösungen und einschlägigem Monitoring. Sie liefern nicht nur Analysen, sondern helfen Nichtregierungsorganisationen beim Fundraising oder dabei, Anträge auf Förderung bei staatlichen Stellen einzureichen. Viele weitere Unternehmen entstanden oder beteiligten sich an dem neuen Geschäftsfeld. Das Beratungsunternehmen The Ethical Corporation bietet seit den späten 2000er-Jahren „Antikorruptionsgipfel" an – recht kostspielige Informationsveranstaltungen für Firmen rund um das Thema Korruptionsbekämpfung.[148]

Auf diese Weise bildete sich ein Arbeitsmarkt, da alle Beteiligten entsprechende Spezialisten benötigen. Es entstanden eigene Netzwerke, Studiengänge und Akademien. Seit 2011 bildet die International Anti-Corruption Academy in Laxenburg bei Wien, eine Internationale Organisation mit über 70 Signatarstaaten, den einschlägigen Nachwuchs aus. Die Angehörigen der neuen Berufsgruppe finden rasch einen eigenen Jargon, teilen zentrale Annahmen und übernehmen die Deutungshoheit über das Problem. Die Funktionäre, die seit der Jahrtausendwende Transparency geführt haben, wechselten im Bereich ähnlicher NGOs wie Oxfam und World Wildlife Fund von Arbeitgeber zu Arbeitgeber – das zeigt die Verwobenheit und die Ähnlichkeit der Geschäftsmodelle der moralischen Unternehmer.[149]

Diese „Industrie“ setzt erhebliche Summen um. Allein für die Antikorruptionsaktivitäten in Osteuropa inklusive Russland schätzen Bryane Michael und Donald Bowser den Gesamtumsatz auf 100 Millionen US-Dollar im Jahr 2003 und auf nicht weniger als fünf Milliarden Dollar im Jahr 2009, und zwar vor allem in Form von Gehältern, die an Antikorruptionsexperten aller Art flossen. Die drei wichtigsten Geldgeber in Osteuropa waren die United States Agency for International Development USAID, die Weltbank und die EU-Kommission.[150]

Angesichts derartiger Dimensionen verwundert es kaum, dass die Vertreter der Industrie große Aufmerksamkeit bekommen. Das gilt nicht nur für die Medien, sondern für Entscheider in allen Bereichen. Transparency International etwa warb ab Mitte der 1990er-Jahre bei Wirtschafts- und Handelskammern für seine Compliance-Konzepte. Transparency wurde regelmäßig zum Weltwirtschaftsforum in Davos eingeladen, wo sich die Konzern- und Staatenlenker der Welt jährlich austauschen.[151]

Ein zentraler Vorwurf lautet, die Antikorruptionsindustrie habe kein Interesse daran, Korruption auszurotten, denn sonst verliere sie ihre Existenzberechtigung.[152] Ein Ende der Korruption ist aber nicht zu befürchten, denn die Korruptionsexperten werden stets genug Anzeichen für Korruption finden. Vor allem die internationalen Rankings haben immer hintere Plätze, unabhängig davon, wie sich die Gesamtsituation verändert. Außerdem wurde noch keine Untersuchungsmethode gefunden, die den Erfolg von Antikorruptionsmaßnahmen belegen oder widerlegen könne. Solange es den politischen Willen gibt, gegen Korruption vorzugehen, wird die Antikorruptionsindustrie eine Basis finden, dies auch zu tun.

Es gibt mittlerweile einige interessante Studien über die Rolle von Transparency in der Antikorruptionsindustrie. Diese Industrie arbeitet einerseits an einem gemeinsamen Ziel, der Korruptionsbekämpfung. Ihre nichtstaatlichen Mitglieder konkurrieren andererseits um Ressourcen. Dazu gehören nicht nur Geld, sondern auch Aufmerksamkeit und Ansehen. In diesem Geschäft war und ist Transparency mit weitem Abstand die erfolgreichste Privatorganisation, auch wenn sich seit der Jahrtausendwende viele dem Antikorruptionskampf angeschlossen haben. Transparency kommt dabei ein doppelter Trend zugute, der auch anderen Nichtregierungsorganisationen seit der Jahrtausendwende einen enormen Aufstieg bescherte.

Gemeint sind die Arbeit in Projekten und die Zusammenarbeit mit der „Zivilgesellschaft“.[153] Beides folgt direkt aus den Grundsätzen des New

Public Managements und der guten Regierung. Um Kosten zu senken, um den besten Anbieter zu bekommen und um Erfolge evaluieren zu können, werden Antikorruptionsmaßnahmen als Projekte betrieben, also als Maßnahmen mit einem definierten Budget und einer bestimmten Laufzeit. Zum anderen erhalten die Maßnahmen eine höhere Glaubwürdigkeit, wenn sie von Organisationen durchgeführt werden, die wie Transparency International formal keine Gewinne erzielen. Dennoch ist der Begriff „moralische Unternehmer" angemessen, denn solche NGOs haben durchaus auch messbare Ziele: Sie sind darauf angewiesen, möglichst viele Ressourcen in diesem Feld zu erhalten, und sei es nur, um zu beweisen, dass sie dauerhaft professionell Gelder verwalten können. Wer solche Projekte nicht (mehr) durchführt, riskiert, auch als Ideengeber nicht mehr gefragt zu werden. Und so messen die NGOs ihren Erfolg unter anderem eben auch am Umsatz und an der Zahl ihrer Projekte, obwohl Transparency bewusst keine bezahlten Beratungsaufträge annimmt.

Das Projektwesen war und ist im Bereich der Antikorruptionspolitik vor allem ein Transfermarkt für Gelder und Deutungsmacht, aber auch für Personal.[154] Dabei gab es immer eine eindeutige Fließrichtung: aus den großen internationalen Organisationen des Westens in die Länder des globalen Südens und – vor allem im Fall der EU – in die Länder des ehemaligen Ostblocks. Zu den Geldgebern gehörten Weltbank, OECD, die EU und Einzelstaaten, aber auch Stiftungen wie das Open Society Institute des Investors George Soros, die Brookings Institution und deutsche politische Stiftungen wie die Friedrich-Ebert- und die Konrad-Adenauer-Stiftung.[155]

Zum Projektwesen gehört außerdem eine latente Paradoxie: Gerade, weil die Maßnahmen begrenzt sind, hoffen Projektträger und Empfänger darauf, Nachfolgeprojekte einzuwerben, schon um das Personal weiterhin beschäftigen zu können. Das ist ein Effekt, der sich auch in der projektgetriebenen Wissenschaft unserer Tage beobachten lässt.

Wie wir gesehen haben, hatte Transparency erheblichen Einfluss auf die Antikorruptionspolitik. An zentrale Transparency-Dokumente wie das „Quellenbuch" lehnten sich nämlich auch die Geldgeber der Antikorruptionsprojekte an. Andererseits trat Transparency als Projektträger auf oder als Vermittler zwischen örtlichen Projektträgern und den Geldgebern. Selbstverständlich verlangte Transparency von seinen Partnern, dass sie sich an den von ihr entwickelten Konzepten orientierten. Aus Sicht der

Geldgeber garantierte der gute Name Transparencys dafür, dass Projekte vor Ort nach internationalen Qualitätsstandards durchgeführt wurden und dass das Geld nicht versickerte.

Jedenfalls können sich die nationalen Abteilungen von Transparency in den Ländern Mittel- und Südosteuropas nur über Projektarbeit finanziell über Wasser halten, sind also abhängig von den Förderprogrammen der EU, des Europarats oder auch der United States Agency for International Development (USAID). Umgekehrt tummelten sich vor allem vor und nach der Jahrtausendwende zahlreiche Akteure in den Ländern des ehemaligen Ostblocks, die dort Programme, Plattformen und Strategien zur Korruptionsbekämpfung installierten und finanzierten. Der rumänische Ableger von Transparency, im Jahr 2000 gegründet, führte in diesem Kontext zahlreiche Projekte durch, von der Übersetzung internationaler Antikorruptionsdokumente ins Rumänische über Studien zur Korruptionsberichterstattung in den Medien bis hin zur Überwachung staatlicher Verwaltungen bei der Vergabe öffentlicher Aufträge.[156]

In den Baltischen Staaten versuchte Transparency nach deren Beitritt zur Europäischen Union, sich als nationaler Alliierter der Europäischen Kommission im Kampf gegen Korruption zu empfehlen, also als eine Organisation, die bei der Durchsetzung Brüsseler Standards helfen wollte. Mehr noch: Sie nahm für sich in Anspruch, eine auf das Baltikum abgestimmte Strategie zur Durchsetzung dieser Standards zu entwickeln und die dortige Entwicklung des Antikorruptionskampfes zu überwachen.[157]

Mehr Demokratie – mehr Diktatur? Politische Folgen der Antikorruptionsprogramme

Unbezweifelbar ist wohl, dass solche Programme viel mehr in Bewegung setzen, als nur den Marktzugang internationaler Konzerne neu zu regeln. Die Auswirkungen der Antikorruptionsindustrie gehen also weit über die ursprünglichen Ideen der Wirtschaftswissenschaftler und die US-Handelsinteressen der 1990er-Jahre hinaus. Offen ist noch, ob diese Programme die Zivilgesellschaft in den Nehmerländern gestärkt oder geschwächt haben. Pessimisten sehen im Projektwesen jene oben beschriebene Industrie am Werk, die mit westlichen Konzepten und westlichem Geld ohne formale Legitimität in die Gesellschaft der Nehmerländer hineinregiere.[158]

Die staatliche Souveränität werde auf diese Weise zumindest geteilt, werde transnationalisiert.[159]

Optimisten sehen darin eine Gelegenheit für die Beteiligten in den Nehmerländern, dank der Geldflüsse und dank der Ermutigung von außen Gegengewichte zu herrschenden Machtstrukturen aufzubauen. Giorgio Blundo berichtet von einem Fall aus dem Senegal. In Dakar entstand 1992 im Milieu von Juristen und anderen Angehörigen der Bildungselite das „Bürgerforum" (Forum civil). Diese lockere Vereinigung organisierte Tagungen und Workshops zu Themen rund um den Rechtsstaat. Zunächst finanzierte die Anwaltskammer diese Aktivitäten, später kamen ausländische Organisationen wie Transparency und die Friedrich-Naumann-Stiftung hinzu. Durch den Einfluss von Transparency rückte Korruption ins Zentrum der Aktivitäten, das Forum übernahm die Terminologie von Transparency und organisierte 2002 eine nationale Koalition der Integrität. Dabei handelte das Forum aber politischer und kritischer, als Transparency International es eigentlich vorsah, kopierte also nicht einfach die Vorgaben aus Berlin. Außerdem ermöglichte die internationale Unterstützung es dem Forum, als politischer Akteur von der eigenen Regierung ernst genommen zu werden. Das Forum brach das bisherige Monopol der senegalesischen Parteien auf die politische Auseinandersetzung. Das politische System öffnete sich zunehmend für neue Beteiligte. Es fand also tatsächlich eine Art Ermächtigung von Teilen der Bürgergesellschaft statt.[160]

In anderen Fällen scheint die Bilanz weniger eindeutig. So finden sich gerade in Afrika viele Beispiele, in denen es Zentralregierungen mithilfe von Antikorruptionsmaßnahmen gelang, die Opposition zurückzudrängen oder Regional- und Lokalregierungen zu entmachten. Der nigerianische Präsident Obasanjo setzte ab 1999 stark auf eine nationale Antikorruptionspolitik, beispielsweise in Gestalt einer Spezialkommission gegen Korruption, mit deren Hilfe er internationale Unterstützung gewann, im Endeffekt aber hauptsächlich die Regionalregierungen entmachtete. Eine dem Namen nach gegen Korruption gerichtete Säuberungskampagne im Marokko der Jahre 1995 und 1996 hatte ähnliche Effekte.[161]

Die Antikorruptionsindustrie und ähnliche Industrien mit ihren Geld-, Ideen- und Personenflüssen haben die Verteilung von Macht in vielen Ländern der Erde diffuser werden lassen. Politischer Einfluss verteilt sich auf eine wachsende Anzahl von Akteuren. Das entspricht ganz den Idealen der guten Regierung mit ihrer Vorliebe für Nichtregierungsorganisationen und die Zivilgesellschaft. Transparency und andere NGOs konnten sich ein großes Stück vom Kuchen informeller Machtausübung sichern. Sie profitieren vom Image der moralischen Unternehmer, die scheinbar ohne Eigeninteressen das Gute in der Welt verbreiten helfen. Offen bleibt, woraus sich ihre demokratische Legitimität speist. Sprachrohr der betroffenen Gesellschaften sind sie in den wenigsten Fällen.

Trotz Antikorruptionskampf hat sich die Demokratie nicht überall auf der Welt durchgesetzt. Im Gegenteil: Es gibt einige autoritäre Regime, die zwar den Kampf gegen Korruption aufnahmen, aber westliche Nichtregierungsorganisationen daran nicht beteiligten. Ein Beispiel dafür ist Vietnam.[162] Das ehemals kommunistische Regime betrieb ähnlich wie China ab den späten 1980er-Jahren die Abkehr von der Planwirtschaft. Die wirtschaftliche Liberalisierung zog ab den 1990er-Jahren enorme Wachstumsraten nach sich. Vietnam galt und gilt bis heute nach dem Korruptionsindex von Transparency als eines der korruptesten Länder der Erde – die Wachstumsraten widerlegen in diesem Fall die Behauptung der Wirtschaftswissenschaftler, Korruption sei eine Konjunkturbremse. Jedenfalls benannte die kommunistische Führung bereits Jahre vor der internationalen Antikorruptionskampagne die Korruption als ein Problem – schon seit 1992 hat Korruptionsbekämpfung in Vietnam Verfassungsrang. Korruption in der Verwaltung und in Unternehmen wird in Vietnam häufig von der Bevölkerung beklagt. Der Kampf gegen Korruption ist deshalb auch eine Art Ventil für soziale Unzufriedenheit und gibt der Kommunistischen Partei die Möglichkeit, ihre Herrschaft mit Antikorruptionskampagnen zu rechtfertigen. Von 2003 bis 2007 widmete sich die Regierung dem Antikorruptionskampf als einer von drei großen Prioritäten.

Dabei setzte sie zunächst auf Repression und führte etwa die Todesstrafe für Korruption ein. Hinzu kamen Schauprozesse wie beispielsweise der Nam-Cam-Fall, in dem es um ein Netzwerk von Glücksspiel, Prostitution, Drogenhandel und Polizeibestechung ging. 154 Personen standen vor Gericht, darunter viele Beamte und ein ehemaliger stellvertretender Polizeiminister. Es gab sehr hohe Strafen; nicht weniger als fünf Todesurteile wurden 2004 exekutiert. Solche drakonischen Maßnahmen zeigen, dass die Korruptionsbekämpfung in Vietnam kaum nach rechtsstaatlichen Prinzipien verläuft.

Dennoch: Neben dieser rein repressiv-autoritären Politik schufen die Antikorruptionskampagnen in Vietnam auch Formen der Transparenz im Sinn westlicher Werte. Nach dem sogenannten Thai-Binh-Aufstand gab es 1998 eine Reform der Kommunalverfassung mit mehr Beteiligungsrechten. Zugleich erhielten die Bürger das Recht, Vorwürfe von Korruption und Machtmissbrauch in der Verwaltung vor Gerichten anzuzeigen, ohne Repressionen fürchten zu müssen. Ab 1999 erlaubte eine Pressereform es Bürgern, solche Missstände auch an Journalisten weiterzugeben, und autorisierte die Presse, über diese Klagen zu berichten. Seit 2006 dürfen Journalisten aktiv Korruptionsfälle recherchieren und die Ergebnisse veröffentlichen. Ebenfalls 2006 richtete die Regierung ein Antikorruptionskomitee unter dem Vorsitz des Premierministers ein. Seitdem berichten Zentralregierung und die Volkskomitees auf den unteren Verwaltungsebenen regelmäßig über ihre Anstrengungen im Kampf gegen Korruption. Außerdem haben hohe Staatsbeamte die Pflicht, ihre Privatvermögen zu deklarieren.

Während der Kampf gegen Korruption in Vietnam Ansätze zu mehr Liberalität und Bürgerbeteiligung erkennen lässt, liegen die Dinge in China völlig anders. Zwar sagte die chinesische Führung seit Mitte des ersten Jahrzehnts des 21. Jahrhunderts ebenfalls der Korruption den Kampf an. Der damalige Präsident Hu Jintao erklärte, wie wichtig dieses Thema für die Legitimität der Kommunistischen Partei sei. Die Korruptionsbekämpfung wurde und wird aber so geführt, dass sie drei Zielen dient, die wiederum keine Abkehr von autoritärer Herrschaft versprechen: Neben der Kontrolle von Geldflüssen ging es vor allem um innerparteiliche Machtverteilung. Anklagen wegen Korruption und drastische Strafen sollten unabhängige Machtzentren innerhalb der Partei ausschalten oder nach einem Wechsel in der Parteiführung die Anhänger vergangener Seilschaften entmachten. Dabei waren drakonische Strafen und intransparente Strafverfahren Programm: Sie sollten ähnlich wie in Benthams Gefängnisprojekt allen Funktionären zeigen, dass es jeden Unbotmäßigen treffen kann. Zugleich demonstrierten einschlägige Schauprozesse gegenüber der Bevölkerung eine vorgeblich tatkräftige, um Gerechtigkeit bemühte Staatsführung.

Die Beispiele zeigen, wie unterschiedlich Antikorruptionspolitik wirken kann. Gleichwohl: Der Kampf gegen die Korruption gilt den meisten Menschen auch gut zwanzig Jahre nach dem Washington-Konsens als moralisches Gebot im Dienst des Gemeinwohls. In einigen Fällen wird dies sicherlich erreicht, in anderen nicht.

Korruption in der Berliner Republik 1990 bis 2012

Nach dem langen Ausflug in die Weltgeschichte ist es an der Zeit, den Blick wieder auf Deutschland zu richten. Was wurde aus der hiesigen Korruptionsdebatte nach der Wiedervereinigung? Nicht alles lässt sich auf die globalen Entwicklungen zurückführen. Wie in jedem Land waren auch hier eigene Entwicklungen mitbestimmend.

Nachwende und Treuhand

Am 13. November 1989, nur vier Tage nach dem Fall der Berliner Mauer, sollte es der DDR-Korruption an den Kragen gehen. An diesem Tag setzte die Volkskammer des untergehenden SED-Staates einen Untersuchungsausschuss ein. Seine Aufgabe war die „Überprüfung von Fällen des Amtsmißbrauchs, der Korruption, der ungerechtfertigten persönlichen Bereicherung und anderer Handlungen, bei denen der Verdacht der Gesetzesverletzung besteht".[1] Dies war der Versuch einer Art moralisch-politischen Aufarbeitung der SED-Herrschaft. Die Volksvertretung war im November 1989 noch nach den Vorstellungen des alten Regimes zusammengesetzt. Allerdings gab es innerhalb des Parlaments einige, die eine moralische Aufarbeitung wollten.

Über die Arbeit des Ausschusses sind wir durch seinen stellvertretenden Vorsitzenden Volker Klemm, Agrarwissenschaftler an der Humboldt-Universität Berlin, informiert. Als Mitglied einer der „Blockparteien" gehörte er dem DDR-Parlament an. Seine Loyalität zur SED war aber zu diesem Zeitpunkt weitgehend erodiert.

Ähnlich wie unter der NS-Diktatur hatte es auch in der DDR hinter vorgehaltener Hand Kritik an den Privilegien der Führungsschicht gegeben.

Diese Diskussion nahm der Parlamentsausschuss auf und verlieh ihr Öffentlichkeit. Klemm schilderte in seinem Buch von 1991 eindrücklich die enorme öffentliche Resonanz auf den Ausschuss. Tausende Zuschriften aus der Bevölkerung erreichten die Parlamentarier, mit Klagen und Hinweisen über soziale oder wirtschaftliche Besserstellung und Privilegien in der untergehenden DDR-Gesellschaft. Allerdings nutzten einige Schreiber wohl auch die Gelegenheit, um Denunziationen loszuwerden oder alte Rechnungen zu begleichen. Viele DDR-Bürger erhofften sich von dem Ausschuss wohl, er werde die Funktionäre der SED als korrupte Ausbeuter entlarven, und vor allem: Er werde wie ein Tribunal über die SED-Kader zu Gericht sitzen und sie einer gerechten Strafe zuführen. In den meisten Zuschriften ging es offenbar um individuelle Gerechtigkeit. Viele der Briefeschreiber hofften, der Ausschuss werde politische Urteile der DDR-Justiz aufheben und verlangten nach Rehabilitierung.

Zu den nationalen Besonderheiten Deutschlands ab 1989 gehört in erster Linie die Wiedervereinigung. Ohne sie zu berücksichtigen, ist keine sinnvolle Geschichte der Berliner Republik möglich. Erstaunlich ist allerdings, dass die Wende und die sogenannte Vereinigungskriminalität nur begrenzten Einfluss auf die Korruptionsdebatten hatten.

1989 protestierten die Bürger der DDR gegen das SED-Regime und sie brachten es binnen weniger Monate zu Fall. Politische Freiheit war zunächst das Motiv. Bald verschoben sich die Akzente: Viel schneller, als viele Oppositionelle es sich gewünscht hatten, drängten die Bewohner Ostdeutschlands auf die Einheit. Eine erdrückende Mehrheit sprach sich für den Beitritt zum westdeutschen Staat aus. Dies verlieh der Bundesrepublik eine ungeheure zusätzliche Legitimität. Viele westdeutsche Zweifler, vor allem jene mit sozialistischer oder linker Grundhaltung, verstummten nach und nach.

Man hätte also erwarten können, dass die allgemeine politische Zufriedenheit wächst und der Vorwurf politischer Korruption verschwindet, zumindest vorübergehend. Auch wäre es denkbar gewesen, dass die Nachwendegesellschaft sich ähnlich von der DDR distanziert, wie wir das in Westdeutschland mit Blick auf das „Dritte Reich" beobachtet haben. Dann hätte die Behauptung gegolten, das alte System sei korrupt gewesen, während die Demokratie Korruption verhindere. Es gab zunächst auch einigen Stoff für solch eine Erzählung. Doch am Ende kam es anders. Das hängt mit zwei Umständen zusammen: Zum einen gab es im Westen seit der

Flick-Affäre eine nie ganz eingeschlafene Debatte über Korruption in den Parteien. Zum anderen verlief die Transformation der ehemaligen DDR in den Marktkapitalismus alles andere als reibungslos. Ausgerechnet jene Institution produzierte Geschichten über Gier und Vorteilsnahme en masse, die dazu auserkoren war, aus der Staatswirtschaft eine florierende Marktwirtschaft zu machen: die Treuhandanstalt.

Doch zunächst zurück zum Untersuchungsausschuss der Volkskammer. In der DDR hatte es über Jahrzehnte keine Debatten über Korruption gegeben, schlicht deswegen, weil sie im Weltbild der Herrschenden nicht vorkam. Korruption galt als Merkmal des Kapitalismus und so konnte nicht sein, was nicht sein durfte. Nur in wenigen Ausnahmen gab es Gerichtsprozesse wegen Bestechung – und diese bezogen sich fast ausschließlich auf den kleinen privatwirtschaftlichen Sektor der DDR.[2]

Mit dem Ausschuss verbanden sich weitgespannte Hoffnungen vor allem auf individuelle Gerechtigkeit für einzelne DDR-Bürger. Die musste der Ausschuss enttäuschen. Er hatte weder staatsanwaltschaftliche noch gerichtliche Aufgaben. Alle Beteiligten waren sich darin einig, nur nach streng rechtsstaatlichen Regeln vorzugehen. Der Ausschuss konnte zwar ermitteln und seine Erkenntnisse an die Staatsanwaltschaft weiterreichen – mehr jedoch nicht. Dennoch sollte man seine Arbeit nicht unterschätzen. Er gab einer verbreiteten Stimmung Ausdruck. Und er stellte amtlich fest, was viele in der DDR ahnten, aber nicht genau hatten wissen können. Der Ausschuss sorgte zumindest ein Stück weit für Transparenz über die Bereicherung an der Partei- und Staatsspitze.

So fand eine Reihe spektakulärer Befragungen von ehemaligen Regimevertretern statt – darunter Prominente wie Margot Honecker, der ehemalige Volkskammerpräsident Horst Sindermann, der SED-Chefideologe Kurt Hager und Erich Mückenberger, Vorsitzender der Zentralen Parteikontrollkommission des Zentralkomitees der SED. Zu den wichtigsten Erkenntnissen gehörten wohl vor allem zwei Themen. Die Recherchen ergaben, dass die Bewohner der Regierungssiedlung in Berlin-Wandlitz in einem Geschäft Westwaren zu Dumpingpreisen kaufen konnten. Außerdem hatten fast alle hohen Funktionäre Häuser und Feriendomizile erhalten, für die sie keine oder so gut wie keine Miete zahlen mussten. Außerdem berichtete der Ausschuss über mehrere Jagdgebiete, in denen die Parteielite auf Staatskosten auf die Pirsch gegangen war. Jedoch ergab sich auch: Echte Straftaten konnten die Abgeordneten kaum feststellen. Das gilt auch für

Korruption im engeren Sinn. Beweise für Bestechung und Bestechlichkeit blieben aus. Spektakuläre Korruptionsfälle kamen also nicht ans Licht. Stattdessen zeigte sich ein Bild privater Ausnutzung staatlicher Ressourcen, eine Art Schnäppchenjägerei und Besserstellung aufgrund politischer Ämter. Das widersprach dem Idealbild des Arbeiter- und Bauernstaates. Interessanterweise waren dies Vorwürfe, die in ähnlicher Form schon bald gegenüber dem demokratischen Führungspersonal der Bundesrepublik erhoben wurden.

Der Ausschuss hatte ein vergleichsweise kurzes Dasein. Mit der ersten und einzigen demokratischen Wahl zum DDR-Parlament Ende März 1990 erlosch auch sein Mandat. Zeitgenössische Kritiker argwöhnten, der Ausschuss habe eine Alibifunktion. Die Reste der scheinbar erneuerten SED hätten versucht, mit der Jagd auf Sündenböcke ihr politisches Überleben zu sichern. Das wies der ehemalige Vizevorsitzende Volker Klemm zurück. Tatsächlich habe das (alte) Volkskammerpräsidium systematisch seine Arbeit behindert. Aber die meisten Ausschussmitglieder seien den vielen Vorwürfen aus der Bevölkerung gewissenhaft nachgegangen und sie hätten die moralische Verkommenheit der alten Elite klar bloßgestellt. 1991 beklagte Klemm allerdings das frühe Ende des Ausschusses. Die Alltagssorgen der Bevölkerung angesichts der Wirtschaftskrise nach der Vereinigung hätten die „Aufarbeitung der Vergangenheit“ verdrängt. Dabei verkannte Klemm wohl die viel folgenreichere moralische Altlast der Staatssicherheit und ihres Spitzelsystems. Auf diesem Blatt spielte bald schon die Hauptmelodie moralischer Vergangenheitsbewältigung.

Am Ende blieben die ehemalige Staats- und Parteiführung als eine Truppe zur Selbstbereicherung in Erinnerung. Doch für die neue, vom Westen beeinflusste politisch-soziale Ordnung entstand daraus nur wenig Legitimationsgewinn. Zwar war allen bekannt, wie selbstherrlich die Spitzen der DDR mit dem Geld des Staates umgegangen waren. Doch brachte die Nachwendezeit soziale Verheerungen mit sich, die diese Erinnerung gleichsam mit neuen Eindrücken überschrieben.

Die Rolle der Antiheldin in dieser Geschichte spielte die Treuhandanstalt. Sie wurde von der letzten Regierung der DDR im Sommer 1990 gegründet und bestand bis ins Jahr 1994.[3]

Im Nachhinein betrachtet, war das enorme Imageproblem der Treuhand unlösbar. Die Anstalt übernahm als eine Art Staatsholding die staatlichen Betriebe der DDR, rund 12.500 an der Zahl. Ihre Aufgabe war es, diese

Betriebe möglichst vollständig in die Privatwirtschaft zu überführen und damit die ehemalige DDR-Planwirtschaft in den westdeutschen Kapitalismus zu integrieren. Die Grundidee der Treuhand basierte auf der Hoffnung, die meisten Betriebe könnten mit kleineren Anpassungen an private Investoren abgegeben werden. Galten die Betriebe bislang als „Volkseigentum", so würde der Verkauf dem Staat und damit der Bevölkerung Einnahmen verschaffen. Dahinter stand die Vorstellung, die DDR-Wirtschaft sei im Grunde solide gewesen, zumal die ostdeutsche Volkswirtschaft zu den stärksten im damaligen Ostblock gehört hatte. Solche extrem optimistischen Vorstellungen gab es nicht nur in den neuen Bundesländern – auch Bundeskanzler Helmut Kohl empfahl der Bevölkerung die Einheit im Sommer 1990 mit der gewagten Prognose, in wenigen Jahren werde es „blühende Landschaften" im Osten geben.[4]

Tatsächlich verwaltete die Treuhand ein weitgehend heruntergekommenes, nur selten wettbewerbsfähiges Konglomerat von Betrieben. Politisch zahlte sie einen guten Teil der Zeche des SED-Regimes. Rund ein Drittel der Treuhand-Betriebe musste in den Jahren zwischen 1990 und 1994 ganz schließen. Man sprach damals von „Abwicklung". Andere Firmen konnte die Treuhand nur verkaufen, wenn sie zuvor das Personal extrem reduzierte. In beiden Fällen folgten Massenentlassungen. Bei vielen Betroffenen entstand der Eindruck, die von westdeutschen Managern geführte Treuhand sei die Hauptschuldige an der Arbeitslosigkeit. Schon bei ihrer Gründung war die Entscheidung gefallen: Vorrang hatte die Marktwirtschaft, also Privatisierung oder Stilllegung statt Erhalt der Betriebe. Nach allem, was wir im zweiten Abschnitt über den Neoliberalismus erfahren haben, kann diese Entscheidung kaum verwundern.

Von den ursprünglich vier Millionen „Werktätigen" in den Treuhand-Betrieben blieben am Ende nur 1,5 Millionen übrig. Zeitweilig betrug die Arbeitslosigkeit in den neuen Bundesländern über vierzig Prozent, jedenfalls, wenn man die Menschen in Beschäftigungsmaßnahmen hinzurechnet. Auf dem Höhepunkt der Privatisierungen und Massenentlassungen 1991 und 1992 drohte die Einheit Deutschlands im sozialen Fiasko zu enden. Gewerkschaften, Kirchen, ehemalige DDR-Oppositionelle und die PDS, Nachfolgeorganisation der SED, riefen zu Demonstrationen gegen die Treuhand und ihre Politik auf. Teile der SPD und sogar der CDU in den neuen Ländern stellten die Privatisierungspolitik grundsätzlich infrage. Im Frühjahr 1991 erschoss die moribunde Rote-Armee-Fraktion den Präsidenten der Treuhand, Detlev Karsten Rohwedder, in seinem Wohnhaus. Wie ernst die Lage für viele Ostdeutsche war, zeigte sich im Sommer 1993, vergleichsweise kurz vor dem Ende der Treuhand. Zu diesem Zeitpunkt waren nur noch schwer vermittelbare Großbetriebe in ihren Händen, die aber oft einen hohen symbolischen Wert für die jeweilige Region besaßen. Als die Treuhand die großen Kaliwerke im thüringischen Bischofferode schließen wollte, zogen die Betroffenen alle Register des Protests. Neben einem versuchten Sturm auf die Treuhand-Zentrale gehörten dazu ein Hungerstreik und bundesweite Aktionen von Gewerkschaften, Kirchen und Intellektuellen wie Günter Grass. Die Kalibergleute konnten Helmut Kohl am Ende eine Beschäftigungsgarantie für zwei Jahre abtrotzen, doch war dies nur ein punktueller Erfolg. Zugleich erlebte das Publikum eine ganze Reihe von Treuhand-Skandalen – und hier kommt die Korruption wieder ins Spiel.

Im Geschäft der Treuhand ging es um geradezu fantastische Summen. Die Anstalt nahm in den vier Jahren ihres Bestehens rund 70 Milliarden D-Mark ein und gab etwa 340 Milliarden aus, beispielsweise für Schuldentilgung, Beseitigung ökologischer Altlasten und eigene Investitionen in die maroden Anlagen. Der Verkauf der Betriebe lag in der Hand von einzelnen Treuhand-Managern in den regionalen Niederlassungen der Anstalt. Sie kamen häufig aus dem Westen und hatten enorme Macht über das Schicksal der ostdeutschen Beschäftigten. Zugleich geschah alles rasend schnell – schon Ende 1992 waren 90 Prozent der Betriebe verkauft oder abgewickelt. Auch die staatliche Ordnung befand sich im Umbau. Aus einem selbstständigen Zentralstaat wurden fünf Bundesländer gemacht, die in dieser Form völlig neu waren. Die neuen Länder übernahmen das westdeutsche Verwaltungs- und Wirtschaftsrecht, mit dem es keinerlei Erfahrungen gab. Viel Geld, rasante Veränderung, neues Personal mit wenig Kontrolle: Es liegt auf der Hand, dass Unregelmäßigkeiten und Bereicherung blühten.

Unter den Augen einer zunehmend kritischen Öffentlichkeit erlebte die Treuhand eine ganze Reihe von Betrugs- oder Bereicherungsskandalen. Der wohl prominenteste Fall war Gunter Halm, ein Mitglied des Vorstands der Treuhand. Er hatte heimlich einen Beratervertrag mit einem westdeutschen Unternehmen abgeschlossen, das sich auf diese Weise Insiderwissen erhoffte. Durch einen Zufall wurde der Vertrag im Sommer 1991 bekannt. Ein anderer Vorfall wurde im Frühjahr 1993 öffentlich. Die regionale Niederlassung der Treuhand in Halle besaß mafiöse Strukturen. Der dortige

Privatisierungsdirektor begünstigte offenbar systematisch einen schwäbischen Unternehmer und erhielt Gegenleistungen. Rund 70 Privatisierungen waren davon betroffen.

In den Augen kritischer Beobachter entstand der Eindruck, in den neuen Bundesländern laufe die Entwicklung aus dem Ruder: „Der tägliche Wahnsinn im Osten ist längst zum Fall für Berufszyniker geworden", formulierte *Der Spiegel* 1991. In einem für diese Zeit typischen Artikel zeichnete er das Bild einer chaotischen Privatisierung. Westdeutsche Geschäftsleute einerseits und alte SED-Kader andererseits tricksten die Treuhand aus oder bestachen ihre Mitarbeiter. Die Leidtragenden seien westdeutsche Steuerzahler und ostdeutsche Arbeitnehmer. „Biedermänner werden zu Abzockern."[5] Für viele Beobachter handelte es sich hier nicht um Ausrutscher. Vielmehr sahen sie im Privatisierungsauftrag der Treuhand einen einzigen Skandal der Übervorteilung, bei der „Helden und Halunken die DDR verkauften".[6]

Allerdings gab es auch eine andere Interpretation: Die Anhänger der Marktwirtschaft betrachteten die Arbeit der Anstalt als schmerzhaften, zugleich aber notwendigen Prozess hin zu einer wirtschaftlich stabilen Situation im Osten. Im Großen und Ganzen folgte die Bundesregierung dieser Linie.

Bei den Debatten über die Treuhand ging es so gut wie nicht um politische Korruption. Stattdessen rangen zwei wirtschaftspolitische Interpretationen miteinander, nämlich ob die DDR-Misswirtschaft oder die Anforderungen der Marktwirtschaft die Schuld am Elend der Arbeitslosen hatten. Dennoch sind die Treuhand-Debatten wichtig für das Verständnis der Korruption im wiedervereinigten Deutschland. Denn in diesen Debatten entstanden bestimmte Erzählungen oder Erzählmotive, auf die wir später wieder stoßen werden. Dazu gehört die Vorstellung, Wirtschaftsinteressen könnten sich im Zweifelsfall besser als die Interessen der Allgemeinheit organisieren. Und schließlich bereitete sich hier eine Erzählung vor, die in den Antikorruptionspamphleten der folgenden Jahre immer wieder auftaucht. Eine moralisierende Erzählung, nämlich die Vorstellung, in der Gesellschaft wimmele es von schamlosen Egoisten, deren Machenschaften von den herrschenden Strukturen in Staat und Wirtschaft begünstigt würden. Auch wenn die Treuhand eine vorübergehende Erscheinung war, so bereiteten die schmerzhaften Erfahrungen von Bereicherung hier und Entlassungen dort einen Resonanzboden für spätere Debatten.

Auch sprachlich wurde die öffentliche Debatte in dieser Zeit einschlägig bereichert. Es machten Mutmaßungen über weiter bestehende „Seilschaften" ehemaliger DDR-Funktionäre die Runde. In einem Buch über Korruption in Deutschland veröffentlichte der Rundfunkjournalist Jürgen Roth Ergebnisse einiger Recherchen aus den neuen Bundesländern.[7] Sein Ergebnis: Viele alte Verbindungen wirkten nach 1990 fort. Nach Roths Auffassung waren zwei Gruppen dafür verantwortlich. Einerseits beobachtete der Journalist Politiker aus dem Westen, die jetzt im Osten einmal so richtig Geld verdienen wollten. Andererseits beschrieb er „korrupte Machenschaften alter Stasi- und SED-Seilschaften", die dank ihres „speziellen Wissens aus der Vergangenheit" „wirtschaftliche Macht erpressen" konnten. Jürgen Roth machte diese Kontinuität an bestimmten, geradezu mythisch überhöhten Orten fest, etwa dem Strandhotel Neptun in Warnemünde bei Rostock. Hier hätten vor wie nach der Wende dubiose Geschäfte stattgefunden, unter Beteiligung (ehemaliger) Stasi-Mitarbeiter und von Westunternehmern, begossen mit Champagner und gefeiert mit Prostituierten. Dies zeigt allerdings auch, wie unscharf der Korruptionsbegriff in solchen Zusammenhängen gelegentlich ausfällt. Zu den Spitzenreitern im Korruptionsverdacht gehörte in den frühen 1990er-Jahren der ehemalige Devisenbeschaffer der DDR, Alexander Schalck-Golodkowski, der sich schon Ende 1989 in den Westen abgesetzt hatte. Für Jürgen Roth war er der Inbegriff des „korrupten Wendehalses".

Auch den Namen von Günther Krause liest man häufig im Zusammenhang mit Bereicherungsvorwürfen in der Wendezeit. Krause war langjähriges Mitglied der CDU in der DDR gewesen. Er hatte der letzten Regierung der DDR angehört und den Einigungsvertrag maßgeblich ausgehandelt. Nach den ersten gesamtdeutschen Wahlen machte Helmut Kohl ihn zum Verkehrsminister. Roth berichtete über Vorwürfe, Krause habe als Bundesverkehrsminister bei der Vergabe von Konzessionen für Autobahnraststätten im Osten Bestechungsgelder genommen. Diese und weitere Vorwürfe trugen dazu bei, dass Krause sein Ministeramt 1993 aufgab.

Ähnlich wie in der Treuhand-Debatte zeichnete auch Roth ein Bild der neuen Länder, das von Vereinigungskriminalität, schwachen Strafverfolgungsbehörden und Goldgräberstimmung geprägt gewesen sei. Bemerkenswert ist seine Interpretation der hohen Korruptionsrate im Osten. Nicht die DDR-Vergangenheit machte er dafür verantwortlich – ganz im Gegenteil. Eigentlich sollte man annehmen, die ehemaligen DDR-Bürger müssten weniger korruptionsanfällig sein, so Roth. Schließlich hätten sie über Jahrzehnte eben nicht zum „amoralischen kapitalistischen Westen" gehört. Doch: „Die im Westen übliche Art der Korruption" habe sämtliche „moralischen und sozialen Dämme" im Osten hinweggespült. Verantwortlich sei der „systemübergreifende Einfluß des Geldes".[8]

Diese überraschende Volte am Ende des Buchs macht noch einmal klar, wie sich die Debatte um 1990 von der um 1949 unterschied: Das westliche System galt schon lange nicht mehr als Gegenmittel zur Korruption; eine Schonfrist wurde der Demokratie nicht eingeräumt. Allerdings folgte auch keine systematische Kapitalismuskritik in der Korruptionsdebatte – ich werde darauf noch zurückkommen.

Politische Vertrauenskrise und Moralisierung in der Berliner Republik

Bevor wir uns den eigentlichen Korruptionsdebatten der 1990er-Jahre in Deutschland zuwenden, ist ein Blick auf die politischen Rahmenbedingungen angebracht. Was waren die Kennzeichen der sogenannten Berliner Republik?

Bis kurz über das Ende der Regierung von Bundeskanzler Kohl und damit in die ersten Monate der rot-grünen Regierung von Gerhard Schröder wurde die Bundesrepublik weiter von Bonn aus regiert. Dennoch bietet es sich an, von der Berliner Republik zu sprechen. Den Beschluss über den Umzug traf der Deutsche Bundestag bereits kurz nach der Vereinigung im Jahr 1991. Daraufhin wurde es schon bei den Zeitgenossen schnell üblich, das wiedervereinigte Deutschland als „Berliner Republik" zu charakterisieren.[9] Für eine umfassende Geschichte des wiedervereinigten Deutschlands ist hier nicht der Ort. Wichtig für die Zwecke dieses Buches sind aber doch ein paar Hinweise über das politische System und seine Veränderungen.

Auf den ersten Blick brachte die Vereinigung kaum große Verschiebungen hinsichtlich der Akteure in den Korruptionsdebatten mit sich. Die wichtigsten Medien waren vor und nach 1990 die gleichen westdeutschen Blätter. Abgesehen von der PDS, blieben die westdeutschen Parteien mitsamt ihrem Führungspersonal bestimmend, die Ära Kohl trat nun erst in ihre zweite Phase. Trotz einiger Anstrengungen gerade von ostdeutscher Seite kam es auch nicht zu einer umfassenden Reform der Verfassung, sondern das Bonner Grundgesetz galt fort und erhielt nur marginale Ergänzungen.

Einige Historiker sehen angesichts dieser Befunde die eigentliche Neu- oder Umgründung der vereinigten Republik erst mit der neuen rot-grünen Regierung ab 1998 beginnen. Es lässt sich nicht leugnen, dass die Regierung unter Gerhard Schröder mit neuem Elan antrat und ähnlich der sozialliberalen Koalition von 1969 dem Land eine Reformphase verschrieb. Auf gesellschaftspolitischem Gebiet wurden dabei aber vor allem Themen aus der westdeutschen Debatte aufgegriffen, die unter Helmut Kohl gewissermaßen liegen geblieben waren, etwa die Gleichstellung gleichgeschlechtlicher Partnerschaften oder der Ausstieg aus der Kernkraft. Ab 2003 traten mit der Agenda 2010 dezidiert neoliberale Lösungen für sozialpolitische Probleme in den Vordergrund.[10] Die korruptionspolitische Debatte hatte allerdings schon vor der Wahl von 1998 eine neue Bedeutung und eine neue Tonalität erhalten, wie wir noch sehen werden.

Auf dem Gebiet der Außenpolitik schickte sich Deutschland bereits unter Helmut Kohl gemächlich an, seine neue Stellung als Mittelmacht und wichtigste Volkswirtschaft Europas wahrzunehmen. Im Gegenzug für die Wiedervereinigung und zudem, um Sorgen vor einem zu starken Deutschland zu zerstreuen, ließ die Bundesrepublik sich eng in internationale Systeme wie vor allem die Europäische Union einbinden. Dazu gehörte auch die wachsende Bereitschaft, internationale Konventionen wie jene zu akzeptieren, von denen im letzten Kapitel die Rede war. Der Preis der staatlichen Souveränität Deutschlands, so könnte man zugespitzt formulieren, lag in der Abgabe von Souveränität auf internationaler Ebene – und dies wirkte sich nicht zuletzt im Bereich der Korruptionsbekämpfung aus. Die eher schleppende Umsetzung vieler dieser Regeln in deutsches Recht zeigt, dass es sich zunächst eher um Fremdkörper im juristischen Gefüge der Berliner Republik handelte oder zumindest so empfunden wurde.

Die internationalen Normen zielten wirtschaftspolitisch insgesamt auf Deregulierung, auf eine Öffnung der Märkte, auf die Globalisierung der Marktwirtschaft. Die 1990er-Jahre wurden zu einer Epoche der beschleunigten Verflechtung der Weltwirtschaft, nachdem sich die Länder des ehemaligen Ostblocks und bald Ostasiens öffneten. Davon profitierten die Ökonomien der Schwellenländer, später aber auch die deutsche Exportwirtschaft. Die Globalisierung der 1990er-Jahre mit ihren Vorläufern bis zurück in die 1970er-Jahre hatte wichtige Einflüsse auf die innenpolitischen Debatten.

Als Hochlohnland litt Deutschland einerseits darunter, dass viele Produktionsstätten nach dem Fall des Eisernen Vorhangs zunächst in osteuropäische, später in asiatische Länder mit niedrigen Lohnkosten abwanderten. Das verschärfte die vereinigungsbedingten Krisen. Andererseits eröffnete die Globalisierung den exportgestützten Zweigen der deutschen Industrie neue Absatzmärkte und Gewinnchancen.

Vor dem Hintergrund des Bedeutungszuwachses internationaler Regime, der wirtschaftlichen Globalisierung und angesichts des Glaubens, der Markt könne Probleme des Zusammenlebens am besten regeln, gerieten Staat und Politik seit den 1990er-Jahren in eine Vertrauenskrise.[11] Einerseits beklagten viele Repräsentanten des Staates, dass ihre Einflussmöglichkeiten dramatisch schwanden und sie etwa global agierenden Konzernen oder konjunkturellen Entwicklungen kaum ein Machtmittel entgegensetzen könnten. Andererseits beklagten Medien und Teile der Bevölkerung, Politik wolle oder könne ihre Probleme nicht lösen. In Deutschland wurde die ökonomische Krise letztlich dadurch gelöst, dass der Staat soziale Leistungen abbaute und die Gewerkschaften über viele Jahre auf Lohnzuwächse verzichteten, man sich also den Zwängen der Globalisierung unterwarf. Zugleich korrespondierte (weltweit) der Rückzug des Staates infolge von Privatisierungen und der Präferenz für marktwirtschaftliche Lösungen mit dem Eindruck, Regierungen trauten der öffentlichen Hand keine Lösungskompetenzen mehr zu.[12]

In Deutschland, wie in vielen anderen europäischen Ländern, geriet die Parteiendemokratie zwar langsam, aber seit den 1990er-Jahren absehbar in die Defensive. Das sahen bereits die Zeitgenossen so. Und nur vor dem Hintergrund dieser Krise werden die Debatten über politische Korruption verständlich. Die Ursachen für diese Krise waren vielfältig und können nicht allein auf die scheinbare Ohnmacht der Politik angesichts der Globalisierung zurückgeführt werden. Einer der wichtigsten Gründe dürften die kulturellen und sozialen Veränderungen sein, die schon in den 1970er-Jahren einsetzten. Die alten sozialen Milieus, auf die sich große Parteien stützten, verschwanden nach und nach – und damit erodierten die sicheren Stimmenkontingente der Volksparteien. Die SPD verlor ihr Arbeitermilieu, die CDU das katholisch-ländliche Milieu. Parallel dazu verschwanden die alten ideologischen Koordinaten. Linke, sozialistische, gar kommunistische Utopien waren nach dem Zusammenbruch des Staatssozialismus vollends unattraktiv geworden – das galt aber auch für den Antikommunismus konservativer oder bürgerlicher Parteien. Zugleich änderten sich die politischen Präferenzen in immer neue, teilweise überraschende Mischungsverhältnisse, etwa wenn wirtschaftsnahe Kräfte, die traditionell eher konservative sozialpolitische Positionen vertreten hatten, sich vermehrt für die Berufstätigkeit von Frauen und entsprechende familienpolitische Begleitmaßnahmen einsetzten. In Deutschland – wie auch im gesamten Europa – bewegten sich die Sozialdemokraten gerade in den 1990er-Jahren rasant auf die politische Mitte hin. Vor allem im Bereich der Wirtschafts- und Sozialpolitik setzten sie auf Kooperation mit den Marktkräften. Umgekehrt bewegten sich die Christdemokraten in gesellschaftspolitischen Fragen wie Abtreibung, Frauen- und Minderheitenrechte, individuelle Freiheitsrechte auf die Forderungen der linksliberalen Mitte zu.[13]

Die Abkehr vom Lagerdenken zeigte sich auch in einem zunehmend vielfältigen Parteiensystem. Nach der Wiedervereinigung konnten die westlichen Parteien zwar fast alle reformpolitischen Kräfte der ehemaligen DDR in sich aufnehmen. Doch es blieb die PDS als Nachfolgepartei der SED bestehen. Sie repräsentierte zum einen die Interessen vieler Ostdeutscher und war zugleich die erste dezidiert linke Partei im Bundestag seit dem Godesberger Parteitag der SPD. Unter dem Eindruck der Agendapolitik Gerhard Schröders fusionierte sie mit der kurzlebigen WASG zur gesamtdeutsch agierenden Linkspartei. Da das Parteiensystem in Bewegung war, eröffneten sich Chancen für andere Parteien wie etwa für die Piratenpartei, von der noch die Rede sein wird. Insgesamt sanken die Mitgliederzahlen der Parteien, die Wählerbindung, die Wahlbeteiligung und auch das Zutrauen der Wählerinnen und Wähler in die Problemlösungskompetenz der in Parteien organisierten Politiker und der Regierungen.[14]

Dieser Eindruck wurde vermutlich noch dadurch verstärkt, dass Regierungen sich zunehmend auf neue Akteure einließen und diese an der Macht beteiligten. Wo es keine ideologisch geprägten Leitplanken für politische Entscheidungen gab, feierten Experten einen Wiederaufstieg in den Regierungen – zuletzt waren sie im technokratischen Trend gegen Ende der 1960er-Jahre gefeiert worden. Auch wenn dieser Trend schon kurz nach der Vereinigung einsetzte, so verdichtete er sich vor allem in der rot-grünen Zeit in Form von Expertenkommissionen, deren Rat die Regierung suchte und annahm. Von der Hartz-Kommission wird im letzten Kapitel noch die Rede sein. Auch wenn die oft öffentlich inszenierte Orientierung an Expertenmeinungen offensichtlich dem Ziel diente, einzelnen politischen Entscheidungen eine höhere Legitimität zu verschaffen, so ist nicht ausgeschlossen, dass damit beim Publikum der Eindruck verstärkt wurde, Politik sei angesichts von Sachzwängen kaum noch handlungsfähig.

Neben den Experten bekamen Nichtregierungsorganisationen und Bürgerbewegungen deutlich wachsende Aufmerksamkeit. Die Lehren aus den 1970er- und frühen 1980er-Jahren kamen nun in den Parteizentralen an: Gegen lautstark protestierende Gruppen und engagierte Bürger war eine bestimmte Politik nur schwer durchzusetzen. Das hatte sich vor allem im Bereich der Kernenergie gezeigt, bei dem sich die großen Parteien spätestens in der Mitte der 1980er-Jahre zu einer Revision ihrer ursprünglich ganz auf Ausbau gerichteten Politik gezwungen sahen. Umgekehrt integrierte das politische System diese neuen Kräfte zunächst einmal sehr erfolgreich.[15]

Tatsächlich stieg das Renommee der von Parteien unabhängigen Experten und Fachleute durchgängig, während die reguläre Politik an Zustimmung verlor. Davon profitierten in Deutschland auch Institutionen wie das Bundesverfassungsgericht als Hüter des Grundgesetzes oder Vertreter der Polizei als Hüter der öffentlichen Ordnung, aber eben auch Gruppen wie Transparency.[16] Oftmals standen NGOs in dem Ruf, den Willen der Bevölkerung zu vertreten, obwohl sie sich nie in Wahlen einem öffentlichen Votum stellen müssen. Der neue Einfluss von Experten und NGOs machte sich deutlich in der Korruptionsdebatte bemerkbar, wie wir noch sehen werden. Experten und Nichtregierungsorganisationen vertreten in der Regel die Werte und die Interessen bestimmter sozialer Gruppen – nämlich derjenigen, denen sie selbst entstammen, zumal sie ja keine direkte Rechenschaftspflicht anderen gegenüber haben. Meist repräsentieren sie die gut ausgebildeten Mittelschichten. Dies kann unter Umständen dazu führen, dass andere Gruppen ihre Interessen nicht mehr platzieren können und sich mittelfristig aus den politischen Debatten ausgeschlossen sehen.[17] Insofern garantieren solche Strategien nicht, dass ein gesamtgesellschaftlicher Konsens entsteht.

Spätestens seit der Jahrtausendwende wird über diese Entwicklungen intensiv diskutiert. Eine aus der linken Warte formulierte Interpretation war die der „Postdemokratie“.[18] Demnach bestehe zwar eine Fassade formell demokratischer Systeme fort, doch tatsächlich würden Staat und Politik von privilegierten Eliten kontrolliert. Damit hätten vor allem

Unternehmen, Wirtschaftsverbände und neoliberale Interessen gewissermaßen den Staat „übernommen“. Die wichtigsten Entscheidungen würden demnach jenseits der sichtbaren politischen Prozesse fallen. Solche Thesen sind eher Teil der zeitgenössischen Debatte, als dass sie eine weittragende historische Analyse darstellen würden. Auch entstanden daraus keine nachhaltigen Bewegungen zur Erneuerung der Demokratie und ihrer Legitimität.

Neben der Vertrauenskrise der Demokratie gehört das Thema Moralisierung zu den Kontexten des neuen Interesses an Korruption. Unsere Vorstellung von Korruption enthält schon im Grundsatz ein Moralurteil. Wer von Korruption spricht, der bezeichnet sein Objekt als unmoralisch. Dies gilt für die europäische Denktradition spätestens seit der Aufklärung, vermutlich aber seit der Antike.[19] Äußerst untypisch war dagegen der weiter oben erwähnte Versuch aus den 1950er- und 1960er-Jahren, Korruption als positiven Entwicklungsmotor in der Dritten Welt zu interpretieren. Die Wiederkehr der Korruptionsdebatte ist auch damit zu erklären, dass Moralfragen wichtiger wurden. Wir erinnern uns an die weltweiten Bemühungen im gleichen Jahrzehnt, den Kapitalismus als moralisches Unterfangen anzupreisen.

Das Feld für an der Moral orientierte Politik war schon seit einiger Zeit bereitet. Einerseits verknüpften Politiker ab den 1970er-Jahren zunehmend ihre Ziele mit moralischen Argumenten. Hier war als eine der ersten die Umweltbewegung stilbildend. Sie hatte seit ihrer Entstehung immer auch mit moralischen Argumenten gekämpft. Viele andere politische Strömungen trugen moralische Erwägungen vor, etwa die Dritte-Welt-Bewegung oder die Frauenbewegung, für die es ganz zentral um Gerechtigkeitsfragen ging. Die Grünen, aus der Bewegungskultur entstanden, verankerten solche Argumentationsweisen dauerhaft in der Bonner Politik. Andere Parteien übernahmen diese Strategie mit der Zeit.

Während also die Begründung von Politik auf der einen Seite mit moralischen Erwägungen angereichert wurde, entstand auf der anderen Seite ein Bedürfnis nach moralischer Selbstbefragung der Gesellschaft als Ganzes. Das äußerte sich in unterschiedlichen Debatten. Zentral war in Deutschland die Verstrickung in den Nationalsozialismus. Nach der Wiedervereinigung konzentrierte sich die Diskussion darauf, ob Deutschland die Opfer angemessen behandelte. Teilweise kam man zu dem Ergebnis, das sei nicht der Fall. Solche Debatten schlugen sich auch in konkreter Politik nieder. 2005 wurde an zentraler Stelle in Berlin das Denkmal für die ermordeten Juden Europas eingeweiht. Dem war eine lange Debatte vorausgegangen, die in den frühen 1990er-Jahren begonnen hatte. Die 1998 gewählte rot-grüne Bundesregierung ermöglichte nicht nur das Mahnmal. Sie ließ neue Entschädigungsregeln ausarbeiten und rief im Jahr 2000 die Stiftung „Erinnerung Verantwortung Zukunft" ins Leben. Mit ihrem Gründungskapital von über fünf Milliarden D-Mark war sie dafür zuständig, ehemalige Zwangsarbeiter zu entschädigen. Während diese Debatten eher von linksliberalen Beiträgen geprägt waren, fragten Konservative nach einer moralischen Bewertung des westlichen Umgangs mit dem ehemaligen Sozialismus. Die Publizistin Cora Stephan gab 1992 ein Buch unter dem Titel „Wir Kollaborateure" heraus. Hier ging es um die Mitverantwortung westdeutscher Entspannungspolitik für das lange Überleben der Diktatur im Osten.[20]

Die Liste von Themen ließe sich fortsetzen. Entscheidend für die Konjunktur der Korruptionsdebatte war, dass sie eben bei Weitem nicht die einzige öffentliche Diskussion über Moral und moralische Verfehlungen im politischen Bereich war. Vor dem Hintergrund all dieser Entwicklungen entstand ein neues Politikfeld in Deutschland.

Ein Politikfeld entsteht

Wir hatten die Geschichte der westdeutschen Debatte mit dem Ende der Flick-Affäre verlassen. Hier wird der Faden wieder aufgenommen. Zwar änderten sich die Rahmenbedingungen um 1990 massiv – durch die deutsche Einheit und durch das internationale Antikorruptionsfieber. Gleichzeitig riss die westdeutsche Diskussion auch im vereinigten Deutschland nach Flick nie völlig ab. Dabei wandelte sich die Tonlage ganz erheblich. „Unsere Politik ist korrupt" oder „auch Deutschland ist korrupt" – solche Annahmen wurden hoffähig, waren bald Allgemeinplätze. Damit ging die korruptionsgeschichtliche Nachkriegszeit in Deutschland zu Ende. In den frühen 1990ern etablierten sich eine Debatte und ein Politikfeld „Kampf gegen Korruption". Debatte und Politikfeld bekamen klare Konturen hinsichtlich von Inhalt, Akteuren und Reformvorhaben. Die Entfaltung dieses Politikfelds möchte ich nun darstellen – vor allem die damit verbundenen Diskussionen.

Wenn man sich die Chronologie der Debatten anschaut, so kann man keine eindeutigen Auslöser feststellen. Viele Einflüsse liefen offenbar zusammen. Ein wichtiger Bezugspunkt blieb über Jahre die Flick-Affäre. Wir haben ja bereits gesehen, dass der Skandal eine ganze Reihe von neuen Tendenzen erkennen ließ: allgemeines Misstrauen gegenüber den Parteien, Tendenz zur moralischen Bewertung von Politik und ihren Protagonisten, kaum Verständnis für jene, die von sich behaupteten, nur die notwendige Drecksarbeit zu tun. Notwendigkeit und Legitimität dieser Drecksarbeit wurden unter keinen Umständen mehr akzeptiert. Die Gefahren der Parteienherrschaft waren vielen Beobachtern ein ernstes Anliegen. In den späten 1980er-Jahren versuchten die Grünen, das Erfolgsthema Korruption weiter für sich zu nutzen. Und so tauchten nach dem Ende der Flick-Affäre Berichte und Hinweise auf Bestechung in der Atomwirtschaft auf.

Im November 1987 stellte die Grünen-Abgeordnete Lieselotte Wollny eine Kleine Anfrage an die Bundesregierung.[21] Anlass waren Berichte, die Hanauer Transnuklear GmbH habe Mitarbeiter in der belgischen Aufbereitungsanlage Mol bestochen und sei in weitere gesetzwidrige Vorgänge verwickelt. Interessant an dieser Anfrage ist vor allem die Rolle der Moral. Wollny wollte festgehalten wissen, dass Transnuklear unmoralisch handelte. Da „ein Nachweis der Moral“ für den Betrieb von kerntechnischen Anlagen erforderlich sei, müsse die Regierung einsehen, dass „diesen Leuten solche Genehmigungen entzogen werden müßten“. Klar erkennbar ist hier der Versuch, mit dem Korruptionsverdacht die Legitimität der Atomwirtschaft sehr grundsätzlich anzuzweifeln. Das ergab aus Sicht der Grünen auch deshalb Sinn, weil die Antiatomkraftbewegung den Kraftwerksbetreibern vorwarf, Profite auf dem Rücken der Gesundheit von Mensch und Umwelt zu machen. Umweltstaatsekretär Gröbl konterte diesen Vorwurf allerdings mit der Aussage, das Gesetz verlange nicht Moral, sondern Zuverlässigkeit. Gleichwohl richtete der Bundestag Ende Januar 1988 einen Untersuchungsausschuss zu Transnuklear ein, der im Herbst 1990 seinen Abschlussbericht vorlegte. In dem Ausschuss ging es dann aber eher um die Frage, ob Transnuklear den Atomwaffensperrvertrag verletzt hatte.

In stärkerem Maß stilbildend für die kommenden Jahre waren Zeitungskommentare, die ganz am Ende der 1980er-Jahre erschienen. Dabei verschwammen bereits die Grenzen der Korruption. Anders gesagt: Korruption wurde ein Deutungsmuster für alle möglichen Verfehlungen.

Unter der Überschrift „Stichworte zur geistigen Korruption der Zeit“ beschrieb der Kulturjournalist Ulrich Greiner 1988 einige verbreitete, in der Sache völlig unspektakuläre Vorgehensweisen im Kulturbetrieb. Dazu gehörten Ämterhäufung, Geschäfte auf Gegenseitigkeit, Gefälligkeitsrezensionen und Machtausübung. Dies alles sei nicht neu, aber das Unrechtsbewusstsein der Handelnden schwinde, so die pessimistische Diagnose.[22] Derartige Klagen über den Qualitätsverfall waren alles andere als neu – die Verknüpfung mit dem Begriff der Korruption allerdings schon. Noch charakteristischer und viel näher an der politischen Debatte war ein langer Artikel über das „Krebsgeschwür der Korruption“ aus der Feder von Marion Gräfin Dönhoff im Februar 1989.[23] Er war nun vollends geprägt von Alarmismus über den Niedergang westlicher Demokratien. Der Text endete mit den pathetischen Worten „gnade Gott unserer demokratischen Lebensform“. In einer *tour d'horizon* durch Deutschland, Europa sowie Japan und Nordamerika zeichnete die Autorin zuvor ein „Kolossalbild der Skandale“. Es komme „einem das kalte Grausen“ bei der Betrachtung der vielen Bestechungsaffären. Der Grund liege im Verfall moralischer Werte. Keinerlei Konvention oder Ideal stoppe die Menschen mehr in ihrem Streben nach Lebensstandard und Einkommen. Hier fanden sich also ähnliche Eindrücke wie in dem bereits zitierten Aufsatz von Hans Magnus Enzensberger zur Flick-Affäre.

Korruption als Folge ungehemmter Selbstsucht in der wertevergessenen Kultur des Westens – diese Interpretation sollte in den kommenden Jahren immer wieder auftauchen. Zugleich erinnert sie an die Korruptionsdebatten um 1900. Noch während der Steiner-Wienand-Affäre hatte es kaum Einlassungen über den allgemeinen Niedergang der Demokratie in Deutschland gegeben. Damals war die politische Kultur im Amerika des Watergate-Skandals noch als abschreckendes Beispiel zitiert worden.

Welch eine Ironie. Im wiedervereinigten Deutschland der späten Ära Kohl, das sich absehbar anschickte, zur dominierenden Macht Mitteleuropas zu werden, das den ökonomischen und moralischen Sieg über den real existierenden Sozialismus wie kaum ein anderer Staat verkörperte, das sich einen ganzen Ostblockstaat einverleibte, das über Jahrzehnte den Stolz auf seine unkorrumpierbare Beamtenschaft hochgehalten hatte, ausgerechnet in dieser Gesellschaft formierte und verfestigte sich massives Unbehagen am Zustand des öffentlichen Lebens. Die Diagnose einer „verlotterten Republik“[24] wurde Allgemeingut.

Wir können einen doppelten Trend erkennen: Einerseits wurde die Korruptionskritik polemischer, moralisierender, allgegenwärtig. Andererseits wurde sie „fachlicher“: Neu ab den 1990er-Jahren war die Entstehung des Politikfelds „Korruptionsbekämpfung“. Dieses Feld reichte von der Kriminalitätsbekämpfung über eine Reihe von Gesetzgebungsmaßnahmen im Bereich Wirtschaft und Verwaltung bis hin zu Verhaltenskodizes für Abgeordnete, Politiker und Lobbyisten. Mit dem Politikfeld formierten sich Gruppen von Fachleuten und Spezialverwaltungen, die sich der Korruptionsbekämpfung dauerhaft widmeten. Letztlich beobachtet man auf nationaler Ebene einen ähnlichen Prozess wie den, den wir in der internationalen Politik gesehen haben. Dabei wirkte die internationale Ebene gelegentlich als Treiberin; in anderen Bereichen ging die Initiative eher „von unten“ aus.

Verwaltung und Gesetze

Seit den frühen 1990er-Jahren, teilweise schon seit den späten 1980ern, wuchs bei kommunalen und Landesbehörden in Deutschland die Sensibilität für das Thema Korruption. Das gilt vor allem für den Bereich öffentliche Auftragsvergabe. Vorgesetzte Behörden begannen, nachgelagerte Verwaltungen zu überwachen. Viele Verwaltungen benannten Antikorruptionsbeauftrage, gaben Handreichungen zum korrekten Verhalten heraus und begannen, Beamte und Angestellte zu schulen, Leitbilder zu formulieren. 1996 verabschiedeten die Innenminister der Bundesländer ein Konzept zur Bekämpfung von Korruption, 2004 veröffentlichte die Bundesregierung eine Richtlinie zur Korruptionsprävention in der Bundesverwaltung. Viele Kommunen folgten mit ähnlichen Konzepten. In sensiblen Bereichen der Verwaltung führte man zur Verhinderung korruptiver Verhaltensweisen das Vieraugenprinzip ein oder beschleunigte die Personalrotation. Seit 2009 sieht das Bundesbeamtengesetz einen besonderen Schutz für Whistleblower und interne Kritiker vor, wenn sie Missstände wie Korruption bekannt machen. Ebenfalls seit den 1990er-Jahren erfolgten Anpassungen im Dienstrecht mit einem strikteren Verbot der Geschenkannahme. Im Disziplinarrecht der Beamten wurden Sanktionsmöglichkeiten gegen korrupte Staatsdiener ausgeweitet. All dies macht deutlich: Die Vorstellung vom unkorrumpierbaren deutschen Beamten spielte so gut wie keine Rolle mehr.[25]

Die Aktivitäten gegen Korruption beschränkten sich nicht auf Verwaltungsstrukturen – im politischen Raum etablierte sich allgemein die Auffassung, es müsse viel mehr gegen Korruption getan werden. Allerdings formulierte niemand ein umfassendes Reformwerk aus einem Guss. Vielmehr wurden zahlreiche Einzelmaßnahmen angestoßen, teilweise in kleinteiligen Schritten, an deren Ende aber stets Verschärfungen oder Konkretisierungen standen. Auch in der deutschen Debatte stellte sich der Kampf gegen Korruption für viele Akteure als nie genügend, stets unfertig dar.

Die internationalen Debatten bei OECD, Europarat und UNO hatten große Auswirkungen auf die deutsche Politik. Mitte der 1990er-Jahre traten SPD und Grüne mit Entwürfen für ein strengeres Antikorruptionsrecht auf den Plan. Von nun an lohnte es sich offenbar für die Opposition, sich mit dem Thema Korruptionsbekämpfung zu profilieren. Da Deutschland der OECD-Konvention beitrat und andere Akteure wie Transparency International solche Vorhaben unterstützten, kamen noch gegen Ende der Ära von Helmut Kohl neue Gesetze zustande. 1997 erließ der Bundestag das „Gesetz zur Bekämpfung der Korruption“ mit höheren Strafen. Auch wurde der Straftatbestand auf Vorteile für Dritte ausgeweitet, so dass komplexere Begünstigungsnetzwerke erstmals verfolgt werden konnten. Im folgenden Jahr setzte der Bundestag nach starkem internationalen Druck der USA und der EU die OECD-Konvention um. Rund zwei Wochen vor der Bundestagswahl 1998 stellte das Parlament Bestechung von Amtsträgern im Ausland unter Strafe. Damit entfiel auch die Möglichkeit, Bestechungsgelder im Ausland von der Steuer abzusetzen. 2002 erweiterte die rot-grüne Bundesregierung diesen Straftatbestand und stellte auch die Bestechung von Privatpersonen und Unternehmensangehörigen im Ausland unter Strafe – damit galten in Deutschland ähnliche Regeln wie in den USA seit dem Foreign Corrupt Practices Act von 1977.[26]

2008 kam es zu einem Oppositionsgesetzentwurf gegen Korruption, der zahlreiche Forderungen von Transparency International Deutschland enthielt. Dazu gehörte ein Register korrupter Unternehmen, ein besserer Schutz für Whistleblower und mehr Fachstaatsanwaltschaften für Korruptionsbekämpfung. Die Regierungskoalition lehnte dies ab, unter anderem mit dem Argument einer möglichen Wettbewerbsverzerrung. Allerdings hat das Bundesbeamtengesetz seit 2009 einen Passus, der Hinweisgeber nun doch besonders schützt. Dieser kam wesentlich durch internationalen Druck aus dem Europarat zustande.[27]

Ein weiteres Thema kam zu Beginn der 1990er-Jahre neu auf die Tagesordnung: die Abgeordnetenbestechung. Bestechung und Bestechlichkeit von Abgeordneten war schon einige Jahrzehnte lang ein ungeregeltes Problem. 1954 war hier im Strafrecht eine Lücke entstanden, weil ein entsprechender Passus aus dem Strafgesetzbuch gestrichen wurde. Die Strafrechtspolitiker der Zeit planten, diese Leerstelle im Zuge einer großen Strafrechtsreform bald zu schließen. Doch es gab über zwei Jahrzehnte immer wieder Verzögerungen mit der Gesamtreform. Hinzu kamen spezielle Bedenken bei der Abgeordnetenbestechung. 1960 etwa lehnte Franz Josef Strauß in einer Kabinettssitzung einen Vorschlag ab, weil ein solcher Straftatbestand zur Diffamierung von Politikern missbraucht werden könne. Am Ende fand die Abgeordnetenbestechung keine Erwähnung in den Reformgesetzen der frühen 1970er-Jahre.[28]

Erst in den frühen 1990er-Jahren kam Bewegung in die Debatte. Auf Initiative der oppositionellen SPD beschloss der Bundestag 1994 eine Regelung, die die Käuflichkeit von Abgeordneten bei Abstimmungen unter Strafe stellte. Viele Fachleute kritisierten diese Lösung. Der Tatbestand sei so eng gefasst, dass er im Grunde nie erfüllt werde. Vor allem der informelle Einfluss von Lobbyisten in der Politik werde damit nicht einmal im Ansatz bekämpft. Allerdings gab es auch 1994 Widerstand aus den Reihen einiger Abgeordneter, die die Freiheit ihres Mandats gefährdet sahen.[29]

Die gleiche Diskussion kam nach 2003 wieder auf. Die UNO-Konvention gegen Korruption forderte von ihren Unterzeichnern, Abgeordnete müssten im Strafrecht den Beamten gleichgestellt werden. Dies hätte aber bedeutet, schon den Anschein von Vorteilsannahme sowie die Annahme kleinster Geschenke zu verbieten. Solche Einschränkungen ihrer Arbeit lehnten die Bundestagsabgeordneten zunächst vehement ab. So kam es, dass Deutschland rund zehn Jahre brauchte, um die Konvention zu unterzeichnen – als eines der letzten Länder. 2014 dehnte der Bundestag dann das Verbot der Abgeordnetenbestechung auf alle Handlungen im Rahmen des Mandats aus. In den Jahren zuvor waren mehrere Gesetzentwürfe gescheitert. Kritiker hielten auch diese Regelung für zu weich und unbestimmt.[30]

So gab es im Bereich der Gesetzgebung ab der Wiedervereinigung eine mehr oder minder kontinuierlich geführte Debatte über Korruptionsbekämpfung. Das geschah nicht im luftleeren Raum. Die internationalen Ansätze und Konventionen dazu haben wir schon kennengelernt. Auch in Deutschland tat sich einiges in dieser Zeit.

Experten und Antikorruptionsspezialisten

Neu an der Debatte in den 1990er-Jahren war der Auftritt von Experten. Erstmals traten Fachspezialisten an die Öffentlichkeit. Ganz ähnlich wie Peter Eigen und Transparency auf internationaler Ebene gab es in Deutschland nun Personen und später Organisationen, die sich systematisch mit Korruption beschäftigten und Lösungen einforderten. Korruptionskritiker hatten keinerlei Mühe, als Diener der guten Sache zu erscheinen. Meist galten die Experten als Gewährsleute – ihre Beschreibungen der Wirklichkeit tauchten als Belege auf, ihre Reformforderungen als Gebot der Stunde. Sie genossen das große Privileg, den Diskurs zu beeinflussen und selbst kaum Gegenstand kritischer Nachfrage zu werden. Das gilt jedenfalls für die Praktiker, die Wissenschaftler und die Lobbyisten, von wenigen Ausnahmen abgesehen. Einige wie Wolfgang Schaupensteiner oder Peter Eigen erschienen zeitweise wie Helden. Die Korruptionsdebatte verlangte nach eindeutigen Rollenverteilungen – und die Rolle der Bösewichte spielten andere.

Ein öffentlicher Druck baute sich offenbar von ganz unten auf und ging teilweise von juristischen Praktikern aus. In den späten 1980er- und frühen 1990er-Jahren fanden einige größere Gerichtsverfahren wegen Bestechung und Vorteilsnahme statt. Im Fokus stand nicht die Bundespolitik, sondern das Gebaren von Beamten in der Kommunalverwaltung. In der Regel ging es um Unregelmäßigkeiten bei der Vergabe öffentlicher Aufträge oder Genehmigungen. Von der Struktur ähnelten diese Fälle jenen Begünstigungen, die im Koblenzer Beschaffungsamt in den 1950er-Jahren aufgetreten waren: Kommunalbeamte ließen sich gegen Gefälligkeiten, Einladungen oder Geld darauf ein, einzelne Betriebe oder Unternehmen zu bevorzugen – oft im Bereich des Bauwesens. So umgingen beide Seiten das Vergaberecht. Überteuerte Rechnungen oder schlechte Leistungen waren die Folge. In vielen Städten entstanden kartellartige Strukturen. Neue Unternehmen hatten oft wenig Chancen, an Aufträge zu gelangen. Ein solcher Fall systematischer Exklusion führte zu einem der bekanntesten Fälle der Zeit. Ein Frankfurter Bauunternehmer, der nicht zum Schmiergeldkartell gehörte, fürchtete schließlich um die Existenz seines Betriebes. Mitte der 1980er-Jahre erstattete er Anzeige, wohl wissend, dass dies mit hohen Risiken einherging. Wenn die Ermittlungen zu nichts führten, wäre er erst recht von allen Aufträgen ausgeschlossen. Doch der Fall löste eine Lawine von staatsanwaltschaftlichen Untersuchungen aus. Viele Ämter der Stadtverwaltung und die lokale Wirtschaft waren von einem Netz korrupter Beziehungen durchzogen. Nicht selten reichten Beamte oder Unternehmer, die in den Ruhestand gingen, ihre korruptiven Beziehungen an ihre jeweiligen Nachfolger nahtlos weiter. Aufsehenerregende Prozesse waren die Folge.[31] Ähnliche Verfahren und Skandale häuften sich. In Hamburg ermittelte die Staatsanwaltschaft zwischen 1987 und 1989 gegen 400 Verdächtige aus der Baubehörde und zahlreiche Firmen vom Ingenieurbüro bis zum Spezialanbieter von Brunnenbohrungen wegen Bestechung. Mitte der 1990er-Jahre waren über 20 Amtsträger der Ausländerbehörde im Visier der Ermittler, die Asylbewerbern gegen Bargeld Aufenthaltsgenehmigungen erteilten.[32] Auch in Berlin, Köln, München und weiteren Großstädten gab es ab den späten 1980er- und frühen 1990er-Jahren vergleichbare Fälle.

Die Ermittlungen zogen sich oft über viele Jahre hin. Die Staatsanwälte hatten es gelegentlich mit Dutzenden oder gar Hunderten Verdächtigen zu tun. Weil die Dinge oft kompliziert waren, die Ermittler einen langen Atem und sehr gute Sachkenntnisse brauchten, richteten einige Bundesländer spezialisierte Behörden ein. So entstanden die ersten Schwerpunktstaatsanwaltschaften zur Bekämpfung der Korruption.

Eine Vorreiterrolle übernahm Hessen. Das Land setzte 1987 bei der Staatsanwaltschaft Frankfurt einen Sonderdezernenten für Korruptionsbekämpfung ein. Daraus ging 1993 die bundesweit erste Schwerpunktabteilung für Korruptionsdelikte hervor. Leiter der Ermittlungen war Wolfgang Schaupensteiner, von dem noch kurz die Rede sein wird. Ab 1989 waren alle Behörden des Landes angewiesen, anonymen Hinweisen auf Korruption in jedem Fall nachzugehen – das hatte man in der Vergangenheit vermieden. Zudem gab es nun „mobile Prüftruppen“, die Baufirmen und Bauvergaben des Landes kontrollierten. Firmen, die der Bestechung überführt wurden, sollten anschließend keine öffentlichen Aufträge mehr bekommen. Auch der Hessische Landesrechnungshof mit Sitz in Darmstadt machte sich vergleichsweise früh für die Bekämpfung der Korruption stark. Sein Präsident, Udo Müller, forderte öffentlich konsequente Maßnahmen. Vor allem aber trat er mit der Auffassung hervor, Korruption sei in der öffentlichen Verwaltung weitverbreitet. Das galt in den frühen 1990er-Jahren noch als mutiger Tabubruch.[33]

Zu den gefragten Experten aus der Praxis zählte Wolfgang Schaupensteiner. Viele Journalisten porträtierten den Frankfurter Staatsanwalt als mutigen Vorkämpfer gegen Verkrustungen und Korruption. *Der Spiegel* ließ ihn regelmäßig zu Wort kommen, etwa in einer großen Reportage über „Die alltägliche Korruption", Titelthema im Dezember 1994. SPD-Generalsekretär Franz Müntefering lud den Staatsanwalt 2002 öffentlichkeitswirksam zu einem Expertengespräch in die Parteizentrale ein. Schaupensteiner war Gast in den einschlägigen Politiktalkshows des deutschen Fernsehens. 2007 veröffentlichte der Investigativjournalist Hans Leyendecker ein Kurzporträt unter der Überschrift „Der Unbestechliche". Anlass hierfür war Schaupensteiners Wechsel aus dem Staatsdienst an die Spitze der Compliance-Abteilung bei der Deutschen Bahn. Weniger bekannt ist, dass Schaupensteiner die Bahn nach einem Überwachungs- und Datenschutzskandal im Compliance-Management zwei Jahre später wieder verlassen musste.[34]

Neben den Strafermittlern formierte sich eine weitere Gruppe von Korruptionsexperten aus den Universitäten, vor allem in den Sozialwissenschaften. Hier arbeiteten einige profilierte Kritiker des Parteienstaates. Zu ihren exponierten Vertretern gehörten (und gehören zum Teil bis heute) der Speyrer Jurist und Verwaltungswissenschaftler Hans Herbert von Arnim, die Kriminologin Britta Bannenberg, die Politikwissenschaftlerin Christine Landfried und der Kölner Soziologe Erwin Scheuch. Diese wissenschaftlichen Experten untersuchten Parteienfinanzierung, Netzwerkbildung und Machtausübung innerhalb von Parteien sowie den Einfluss von Parteien auf Staat und Gesellschaft. Sie stellten und stellen ihre Ergebnisse häufig in den Kontext von Korruption. Auch die Wissenschaftler erhielten ab den frühen 1990er-Jahren große öffentliche Aufmerksamkeit. Sie traten regelmäßig in den Medien als Mahner in Erscheinung und ihre Bücher richteten sich gelegentlich an ein großes Publikum. Scheuch und Landfried befragte *Der Spiegel* etwa 1993 als Kronzeugen für Missstände, insbesondere im Bereich Abgeordnetenbestechung, Arnim als Gewährsmann für grassierende Selbstbereicherung von Amtsträgern.[35] Als kulturkonservativer und wortgewandter Polemiker war gerade Scheuch zwar umstritten, fand aber auch viel Beachtung.

Auch innerhalb der Medien entstand ab den 1990er-Jahren eine gewisse Korruptionsfachlichkeit. Anders formuliert: Einige investigativ arbeitende Journalisten machten Korruption zu ihrem Spezialgebiet. In dieser Breite war dies völlig neu. In der Bonner Republik hatte es über lange Jahre nur einen journalistischen Korruptionsexperten gegeben, nämlich Bernt Engelmann. Engelmann hatte sich ab den späten 1950er-Jahren mit unterschiedlichen Beschaffungsaffären in der Bundeswehr und mit dem Gebaren von

Franz Josef Strauß beschäftigt. Er war als Kronzeuge in mehreren Untersuchungsausschüssen des Deutschen Bundestages aufgetreten. Er war vermutlich einer der produktivsten Investigativjournalisten der alten Bundesrepublik in einem zunächst noch recht feindlich gesinnten Umfeld. Nahezu jedes Jahr veröffentlichte er ein bis zwei politische Bücher, darunter auch zum Thema politische Netzwerke, Parteienfinanzierung und Einfluss der Wirtschaft. Schon ab den späten 1950er-Jahren interessierte er sich für mögliche Korruptionsskandale.[36] In den 1970er-Jahren engagierte Engelmann sich in einer dezidiert linken Journalistenorganisation, dem „Presseausschuß Demokratische Initiative". Dieser war nach den Wahlerfolgen der NPD Ende der 1960er-Jahre gegründet worden und warnte vor allem vor rechtsradikalen Tendenzen. Der Presseausschuß veröffentlichte schon in den 1970er-Jahren Publikationen über verdeckte Parteispenden und finanzielle Unregelmäßigkeiten in CDU und CSU.[37] Über diese Kreise hinaus war Engelmann aber einer der ganz wenigen Journalisten, die sich systematisch mit Korruption und Parteienfinanzierung auseinandersetzten.

In den 1990er-Jahren kümmerten sich immer mehr Medienvertreter um das Thema Korruption. Die meisten Antikorruptionspamphlete, die im folgenden Abschnitt besprochen werden, stammen aus ihrer Feder. Besonders profiliert war und ist in dieser Hinsicht Hans Leyendecker. Leyendecker war in den 1980er- und frühen 1990er-Jahren Mitarbeiter beim *Spiegel*, anschließend bei der *Süddeutschen Zeitung*. Seine Recherchen hatten großen Anteil an der Aufdeckung der Flick-Affäre. Später berichtete er über die Traumschiff-Affäre um Lothar Späth, über die CDU-Spendenaffäre um Helmut Kohl, über die Korruptionsskandale bei Siemens und Volkswagen und unzählige kleinere Affären. Auch Leyendecker wurde dank seiner Recherchen zu einer Person des öffentlichen Lebens – 2019 amtierte er als Präsident des Deutschen Evangelischen Kirchentages in Dortmund.

In bestehenden Organisationen wie Gewerkschaften, Arbeitgeberverbänden und Parteien fand die Korruptionsbekämpfung zunächst nur wenig Widerhall, jedenfalls keine wirklich profilierten Fürsprecher. Deshalb öffnete sich ein Fenster für neue, thematisch spezialisierte Organisationen. Zu ihnen gehörte in erster Linie Transparency International. In den ersten Jahren war zwischen der internationalen Ebene und der Deutschland-Sektion kaum ein Unterschied erkennbar. Transparency hatte auch in der deutschen Debatte unter den Nichtregierungsorganisationen über Jahre eine Art Monopolstellung im Kampf gegen Korruption. Die Vertreter

Transparencys erhielten in den Medien und in Anhörungen große Aufmerksamkeit – das gilt insbesondere für Peter Eigen, aber auch für andere deutsche Mitglieder wie Johann Graf Lambsdorff, den Erfinder des Korruptionsindex, und Hansjörg Elshorst, Mitbegründer und später Geschäftsführer sowie Deutschlandchef der Organisation.

Wenige Jahre vor Transparency entstand eine kleine Vereinigung, die sich prinzipiell mit ähnlichen Missständen beschäftigte. Potenziell hätte sie eine ähnliche Rolle wie Transparency einnehmen können. Es handelt sich um den (deutschen) Verein Business Crime Control (BCC), der 1991 von dem Frankfurter Fachhochschulprofessor Hans See in Hanau aus der Taufe gehoben worden war. Allerdings blieb der Einfluss von BCC stark eingeschränkt. Nach der Jahrtausendwende kamen weitere Nichtregierungsorganisationen hinzu, namentlich LobbyControl (2005) und Abgeordnetenwatch (2006), die sich spezifischen Fragen rund um das Verhalten von Politikern und ihren Beziehungen zu Wirtschaft und Lobbyisten widmeten. Solche Organisationen etablierten sich als aufmerksam wahrgenommene Kritikerinnen politisch-ökonomischer Missstände und ihre Vertreter erhielten Gehör in den Medien und in Sachverständigenrunden des Berliner Politikbetriebs. Weiter unten werde ich ausführlicher auf Transparency und die drei anderen Organisationen eingehen.

Im Rahmen der bereits erwähnten „Compliance Revolution" in vielen Privatunternehmen trat ab der Jahrtausendwende eine weitere Akteursgruppe auf den Plan. Gemeint sind Firmen im Bereich der Unternehmensberatung und der Wirtschaftsprüfung. Insbesondere PricewaterhouseCoopers (PWC), Ernst & Young und KPMG taten sich hervor, etwa mit Studien zu den wirtschaftlichen Folgen von Korruption sowie vor allem mit betriebswirtschaftlichen Lösungskonzepten und Vorschlägen für Compliance-Strukturen.[38] Mitarbeiter dieser Firmen übten durchaus öffentlichen Einfluss aus. So war der Vorstandssprecher von KPMG Deutschland, Rolf Nonnenmacher, Mitglied in der „Regierungskommission Corporate Governance". Diese erarbeitete in den Jahren 2000 und 2001 im Auftrag der Regierung Schröder Vorschläge zur Modernisierung der Compliance-Grundsätze für die deutschen Unternehmen.[39]

In Gestalt von Strafverfolgern, Wissenschaftlern, Journalisten, Nichtregierungsorganisationen und Privatunternehmen haben wir insgesamt fünf Gruppen von Antikorruptionsexperten kennengelernt, die ab den 1990er-Jahren die öffentlichen Debatten bestimmten. Auf Fachkongressen und in der Öffentlichkeit benannten die Praktiker ihre Sorgen und entwickelten konkrete Forderungen. Kongresse und Symposien zur Korruptionsbekämpfung fanden ab Mitte/Ende der 1990er-Jahre immer häufiger statt. Die Aktivitäten von Transparency International waren von entscheidender Bedeutung. Doch daneben interessierten sich auch andere Organisationen und Thinktanks für das Thema: ein untrügliches Zeichen dafür, wie es in unterschiedliche Teilöffentlichkeiten einsickerte. Schon 1991 organisierte die Evangelische Akademie in Bad Boll eine Tagung zu Korruption als „Herausforderung für Gesellschaft und Kirche".[40]

1995 nahm sich die SPD-nahe Friedrich-Ebert-Stiftung des Themas an und veranstaltete einen Kongress über „Korruption in Deutschland. Ursachen, Erscheinungsformen, Bekämpfungsstrategien".[41] Er war Teil einer längeren Tagungsreihe zum Thema innere Sicherheit. Die Veranstaltung in Berlin zeigt recht gut, wie und mit welchen Beteiligten der Fachdiskurs sich etablierte. Der gastgebende Leiter des Berliner Büros der Stiftung, Axel Schmidt-Gödelitz, benannte als ein Ziel der Tagung, die bislang isoliert voneinander arbeitenden „Gegenkräfte" der Korruption an einen Tisch zu bringen.

In Berlin versammelten sich Juristen und Verbandsvertreter, interessanterweise aber kaum Politiker. Vertreten waren mehrere Staatsanwälte, darunter Schaupensteiner aus Frankfurt und Kollegen aus Berlin und Mailand. Hinzu kamen Peter Eigen und Udo Müller vom Hessischen Landesrechnungshof. Anwesend waren Experten für Kriminalpolitik wie der Präsident des Bundeskriminalamts Hans Zachert und ein fachlich zuständiger Mitarbeiter der SPD-Bundestagsfraktion. Bemerkenswert die hohe Zahl ausländischer Redner – rund ein Drittel der Vorträge galt den Verhältnissen in Italien, Großbritannien oder den USA. Auch die Position internationaler Organisationen fand Beachtung, da der Vorsitzende der OECD-Arbeitsgruppe Korruption einen Vortrag hielt.

Zudem waren einschlägige Interessenverbände vertreten, so der Bundesverband der Deutschen Industrie (BDI), dessen Vertreter über die steuerliche Absetzbarkeit von Bestechungsgeldern referierte, und der Stellvertretende Vorsitzende des Deutschen Beamtenbundes (DBB). Die Letztgenannten mahnten zur Mäßigung: Der BDI stellte sich gegen eine vorschnelle Abschaffung der Begünstigung von Schmiergeldzahlungen im Ausland und der DBB wandte sich gegen Pauschalverurteilungen von Beamten als korrupte Subjekte. Solche selbstbewussten Abwehrpositionen zeigen, dass das Feld sich noch im Aufbau befand. Auch war außer der Berliner Justizsenatorin und dem Grünen-Abgeordneten Rezzo Schlauch kein prominenter Politiker dabei. Die öffentliche Aufmerksamkeit dagegen ließ nichts zu wünschen übrig. Kamerateams waren vor Ort; der Journalist Reiner Scholz kam in seinem noch im gleichen Jahr auf den Markt gebrachten Buch mehrfach auf die Konferenz zurück.[42]

Am Ende der Tagung stand ein Forderungskatalog mit „Empfehlungen an die Politik".[43] Die Spiegelstrichliste enthielt eine Reihe konkreter Maßnahmen, stark geprägt von den Erfahrungen der Strafverfolger. Hier findet man eher kleinteilige Empfehlungen zu Vergaberichtlinien für öffentliche Aufträge, die Forderung nach regelmäßigen Fortbildungen für Mitarbeiter von Behörden, ein absolutes Verbot der Geschenkannahme, Strafverschärfungen, vertrauliche Möglichkeiten, Anzeige zu erstatten. Die politische Korruption kommt so gut wie nicht vor. Ein einziger Spiegelstrich enthält die Forderung, Abgeordnetenbestechung zu kriminalisieren. Das Zauberwort „Transparenz" findet sich an zwei Stellen beim Vergaberecht.

Die Antikorruptionslobby: Transparency International und andere NGOs

Schon im Kapitel über das weltweite Antikorruptionsfieber war von der Bedeutung der Nichtregierungsorganisationen die Rede. Die NGOs wurden auch in Deutschland ab den 1990er-Jahren fester Bestandteil der Politik. Dafür ist Transparency International ein gutes Beispiel. Ihre Vertreter hatten den bemerkenswerten Doppelvorteil, als neutrale Fachleute zu gelten, die zugleich die politische Agenda in hohem Maß bestimmten. Neben Transparency traten bald weitere Privatorganisationen mit ähnlichen Zielen auf den Plan. Sie erlangten zwar nie die gleiche Bedeutung, bereicherten aber die Diskussion und stießen Debatten an. Es entstand ein differenziertes Feld von NGOs gegen Korruption.

Die Zentrale von Transparency International und die deutsche Sektion Transparency International Deutschland wirkten (und wirken) aus zwei Richtungen auf die deutsche Politik ein. Zum einen setzten die von Transparency geforderten und geförderten internationalen Verträge die nationale Politik unter Zugzwang. Zum anderen forderte Transparency in der nationalen Öffentlichkeit korruptionspolitische Maßnahmen. Transparency trat dabei in vielen Gesetzgebungsverfahren auf und veröffentlichte Positionspapiere, Studien und Stellungnahmen zu zahlreichen Fragen der Korruptionsbekämpfung, Compliance in Unternehmen und ethischem Verhalten in der Politik. Anekdotisch mag für den Einfluss von Transparency ein kleiner Vorgang aus dem Jahr 2004 stehen. Damals veröffentlichte das Bundeswirtschaftsministerium einen Vorentwurf für ein Gesetz über das Vergaberecht für staatliche Aufträge. Wirtschaftsminister Wolfgang Clement versah den Entwurf mit dem Hinweis, auch Transparency begrüße die Neuregelung. Als Transparency diese Angabe dementierte, löschte das Ministerium den Entwurf von seiner Homepage.[44] Die Zustimmung Transparencys verlieh also Glaubwürdigkeit; ihre Verweigerung konnte ein Vorhaben erschweren. Transparencys Stellung profitierte von der Annahme, es gebe reformunwillige Politiker oder Vertreter von Wirtschaftsinteressen, die schärfere Instrumente gegen Korruption verhindern wollten, um ihre unlauteren Machenschaften nicht zu gefährden. Transparency stand dagegen für Fachwissen und Unabhängigkeit.

So wie andere NGOs arbeitete Transparency ausschließlich auf eigene Rechnung, nicht *im Auftrag* anderer Akteure. Das unterschied sie vom Bundesverband der Deutschen Industrie, der für die Belange seiner Mitgliedsunternehmen eintrat, oder vom Deutschen Gewerkschaftsbund, der die Interessen der Arbeitnehmer und der Mitgliedsgewerkschaften verfolgte.

Kritische Journalisten thematisierten mitunter die mangelnde demokratische Legitimität von Nichtregierungsorganisationen, da sie sich keiner Wahl stellen mussten. Mehrheitlich galten sie jedoch als so etwas wie die politischen „Wunderheiler der neunziger Jahre".[45] Viele politische Beobachter waren der Ansicht, dass Probleme ohne das besondere Engagement von NGOs nie auf die politische Agenda gekommen wären – vor allem im Bereich der globalen Menschenrechte, der Umwelt und eben der Korruption. Die Regierungen seien erst durch den Druck öffentlicher Kampagnen dazu gezwungen worden, nach Lösungen zu suchen, so ein Artikel über Transparency und andere NGOs in der Wochenzeitung *Die Zeit* von 1999.[46] Im gleichen Blatt war Mitte der 1990er-Jahre ein geradezu romantisierender Artikel über Nichtregierungsorganisationen als Korrektiv erstarrter Politik erschienen. Neben konkreten Erfolgen beschrieb der Autor die meist jungen, selbstlosen und engagierten, dabei hochprofessionellen „Electronic Mail" nutzenden Mitarbeiter. „Transparenz ist unser Job", so stellte der Artikel ihr Selbstverständnis dar.[47] Dieser Beurteilung entsprach die

Selbstwahrnehmung der Organisationen: Peter Eigen sah die Arbeit von Transparency als „Instrument der Zivilgesellschaft, die keine Interessen hat außer dem Interesse der Allgemeinheit".[48]

Bei Transparency kam die besonders erfolgreiche Öffentlichkeitsarbeit hinzu. Schon bei der Gründung war gute Pressearbeit geleistet worden. Zeitungen berichteten 1993 wohlwollend über die neue Organisation, die „wie Amnesty International weltweit Menschenrechtsverletzungen aufdeckt [... und] die Korruption bekämpfen" wolle.[49] Ganz besonders auffällig ist die positive Wirkung von Transparency-Gründer Peter Eigen. 2004 erschien ein großes Porträt über Eigen in der *Zeit*, das sein enormes moralisches Kapital herausstellte. Das zeigen Zitate wie diese: „Eigen ist Idealist"; „Offenheit und Ehrlichkeit waren seine Wesenszüge, damals wie heute."[50] Eigens Charisma strahlte sogar auf andere aus: So empfahl die *Zeit*-Journalistin Elisabeth von Thadden im gleichen Jahr die Wahl der (chancenlosen) SPD-Kandidatin für das Amt des Bundespräsidenten, Gesine Schwan. Neben anderen Argumenten brachte sie vor, ihr Lebensgefährte Peter Eigen wäre ein „anregend kluger" potenzieller „Präsidentinnengatte".[51]

Zentral für die öffentliche Aufmerksamkeit von Transparency war international wie auch national der bereits vorgestellte Korruptionsindex. Seit 1995 bot er jährlich Anlass für Berichterstattung. Typisch für die mediale Reaktion waren Defizitgeschichten. Wir erinnern uns, wie sehr die Antikorruptionspamphlete darauf drängten, es müsse etwas geschehen. Dieser Tenor beherrschte auch die Kommentare zum Index. Obwohl Deutschland zu den am wenigsten korrupten Ländern zählte, machten die Journalisten aus der deutschen Position im Ranking ein Problem. Deutschland hatte stets eine Platzierung zwischen Platz 10 und 20, wobei die Anzahl der begutachteten Länder stetig wuchs. Die Kommentare bezeichneten Deutschlands Abschneiden als mittelmäßig. So gut wie nie fehlte der Hinweis, es gebe Staaten wie Dänemark, die besser dastünden. Umgekehrt wiesen die Kommentatoren darauf hin, Deutschland schneide nicht viel besser ab als Frankreich, Spanien oder Italien.[52] Und wenn Deutschland gelegentlich im Ranking nach oben sprang, so geschehen 2003 von Platz 20 auf Platz 16, ironisierten die Berichterstatter diesen aus ihrer Sicht nur scheinbaren Erfolg.[53]

Völlig unabhängig von den tatsächlichen Ergebnissen sahen die Berichterstatter im Ranking einen Anlass, sich Sorgen um die Sauberkeit der deutschen Politik und Wirtschaft zu machen. Dies hatte einen interessanten Nebeneffekt: Ein beliebtes rhetorisches Mittel bestand darin, Deutschland in die Nähe der größeren Korruptionssünder zu rücken. Damit reproduzierten die Kommentare vor allem die Musterbilder vom rückschrittlichen globalen Süden. Die moralischen Ansprüche hierzulande müssten deutlich höher sein als in der Dritten Welt, so die unausgesprochene Botschaft. Im Kontext der Debatte um die UN-Konvention fragte *Der Spiegel* 2003: „Warum soll Deutschland im Kampf gegen das ‚Krebsübel Korruption' [...] hinter Uganda oder Guatemala zurückfallen?" Im gleichen Artikel heißt es weiter: „Hält Deutschland am Vorbehalt für einen nationalen Sonderweg fest, blamiert man sich von Taka-Tuka- bis Lummer-Land." An Bananenrepubliken wollte man sich in Deutschland nicht messen.[54] Der Index funktionierte als Skandalisierungsanlass, weil er tiefsitzende Ressentiments gegenüber den südlichen Ländern ansprach. Osteuropa erschien gleichfalls in düsterem Licht. Unter dem Titel „Boom in Bakschikistan" versicherte *Der Spiegel*: „Die meisten ost- und mittelosteuropäischen Länder [stecken] in einem Sumpf aus Vetternwirtschaft, Bestechung und Kungelei."[55]

Transparency ist in der deutschen Öffentlichkeit stets selektiv wahrgenommen worden. Das zeigt besonders die Berichterstattung in der *tageszeitung*. Die *taz* bemerkte weder die neoliberale Grundierung vieler Lösungsansätze von Transparency, noch hinterfragte sie den Korruptionsindex. So lobte die *taz* die Strategie der „Inseln der Integrität", die ja auf der Logik von Freiwilligkeit und privatwirtschaftlichen Verträgen beruhte, also ein Regime, das vor allem auf die Selbstregulierung im internationalen Handel setzte. Sie stimmte sogar mit Peter Eigen darin überein, in erster Linie sei die Welthandelsorganisation WTO berufen, weltweite Antikorruptionsregeln durchzusetzen – und nicht etwa die Staaten.[56] Ein seltenes Beispiel für eine positive Berichterstattung über global agierende Wirtschaftsinteressen im ehemaligen Berliner Szeneblatt.

Wie schon erwähnt, verband die *taz* ihre Korruptionsberichterstattung oft mit dem Anliegen, die moralische Überheblichkeit des industrialisierten Westens gegenüber der Dritten Welt zu geißeln. Dennoch: Kaum eine Zeitung berichtete so regelmäßig wie die *taz* über den jeweils aktuellen Korruptionsindex, durchweg zustimmend. Unbeachtet blieb, wie sehr dieser die Ressentiments gegenüber dem globalen Süden festigte. Die *taz*-Journalisten hielten sich meist an die Kommentare von Transparency-Vertretern in der jeweiligen Pressekonferenz. Peter Eigen oder seine Mitstreiter unterstrichen dort regelmäßig, der Westen dürfe sich nicht zurücklehnen, der Norden habe eine Mitschuld am Korruptionsproblem, weil die Bestechung oft von westlichen Konzernen ausgehe. So titelte das Blatt 1996: „Die Reichen bestechen die Armen. Neue Hitliste".[57] Selbst als Peter Eigen bei der Vorstellung des Index von 1997 nicht ausschließen wollte, der Index könne „zuungunsten der Entwicklungsländer verzerrt" sein, blieb die *taz* voll des Lobes.[58] Anstatt die Methodik und den Ansatz eines derartigen Vergleichsindex kritisch zu diskutieren, zog die Zeitung aus solchen Kommentaren einen bemerkenswerten Schluss: Es sei „vor allem Transparency International zu verdanken, dass Korruption heute nicht mehr als ‚Dritte-Welt-Problem' betrachtet wird".[59]

Die Botschaften Transparencys waren also selbst für jene Journalisten zwingend, die in vielerlei Hinsicht völlig andere Werte und Ziele vertraten. Die Organisation machte ein Deutungsangebot der Wirklichkeit, das für viele Weltanschauungen anschlussfähig war – von den internationalen Großkonzernen bis hin zu kritischen linken Journalisten.

Für andere Organisationen blieb da wenig Raum. Das gilt vor allem für Business Crime Control (BCC). Gründer und Spiritus Rector war Hans See, einer der wenigen linken Korruptionskritiker. Von seinen Schriften wird später noch ausführlicher die Rede sein. BCC entstand zwar schon 1991, hatte aber eine eher kleine Mitgliederzahl – im Jahr 1995 rund 140 Personen. Es ging dem Gründer darum, fundierte Informationen über Wirtschaftskriminalität zu sammeln. Mitglieder und Mitstreiter des Vereins waren Wissenschaftler, Kriminologen und Journalisten. Einige der profiliertesten deutschen Korruptionspublizisten wie Hans Leyendecker, Jürgen Roth und Werner Rügemer unterstützten BCC.

Der Verein wollte ein nationales Informationszentrum aufbauen, das Fälle von Wirtschaftskriminalität dokumentieren sollte, denn, so Hans See, es gebe schlicht zu wenig empirische Erkenntnisse darüber. In einem zweiten Schritt sollten dann Vorschläge für den Kampf gegen das erarbeitet werden, was der Verein als „mafiöse Ethik" vieler Unternehmen bezeichnete. Konkret wandten sich See und seine Mitstreiter gegen unlautere Einflüsse der Wirtschaft auf die Politik, aber auch gegen Steuerhinterziehung, Subventionsbetrug, Umweltverschmutzung, illegale Beschäftigungsverhältnisse und Ähnliches mehr.[60] BCC positionierte sich in der Reformdebatte der 1990er-Jahre klar im linken Spektrum. Der Verein beklagte, „Sozial-Schmarotzer" würden zu Unrecht als Problem dargestellt, während die eigentliche Gefahr für den Sozialstaat in der Wirtschaftskriminalität „von oben" liege.[61]

Die Zeit berichtete 1995: „Am liebsten würde See seinen Verein für die Wirtschaft zu dem machen, was Greenpeace für die Umwelt ist und amnesty für die Menschenrechte. Doch er kennt auch den Unterschied: ‚Wir können nur über die intellektuelle Einsicht arbeiten', schränkt See ein, ‚unser Thema ist völlig ungeeignet für spektakuläre Aktionen.'"[62] Letztlich stand das weniger spektakuläre Ziel im Zentrum, Fachwissen zu erarbeiten.

Das Themenspektrum von BCC lag durchaus im Trend der Nachwendezeit. Es ging um die mangelnde Moral in Teilen der Wirtschaft. Außerdem beriet BCC regelmäßig die Opfer von Wirtschaftskriminalität, auch das eigentlich eine Tätigkeit, die für ein positives Image sorgen könnte. Mitgliedschaften von Publizisten und Fachleuten verliehen dem Verein Zugang zu Redaktionen und potenziell sicher auch zu Fachverwaltungen und der Politik. Außerdem gab es einen wortgewandten Vorsitzenden, der den Verein gut verkörperte, so jedenfalls war der Eindruck des *Zeit*-Journalisten im Jahr 1995.

In den ersten Jahren erhielt der Verein auch einige Aufmerksamkeit von überregionalen Medien. Insbesondere *die tageszeitung* ließ Vertreter von BCC gelegentlich mit Gastbeiträgen zu Wort kommen, neben Hans See vor allem den Kölner Publizisten Werner Rügemer, der auch Autor eines Buches über Korruption in seiner Heimatstadt war.[63] Doch BCC hatte auch mit einigen Nachteilen zu kämpfen, die den Verein offenbar weniger attraktiv für die öffentliche Debatte machten als Transparency. So war das Themenspektrum deutlich breiter; nur Transparency besaß die Fokussierung auf das Thema Korruption. Entscheidend war aber vermutlich vor allem der unterschiedliche politisch-ideologische Hintergrund beider Vereinigungen. Hans Sees Antrieb war die Überzeugung, kapitalistisches Handeln verleite zu Kriminalität.[64] Anders als Transparency und die Ökonomen der 1990er-Jahre sah er im Kapitalismus kein Instrument einer moralischen Besserung, im Gegenteil.

Dies ist vermutlich auch ein Grund, warum BCC und Transparency keine gemeinsamen Aktionen durchführten. Im Rückblick sieht See in Transparency gar eine Art Placebo, nicht ohne verschwörungstheoretische Anklänge. Auf seiner persönlichen Homepage führte er im Jahr 2018 aus, der Kampf gegen Korruption sei ein erfolgreiches Ablenkungsmanöver im Dienst der Großkonzerne gewesen. Durch die Konzentration auf Korruptionsbekämpfung werde die berechtigte Wut der Menschen über wirtschaftliche Ungerechtigkeiten auf Staat, Parteien und Parlamente anstatt auf die Manager und Konzerne gelenkt.[65]

Nach der Jahrtausendwende erweiterte sich das Spektrum korruptionskritischer Verbände. In Köln startete 2005 die Organisation LobbyControl, die sich dem Kampf gegen verdeckte politische Einflussnahme verschrieb. Die Organisation begann zunächst mit dem Ziel, den Einfluss unterschiedlicher Interessengruppen auf die EU-Bürokratie offenzulegen. Bald weitete sich die Aufmerksamkeit auf die Berliner Szene aus. LobbyControl berichtete über Aktivitäten von Lobbyisten in Ministerien, über Nebeneinkünfte und Wechsel von Politikern auf gut bezahlte Posten in der Privatwirtschaft. Die Organisation sah sich als Kämpferin für Demokratie und gegen das Gefühl der Machtlosigkeit bei den Bürgern. Auch die Arbeit von LobbyControl basierte auf einem kapitalismuskritischen Ansatz und beklagte den Einfluss internationaler Konzerne.

LobbyControl trat mit Studien und mit kampagnenartigen Protestaktionen an die Öffentlichkeit. 2006 wurde die noch junge Organisation mit einer Untersuchung über das wirtschaftspolitische Profil der Gäste in der Politiktalkshow „Sabine Christiansen“ bekannt. Diese Sendung wurde zwischen 1998 und 2007 ausgestrahlt. Sie gehörte zu den ersten und einflussreichsten dieser Art und begleitete die Regierungszeit der rot-grünen Koalition sowie die Anfänge der Ära Merkel. Nicht zuletzt die Reformpolitik Gerhard Schröders und seine Agenda 2010 wurden hier in wöchentlichem Rhythmus kommentiert. Die Studie von LobbyControl hielt fest, die Sendung bevorzuge wirtschaftsnahe und neoliberale Meinungen durch die Auswahl der Gäste. Diese Bevorzugung werde jedoch systematisch verschleiert. So könne der falsche Eindruck entstehen, die Fachwelt sei sich einig darüber, allein wirtschaftsfreundliche Reformforderungen wären sinnvoll.[66] Zu den weiteren Aktionen gehörten der seit 2005 jährlich verliehene „Worst EU Lobby Award“, eine 2007 erschienene Studie über den Wechsel ehemaliger rot-grüner Regierungsmitglieder in Unternehmen und Lobbyorganisationen sowie eine 2008 geführte Kampagne gegen „Lobbyisten in Ministerien“.[67]

Ein Jahr später als LobbyControl, nämlich 2006, startete die Internetplattform Abgeordnetenwatch.de auf Bundesebene. Entstanden war ein Vorläufer schon 2004 auf Landesebene in Hamburg. Die Seite wurde durch einen eingetragenen Verein mit dem Namen „Parlamentwatch“ getragen, der sich durch Spenden finanzierte. Im Kuratorium dominieren bis heute Personen mit engem Bezug zu Hamburg, darunter viele Medienschaffende. Abgeordnetenwatch.de hatte 2009 nach eigenen Angaben einen festen Mitarbeiter und mehrere ehrenamtliche Kräfte; acht Jahre später verfügte die Organisation bereits über elf Vollzeitstellen.

In kritischer Absicht dokumentierte die Onlineseite Aussagen von Politikerinnen und Politikern sowie ihr Abstimmungsverhalten im Deutschen Bundestag. So könne ersichtlich werden, ob die Abgeordneten ihren Worten auch Taten folgen ließen. Zudem verzeichnete die Seite Nebentätigkeiten der Politikerinnen und Politiker, um mögliche Interessenkonflikte ans Tageslicht zu bringen. Tatsächlich stellte Abgeordnetenwatch.de Informationen zur Verfügung, die auch schon vor ihrer Einrichtung öffentlich, jedoch nur mit gewissem Aufwand erhältlich waren. Außerdem wandte sich die Seite mit konkreten Anfragen an einzelne Politikerinnen und Politiker und dokumentierte die Antworten.

Das Konzept von Abgeordnetenwatch.de basierte auf der Hoffnung, durch den Einsatz des Internets könne Transparenz im Verhältnis zwischen Bürgern und Politikern geschaffen werden. Zwei typische Annahmen lagen dem zugrunde: Das Internet helfe, den Zugang zu Informationen zu demokratisieren; und die Idee, Mandatsträger sollten Rechenschaft über ihre Interessen und Verhaltensweisen ablegen – Letzteres eine Maxime, die wir unter anderen Vorzeichen bereits im Kontext von guter Regierung kennengelernt haben. Auf derartige Transparenzforderungen reagierten einige Abgeordnete im Übrigen mit eigenen Veröffentlichungen ihrer Tätigkeiten; davon wird weiter unten noch die Rede sein.

Auch Abgeordnetenwatch.de war keine neutrale Informationsplattform, sondern trat mit politischen Kampagnen hervor. 2012 startete eine Petition an den Deutschen Bundestag mit dem Titel „Abgeordnetenbestechung bestrafen" – Ziel war eine einschlägige Gesetzesnovelle. Immer wieder setzte sich Abgeordnetenwatch.de kritisch mit der Rolle von Lobbyisten im Deutschen Bundestag auseinander.

Gelegentlich gelang es der Seite auch, kleinere Skandale auszulösen, so geschehen im Mai 2007, als ein Onlinebericht über den damaligen CDU-Bundestagsabgeordneten Carl-Eduard Graf von Bismarck aus Schleswig-Holstein erschien. Abgeordnetenwatch.de hatte in Kleinarbeit die Anwesenheitslisten für die Plenarsitzungen des Bundestages ausgewertet. Dabei kam heraus, dass Bismarck nicht einmal an der Hälfte der

Bundestagssitzungen jenes Jahres teilgenommen hatte.[68] Ich werde weiter unten noch einmal kurz auf diesen Fall zurückkommen.

LobbyControl wie auch Abgeordnetenwatch.de führten gelegentlich gemeinsame Kampagnen mit Transparency International durch. In ihrer inhaltlichen Ausrichtung verstanden sich LobbyControl und Abgeordnetenwatch.de jedoch eher kapitalismus- und wirtschaftskritisch, was sie von Transparency unterscheidet.

Im Umfeld der Korruptionsdebatte entstanden weitere Gruppen und Initiativen, mit teilweise stark ausdifferenzierten und begrenzten Zielen. Ein Beispiel ist die Gruppe „MEZIS". Sie bezog sich auf Debatten über unlauteren Wettbewerb und Korruption im Gesundheitswesen. Die Initiative „Mein Essen zahl' ich selbst – Initiative unbestechlicher Ärztinnen und Ärzte (MEZIS)" entstand 2007. Sie war inspiriert von der Bewegung No Free Lunch aus den USA, die seit 2000 bestand. Es handelt sich um ein lockeres Netzwerk mit sehr niedrigen Beitrittshürden: Im Wesentlichen müssen sich die Mitglieder zu den Werten des Vereins bekennen. Auf der Homepage finden sich Informationen über den Einfluss der Pharmaindustrie auf das Behandlungsverhalten von Ärzten. Außerdem können Patienten über das Internet MEZIS-Ärzte in ihrer Nähe recherchieren. MEZIS ist im Kern eine Plattform, auf der sich Ärztinnen und Ärzte dazu bekennen, keine Vergünstigungen von Pharmafirmen anzunehmen. Das Ergebnis ist eine Mischung aus Aufklärung über Missstände einerseits und Werbung für Qualität, Ehrlichkeit und Unabhängigkeit der Mitglieder. Zehn Jahre nach der Gründung hatte das Netzwerk rund 9.000 Mitglieder. MEZIS meldete sich auch mit Kampagnen zu Wort, forderte ein strafrechtliches Verbot von Bestechlichkeit im Gesundheitsweisen, insbesondere ein Verbot der Geschenkannahme analog zum Beamtenrecht, und arbeitete gelegentlich mit Medien wie etwa dem ARD-Magazin Panorama zusammen.[69]

Nichtregierungsorganisationen sind seit den 1990er wesentliche Bestandteile des politischen Betriebs geworden. Sie konnten vor allem in der Korruptionsbekämpfung für sich in Anspruch nehmen, unabhängig von wirtschaftlichen Interessen für eine bessere Moral und für das Gemeinwohl einzutreten. Als einzige Akteure des politischen Betriebs galten sie in der öffentlichen Debatte als glaubwürdig. Dies lag auch daran, weil sie von Beginn an als Gegenentwürfe zur Berufspolitik antraten. Zwar stellten auch die erfolgreichen NGOs bald hauptamtliche Mitarbeiter ein, aber die öffentlich sichtbaren Führungsfiguren waren wie Peter Eigen ehrenamtlich tätig.

Der Deutungsrahmen

Die Wiederkehr des Antikorruptionspamphlets

Korruption kam nicht nur in staubtrockenen Forderungskatalogen von Verwaltungsjuristen vor und sie ist auch nicht nur von politischen Gruppen gegeißelt worden. Korruption wurde ab den frühen 1990er-Jahren Gegenstand von Büchern. Zu diesem Zeitpunkt tauchte nämlich eine Gattung auf dem Buchmarkt auf, die seit den frühen 1930er-Jahren in Deutschland fast völlig verschwunden war: das Antikorruptionspamphlet. Die Antikorruptionspamphlete entwarfen schon sehr früh, vor der Gründung von Transparency, ein umfassendes Bild moralischer Düsternis in der Bundesrepublik. Doch zunächst ein kurzer Blick zurück in die Geschichte.

Schon in den ersten Jahrzehnten nach der Reichsgründung von 1871 hatten solche Schriften in Deutschland eine erste Blütezeit erlebt. Kritiker von Bismarcks Wirtschaftspolitik überzogen den Reichskanzler, führende Politiker und Unternehmer mit dem Verdacht der Korruption. Sie veröffentlichten Broschüren und Bücher mit Enthüllungen vermeintlicher und wirklicher Skandale. Vor allem beschrieben sie die gesamte Machtelite der Zeit als durchtriebene Korrumpeure. Interessanterweise meldeten sich die von Bismarck in den Untergrund getriebenen Sozialdemokraten in dieser Debatte gar nicht zu Wort. Die Autoren stammten vielmehr aus konservativen Kreisen; sie warfen dem Kanzler seine liberale Wirtschaftspolitik vor, seine Kumpanei mit dem Finanzbürgertum. Korruptionskritik war hier konservative Kapitalismus- und Modernekritik, im Lauf der Zeit immer stärker gewürzt mit einer schwer genießbaren Prise Antisemitismus. Auch wenn diese Texte im antiliberalen Ressentiment badeten, ihre Autoren bemühten sich durchaus mit detaillierten Belegen für ihre Vorwürfe um Glaubwürdigkeit.[70]

Die zweite Hochphase des Antikorruptionspamphlets fiel in die Weimarer Republik. In der Zwischenkriegszeit erlebte Deutschland die bislang intensivsten und heftigsten Korruptionsdebatten. Sie richteten sich meist gegen die Parteien der Weimarer Koalition und ihnen nahe stehende Unternehmer, also gegen die Demokraten. Der gemeinsame Nenner jener Texte bestand darin, Parlament und Regierung seien korrupt und unternehmerhörig. Kapitalisten und Demokraten bereicherten sich gemeinsam auf Kosten des Volkes. Auch der Antisemitismus blieb ein wichtiges Motiv. In der Zwischenkriegszeit zählten die Autoren oft zu rechtsautoritären Gruppen und waren fast immer Republikfeinde. Die nicht enden wollenden Debatten über Sklarz, Kutisker, Barmat, Sklarek und viele weitere waren mit entscheidend für die Destabilisierung Weimars und den Misserfolg der ersten deutschen Demokratie. Neben Zeitungskampagnen erschien auch eine breite Palette von Pamphleten – einige waren schlicht Sammlungen von Zeitungsartikeln, andere breiteten umfangreiches eigenes Material aus. Es erschienen politische Streitschriften, pseudowissenschaftliche Abhandlungen und satirische Bücher oder Broschüren.[71]

In dieser zweifelhaften Tradition standen und stehen jene Antikorruptionsbücher, die ab den 1990er-Jahren auf den Markt kamen. Allerdings kannten wohl weder die Autoren noch ihr Publikum diese Tradition. Pamphletisten wie Otto von Diest-Daber oder Otto Glagau sind zu Recht in Vergessenheit geraten. Außerdem unterscheiden sich die modernen Pamphlete in zwei entscheidenden Punkten von ihren Vorläufern: Es gab hier keinerlei antisemitische Korruptionskritik mehr und die Autoren sorgten sich um die Demokratie, sie bekämpften sie nicht.

Das Wort Pamphlet hat im Deutschen einen negativen Klang. Ich möchte den Begriff hier eher neutral als politische Streitschrift verstanden wissen, so wie das Wort *pamphlet* im Französischen. Eine Streitschrift widmet sich einem politischen oder gesellschaftlichen Thema. Sie vermittelt eine klare Botschaft, spitzt zu, will aufrütteln. Dabei werden Argumente und Belege präsentiert – aber es gibt eben auch viel Polemik und Schmähung, jedenfalls nur selten abwägend differenzierende Argumentationsketten. Dies trifft allemal auf die Bücher zu, um die es in diesem Kapitel geht.

Dafür sprechen schon Titel wie „Bananenrepublik Deutschland", „Die Korruptionsfalle" oder „Der Sumpf". Auf einem Buchcover fand sich das Label „Der Abzocker-Report".[72] Seit den frühen 1990er-Jahren erschienen diese Titel auf dem Markt und sie fanden offensichtlich Aufmerksamkeit, beispielsweise durch Besprechungen in Zeitungen und Interviews mit den Autoren. Diese Texte verdichteten gleichsam Themen, Thesen und Tonalität in der deutschen Korruptionsdebatte. Viele glichen sich, oft bis in einzelne Formulierungen. Was beim Lesen gelegentlich ermüdet, macht im Ergebnis aber deutlich, wie die Debatte über Korruption „funktionierte". Ich werde weiter in der Vergangenheitsform über diese Bücher schreiben, aber: Vieles von dem, was über die zwei Jahrzehnte ab 1990 zu sagen ist, gilt bis auf den heutigen Tag. Der Strom dieser Literatur ist etwas dünner geworden, aber nie ganz versiegt. Es wirkt wie ein Standbild: Rhetorik, Alarmismus, Argumente haben sich nach etwa 1995 kaum noch verändert.

Ein Großteil der Antikorruptionspamphlete stammt von investigativen Journalisten. Sie „verwerteten" ihre Recherchen in Buchform, nachdem sie sie in Tages- oder Wochenzeitungen oder im Rundfunk erstmals veröffentlicht hatten. Die meisten dieser Bücher enthielten also vielfach Detailstudien zu Einzelfällen. Die Autoren hatten im Buchformat Gelegenheit, ihre Einzelfälle in größere Zusammenhänge einzubetten, was im Tagesgeschäft meist nicht möglich war. Hans Leyendecker, von dem schon kurz die Rede war, gehörte zu den produktivsten Autoren in diesem Bereich; drei Bücher von ihm werden näher betrachtet. Die Antikorruptionsliteratur war jedoch nicht exklusiv eine journalistische Angelegenheit. Auch die schon erwähnten Wissenschaftlerinnen und Wissenschaftler meldeten sich zu Wort, ebenso wie Praktiker, darunter etwa Wolfgang Schaupensteiner. Ein Teil der Antikorruptionsexperten trat *auch* als Pamphletautor in Erscheinung.

In manchen Fällen war die Aufmerksamkeit für ein Buch sehr hoch, wobei das vor allem für die Frühzeit der 1990er-Jahre gilt, als das Genre noch neu war. Ein Beispiel: Der Kölner Soziologe Erwin Scheuch brachte gemeinsam mit seiner Frau Ute Scheuch 1992 im Rowohlt-Verlag ein Taschenbuch über „Cliquen, Klüngel und Karrieren" auf den Markt.[73] Es war nicht das erste, aber eines der frühen Bücher zum Thema Patronage und Günstlingswirtschaft in der Politik. Dieses Buch besaß eine pikante Vorgeschichte. Ursprünglich hatte die Wirtschaftsvereinigung im Landesverband Nordrhein-Westfalen der CDU den Kölner Professor und seine Frau um ein Gutachten gebeten. Die Auftraggeber wollten wissen, warum so wenige Wirtschaftsvertreter in den Parlamenten saßen. Das Soziologenehepaar lieferte allerdings keine Argumentationshilfe für die Gremienarbeit, sondern setzte die Axt am Stamm der Parteiendemokratie an. Sein Fazit: Grassierender Postenschacher habe verhindert, dass fähige Fachpolitiker in wichtige Ämter kommen. Die CDU in NRW versuchte, das Papier in der Versenkung verschwinden zu lassen, was den Autoren offensichtlich missfiel. Jedenfalls fand die Studie ihren Weg in die Medienöffentlichkeit. Erwin und Ute Scheuch berichten in ihrem Buch genüsslich über das bundesweite Medienecho auf das nur rund zwei Dutzend Seiten lange Gutachten – *Die Zeit, FAZ, Der Spiegel, Bild, Tagesthemen*, RTL, WDR – kaum ein Medium ohne Reaktion auf die Diagnose. Offenbar hatten die beiden einen Nerv getroffen. Die Redaktionen stimmten der Diagnose kaum verhohlen zu. Um die Dynamik der Debatte zu nutzen, stellten die beiden eine Reihe von Fällen und Analysen zu einem Büchlein mit rund 170 Seiten Text zusammen. Der Erfolg gab ihnen recht: Noch im Erscheinungsjahr erreichte das Buch eine Auflage von 56.000, bis 1996 stieg sie auf 77.000 Stück. Die Scheuchs nutzten die Aufmerksamkeitsökonomie moralisierender Politikberichterstattung geradezu perfekt – ironischerweise warfen sie genau dies mit bitteren Worten dem politischen Personal vor.[74]

Das lenkt den Blick auf ein weiteres Merkmal dieser Literatur: Die Pamphlete sind alles andere als widerspruchsfrei. Häufig passen Diagnosen und Lösungen oder unterschiedliche Teildiagnosen schlicht nicht in eine stringente Argumentation. Auch dies ist aber kein Nachteil, im Gegenteil: Gerade in den Widersprüchen werden zentrale Annahmen deutlich. Es wird darauf zurückzukommen sein.

Welche Themen, welche Missstände behandelten die Autoren? Die Scheuchs beschrieben – wie fast alle ihre Autorenkollegen – den Zustand des Parteiensystems, Klientelismus und Postenvergabe im politischen Bereich. Andere Bücher behandelten Korruption in der öffentlichen Verwaltung, Selbstbereicherung von Beamten oder Politikern, den schädlichen Einfluss der Wirtschaft und den Skandal des Lobbyismus in der Politik. Einige Autoren strichen auch Verbindungen zum organisierten Verbrechen und zur Wirtschaftskriminalität heraus, vor allem Hans Leyendecker.

Zentrales Anliegen war in den 1990er-Jahren, auf die Existenz von Korruption hinzuweisen. In schier endlosen Variationen lesen wir in den Büchern, dass Korruption auch in Deutschland allgegenwärtig sei. Unzählige Passagen kritisieren die Illusion, Korruption sei eine Angelegenheit von Drittweltstaaten. Der Print- und Hörfunkjournalist Reiner Scholz kritisierte „Lebenslügen“ der deutschen Gesellschaft über die Sauberkeit der Verwaltung.[75] Darum ging es den Pamphletisten: Sie wollten aufrütteln und Missstände sichtbar machen. Sie wirkten damit an der Etablierung des Politikfelds Korruptionsbekämpfung aktiv mit.

Mit diesem Ziel eng verbunden war offenbar auch die Tonalität der Sprache in den Büchern. Von großen Gefahren für die Demokratie, von gewaltigen Dunkelzonen in der Gesellschaft war die Rede. Außerdem verwendeten so gut wie alle Autoren Metaphern und Begriffe rund um das Thema Schmutz und Sauberkeit: „Es stinkt in Frankfurt aus allen Kanälen", so kommentierte Leyendecker die Ermittlungsergebnisse Schaupensteiners in der Bankenmetropole.[76]

Die Ansprüche der Autoren an sich selbst und ihre Arbeit äußerten sich in einer guten Portion Pathos und Moralisierung. Der Rundfunkjournalist und Publizist Jürgen Roth begründete sein Buch so: „Damit will ich verhindern, daß etwa meine Tochter Leyla später einmal in einer Welt leben muß, in der allein Kategorien wie Selbstbereicherung, Egoismus und soziale Verantwortungslosigkeit gelten"[77] – nichts Geringeres als eine bessere Welt war die selbst gelegte Messlatte. Umso düsterer fiel die Bewertung der existierenden Welt aus. Im gleichen Buch heißt es ein paar Seiten weiter: „Politische Moral ist eine Hure und Korruption die international gültige Währung, mit der Liebesdienste bezahlt werden."[78] Mit diesem etwas schiefen Bild kommentierte Roth eine Äußerung von Bundeskanzler Kohl, als der 1995 den indonesischen Staatspräsidenten Suharto in Bonn empfing. Kohl wünschte sich engere wirtschaftliche Beziehungen, obwohl Indonesien zu den korruptesten Staaten der Welt gehöre, so der Autor. Dieser Ton war indes charakteristisch für die meisten Antikorruptionspamphlete – ihr Erregungspotenzial leitete sich davon ab, dass Korruption vor allem eins war: unmoralisch.

Pathetische Moralisierung ließ ironische Distanz nicht zu. Wenn Passagen ironisch daherkamen, dann eher in der Nähe des Sarkasmus. Die Formulierung „Wir in unserem neuen, gutgeschmierten Großdeutschland" richtete Wolfhart Berg offenbar gegen das Wiedervereinigungspathos von Helmut Kohl. Wenn der gleiche Autor „Skepsis gegenüber falschen Moralpredigern" anmahnte, meinte er nicht die Korruptionskritiker.[79] Es ging darum, die richtigen Moralpredigten zu halten.

Aus der Reihe fiel einzig ein recht frühes Büchlein aus der Feder des Psychoanalytikers und Aktivisten Horst-Eberhard Richter. Kurz vor der Wende publizierte er ein ironisches Buch, in dem ein fiktiver Patient seinem Therapeuten den eigenen Werdegang erzählt.[80] Dieser Patient ist Politikberater und stimmt das Hohelied auf die Korruption an. Natürlich arbeitete Richter mit doppeltem Boden. Es ist kaum zu übersehen, dass er den Politikberater als Zyniker und Lügner porträtiert. Offenbar haben das viele Leser und sogar Rezensenten falsch verstanden. In einem Vortrag bei der Evangelischen Akademie in Bad Boll klagte Richter, man habe ihn für einen Korruptionsverteidiger gehalten[81], und das, obwohl der Umwelt- und Friedensaktivist Richter nun wirklich nicht als Zyniker bekannt war. Ihn misszuverstehen zeigt, wie pathetisch und moralisch die Debatte aufgeladen war: Für ironische Distanzierung gab es schlicht kein Verständnis. Moral war das entscheidende Konzept – wir kommen bei der Ursachenforschung der Pamphletisten darauf zurück.

Warum Korruption? Übeltäter und Ursachen in den Antikorruptionsschriften

Die Antikorruptionspamphlete waren notwendigerweise kritisch – und sie richteten ihre Kritik an drei Gruppen: „Unternehmer, Beamte und Politiker".[82] Sie spielten in wechselnden Konstellationen die Rolle der Schurken. Die Pamphlete malten allesamt ein düsteres Bild von „Postenjägerei und Vetternwirtschaft" einer „Politikerkaste", die den Staat als „Selbstbedienungsladen" betrachte.[83] Das Politikerimage in dieser Literatur war denkbar schlecht, bis hin zur Pathologisierung. In dem Buch „Die Machtmaschine" von 2013 wird die These vertreten, Politiker hätten in der Regel eine „narzisstische Störung" und sie würden charakterlich vom Spiel um Macht und Einfluss verdorben.[84] Diese Vorstellung von der Politik als „schmutzigem Geschäft" mit zwielichtigem Personal setzte den Grundton vieler Bücher – und dieselbe Tonlage fand sich in den 1990er-Jahren zunehmend in der Presse. Was Mitte der 1980er-Jahre noch provokativ erschien, das war zehn Jahre später ein routiniert vorgetragener Allgemeinplatz.

Gern bezeichneten die Autoren die Parteipolitik als „feudales System". Diesen Begriff hatten Ute und Erwin Scheuch geprägt. Politik sei auf reinen Machterhalt konzentriert und zu einem selbstbezüglichen Betrieb degeneriert. Er diene der Versorgung mit Einkommen und Einfluss. Mit Feudalisierung bezeichneten sie den „personenbezogenen" „Tausch von Privilegien gegen Treue" in den Parteien. Es herrschten Netzwerke und Seilschaften. Die Scheuchs wählten den vormodernen Begriff mit Bedacht. Er vermittelte Zweifel an der demokratischen Legitimation der Regierungen. Die Scheuchs verglichen die Mechanismen in der Bundesrepublik mit den „Feudalherren“ in den ehemaligen sozialistischen Diktaturen. Auch herrsche in Deutschland eine „Mehrparteienobrigkeit“, die faktisch nicht abwählbar sei. Weil die Menschen dies spürten, würden sie die Parteien verlassen und immer seltener zur Wahl gehen.[85] Solche Gedanken konnten sich auf Beobachtungen aus der Flick-Affäre stützen und fanden breiten Zuspruch. Die politischen Parteien schienen den finsteren Zeiten der Vormoderne entsprungen.

Eine weitere Gruppe von Beteiligten waren Unternehmer – je nach Kontext Inhaber kleiner Handwerksbetriebe, die sich kommunale Aufträge erschlichen, oder Unternehmensführer von Weltkonzernen. Auch die Urteile über Unternehmer und Manager fielen hart aus. Oft kritisierten die Autoren „Korruption als Teil der Geschäftspolitik“, so Britta Bannenberg und Wolfgang Schaupensteiner in ihrem gemeinsamen Buch aus dem Jahr 2004. Die deutsche Wirtschaft handle unfair und verhalte sich gegenüber Behörden und Politikern grundsätzlich illegal. Korruption sei eine Form „organisierter Wirtschaftskriminalität“.[86] Auch Hans Leyendecker stellte diesen Zusammenhang schon am Beginn der 1990er-Jahre her. Sein Ausgangspunkt war die Mafia, ihr wachsender, fast überall in Deutschland spürbarer Einfluss, verbunden mit Geldwäsche, Drogenmarkt und Waffenhandel. Banken und Konzerne seien wissentlich oder unwissentlich in diese Geschäfte verstrickt. Für die deutsche Volkwirtschaft seien die Geschäfte der Mafia mittlerweile unverzichtbar. In diesem Zusammenhang müsse man auch die Bestechlichkeit von Politikern betrachten.[87]

In den Fallbeispielen zur Verwaltungskorruption fokussierten die Autoren naturgemäß auf die Beamtenschaft als Tätergruppe. Die Staatsdiener erhielten ähnliche Merkmale und Charaktereigenschaften wie die Politiker angeheftet. Ein *Spiegel*-Titel zum Thema Korruption zeigte auf dem Cover einen Beamten, der den Lesern unter seinem Schreibtisch die aufgehaltene Hand entgegenstreckt.[88]

Welch ein Gegensatz zum Konsens über die korruptionsfreie deutsche Beamtenschaft in den 1950er-Jahren! Auch die Beamtenschelte besaß einen breiteren Hintergrund. Seit den 1980er-Jahren waren Entstaatlichung, Liberalisierung, Deregulierung und Privatisierung einst staatlicher Aufgaben ein weltweiter Trend, der auch vor der Bundesrepublik nicht haltmachte. Diese wirtschaftspolitische Agenda wurde von einer Art staatskritischen Folklore begleitet. Interessanterweise trugen dazu wirtschaftsliberale, aber auch linksliberale Trends bei. Denn seit der Studentenrevolte galten traditionelle, darunter auch staatliche Autoritäten zumindest als begründungspflichtig. Hoheitliches Handeln fand nicht mehr in einem vor Zweifel geschützten Raum statt. Ausgerechnet Beamten pauschal ein gutes Moralzeugnis auszustellen, schien kaum noch vertretbar. Hinzu kamen stilistische Fragen: Korrektheit – ein Merkmal, das man Beamten traditionellerweise zusprach – erschien zunehmend wie Spießertum. Daneben stand das wirtschaftsliberale Argument: Beamte und staatliche Strukturen seien zu schwerfällig, ineffizient und zu teuer. Individuelle Leistung werde im Laufbahnsystem der Beamten nicht belohnt und deshalb werde sie auch nicht erbracht. Das schon erwähnte Prinzip der Rechenschaftspflicht (accountability) sollte auch auf die Staatsdienerschaft ausgeweitet werden.

Beide Elemente befeuerten eine populäre, extrem beamtenkritische Debatte in den 1990er-Jahren. *Der Spiegel* verkaufte seine Ausgabe vom 27.10.1997 mit der Titelschlagzeile: „Die Beamten. Zu mächtig, zu teuer, zu träge". Ähnlich wie bei der „Feudalismus"-Kritik an den Parteien war es üblich, Beamte und Beamtenrecht mit Begriffen aus der Vormoderne zu belegen. „Privilegien, Pfründen & Pensionen", mit diesem Untertitel in Stabreimform erschien 1997 eine Streitschrift über Beamte im linksliberalen Eichborn-Verlag.[89] Ein Mythos löste den anderen ab: Das Bild vom faulen oder wahlweise habgierigen Staatsdiener trat an die Stelle des preußisch-korrekten Unbestechlichen. Hans Leyendecker vertrat denn auch die Ansicht, man solle die Anzahl der politischen Beamten verringern, um Korruption einzudämmen.[90]

Neben Politikern, Unternehmern und Beamten richteten einige Autoren den Blick auf die eigene Zunft. Zwar haben Journalisten im juristischen Sinn wenig Gelegenheit, bestechlich zu sein, da sie keine Amtsträger sind. Doch in den Antikorruptionspamphleten ging es ja nicht um juristisch korrekte Tatbestände – die öffentliche Moral stand im Zentrum. Deshalb kritisierten sie Mechanismen, die Journalisten dazu verleiteten, nicht unabhängig zu berichten. Auf der einen Seite standen Vergünstigungen für Journalisten von Firmen, über die die Presseleute anschließend berichteten. Umgekehrt setzten Journalisten Firmen gezielt unter Druck, um persönliche Vorteile zu erhalten. Solche Praktiken gebe es überall, auch bei seriösen Magazinen wie dem *Spiegel*.[91] Verglichen mit den anderen Personengruppen waren die Abschnitte über Journalisten aber selten und kurz.

Bei so viel Material stellt sich die Frage, worin die Autoren die Korruptionsursachen sahen. Wer war schuld? Die Antwort lautete: alle. Grund für die Korruption war in den Augen der Autoren der Niedergang der kollektiven Moral. Fast alle Menschen seien käuflich, hieß es bei Wolfhart Berg und in Deutschland herrsche die „Raffke-Gesellschaft". Jeder schiebe die Schuld auf andere ab, doch längst sei eine Mehrheit schon „abhängig" von Korruption.[92] Es sind also individuelle Gründe, ein Niedergang von Anstand und Sitten, die die Autoren in der Regel verantwortlich machten. Im Kern kritisierten sie, Menschen vernachlässigten um ihres eigenen Vorteils willen das Gesamtwohl und die Gesetzestreue. Bannenberg und Schaupensteiner sahen Korruption als eine Erscheinungsform des „Volkssports" Sozialbetrug, Steuerhinterziehung und Schwarzarbeit.[93]

Dazu passten Erklärungen für Korruptionsanfälligkeit in der individuellen Psyche. Je geringer die Arbeit von Beamten in der Öffentlichkeit gewürdigt werde, umso so größer sei die Neigung des „Amtsdieners", sein „Ich" mit Extraeinkommen zu streicheln. „Lust" am Geld und „Machtrausch" waren weitere Erklärungen.[94] So gut wie alle Bücher kritisierten, es gebe keine moralischen Vorbilder mehr. Wahlweise hieß es, die Eliten seien das genaue Abbild der Bevölkerung oder umgekehrt: Die Bevölkerung verhalte sich so, weil die Eliten kein gutes Vorbild mehr abgäben. Dahinter stand die Vorstellung vom moralischen Niedergang. Die Bevölkerung und die Öffentlichkeit stumpften zunehmend ab. Wolfgang Schaupensteiner erklärte es 1994 in einem Interview so: In den 1950er- und 1960er-Jahren „konnte man mit Begriffen wie Pflichterfüllung, Loyalität, Moral durchaus etwas anfangen. Heute wird rücksichtslose Hemdsärmeligkeit und Ellenbogenmentalität als Dynamik bezeichnet". Das gelte für die gesamte Gesellschaft und deshalb auch für die Staatsdiener.[95]

Die meisten Autoren sind dem linksliberalen Spektrum zuzuordnen. Charakteristisch ist eine Passage bei Wolfhart Berg. Er sah einen Grund für den moralischen Niedergang in der gesellschaftspolitischen Stimmung der Kohl-Ära. Der Kanzler und viele Politiker wie Franz Josef Strauß hätten in den 1980er-Jahren kritische Geister wie Günter Grass, Jürgen Habermas oder Heinrich Böll verunglimpft. Damit habe die gesamte öffentliche Debatte an Qualität verloren. „Je kritikfeindlicher" die Autoritäten, desto „kritikloser akzeptieren die Massen unmoralische neue Normen" in einer „immer egozentrischer werdenden Gesellschaft".[96] Die Parteinahme für linke Kritiker verband sich mit einem erstaunlichen Glauben in die Vorbildfunktion von Eliten. Dies ist einer der großen Widersprüche in der Antikorruptionsliteratur: Sie ist durchdrungen von beißender Elitenkritik, die gar die Legitimität der Führungsschichten in Politik, Verwaltung und Wirtschaft verneint. Zugleich setzt diese Literatur alles auf eine moralisch erneuerte Elite.

Hier lässt sich gleich ein weiterer Widerspruch anschließen: Viele Autoren informierten sich recht gut über die Geschichte von Korruption. Sie konnten dann auch darstellen, dass es Korruption im Kaiserreich und vor allem auch in der frühen Bundesrepublik gegeben habe – die Hauptstadtaffäre, der Fall Kilb, gelegentlich auch der Stimmenkauf für Willy Brandt tauchten in den Büchern auf. Sie belegten den scheinbar zeitlosen Charakter der Korruption. In den gleichen Büchern lesen wir aber auch, Korruption sei in den letzten Jahren besonders schlimm geworden. Wie sich beide Aussagen zueinander verhalten, wurde kaum reflektiert. Daraus kann man nur den Schluss ziehen, dass das Argumentationsmuster des Niedergangs notwendig war, um Aufmerksamkeit zu erzeugen und weil die Moral im Mittelpunkt der Argumente stand.

Niedergangsrhetorik und enttäuschte Hoffnung in das Vorbild von Eliten – dies sind eigentlich Ingredienzien konservativer Kulturkritik. Offensichtlich war das den meisten Autoren nicht bewusst.

Es gab aber ein klar konturiertes Vorbild, nämlich die Scheuchs. Sie gehörten nicht zum linksliberalen Spektrum, sondern positionierten sich eindeutig im Bereich des Kulturkonservatismus. Die Scheuchs waren überzeugt, Befähigung und Sachkompetenz spielten in der Politik keine Rolle mehr. Seit der Studentenrevolte von 1968 mit ihrem Misstrauen gegenüber jedem Expertentum hätten sich die Prioritäten im politischen Geschäft verschoben. Es gehe nun nur noch um das mediale Verkaufen von moralisch aufgeladenen Scheinthemen. Die „Invasion der Kulturberufe" im politischen Personal habe die Fachleute vollends an die Seite gedrängt.[97] Im Grunde beklagten die Scheuchs, Leistungseliten seien durch Schaumschläger ersetzt worden, harte Themen durch Scheinpolitik. Diese Diagnose wollten viele Beobachter nicht teilen – obwohl sich in den 1990er-Jahren durchaus Kritik an der „Symbolpolitik" entzündete. Gunter Hofmann, Leiter des Bonner Büros der *Zeit* und nicht gerade ein Apologet der Parteien, verriss die zentrale These der Scheuchs dann auch als „abenteuerlich banal".[98]

Gleichwohl: Die Scheuchs beeinflussten den Ton der politischen Debatte. Sie stehen möglicherweise am Beginn einer Genealogie konservativer Politikerschelte, deren Folgen wir in unserer Gegenwart beobachten können. Sie schlossen sich in der zweiten Hälfte der 1990er-Jahre einem Kreis von Rechtskonservativen und Nationalliberalen mit der Bezeichnung

„Arbeitsgemeinschaft Freie Publizisten, Schriftsteller und Wissenschaftler im Bund der Selbständigen" an. Diese Gruppe kritisierte den linksliberalen Zeitgeist und nahm für sich in Anspruch, die Stimme der schweigenden Mehrheit zu sein.[99]

Die Scheuchs waren hinsichtlich ihrer offen antiliberalen Haltung eher solitär. Ihren weiträumigen politisch-kulturellen Gesamtdeutungen folgten die wenigsten. Vielen ihrer Einzelbefunde stimmte die Antikorruptionsliteratur aber zu. Das gilt im Übrigen auch für die linksalternative Presse in Gestalt der *tageszeitung*.[100] Während die Scheuchs eine klare Ursache benannten, nämlich die Folgen von 1968, vermochten linksliberale Kritiker genau dies nicht. Dabei hätte es etwa nahegelegen, das Ende des Kommunismus oder die Strukturen der Marktwirtschaft in den Blick zu nehmen.

So gut wie keiner der Autoren beschrieb strukturelle Gründe. Denkbar wäre es ja gewesen, die Strukturen der sich globalisierenden Weltwirtschaft genauer unter die Lupe zu nehmen. Hans Leyendecker beschrieb die moralische Überforderung von Spitzenmanagern. Als Problem machte Leyendecker psychologische Momente aus, nämlich die Überforderung des Einzelnen, weniger Verhältnisse oder Strukturen.[101] Dabei war Leyendecker mit seinem Buch „Mafia im Staat" von 1992 noch vergleichsweise nahe an einer strukturellen Deutung – mit der Schilderung, Korruption und organisiertes Verbrechen hätten die Gesellschaft fest im Griff. In seinen späteren Schriften geriet die Ursachenforschung diffuser, blieb aber an das Thema Wirtschaftskriminalität gekoppelt. Damit blieben seine Erklärungsversuche jedenfalls deutlich konturierter als die der meisten seiner Autorenkollegen.

Auch die Veränderungen durch die Wiedervereinigung fanden nur ganz am Rand Erwähnung. Weitgehend impressionistisch sah Jürgen Roth in einer Welt mit offenen Grenzen Verhältnisse nach Deutschland kommen, die man zuvor nur in Südeuropa oder auf dem Balkan erlebt habe.[102] In der Regel wurde die Vereinigung so interpretiert, dass sich die Mentalität der Gier von der alten Bundesrepublik auf die neuen Länder ausgedehnt habe.

Moralisierung und Alarmismus waren den Antikorruptionsautoren Stoff genug. An einer ausgeprägten Ursachenforschung fehlte das Interesse – und es fehlte ein politisch-ideologisches Weltbild, mit dem man die Korruption in ein größeres Tableau hätte einordnen können. Außerdem zeigen die Bücher keine Vorlieben für eine bestimmte Partei. Im Gegenteil: Die meisten Autoren achteten darauf, Beispiele aus unterschiedlichen

Parteien anzuführen, und zwar zumindest aus Union, FDP und SPD. Korrupte Grünen- und PDS-Politiker tauchten seltener auf. Selbst die Scheuchs, bekanntermaßen CDU-Mitglieder, schrieben keinen parteipolitisch engagierten Text. Denn so gut wie allen Autoren ging es darum, das politische System insgesamt zu kritisieren.

In der Nische: linke antikapitalistische Korruptionskritik?

Eine linke kapitalismuskritische Korruptionsdebatte entfaltete sich nie – das gehört zu den Eigentümlichkeiten der Korruptionskritik seit dem 19. Jahrhundert. Zwar hat die SPD im späten Kaiserreich gelegentlich versucht, mithilfe von Korruptionsskandalen Kritik an der herrschenden Elite zu üben, etwa im sogenannten Kornwalzer-Skandal von 1913, als Karl Liebknecht Bestechlichkeit im preußischen Kriegsministerium anprangerte. Auch führte die sozialdemokratische Zeitung *Vorwärts* in der Zeit um 1900 die Ausbreitung von Korruption auf kapitalistische Strukturen zurück.[103]

Antikapitalismus grundierte im späten 19. und frühen 20. Jahrhundert regelmäßig die Kommentare zu Korruptionsskandalen. Allerdings war das meist ein Antikapitalismus rechter Provenienz, häufig verbunden mit Antisemitismus. Korruption, das moderne Finanzsystem, die angebliche Herrschaft reicher Juden erschienen als Teil der gleichen Geschichte. Diese Beobachtung trifft nicht nur auf das Kaiserreich und die Weimarer Republik zu, sondern gilt auch für Länder wie Großbritannien, Frankreich und Spanien.[104] Die Zurückhaltung der antikapitalistischen Linken ist bemerkenswert, weil Korruption ja die Annahme zu belegen scheint, im Kapitalismus würden sämtliche Beziehungen ökonomisiert – auch die sozialen und politischen Beziehungen zwischen den Menschen. Es gibt in der Korruptionsforschung noch keine befriedigende Erklärung für diesen Befund. Jedenfalls trifft er im Wesentlichen auch auf die Korruptionsgeschichte der Berliner Republik zu.

Eine eigenständige linke Interpretation der Korruption kann man nur in vagen Umrissen erkennen. Es entstand keine profilierte Position linker oder alternativer Herkunft. Das ist auch deshalb bemerkenswert, weil in den 1990er-Jahren mit den Grünen eine Partei gut etabliert war, die sich während der Flick-Affäre so sehr profiliert hatte. Man hätte erwarten können, Bündnis 90/Die Grünen würden in der Hochphase der Korruptionsdebatten eine Führungsrolle übernehmen. Obwohl die grüne Bundestagsfraktion einige Gesetzentwürfe zur Korruptionsbekämpfung vorlegte, gelang ihr dies aber nicht. In Gestalt der PDS war ab der Wiedervereinigung zum ersten Mal seit vier Jahrzehnten eine dezidiert linke Partei dauerhaft im Deutschen Bundestag vertreten – die KPD war 1953 an der Fünfprozenthürde gescheitert und 1956 in der Bundesrepublik verboten worden. Doch auch die PDS legte keine eigenständige Interpretation des Korruptionsproblems vor. Schließlich finden wir auch im Umfeld der Sozialdemokratie und der Gewerkschaften kaum eigene Deutungen der Korruptionsprobleme in den 1990er-Jahren und im frühen ersten Jahrzehnt des 21. Jahrhunderts.

Auch an anderen Orten sind die korruptionspolitischen Leerstellen frappierend: Auf der erwähnten Tagung der Friedrich-Ebert-Stiftung hob nur ein einziger Vortrag auf ökonomische Zusammenhänge ab – ich komme noch darauf zurück. Das links profilierte *Kursbuch* brachte zwar 1995, ganz dem Zeitgeist entsprechend, ein Themenheft zur Korruption heraus. Doch auch in diesem Band findet sich keine genuin linke Perspektive, sondern fast ausschließlich korruptionspolitischer Mainstream. Unter den Autoren waren einige Journalisten mit Berichten über andere Länder. Nicht weniger als drei Beiträge stammten aus dem Umfeld von Transparency International, nämlich aus der Feder von George Moody Stuart, Peter Eigen und Fredrik Galtung. Ein Interview mit Wolfgang Schaupensteiner sowie einige wissenschaftliche Aufsätze rundeten das Bild ab. Am wenigsten konventionell fiel noch der Beitrag des Ethnologen Bernhard Streck aus. Er plädierte dafür, Korruption und Gabentausch als zu Unrecht verdrängten Bestandteil menschlicher Beziehungen zu akzeptieren.[105] Ansonsten zeigten sich die Beiträge einig, das Korruptionsproblem gefährde Demokratie und Gemeinwohl. Transparency spielte die übliche Rolle als lichtvoller Vorreiter. Ein Zusammenhang von Kapitalismus und Korruption wurde nirgendwo hergestellt.

Auch Hans Leyendecker anthropologisierte das Problem, machte es zu einem Fall persönlicher Moral: Die „Beletage der Wirtschaft“ sei „eine Welt, die von atemberaubender Machtgier und Geltungssucht beherrscht wird“. „Den Akteuren ist das Gefühl für Größenordnungen und für die Unterscheidung von Recht und Unrecht längst verlorengegangen.“[106] Damit schrieb er ähnliche Interpretationen etwa von Transparency International nur fort. Erstaunlich selten findet sich übrigens in der Mainstreamliteratur der eigentlich naheliegende Hinweis, die Privatisierungswelle staatlicher Behörden und Institutionen trage Mitschuld an der Korruption. Dies hob etwa Reiner Scholz hervor.[107]

Gleichwohl: Vereinzelte Stimmen gab es, die vom Mainstream abweichende Beschreibungen vorlegten. Auf diese möchte ich im Folgenden kurz eingehen. Eine Nischendiskussion also.

Zu diesen Stimmen gehörte ein Altmeister des Enthüllungsjournalismus, Bernt Engelmann. Für Engelmann waren korrupte Machenschaften in der Industrie entscheidend. Er veröffentlichte erstmals 1994, also vor der CDU-Parteispendenaffäre, ein Buch unter dem Titel „Schwarzbuch Helmut Kohl". Darin ging es um die Rolle von Netzwerken und Geld in der Karriere des Kanzlers. Dieses Buch war ein Pamphlet im engen Sinn: extrem polemisch und parteilich mit dem klaren Ziel, Kohl kurz vor den Bundestagswahlen 1994 zu desavouieren. Engelmann argumentierte auf der Basis eines festen Weltbildes mit teilweise verschwörungstheoretischen Elementen. In seiner Darstellung beherrschten die Großindustriellen die deutsche Politik. „Warum das Großkapital Helmut Kohl finanziert und was es dafür von ihm gleich bekommen hat", so eine Kapitelüberschrift. Kohl sei seit jungen Jahren von einem Industriellen gefördert und aufgebaut worden. Flick habe Barzel aus der Politik herausgekauft, um Kohl den Weg an die Parteispitze freizumachen. Die Industrie habe den ehemaligen Manager Kurt Biedenkopf Kohl als Aufpasser an die Seite gestellt. In der Folge habe Kohl Politik im Interesse der Industrie betrieben. Auch der Springer-Verlag hatte in dieser Darstellung seine Rolle: Mit seiner Kampagne gegen Asylbewerber sorge er dafür, dass die Menschen sich für andere Dinge als für die Ausbeutungspolitik der Bundesregierung interessierten.[108]

Solche Gewissheiten, teilweise noch stark von der Welt des Kalten Krieges geprägt, hatten die anderen Pamphletautoren nicht. Engelmanns Darstellung war stark vom Rechts-links-Schema geprägt, wie es in der Publizistik der 1990er-Jahre kaum noch vorkam. Engelmann legte über die erwähnten personellen Verflechtungen hinaus keine strukturellen Zusammenhänge zwischen Marktwirtschaft und Korruption dar. Er ging nicht auf die jüngeren Entwicklungen wie Globalisierung, Deregulierung und Privatisierung ein.

Dies aber machte der Münsteraner Soziologieprofessor Sven Papcke. Er bot 2002 in den *Gewerkschaftlichen Monatsheften* eine kapitalismuskritische Interpretation der Korruption an. Für Papcke war ihre Ausbreitung eine direkte Folge neoliberalen Denkens. Immer mehr Lebens- und Handlungsbereiche würden unter dem Vorzeichen der Ökonomie betrachtet. Papckes Beitrag kommentierte also auch den Siegeszug von New Public Management und Privatisierung. Selbst in der Politik herrsche „Managementethik". Konkurrenz, „Gewinn und Durchsetzungsvermögen" seien gesellschaftliche Leitwerte. Der überall spürbare „merkantile Druck zur Sicherung von Extrachancen" führe zum Verlust von Werten und zum Niedergang der „Gemeinwohlidee". Profitmaximierung führe zum „Verblassen anderer als materieller Anreize" und zeige sich in der „neoliberalen Durchkorrumpierung der Gegenwart". Papcke wich also von der individualisierten Interpretation ab. Er beschrieb nicht einfach den Verlust von Anstand und Moral, sondern erklärte die Entwicklung. Werte neoliberaler Marktentfaltung diffundierten in die Gesellschaft und führten letztlich zu höherer Korruptionsneigung. Papcke kritisierte den Rückzug des Staates aus vielen Bereichen. Nun sei er zu schwach geworden, um Korruption noch wirksam zu bekämpfen.[109] Diese Interpretation blieb jedoch weitgehend isoliert. Auch Papcke selbst publizierte nicht weiter zum Thema Korruption.

Eine andere wirtschaftskritische Stimme war Hans See, Politikwissenschaftler an der Hochschule Frankfurt, nach eigenen Angaben Mitglied im linken Flügel der SPD. See meldete sich mit einer Rede auf der Korruptionstagung der Friedrich-Ebert-Stiftung zu Wort. Er plädierte ähnlich wie Papcke rund sieben Jahre später dafür, die Privatwirtschaft und ihre Praktiken als Verursacherin von Korruption in den Blick zu nehmen: „Die treibende Kraft der Korruption ist ohne jeden Zweifel die Wirtschaft." Die Manager würden mittels Korruption versuchen, „Investitionshemmnisse wie allzu demokratische oder soziale Gesetze" „zur Seite zu räumen". See zeichnete einen Grundkonflikt zwischen der am Gemeinwohl orientierten Verwaltung und einer zunehmend mächtiger werdenden Wirtschaft, die nur an Gewinnen interessiert sei. Auch See zeigte sich alarmiert, das private Interesse der Unternehmen heble zunehmend die Abwehr des Staates aus. Korruption war für ihn deshalb nichts anderes als der „Einbruch der Macht des Geldes [...] in den [...] Bereich des öffentlichen Interesses".[110]

Auch See kritisierte die wirtschaftsgläubige Grundstimmung. Er warnte vor dem „unternehmerische[n] Denken", das im Zuge der Verwaltungsreformen und des New Public Managements Einzug im öffentlichen Dienst hielt. Bilde das Wirtschaftlichkeitsdenken erst den Leitwert, dann werde Gelderwerb zum überragenden Motiv und öffne der Bestechlichkeit Tür und Tor. Für Hans See bildete also der Staat ein zunehmend bedrohtes Bollwerk gegen Eigeninteressen. Korruption war für ihn keine Verfälschung der Marktmechanismen, so wie dies die neoliberalen Ökonomen formuliert hatten, sondern Korruption war eine Störung der öffentlichen Sphäre. In gewisser Weise – und mit völlig anderen Worten – hielt Hans See am Vertrauen in den Beamtenstaat fest, das noch in den 1950er- und 1960er-Jahren so ausgeprägt gewesen war.

Bemerkenswert, dass solche eigentlich nahe liegenden Überlegungen kaum Resonanz fanden. Nach Hans See sprach auf der Konferenz der Ebert-Stiftung Wolfgang Hetzer, ein Mitarbeiter der SPD-Bundestagsfraktion. Der machte den Grund für Korruption routiniert in der „Schnäppchenmentalität" der Menschen aus – kein Wort zum Siegeszug des Neoliberalismus oder zu den Auswirkungen ökonomisierter Gesellschaftsmodelle.[111] In den 1990er-Jahren waren eben auch Sozialdemokraten kaum bereit, sich gegen diese Modelle in Frontstellung zu bringen.

Hans See war allerdings weniger am Problem der Korruption als an Wirtschaftskriminalität interessiert. Diesem Thema galten seine Publikationen in den 1990er-Jahren und sein politisches Engagement. 1991 hatte er die Vereinigung Business Crime Control ins Leben gerufen, eine Nichtregierungsorganisation, die sich die Aufklärung darüber zum Ziel gesetzt hatte. Ich werde im Kapitel über korruptionskritische NGOs noch darauf eingehen. Hans See betrachtete die Korruption wohl eher als ein Sekundärproblem, als eine notwendige Folge der Wirtschaftsverbrechen. Im Zentrum stand die Auffassung, dass der Kapitalismus strukturell zur Kriminalität tendiere. See kann als ein früher Globalisierungskritiker angesehen werden: In seinen Augen beherrschten zwei neue Gegensätze die Welt. Anstelle der alten Frontstellung zwischen Kapital und Arbeit stehe nun die Konkurrenz zwischen internationalem und nationalem Kapital sowie zwischen illegalem und legalem Kapital – wobei er das internationale Kapital weitgehend mit Kriminalität gleichsetzte.[112]

Vor allem dieses internationale Kapital versuche, die von der Gesellschaft gesetzten Standards von sozialer Gerechtigkeit, Gleichheit und Umweltschutz auszuhebeln. Dazu greife es oft zu verbrecherischen Mitteln. Die kriminelle Tendenz der internationalen Wirtschaft gelte es zu erkennen und öffentlich zu machen. Sie bedrohe auch den Staat, denn oftmals habe die Wirtschaft die demokratischen Institutionen unterwandert oder zur Geisel genommen.[113] Im Denken von Hans See hatte die aktuelle

Wirtschaft also eine tendenziell kriminogene Struktur – ein in seiner Härte wenig konsensfähiges Urteil, zumal nicht in den 1990er-Jahren.

Werfen wir zum Abschluss noch einen Blick in die linksalternative *tageszeitung*. Die *taz* kann ohne Zweifel als Forum des wirtschafts- und globalisierungskritischen Journalismus gelten. In ihren Spalten zeichnen sich die unterschiedlichen Elemente linker oder linksalternativer Korruptionsvorstellungen ab. Auch die Journalisten der *tageszeitung* teilten die mehr oder weniger wohlfeile Politikerschelte – in teilweise drastischen Worten. Diese liest man etwa als Kommentar zu einem Skandal um Spesenabrechnungen von Vera Lengsfeld im Jahr 1997, damals frisch von Bündnis 90/Die Grünen zur CDU gewechselt und vermutlich auch deshalb unter besonderer Beobachtung der *taz*. Lengsfeld hatte öffentliche Gelder zur Finanzierung einer Tagesmutter verwendet. „Wenn ein Politiker privilegiengeil, korrupt und raffgierig ist – dann sind das die besten Eigenschaften, die man ihm heutzutage nachsagen kann. Die reine Horrorvorstellung ist hingegen der Typ ‚ehrliche Haut', ein Volksvertreter, der Blut, Schweiß und Tränen für Fraktion, Fachausschuß und Vaterland zu investieren bereit ist, ohne an seinen persönlichen Vorteil zu denken."[114] Solche Urteile bestätigten sich angesichts der CDU-Spendenaffäre Ende 1999: „Für den politisch durchschnittlich interessierten Bürger drängt sich in den letzten Wochen der Eindruck auf, dass die ganze politische Klasse korrupt und raffgierig ist."[115]

Generell versäumte es *die tageszeitung* selten, Regierungen von Union oder SPD als verfilzt oder korrupt zu bezeichnen – offensichtlich ein Code für die Regierungsweise der Volksparteien. Dieses Urteil bezog sich übrigens nicht nur auf Deutschland, sondern auf die westlichen Demokratien ganz Europas, ein „Augiasstall von Korruption und Filz".[116] In dieser Hinsicht stimmte die Zeitung weitgehend mit der Diagnose der Scheuchs und anderer Publizisten überein.

In einigen Punkten setzte das Berliner Blatt jedoch eigene Akzente. Einige Beiträge in der *taz* stellten dennoch die besondere Verantwortung der Privatwirtschaft für Korruption heraus, etwa im Bereich der Private Public Partnerships, also der Übernahme von öffentlichen Aufgaben durch private Unternehmen.[117] Sparpolitik und der Abbau öffentlicher Leistungen förderten den „einengenden Blick auf Geld und letztlich auch die Korruption".[118] Stets kritisch gegenüber der Rüstungswirtschaft und Waffengeschäften, interpretierte die *taz* den internationalen Waffenhandel und die damit befassten deutschen Behörden als durch und durch korrupt. Die moralische Kontamination durch das „Geschäft mit dem Tod“ schien aus ihrer Sicht unabwendbar.[119]

Jedoch entzog sich auch *die tageszeitung* nicht völlig der marktliberalen Argumentation. So las man zwar 1998 die Feststellung, „Korruption ist so alt wie die Marktwirtschaft“. Gemeint war aber nicht der Markt als Korrumpierer, sondern die Versuche von kriminellen Kräften, den Wettbewerb mit unfairen Tricks auszuhebeln. Klarer hätten auch die Vordenker der Weltbank ihre Sorge über die Korruption nicht formulieren können.[120]

Die wohl markanteste Besonderheit der *taz* findet sich in ihren Kommentaren zur Korruption im globalen Süden. Das Blatt wurde niemals müde, die moralische Überheblichkeit der industrialisierten Welt zu geißeln. So wurden Berichte über Korruption in den Entwicklungsländern in der Regel mit dem Hinweis versehen, in Deutschland und den westlichen Staaten komme Ähnliches vor. Auch trage der Westen ein Großteil der moralischen Verantwortung für Korruption weltweit, sei es, weil er korrupte Eliten in den Entwicklungsländern stütze, sei es, weil das vom Westen dominierte Wirtschaftssystem Geldgier und Bestechlichkeit fördere, sei es, weil die westlichen Konzerne die Einwohner des Südens korrumpierten.[121] Interessanterweise forderte ein Artikel im Jahr 1994 im Zusammenhang mit dem globalen Süden, Korruption als offenbar notwendiges Übel politischer Herrschaft zu akzeptieren sowie die negativen wirtschaftlichen Folgen zu bedenken, wenn sie gar nicht mehr existierte.[122] Das ist völlig außergewöhnlich angesichts der verbreiteten Korruptionsangst der 1990er-Jahre und vermutlich nur im Kontext der besonderen Position der *taz* gegenüber den Gesellschaften der Dritten Welt publizierbar gewesen.

Insgesamt lässt sich feststellen, dass sich vereinzelte Stimmen durchaus mit dem Zusammenhang zwischen Marktorientierung und Käuflichkeit beschäftigten. Diese Überlegungen aber drangen kaum durch, sie fanden kein Publikum. Auch in der *tageszeitung* zog Politikerschelte offenbar besser als ökonomische Analyse.

Transparenz in der Bundesrepublik

Das große Interesse an der Korruptionsbekämpfung seit den 1990er-Jahren ist ohne das Gegenbild der Transparenz nicht verständlich. Wir sahen bereits auf internationaler Ebene, wie Transparenzforderungen und Korruptionsbekämpfung miteinander verknüpft waren. Schauen wir uns deshalb die deutschen Debatten über Transparenz etwas genauer an. Dabei lohnt zunächst ein Blick in die Geschichte der Bonner Republik, in der Transparenz in den 1970er-Jahren langsam ein politisches Thema wurde. Zunächst griffen linke und reformorientierte Kräfte das Konzept auf, um etablierte Autoritäten infrage zu stellen. Seit der Flick-Affäre richtete sich der Ruf nach Transparenz ganz besonders an die Parteien. In den 1990er-Jahren avancierte Transparenz zu einem Ziel an sich. Einerseits verknüpften sich mit ihr Hoffnungen auf eine andere Politik. Andererseits diente sie als Schlachtruf gegen das politische Personal in Berlin. Der Ruf nach mehr Transparenz stand immer im Raum, wenn es um Einkünfte von Politikern ging. Manche von ihnen versuchten, sich zu helfen, indem sie als „gläserne Abgeordnete" die Flucht nach vorn antraten.

Herrschaftskontrolle und Ressentiment: Transparenz in der Bundespolitik

In den ersten Nachkriegsjahrzehnten tauchte das Wort „Transparenz" in der politischen Presse noch nicht auf. Transparenz blieb eine physikalische Eigenschaft. Als Begriff für Durchsichtigkeit fand sie nur im Kulturteil Erwähnung. In den 1960er-Jahren avancierte Transparenz hier und da zur Metapher in der Wirtschaftspolitik: Das Ziel der „Markttransparenz" verlangte nach Informationen über Preise oder Gewinne von Unternehmen oder über die Qualität von Produkten, wofür sich ab 1966 die Stiftung

Warentest einsetzte.[123] Solche Forderungen sollten später, in den 1990er-Jahren, die Kernpunkte internationaler Debatten bilden.

Die erste wichtige Phase der Transparenzgeschichte in der Bundesrepublik begann mit der soziallіberalen Reformpolitik am Beginn der 1970er-Jahre. Das gesellschaftliche Klima war geprägt vom Aufbruch, vom Willen zur Modernisierung, zur Hinterfragung bestehender Verhältnisse und Autoritäten. Das betraf nicht nur die Proteste der jungen Generation um 1968, sondern es besaß auch eine technokratische Seite. Einerseits forderten politische Bewegungen mehr Teilhabe, andererseits benötigten expertengestützte Planungsvisionen eine breite Informationsgrundlage.

In der politischen Berichterstattung dominierte indes die Vorstellung von Transparenz als demokratische Tugend. Das Wort „Transparenz" tauchte um 1970 zunächst in der Bildungsdebatte auf. Hier ging es um „Kontrolle verborgener Macht" von Lehrern oder Professoren.[124] An die Stelle tradierter Autorität der Bildungsexperten sollte ein „versachlichter Lernprozeß treten".[125] Das ultimative Ziel dahinter hieß: mehr Verlässlichkeit und mehr Freiheit. Letztlich ging es darum, fachlichen Laien mehr Einfluss zu verschaffen. Über den Bildungsbereich hinaus beschrieb Transparenz ein neues Ideal im Verhältnis von Experten und Nichtfachleuten. Folgerichtig hieß es in der *Zeit:* „Gesundheit soll nicht länger ein Geschenk des Zauberers im weißen Mantel sein, das dem gläubigen Patienten zuteilwird, sondern das Ergebnis gemeinsamer Arbeit." Es ging also auch um die intellektuelle Teilhabe, um den Zugang zu relevantem Wissen. Und diese Forderung nach Transparenz galt als Erbe der Bewegung von 1968.[126]

Im Verlauf der 1970er-Jahre weitete sich der Wortgebrauch kontinuierlich aus. Immer öfter bezog sich Transparenz auf die öffentliche Verwaltung – als Anforderung an neue behördliche Strukturen. Der liberale Innenminister Hans-Dietrich Genscher kritisierte damals, die Staatsdiener würden Transparenz noch nicht akzeptieren. Ein bemerkenswerter sprachlicher Vorbote von New-Public-Management-Grundsätzen der 1990er-Jahre.[127]

Spätestens 1971 las man Transparenz im Zusammenhang mit den Finanzen der Parteien und zwei Jahre später im Kontext der ersten Lobbyistenliste des Bundestages. Zeitgleich betrat der „gläserne Abgeordnete" die Bonner Bühne, eine metaphorische Verdichtung politischer Transparenzträume – hierauf gehe ich später noch detaillierter ein. Die Presse selbst heftete sich Transparenzherstellung als Aufgabe nach außen und nach innen an. Journalisten wollten Transparenz in Politik und Gesellschaft herstellen; in Redaktionen und Medienunternehmen sollten „Chancengleichheit, Transparenz, Kontrolle, Partizipation, Mobilität, Mandat auf Zeit, Recht für Minderheiten" gelten; so weit zumindest der öffentlich erhobene Anspruch in den 1970er-Jahren und in späteren Jahrzehnten.[128]

Ab Mitte der 1970er-Jahre dominierte jedoch zunächst ein anderes Thema. Zu dieser Zeit wurde die Transparenzforderung vor allem ein Bestandteil in der Debatte über die Kosten im Gesundheitswesen. Transparenz bildete einen festen Baustein der gesundheitspolitischen Diskussionen bis ins 21. Jahrhundert. Darin äußerte sich die Sorge, die Entwicklungen im Gesundheitswesen seien politisch und gesellschaftlich nicht beherrschbar. Kostenstrukturen, Kostensteigerungen, Verantwortungen, Wirksamkeit von Medikamenten, Verschreibungs- und Behandlungsgrundsätze schienen „undurchdringlich". Intransparenz galt seither als wichtiger Grund für die Misere und die Kosten im Gesundheitswesen.[129]

Spätestens an der Wende zu den 1980er-Jahren war der Begriff ziemlich unspezifisch geworden. Transparenz war nun eine kaum noch zu bestimmende Forderung. Sie keimte vor allem in jenen Kontexten auf, wo hohe Komplexität zu beklagen war und Bürgernähe fehlte. Als Beispiel mag eine Regierungserklärung von Bundeskanzler Helmut Schmidt von Ende 1980 dienen. Der Regierungschef kündigte eine Reform der komplizierten Finanzbeziehungen zwischen Bund und Ländern an: „Mit ihr verbindet sich die Hoffnung auf mehr Transparenz, deutlichere Verantwortung, ein größeres Maß an bürgernaher Entscheidung."[130] Im Lauf der 1980er-Jahre weitete sich das Bedeutungsfeld zusätzlich, offensichtlich unter dem Einfluss internationaler Debatten. Nun galt nämlich „militärische Transparenz" in der Rüstungskontrolle als vertrauensbildend.[131] Auch die Europäische Gemeinschaft brachte den Grundsatz ins Spiel – hier wiederum als Demokratisierungsinstrument. In der anlaufenden Debatte um einen neuen EG-Vertrag versprachen europäische Politiker mehr Transparenz bei den Entscheidungen und mehr Rechte für das Parlament – eine Marschrichtung, die Brüssel auch heute noch gut zu Gesicht steht. Im Gegensatz dazu stand (und steht) der Vorwurf von Intransparenz in den und durch die Brüsseler Behörden.[132]

Auch der Gegensatz zwischen Experten und Laien blieb in den 1980er-Jahren ein Thema. Nun war es vor allem die Umweltbewegung, die sich zunehmend professionalisierte und mit Forderungen nach mehr Transparenz bei Umweltdaten, Stoffeinträgen in die Landschaft und Genehmigungsverfahren rief.

Eine neue Qualität erhielt die Transparenz in der ersten Hälfte der 1990er-Jahre. Zuvor hatte Transparenz die beschriebene inhaltliche Breite – aber sie war einstweilen noch nicht wöchentlich in den Berichts- und Kommentarspalten präsent. Das änderte sich in der Nachwendezeit. Mit der Korruption stieg ihr Gegenbegriff Transparenz in der Aufmerksamkeit. Auf der Tagung der Friedrich-Ebert-Stiftung 1995 lautete eine der Schlussfolgerungen: Mehr Transparenz vermindert Korruption.[133] Viele Antikorruptionspamphlete empfahlen Transparenz[134] und auch die Vorschläge von Transparency International fanden ihren Weg in die Debatte. Hinzu kam eine ältere Tradition. Für die Parteifinanzen galt Transparenz schon seit der Flick-Affäre als Gebot. Nach der CDU-Spendenaffäre von 1999/2000 lebte diese Debatte wieder heftig auf. Die verdeckten Kassen von Helmut Kohl und Walther Leisler Kiep waren ein Skandalon, das aber mit Transparenz hätte verhindert werden können.[135]

In den 1990er-Jahren verselbstständigte sich die Transparenzforderung. Transparenz erschien zunehmend als Selbstzweck, wenn auch häufig im Zusammenhang mit anderen Werten. In einem Beitrag für die *Zeit* über schwedische Managementkultur erhob der Autor voller Bewunderung den Dreiklang aus flachen Hierarchien, Transparenz und egalitärer Gesellschaft zum Erfolgsrezept: Gleichheit und Effizienz, das waren nun jene liberalen Grundwerte, die durch Transparenz verwirklicht werden sollten.[136] In einem Beitrag über Wirtschaftskriminalität von Mitte der 1990er-Jahre findet sich eine charakteristische Argumentation. Wirtschaftskriminalität sei deshalb schädlich, weil sie den Wettbewerb zerstöre, und damit „werden Transparenz und Gerechtigkeit außer Kraft gesetzt".[137] Das ist interessant: Den Ökonomen galt Transparenz ja als Voraussetzung für den Marktmechanismus. Hier aber erscheint sie als dessen Folge, als Ergebnis einer funktionierenden Marktwirtschaft, und zwar gemeinsam mit „Gerechtigkeit". Transparenz war zu einem moralischen Wert aus eigenem Recht geworden, der durch die Marktwirtschaft garantiert werden sollte. Auch dies zeigt die Moralisierung der Marktwirtschaft nach dem Ende des Staatssozialismus. Sie galt als Mittel zum Erreichen moralischer Werte, darunter nun auch Transparenz. Emphatische Bewertungen der Transparenz nahmen dann um die Jahrtausendwende noch einmal zu. Das Einsichtsrecht von Bürgern in staatliche Akten, die sogenannte Informationsfreiheit, war Teil des politischen Programms der rot-grünen Koalition von 1998. Seine Befürworter bezeichneten es häufig als Bürgerrecht – Transparenz also als Teil des Grundwertekanons einer Demokratie.[138]

Es blieb die ältere Forderung nach Transparenz in Staat und Verwaltung. Wie bereits gesehen, stand um 1970 die Idee dahinter, Verwaltung aus einer abgeschotteten Sonderzone zu holen. Zugleich ging es immer auch um Modernisierung, um eine Transformation des Beamtenstaates. Ab den 1980er-Jahren gesellte sich deshalb neben das Demokratisierungsparadigma jenes der Effizienz: Als sich die Bundesregierung Ende der 1980er-Jahre daranmachte, die Bundespost zu privatisieren, versprach Postminister Schwarz-Schilling mehr Transparenz. Die Transparenz der Privatwirtschaft werde das künftige Management zu schnellerem Handeln und damit zu mehr Effizienz befähigen.[139] Deutlich zeigte sich der Einfluss des New Public Managements. „Wir müssen den Markt ins Rathaus holen", denn dieser sorge für mehr Transparenz bei den Kosten, konnte man in den 1990er-Jahren häufig lesen.[140] Es sind diese beiden Linien – Demokratisierung und Autoritätsabbau einerseits sowie Effizienzsteigerung und Marktorientierung andererseits –, die sich in der Debatte um Verwaltungstransparenz immer wieder kreuzten. Hinter ihnen konnten sich höchst unterschiedliche Gruppen und Interessen versammeln.

So trat die rot-grüne Bundesregierung 1998 mit dem Anspruch an, rasch ein Informationsfreiheitsgesetz zu verabschieden. Der grüne Innenpolitiker Cem Özdemir begründete das geplante Gesetz 1999 als lang gehegtes Anliegen von Bürgerinitiativen, die mit „Schweigekartellen zwischen Verwaltungen und zwischen der Wirtschaft" konfrontiert gewesen seien. Mit dem Gesetz wolle man dem „obrigkeitsstaatlichen Verständnis vom Menschen" und der „Bevormundung" der Bevölkerung ein Ende bereiten. Akteneinsichtsrecht, aber auch Datenschutz seien die „Zwillinge der Freiheit", während in den Verwaltungen die „Geheimräte früherer Tage" „noch immer über die Flure" spukten.[141] Die Grünen hatten 1993 bereits den Vorschlag gemacht, die Informationsfreiheit ins Grundgesetz aufzunehmen. Sie waren damit allerdings ebenso wie mit einem weiteren Gesetzentwurf von 1997 gescheitert. Die Idee der Durchsichtigkeit des Staates im Dienst der Bürger passte dann aber gut zu dem Deutungsrahmen, den Kanzler Gerhard Schröder seiner Reformpolitik um 2000 gab. Schröder sprach von der „Zivilgesellschaft", die es zu fördern und zu ermächtigen gelte, ein Konzept, das der Bevölkerung wachsende Aufgaben übertragen sollte.[142] Das stärkte die Position der Nichtregierungsorganisationen, aber auch diejenigen, die einen Abbau von Staatlichkeit forderten und etwa bei der Rente auf mehr private Vorsorge statt staatlicher Vollversorgung setzten.

Gleichwohl erwies es sich als schwierig, das Informationsfreiheitsgesetz durchzubringen. Die Beratungen im Bundestag zogen sich hin. Nichtregierungsorganisationen wie Transparency International oder Journalistenverbände unterstützten die Regierung mit einschlägigen Forderungen. Doch erst kurz vor Ende der zweiten Regierung Schröder, im Sommer 2005, konnte das Gesetz verabschiedet werden. Seitdem besteht im Grundsatz das Recht, jede behördliche Akte einzusehen. Zuvor hatte im Grundsatz die Geheimhaltung gegolten.

Die Debatte über Transparenz im Staat war nie losgelöst von der ökonomischen Debatte. Mitte der 1990er-Jahre schon hatte etwa *Die Zeit* empfohlen, im Bereich der Sozialfürsorge mehr Markt und damit mehr Transparenz zu wagen: „umso menschenwürdiger geht es für alle Beteiligten zu".[143] Als sich um die Jahrtausendwende Sorge vor politischem Kontrollverlust breitmachte, globalisierte Unternehmen und Märkte politisch unbeherrschbar schienen, da bot wiederum Transparenz die Lösung: Je mehr die Staaten über Märkte und Unternehmen wüssten, je mehr Informationen sie besäßen, umso effizienter könnten sie eingreifen. Diese Auffassung teilten sogar die sozialdemokratischen Wirtschaftspolitiker Oskar Lafontaine und Dominique Strauss-Kahn.[144]

Das Prinzip der Transparenz war also offen für eine große Bandbreite an Deutungen und sprachlichen Strategien. Der Beitrag von Cem Özdemir deutete es bereits an: Auch im alternativen politischen Sektor galt Transparenz als attraktives Konzept. In den Spalten der *tageszeitung* wurden Mängel in Verwaltungen und Organisationen, aber auch im politischen Verhalten oft mit mangelnder Transparenz erklärt oder in Verbindung gebracht.[145] Der beklagenswerte Mitgliederschwund der Gewerkschaften – auch das schien 1993 eine Folge von Intransparenz in den Arbeitnehmerorganisationen.[146] Vor allem aber verwendeten die *taz*-Journalisten das Transparenzargument in Debatten über die Sicherheitsbehörden und in Verteidigungsfragen. Attacken auf den Verfassungsschutz und die Geheimdienste basierten oft auf dem Argument, Geheimhaltung und Intransparenz seien Fremdkörper in einer Demokratie. So konstatierte sie 1993, hier werde „jene mühselig erstrittene demokratische Transparenz zurückgenommen", auf die die Bevölkerung einen Anspruch habe.[147] Eine ähnliche Strategie findet sich in Beiträgen zu technischen Gefahren, vor allem im Atomsektor. Intransparenz bei der Kernenergie sei ein „demokratisches Defizit, das für eine Technik mit einem derart hohen Gefahrenpotential das Ende“ bedeuten müsse.[148] Leicht erkennbar ist allerdings, wie hier die Intransparenz als reines Hilfsargument fungierte.

NGOs und Piratenpartei: Rückwirkungen der Transparenz auf ihre Protagonisten

Nach der Jahrtausendwende kann man eine weitere interessante Entwicklung beobachten: Das Transparenzverlangen weitete sich nun auch auf die Fürsprecher der Transparenz aus. Transparenzakteure mussten sich selbst die Frage gefallen lassen, wie transparent sie handelten. Die erwähnte Rede von Cem Özdemir war noch im Brustton der Überzeugung einer klaren Front gehalten worden: Hier die alternativ-bürgerschaftlichen Vorkämpfer der Transparenz, dort die spukenden Geheimräte des intransparenten Obrigkeitsstaates. Zunehmend fragten kritische Journalisten und Politiker jedoch, welche Kriterien Ratingagenturen und Wirtschaftsberichterstatter bei ihren Beurteilungen anlegten, ob es Interessenkonflikte gebe, die offengelegt werden müssten. Wirtschaftsanalysten sahen sich aufgefordert, einen entsprechenden Ehrenkodex zu entwickeln.[149]

Auch Nichtregierungsorganisationen wurden zunehmend gefragt, in wessen Interesse und mit welchen Strukturen sie arbeiteten. Viele Transparenzakteure reagierten darauf mit Strategien, die man als „Selbsttransparenzierung“ bezeichnen könnte. So gründeten deutsche Nichtregierungsorganisationen 2010 unter der Federführung von Transparency International Deutschland die „Initiative Transparente Zivilgesellschaft“, die vier Jahre später rund 500 Mitglieder hatte. Die Unterzeichner verpflichteten sich zu bestimmten Transparenzregeln und wurden stichprobenartig auf deren Einhaltung kontrolliert. Dazu gehörte vor allem die Offenlegung der Finanzen, der Trägerschaft, die Bekanntgabe von Vorstand und Personalstruktur. „Wer für das Gemeinwohl tätig wird, sollte der Gemeinschaft dennoch sagen[,] welche Ziele die Organisation genau anstrebt, woher die Mittel stammen, wie sie verwendet werden und wer die Entscheidungsträger sind“, so das Selbstverständnis der Initiative.[150]

Diese Vorgänge geben wichtige Hinweise auf die Grenzen des Transparenzversprechens. Transparenz wird immer von konkreten Akteuren eingefordert. Solche Akteure genießen zunächst einen Vertrauensvorschuss, da sie sich ja für die Durchsichtigkeit einsetzen.[151] Wenn es ihnen gelingt, die Transparenzforderung populär zu machen, müssen sie damit rechnen, diese Forderungen an sich selbst gerichtet zu sehen. Dies scheint die Betroffenen gelegentlich zu irritieren, darauf verweist das Wort „dennoch" in dem Zitat. Von diesem Moment an müssen sie selbst sich den allgemeinen Transparenzregeln unterwerfen, wollen sie glaubwürdig bleiben. Aber die Transparenz in eigener Sache kann auch hinderlich werden. Im Fall der Ratingagenturen kann die Offenlegung von Bewertungsmethoden Konkurrenzunternehmen nutzen. Im Fall von Transparency International wurden die engen Verbindungen zur Weltbank sowie entsprechende Beraterverträge in den frühen Jahren aus nachvollziehbaren Gründen nicht aktiv öffentlich gemacht. 2009 formulierte *Spiegel online* Zweifel an der Unabhängigkeit von Transparency gegenüber staatlichen Organisationen wie der Gesellschaft für Technische Zusammenarbeit und gegenüber großen Unternehmen wie Allianz, BASF, Shell oder Lockheed, die allesamt wichtige Spender waren. In der Summe waren solche Berichte aber selten.[152]

Eine weitere Dimension erhielt die Transparenzdebatte durch das Internet. Informationen aller Art wurden mit dem World Wide Web ab Ende der 1990er-Jahre nahezu überall und zu jeder Zeit verfügbar. Die Protagonisten des Silicon Valley verkauften ihre Produkte auch mit überschießenden Versprechen von Zugänglichkeit, Demokratie, Fortschritt und Transparenz. In Deutschland waren die Propheten des Internets weniger präsent als in Nordamerika. Doch für eine kurze Zeit gab es eine politische Kraft, die in der Informationstechnologie ein Mittel zu erkennen glaubte, die Demokratie neu zu erfinden.

Gemeint ist die Piratenpartei.[153] Diese politische Gruppierung wurde 2006 gegründet. Sie hatte in ihrer Frühphase einige spektakuläre Wahlerfolge, vor allem in den Jahren 2011 und 2012, als sie in vier Landesparlamente einzog, teilweise mit über acht Prozent Wählerstimmen. Angesichts großer Parteienverdrossenheit rechneten viele Kommentatoren damit, die Piraten würden sich schnell als wichtige Oppositionskraft etablieren. Die Medien berichteten sehr intensiv. Allerdings war der Spuk bald vorbei – ab 2014 erreichten die Piraten bei keiner Wahl mehr als 1,7 Prozent.

Die Piratenpartei erschien den Berichterstattern offenbar auch deshalb attraktiv, weil sie ein Politikmodell erprobte, das augenscheinlich der neuen Lebenswirklichkeit entsprach. Piraten waren hauptsächlich junge Internet-

und Notebooknutzer. Inhaltlich konzentrierten sich die Piraten in ihrem ersten Parteiprogramm auf Internet und Informationstechnologie. Sie forderten freie Zugänglichkeit für alle in das Web, zu Wissen und Kultur sowie den Kampf gegen eine internetbasierte Überwachungsgesellschaft. Die Piraten wollten den vom Internet geprägten Alltag politisch gestalten.

Und die Piraten schienen eine neue Form der Parteipolitik zu betreiben. Die Krise der Parteiendemokratie, sie schien mithilfe der Piraten überwindbar. Das politische Modell der Piraten beruhte technisch auf Computernutzung und experimentierte mit dem Prinzip „flüssiger Demokratie" oder Liquid Democracy.[154] Bei den Piraten erfolgten inhaltliche Debatten und Abstimmungen häufig auf Internetplattformen und mithilfe der Informationstechnologie. Im parteieigenen Netzwerk konnten politische Ideen in einem kontinuierlichen Prozess vorgeschlagen, verändert und kommentiert werden. Alle Mitglieder konnten und sollten sich daran beteiligen. Auch die Bundesparteitage waren für alle Mitglieder und für Gäste offen. Sämtliche Sitzungen der Partei wurden öffentlich abgehalten – die Partei folgte hier dem Grundsatz absoluter Transparenz. Viele Mitglieder gaben auch Privates in den Medien und vor allem im Internet preis. *Der Spiegel* erklärte: „Genau das ist das große Angebot der Piraten: Transparenz und Partizipation, dazu ein großer Schuss Frische, ein Anderssein, das manchmal welpenhaft naiv und chaotisch wirkt, aber ohne Kumpanei und Glätte auskommen will."[155]

Diese ostentativ zelebrierte Transparenz der Parteiarbeit faszinierte zumindest einen Teil der politischen Journalisten. Sie brachte aber auch erhebliche Nachteile mit sich. Da waren zum einen inhaltliche Widersprüche. So forderten die Piraten zwar einerseits totale Transparenz mit Blick auf Staat, Parteien und Unternehmen, setzten sich aber auch vehement für Privatsphäre und Datenschutz ein. Pavel Mayer, Vertreter der Piraten im Berliner Abgeordnetenhaus, formulierte es in einem Beitrag für die *Frankfurter Allgemeine Zeitung* 2011 so: Geheimnisse seien zwar grundsätzlich „antidemokratisch". Doch könnten angesichts der Machtfrage Geheimnisse auch zugelassen werden: „Da, wo der materiell Starke und Mächtige dem Schwachen gegenübertritt, [kann] der Schwache den Schutz des Geheimnisses beanspruchen. Der Starke ist demgegenüber in der Pflicht, sich allein durch objektives und transparentes Handeln zu rechtfertigen."[156]

Zum anderen hatte die innerparteiliche Transparenz enorme Nachteile, über die *Der Spiegel* in zwei skeptischen Artikeln berichtete.[157] Die persönlich gefärbten Informationen machten viele Piraten anfällig für empfindliche Angriffe und Shitstorms im Netz. Mache man alle Informationen verfügbar, dann gebe es erhebliches Skandalisierungspotenzial, aber oft keine Einordnung, um die Informationen korrekt zu deuten. Erfahre die Öffentlichkeit von Spenden an eine Partei, so heiße dies nicht automatisch, sie setze sich auch für die Interessen der Spender ein. „Das Skandalraunende, das der Transparenz innewohnt", gefährde die sachliche Auseinandersetzung sehr grundsätzlich.[158] Das von den Piraten favorisierte Prinzip der Liquid Democracy mit ihren nicht enden wollenden Debatten erschwere Entscheidungen, was bis zur Politikuntauglichkeit führen könne. Die öffentlichen Sitzungen der Piraten bedienten zunehmend das Unterhaltungsbedürfnis der Medien. Entweder würden die Journalisten nur noch über Scharmützel innerhalb der Partei berichten oder aber die Politiker würden sich darauf verlegen, keine Fehler in der Öffentlichkeit zu machen, was in Show und Inszenierung ende. Unter diesem Druck würden die „echten" Auseinandersetzungen wieder in verschwiegene Hinterzimmer verlegt.

Erklärungen für den Niedergang der Piraten basierten nicht nur, aber eben teilweise auf solchen Paradoxien der Transparenz. Man kann nicht oft genug darauf hinweisen, dass die anfängliche Begeisterung für das Politikmodell auf der kaum verhohlenen Abscheu basierte, mit der die traditionellen Parteien in der öffentlichen Darstellung bedacht wurden. *Der Spiegel* wusste im Übrigen, dass die Wählerklientel der Piraten jenen der rechtspopulistischen Parteien in anderen Ländern glichen.[159] Die Piraten wurden rasch Geschichte. Der Populismus aber lebt in Deutschland weiter.

Interessant an der Transparenzdebatte ist, dass alle politischen Lager sich damit identifizieren konnten, dass eine Vielzahl von Themen debattiert werden konnte. Tatsächlich wurden einige politische Projekte unter dem Zeichen der Transparenz umgesetzt, nicht nur auf der internationalen Bühne, sondern auch in Deutschland. Zugleich sind die Utopien und politischen Transparenzträume bis auf Weiteres gescheitert, und zwar in erster Linie wegen innerer Widersprüche und Paradoxien. In einem Punkt war die Transparenzdebatte jedoch eindeutig: Sie fütterte das Misstrauen gegenüber dem Staat, den Parteien und der politischen Elite in Deutschland. Das zeigt sich auch in den Diskussionen über die Einkünfte von Politikern, die seit den 1990er-Jahren nicht verstummten.

Bereicherung im Amt? Politikereinkünfte unter Beobachtung

„Ist er Deutschlands faulster Abgeordneter?", fragte *Bild online* im Mai 2007 mit Blick auf den CDU-Bundestagsabgeordneten Carl-Eduard Graf von Bismarck. *Bild* reagierte auf eine Veröffentlichung von Abgeordnetenwatch. Die ARD-Sendung Panorama griff den Fall zwei Wochen später mit einem Bericht über „Partys statt Parlament – Wie faule Abgeordnete sich vor der Arbeit drücken" auf. All diese Berichte hoben nicht auf Gefahren für die Arbeitsfähigkeit des Parlaments ab. Der galt die Sorge der Journalisten nicht. Vielmehr skandalisierten sie den Gegensatz von angeblicher Faulheit und Bezahlung. So bemerkte *Bild online*, Bismarck habe „allein in 12 der 21 Plenumssitzungen dieses Jahres" gefehlt. In Fettdruck hieß es weiter: „Aber die Diäten (7009 Euro/Monat) werden ihm trotzdem überwiesen. Und die steuerfreie Kostenpauschale (3720 Euro/Monat) wird bei unentschuldigtem Fehlen um höchstens 100 Euro pro verpasster Sitzung gekürzt." Es ging also vor allem ums Geld.[160]

Die kleine Bismarck-Affäre vom Sommer 2007 verweist auf ein Dauerthema, nämlich die Debatten über Politikereinkommen. Auf den ersten Blick mag man hier keinen Zusammenhang mit der Korruptionsgeschichte sehen. Doch der Eindruck täuscht. Die Korruptionsdebatte war eine moralische Debatte und sie bezog sich sehr häufig auf das individuelle Verhalten von Politikerinnen und Politikern. Einkommen, Privilegien und vor allem unlautere Formen der Begünstigung waren schon in den 1960er- und 1970er-Jahren kritisiert worden – man erinnere sich an die Fälle Gerstenmaier, Nowack und Klett. Dennoch änderte sich der Ton in der Berichterstattung. Dazu gehört die unnachgiebige Härte, mit der nicht nur von Bismarck angegriffen wurde. Vor allem aber gehört dazu die in der Berliner Republik gängige Interpretation, solche Verfehlungen seien verbreitet.

Folgt man den einschlägigen Berichten und Kommentaren seit den 1990er-Jahren, so erscheint die gesamte politische Klasse Deutschlands moralisch verkommen, als raffgierige Plünderin der Staatskassen. Es ist auffällig, wie selten differenziert wurde, weder zwischen Personen, unterschiedlichen Parteien noch unterschiedlich gelagerten Vorwürfen. Skandalisiert wurden in derartigen Beiträgen eben nicht nur illegale Bereicherung, sondern auch die gesetzlich verankerten Abgeordnetenbezüge. Oftmals kritisierten die Berichterstatter in einem Atemzug den Einfluss von Lobbyisten, die Privilegien und Vorteile für Volksvertreter, bezahlte Nebentätigkeiten oder „Seitenwechsel" auf lukrative Posten in der Wirtschaft, fehlende Gesetze gegen Abgeordnetenbestechung und die Regeln über Parteispenden.

Diese Vermischung macht es dann auch notwendig, die Abgeordnetenkritik im Kontext der Korruptionsdebatte und der Forderung nach Transparenz zu behandeln. Denn dahinter stand der Verdacht der Käuflichkeit und finanziellen Beeinflussbarkeit der politischen Funktionsträger. Kritik an Parteienmacht, Lobbyismus, Selbstbedienung, hohen Einkünften und Korruption bildete oft ein Konglomerat. So ergab das Moralurteil Hans Herbert von Arnims Sinn, Abgeordnete, die sich für Unternehmen einsetzten und dafür Geld kassierten, seien „im ethischen Sinne korrupt".[161]

Dieser Ton ist schon in den frühen 1990er-Jahren gesetzt worden und nicht ohne den Hintergrund der Flick-Affäre zu verstehen. Werfen wir dafür einen Blick in die Spalten des *Spiegels*. 1993 erschien ein Heft unter dem Titel „Affären, Filz und Kumpanei. Verlotterte Republik". Die Autoren des Hauptartikels[162] beklagten, „die Maßstäbe für das Anstößige sind verlorengegangen, das Gefühl für Schicklichkeit, die saubere Trennung von allgemeinen und geschäftlichen, von eigenen und Partei-Interessen". Auch hier fand sich die Erzählung vom moralischen Niedergang des Landes: „Demokratische Umgangsformen und politische Moral verkommen; Stilfragen gelten nicht mehr." Über der Republik liege ein „Geruch von Bestechung und Bestechlichkeit". Es herrsche in der Politik das Prinzip der „Selbstbedienung", ein „eingefahrenes System alltäglicher Klein-Korruption". Neben dem individuellen Eigennutz gewönnen die Interessen von Unternehmen die Oberhand. „Längst vermengen sich Politik und Wirtschaft in Bonn wie in den Provinzen." Parteien würden „zur Beute von Unternehmen – eine schleichende Gefahr für die Unabhängigkeit der Abgeordneten im demokratischen Staat. Aus Volksvertretern werden zunächst Interessenvertreter, dann (Handels-)Vertreter." Zum Beleg führt der Artikel eine Reihe kleinerer Affären an. So sei der CSU-Politiker Richard Stücklen Mitinhaber einer Firma, die die elektrotechnische Planung im Neubau des Bundestagsgebäudes durchführe. Weitere Beispiele waren eine Rede von Bundeskanzler Kohl auf der 100-Jahr-Feier einer Privatfirma, das Sponsoring des Sommerfestes im Bundeskanzleramt durch Unternehmen, eine Privatfeier von Walter Scheel, die von einer Firma bezahlt wurde, der Wechsel ehemaliger Politiker auf Posten bei Banken oder Fernsehanstalten und viele mehr.

Rund zwölf Jahre später las man über die Volksvertreter anlässlich eines Vorschlages über eine Neuregelung der Altersbezüge von Abgeordneten:

„Sie reden von Transparenz und täuschen die Öffentlichkeit: Die Politiker wollen bei den Nebenjobs lediglich Details neu regeln – und auch das nur, um von den eigentlichen Pfründen abzulenken." Und anlässlich von Nebentätigkeiten weiter: „Hinter der Frage, für wen Volksvertreter so alles arbeiten, steckt der Verdacht, dass sie es insgesamt mit dem Gemeinwohl nicht so genau nehmen."[163] Die Liste der Beispiele ließe sich verlängern.

Keinesfalls fanden sich solche Anschuldigungen nur im *Spiegel* – auch *die tageszeitung* glaubte zu wissen, dass manch ein Abgeordneter auf ein mögliches Ministeramt verzichtete, weil er darin keine lukrativen Nebentätigkeiten mehr ausüben könne und sah die Parteien mit Blick auf die Wahlkampffinanzierung „auf der Jagd nach der schnellen Mark".[164] Ähnliche Muster bediente auch die Hamburger *Zeit* in Kommentaren zur Höhe der Ruhestandsbezüge von Ministern und Abgeordneten.[165]

Schon in der Frühzeit der Bundesrepublik waren Debatten über die regulären Abgeordneteneinkünfte heikel gewesen – Diätenerhöhungen standen immer schon unter genauer Beobachtung. In den 1990er-Jahren und im ersten Jahrzehnt des 21. Jahrhunderts formulierten Beobachter der entsprechenden Gesetzgebungsprozesse den Verdacht, der Vorgang solle im Stillen durchgeführt oder vertuscht werden, selbst in den ganz seltenen Fällen, in denen die Höhe der Bezüge nicht in der Kritik stand.[166]

Es waren in Zeiten der Transparenzemphase also unerhörte Zustände. Eine eigene Art aufmerksamkeitsökonomisches Geschäftsmodell entwickelte der Speyrer Professor für Staatsrecht Hans Herbert von Arnim. Er beobachtete ab den späten 1980er-Jahren offenbar alle Gesetzgebungsvorhaben zur Einkommensentwicklung von Abgeordneten in deutschen Landes- und Bundesparlamenten. Schienen ihm die Erhöhungen zu üppig oder verschleiert, schlug er öffentlich Alarm. Auf diese Weise gelang es ihm mehrfach, nicht nur öffentliche Diskussionen zu entzünden. In vielen Fällen wuchs der politische Druck derart, dass die Vorhaben wieder zurückgezogen wurden. So geschehen etwa im Fall einer Erhöhung der Bezüge im Hamburger Landesparlament 1991. Wegen der öffentlichen Entrüstung musste Bürgermeister Henning Voscherau die Einkommensverbesserung stoppen. Ein kritisches Rechtsgutachten Arnims hatte Ähnliches schon drei Jahre zuvor in Hessen bewirkt.[167]

Nach diesen Erfolgen avancierte Arnim in den 1990er-Jahren zu einem der in den Medien gefragten „Parteienkritiker". Systematischer als die Scheuchs kritisierte Arnim die Bereicherungsabsichten von Politikern. In gewisser

Weise übernahm er jene Rolle, die Theodor Eschenburg in den 1960er- und 1970er-Jahren gespielt hatte. Seine Skepsis entzündete sich vor allem daran, dass Parlamentsmitglieder unkontrolliert über ihre eigenen Einkünfte entscheiden konnten. Eine Lösung dieser Problematik half auch von Arnim zu verhindern. 1995 hatten sich die Bundestagsparteien darauf geeinigt, die Abgeordnetenbezüge künftig an die Einkommensentwicklung von Bundesrichtern zu knüpfen. Das hätte der arnimschen Kritik die Grundlage entzogen und dem Parlament regelmäßige Debatten über die Diätenhöhe erspart. Doch Arnim torpedierte dieses Projekt, indem er in Windeseile ein Taschenbuch zu dem Thema veröffentlichte und an die Ministerpräsidenten der Länder verschickte. Der Bundesrat verweigerte daraufhin seine Zustimmung.[168]

Offensichtlich präferierte von Arnim Politiker, die möglichst geringe oder gar keine Einkünfte erzielten, also ehrenamtlich tätig waren, so wie dies auch die Scheuchs vorschlugen.[169] In längeren Publikationen diagnostizierte der Staatsrechtler neben dem moralischen Verfall regelmäßig ein bedenkliches Legitimitätsdefizit des politischen Systems. Die Radikalität des Urteils führte bis hin zu der Behauptung, es gebe in der Bundesrepublik keine wirkliche Demokratie mehr, weil der Wille des Volkes in den Parlamenten keine Rolle spiele – so jedenfalls fasste *Die Zeit* 2008 eines seiner Bücher zusammen.[170] Die Diagnose lief in der Regel darauf hinaus, die politische Klasse habe sich von der normalen Bevölkerung zu sehr entfernt, um sie noch zu repräsentieren. Das war zwar populär, doch teilten nicht alle Beobachter sie. In der erwähnten Buchbesprechung warnte der Autor, „Arnims Anwürfe zeigen, wie kurz der Weg sein kann von einer weit verbreiteten Politikverdrossenheit zu einem gefährlichen Überdruss an der parlamentarischen Demokratie“, und warf ihm Republikverachtung vor, die an die späte Weimarer Zeit erinnere. Schon in der Diätenaffäre von 1995 hatte Gunter Hofmann in der *Zeit* zwar die Pläne und die mangelnde Transparenz kritisiert, zugleich aber auch die Kritiker aufs Korn genommen. Man höre in der Debatte viele unredliche Argumente, die sich gegen die parlamentarische Demokratie als solche richteten.[171]

In dieses Horn stieß 1993 Bundestagspräsidentin Rita Süssmuth in einem Interview zum Thema Diäten. Auch Süssmuth sorgte sich um das Ansehen der Politiker. Und sie gab zu, es sei nicht einfach, wenn Parlamentsmitglieder über ihre eigenen Bezüge entschieden. Gleichwohl warb sie um Verständnis für die Langwierigkeit und Konfliktbeladenheit politischer Prozesse in der Demokratie.[172] Es gab also durchaus Stimmen, die sich Sorgen über die reflexhafte Kritik an Diätenerhöhungen machten. Dies änderte aber wenig an der Langlebigkeit dieser Reflexe.

Zum Themenkomplex Unmoral und Intransparenz in der Politik gehörte auch das Thema Lobbyismus. Im Hintergrund stand die Sorge, Vertreter konkreter Interessen wirkten auf die Volksvertreter unkontrolliert, unsichtbar und mit unlauteren Mitteln ein. Auch hier gilt wie bei vielen anderen Themen: Die Problematik ist nicht erst in den 1990er-Jahren auf die Agenda gekommen. Schon in den 1960ern gab es hier und dort Unbehagen. Die Beschaffungsaffären der Bundeswehr, die Dienstwagenaffäre und ähnliche Fälle sind letztlich Auseinandersetzungen über den stillen Einfluss wirtschaftlich Interessierter auf die Politik gewesen. Tatsächlich reicht die Kritik an der Beeinflussung von Parlamentariern durch Unternehmer bis weit ins 19. Jahrhundert zurück – sie ist so alt wie die Industrialisierung.[173]

In der Bundesrepublik gab es erstmals in den frühen 1970er-Jahren eine längere Debatte darüber, wie man den Einfluss von Lobbyisten eindämmen könne. Das Problem wurde schon damals mindestens zur Hälfte in den Einkünften von Abgeordneten gesehen. Anlass waren die Affären um Karl Wienand und die Fraktionswechsel im Bundestag. 1970 bereits forderte CDU-Bundestagspräsident Kai-Uwe von Hassel, die Bundestagsabgeordneten sollten ihre sämtlichen Einkünfte offenlegen. Diese Forderung unterstützte interessanterweise auch eine Gruppe junger, dezidiert linker Abgeordneter von der SPD. In Bonn diskutierte man in den nächsten Monaten die Aufstellung eines „Ehrenkodex" für Parlamentarier. Die Vorschläge liefen darauf hinaus, dass Abgeordnete ihre Nebentätigkeiten, Beraterverträge und sonstigen wirtschaftlichen Interessen öffentlich oder gegenüber dem Parlamentspräsidenten erklären sollten.

Im Herbst 1972 verabschiedete der Bundestag entsprechende „Verhaltensregeln für Abgeordnete". Laut dieser Ehrenordnung mussten die Informationen lediglich vertraulich dem Bundestagspräsidium mitgeteilt werden. Das Präsidium konnte entscheiden, welche Art von internen Maßnahmen es ergriff; einen Sanktionskatalog gab es nicht. 1973 erließ das Bonner Parlament den Beschluss über ein Lobbyistenregister – übrigens ein Anliegen, das schon ab 1968 diskutiert worden war. Dieses sollte sicherstellen, dass im Bundestag befragte Sachverständige und Interessenvertreter zunächst akkreditiert wurden.[174]

Unter dem Eindruck der Parteiwechsleraffären ging es in der Debatte um die Nebeneinkünfte der Politiker, um ihre finanziellen Sorgen und ihre

Erpressbarkeit. Die Kommentatoren stellten dabei einerseits eine partielle „Verwahrlosung" der politischen Moral fest.[175] Andererseits gab es genug Stimmen, die vor Übertreibungen warnten, ganz im Stil der alten Bundesrepublik. Sogar Parteienkritiker Theodor Eschenburg etwa lehnte scharfe Sanktionen gegenüber bestechlichen Abgeordneten ab – mehr als öffentliche Skandalisierung sei nicht angemessen.[176]

Interessanterweise blieben viele Themen – darunter die Offenlegung von Nebeneinkünften und ein Lobbyregister – bis in das 21. Jahrhundert auf der Tagesordnung. Wichtige Kampagnen von Abgeordnetenwatch und LobbyControl zielten genau auf diese Themen. Transparency International Deutschland forderte 2005 eine vollständige Offenlegung aller Nebeneinnahmen und Angaben über den Zeitaufwand, den jeder Abgeordnete für seine Nebentätigkeiten hatte. So sollte erkennbar werden, ob die Volksvertreter sich der Arbeit in Berlin auch ausreichend widmeten.[177]

In den Antikorruptionspamphleten der 1990er-Jahre und des frühen ersten Jahrzehnts des 21. Jahrhunderts beanspruchte der Lobbyismus einen vergleichsweise großen Raum. Hans Leyendecker widmete ihm ein Kapitel in seinem Buch über die „Korruptionsfalle". Darin schilderte er die Tätigkeit der Interessenvertreter als „dunkles Geschäft". Leyendecker beschrieb ihre Arbeitstechniken recht differenziert. Dazu gehörten nicht einfach Zahlungen, sondern vielfache Kontakte und Gespräche mit den Entscheidungsträgern. Außerdem hob er die fachliche Unterstützung der Abgeordnetenarbeit durch Verbände hervor. Da die Parlamentarier zu wenige sachkundige Mitarbeiter hätten, ließen sie sich Reden oder Vorlagen oft von Verbänden vorbereiten. Das führe zu einer inhaltlichen Schieflage. Leyendecker kritisierte vor allem zwei Umstände: Die Lobbyisten besäßen kein legitimes Mandat und es gehe ihnen vor allem darum, Besitzstände zu wahren, sie würden also politische Veränderungen verhindern.[178]

„Die Lobby regiert das Land", so lautete der Titel eines autobiografisch geprägten Buches aus dem Jahr 2002.[179] Der Autor, Christian Simmert, war ein junger Grünen-Politiker. Simmert beschrieb seinen jähen Aufstieg zum Bundestagsabgeordneten und seine Enttäuschungen über den Politikbetrieb. Nach einer Legislaturperiode schied er auf eigenen Wunsch aus der Politik aus. Simmerts Unbehagen speiste sich aus zwei Quellen: Zum einen empfand er das Netzwerken und Allianzenbilden innerhalb der Parteien als Zumutung. Zum anderen geißelte er den geringen Einfluss einzelner Abgeordneter. Sie stünden unter der Fuchtel von Regierung und

Lobbyisten. Zum Hintergrund muss man wissen, dass Simmert sich vehement gegen den Einsatz der Bundeswehr im Kosovo und in Afghanistan einsetzte und den scharfen Konflikt mit der grünen Parteiführung nicht scheute. Generell sind die Ausführungen Simmerts von einem Unbehagen gegenüber politischen Kompromissen geprägt.

Auch Simmert schilderte die Arbeitsweise der Lobbyisten, wozu er als Grüner die Vertreter von Umweltverbänden wie BUND und NABU zählte. Simmert kritisierte, dass viele Abgeordnete zugleich in Verbänden aktiv seien – etwa Gewerkschafter in der SPD oder eben Grüne in Umweltbeiräten. Simmert geißelte den Wechsel ehemaliger Politiker auf Verbandspositionen, ein Thema, das in den folgenden Jahren an Bedeutung gewinnen sollte. Insgesamt hob Simmert aber weniger die Gier von Abgeordneten hervor. Für ihn bestand das Problem in der übergroßen Komplexität von Sachfragen und Machtfragen: Als Abgeordneter verstehe man häufig erst sehr spät die Inhalte vieler Probleme und könne sich nicht in alles einarbeiten – so sei man auf Zuarbeiten auch aus der Lobby angewiesen. Außerdem seien politische Netzwerke, Seilschaften und Verbindungen häufig so wichtig, dass die Sachprobleme in den Hintergrund rückten. Auch Simmert schloss mit skeptischen Gedanken, geprägt vom Gefühl der Machtlosigkeit. Er habe in seiner aktiven Zeit sehr wenig bewegen können. Wenn die einzelnen Abgeordneten nicht mehr Macht erhielten, wachse die Politikverdrossenheit der Bevölkerung noch weiter.

Simmert und Leyendecker beschrieben als einen Grund für den Machtgewinn der Lobby die wachsende Komplexität von politischen Sachthemen: Verbandsvertreter besaßen häufig einfach einen Informationsvorsprung, den sie zu ihren Gunsten nutzten. So differenziert argumentierten weite Teile der Debatte aber nicht. Zwar war im Kontext des Lobbyismus häufig von der Macht der Verbände und Lobbyisten die Rede. Doch die Kritik richtete sich in erster Linie gegen die meinungsschwachen Politiker. Sie würden sich durch Geld, Vergünstigungen oder andere Leistungen manipulieren lassen. In den populären Darstellungen reduzierten sich die Gründe für die Lobbyistenmacht häufig auf Käuflichkeit. Wiederum war seltener von Strukturen sowie Notwendigkeiten und häufiger von charakterlicher Schwäche die Rede.[180]

Rückt man in den Beziehungen zwischen Wirtschaft und Politik die moralische Unzuverlässigkeit der Politiker in den Vordergrund, so ist der Wechsel auf gut bezahlte Verbands- oder Wirtschaftsarbeitsplätze nach

Karriereende ein wichtiges Thema. Erst ab der Jahrtausendwende gab es dazu eine mehr oder minder kontinuierliche Debatte. Zwar hatte schon Rainer Barzels Beratervertrag mit einer Anwaltskanzlei zu Beginn der Flick-Affäre für Furore gesorgt, aber erst als ehemalige Bundeskanzler ins Visier gerieten, nahm die Debatte wirklich Fahrt auf.

Der erste Fall betraf Helmut Kohl. Kurz nach Ende seiner Kanzlerschaft schloss der Medienunternehmer Leo Kirch mit dem ehemaligen Regierungschef einen Beratervertrag ab. Der Altkanzler erhielt von 1999 bis 2002 jährlich angeblich 600.000 D-Mark. Die Pflichten Kohls im Rahmen des Vertrags waren kaum definiert. So entstand der Eindruck einer Gefälligkeit. Kirch hatte Kohl über viele Jahre sehr nahe gestanden. Kritiker vermuteten schon lange, die kohlsche Medienpolitik der 1980er- und frühen 1990er-Jahre sei stark von Ratschlägen des Münchner Medienunternehmers beeinflusst. Zumindest boten Deregulierungen und Privatisierungen im Fernsehsektor exakt jene Rahmenbedingungen, die Kirch den Aufbau eines milliardenschweren Unternehmens ermöglichten. Der Beratervertrag erschien wie ein Dankeschön, eine Art nachgelagertes Geschenk. So lautete jedenfalls das Fazit von Hans Leyendecker.[181]

Der zweite einschlägige Fall hat konkrete Auswirkungen bis in die Gegenwart. Gemeint ist die Karriere des ehemaligen Bundeskanzlers Gerhard Schröder im russischen Gasunternehmen Gazprom. Wenige Wochen nach dem Ende seiner Kanzlerschaft im Jahr 2005 übernahm Schröder den Vorsitz im Aktionärsausschuss der Gazprom-Tochter Nord Stream AG. Im September 2017 wurde Schröder Aufsichtsratschef des russischen Ölkonzerns Rosneft, der die Anteilsmehrheit an Gazprom besaß.

Diese Verbindung ist aus mehreren Gründen besonders pikant. Schröder hatte trotz erheblicher Kritik im In- und Ausland wenige Tage vor der Bundestagswahl einen Vertrag unterzeichnet, der den Weg für eine direkte Röhrenverbindung zwischen Russland und Deutschland frei machte – für jene Nordstream-Pipeline, deren Betreibergesellschaft er nun angehörte. So stand der Verdacht im Raum, Schröder habe schon in den letzten Monaten seiner Kanzlerschaft nicht nur öffentliche Interessen verfolgt. So lautete jedenfalls der Vorwurf des FDP-Politikers Guido Westerwelle.[182] Im Fall Schröder/Gazprom gesellte sich zur Vermischung öffentlicher und privater Interessen ein möglicher Konflikt deutscher und ausländischer Interessen in der Geopolitik. Gazprom ist ein staatliches Unternehmen und die Energiepolitik ist eines der wichtigsten Felder russischer Außenpolitik. Die

Ostseepipeline wird in manchen osteuropäischen Staaten vor allem als Drohpotenzial Russlands gewertet. Dank der Pipeline umgehe Russland traditionelle Transitländer wie die Ukraine. Diesen könne Moskau nun mit einem Lieferstopp drohen, ohne westeuropäische Kunden zu verlieren. Die Kritik an Schröder war daher in Polen besonders heftig.[183]

Die beiden Exkanzler blieben keine Einzelfälle. Viele Kabinettsmitglieder der ersten rot-grünen Regierung fielen durch Wechsel in die Privatwirtschaft auf. Grundsätzlich waren aber Mitglieder aller Parteien betroffen. 2012 legte *Der Spiegel* eine kleine Bilanz vor. Das Blatt hatte die späteren Karrieren von ehemaligen Ministern und Staatssekretären nachverfolgt. In den 1970er-Jahren gingen demnach drei von 41 Spitzenpolitikern in die Wirtschaft, während in den Jahren von 2000 bis 2012 elf von 35 wechselten, also rund ein Drittel.[184]

Seit dem Wechsel von Gerhard Schröder gab es mehrfach Überlegungen, eine Karenzzeit für ausscheidende Minister einzuführen. Organisationen wie LobbyControl und Transparency International setzten sich vehement dafür ein und auch die UN-Konvention gegen Korruption sah dies vor.[185] 2006 scheiterte noch ein entsprechender Gesetzentwurf. 2015 verabschiedete schließlich der Bundestag eine Regelung, wonach ehemalige Staatssekretäre und Minister neue Tätigkeiten in der Wirtschaft von der Bundesregierung genehmigen lassen müssen, wenn sie diese innerhalb von zwei Jahren nach der Entlassung aufnehmen.[186]

Nun gehören politische Ämter auf Zeit zum Wesen der Demokratie. Anders als Beamte können Politiker ihre Beschäftigung sehr kurzfristig verlieren, etwa nach Wahlen oder durch innerparteiliche Konflikte. Was sprach also gegen die Wechsel in die Wirtschaft?

Drei Vorwürfe richteten sich gegen die Seitenwechsler: Zunächst bestand der Verdacht, die Betreffenden würden in Erwartung einer künftigen Anstellung schon während ihrer aktiven Zeit Vorteile für das jeweilige Unternehmen herausschlagen. Dies ist der Vorwurf nachgelagerter Bestechlichkeit. Der zweite Vorwurf richtet sich gegen eine Art illegitime „Nachnutzung“ von im Amt erworbenen Kontakten und Informationen: Beschäftige ein Verband einen ehemaligen Amtsträger oder Abgeordneten, so wolle er von dessen Netzwerk und alten Verbindungen in Parteien oder Behörden profitieren. In beiden Fällen geht es auch darum, dass Sonderinteressen zu Lasten des Gemeinwohls gefördert würden. Drittens wird den Politikern vorgeworfen, sie schlügen auf diese Weise ungerechtfertigt

Kapital aus ihren ehemaligen Funktionen, würden also ihr Einkommen dank ihres früheren Mandats aufbessern, was ihnen aber nicht zustehe.

Allerdings finden sich in der öffentlichen Debatte nur selten derart klare Differenzierungen. Denn auch beim Thema Seitenwechsel dominierten polemische und stark vereinfachende Darstellungen. So basierte die Wirkung des erwähnten *Spiegel*-Artikels von 2012 auf einer simplen Kontrastgeschichte: Geschildert wurde der „Sittenverfall" bei Altpolitikern, die angeblich das Vertrauen der Bürger verkauften. Auf der anderen Seite zeigten die Autoren die Inkarnation des „Anstands", ein Rührstück über die Geschäftsstelle von LobbyControl in Berlin, die gegen die Seitenwechsler kämpfe: „Kein Vorzimmer, nur der Raum mit seiner fleckigen Raufaser [...] für Besucher zwei Klappstühle, unbequem [...] mehr können sich die Anständigen nicht leisten." Hier arbeite der Geschäftsführer Timo Lange für „2604 Euro brutto".[187] An die Stelle politischer Analyse trat die Impression.

Ähnliches gilt auch für die Parteienkritiker. Folgt man den Idealvorstellungen klassischer liberaler Denker, so sollte Politik kein Broterwerb sein. Vielmehr sollten Politiker in einem Zivilberuf stehen und nur kurzzeitig ihre Position verlassen, um politische Aufgaben wahrzunehmen. Das, so die Vorstellung, fördere ihre Unabhängigkeit, insbesondere von den Parteien und ihren Seilschaften. Scheuch oder Arnim ließen häufig Sympathie für diese Position erkennen. Freilich warf sich auch von ihnen niemand in die Bresche, um Politiker zu verteidigen, die neben ihrem Mandat eine Firma leiteten oder nach ihrer politischen Karriere in die Wirtschaft wechselten. Dies zeigt wiederum: Die Debatten um Einkommen von Politikern orientierten sich kaum an stringenten Argumentationen. Vielmehr herrschten Misstrauen und Polemik. Damit war allemal mehr Aufmerksamkeit als mit abgewogenen Urteilen zu gewinnen.

In der Realität wurden Parteien und Parlamente ohnehin bereits seit Jahrzehnten von Berufspolitikern beherrscht. Die Beobachtungen von Christian Simmert zeigen die Gründe dafür: Für ein nebenberufliches Hobby war Bundespolitik schon lang nicht mehr geeignet. Die Anforderungen an Politiker waren so groß und die Themen derart komplex, dass Erfolg ohne Vollzeitengagement nicht möglich war. Das zeigt auch die Causa Bismarck: Als die Affäre aufkam, besaß der Abgeordnete schon lang keinen Rückhalt mehr in seiner Fraktion; auch in seinem Landesverband mochte sich niemand hinter ihn stellen. Wenige Monate nach der Affäre musste er sein Mandat zurückgeben: „Er geht und keiner ist traurig", hieß es im *Tagesspiegel*.[188]

Bismarck hatte sich allerdings mit dem Argument verteidigt, er sei wegen einer Rückenoperation stark eingeschränkt und ordnungsgemäß krankgeschrieben gewesen. Er mochte sich als Opfer einer Tendenz sehen, in der das Gebaren von Politikern detailliert veröffentlicht wurde, in gewisser Weise also als Opfer von Transparenz. Jedoch gab und gibt es auch Bundestagsabgeordnete, die sich freiwillig der Transparenz verschrieben. Welche Erfolge und Misserfolge das mit sich brachte, sehen wir im folgenden Abschnitt.

Norbert Gansel und die Erfindung des „gläsernen Abgeordneten"

„In Bonn ist Transparenz angesagt, um die Verdrossenheit beim Bürger zu dämpfen. Doch die wohlklingende Forderung nach dem ‚gläsernen Abgeordneten' hat nicht einmal bei den Grünen eine Chance", so lautete eine Feststellung des *Spiegels* aus dem Jahr 1984. Während der Flick-Affäre hatte kein Geringerer als der CDU-Generalsekretär Heiner Geißler gefordert, von allen Abgeordneten Transparenz über ihre Einkünfte zu verlangen. Doch *Der Spiegel* war sich nicht sicher, wie ernst das zu nehmen sei: „Ehrlichkeit und Offenheit sind in, seit Rainer Barzel den Stuhl des Bundestagspräsidenten räumen mußte. Und seitdem geistert auch wieder eine verschollene Gestalt aus den frühen 70er Jahren durch die Flure und Fraktionen des Hohen Hauses: der ‚gläserne Abgeordnete'."[189]

Dieses Zitat ist aus zwei Gründen bemerkenswert. Einerseits zeigen sich hier die frühen Ursprünge des Konzepts. Andererseits schätzte der Autor die Angelegenheit falsch ein. Der gläserne Abgeordnete blieb kein abgelegter Hut aus grauer Vorzeit. Zwar verschwand die Idee Mitte der 1980er-Jahre bald wieder. Doch später, in den Jahren um 2010, wurde sie aktueller denn je. Das Ideal des gläsernen Abgeordneten ist ein Paradebeispiel dafür, wie Politiker mithilfe von Transparenz Vertrauen und Legitimität zu schaffen versuchten.

Der Erfinder des Konzepts ist leicht ausfindig zu machen. Es handelt sich um den SPD-Politiker Norbert Gansel, Mitglied im Deutschen Bundestag von 1972 bis 1997. Anschließend amtierte er bis 2003 als Oberbürgermeister seiner Heimatstadt Kiel. Gansel gehörte zum linken Flügel der SPD. Er gab bereits in seinem ersten Wahlkampf das Versprechen ab, Einnahmen und

Ausgaben zu veröffentlichen. Lange vor der Erfindung des Internets nutzte der frischgebackene Abgeordnete dann die Lokalzeitung als Plattform. Ende 1973 erschien eine großformatige Anzeige im Wert von 2.000 D-Mark im *Kieler Express* mit einer detaillierten Berechnung von Gansels Vermögen, Einnahmen und Ausgaben. Insgesamt verdiente er rund 86.000 D-Mark. Etwa die Hälfte gab er für seine politische Arbeit wieder aus.[190] Diese Information war dem *Spiegel* zwar eine Nachricht wert. Allerdings erschien sie unter „Personalien", einer Rubrik, in der man üblicherweise über Geburtstage, Jubiläen und Vermischtes lesen konnte. Der „gläserne Abgeordnete" war also zunächst das persönliche Steckenpferd einer Einzelperson.

Gansel blieb seinem Versprechen über Jahrzehnte treu und veröffentlichte Jahr um Jahr seine persönlichen Finanzen. Im Lauf dieser Zeit wandelten sich die Kontexte; Transparenz gewann an Boden. In der Flick-Affäre erschienen „gläserne Taschen" der Abgeordneten erstrebenswert.[191] Transparenz war nun keine Privatangelegenheit mehr. Mitte der 1980er-Jahre gab es immerhin ein paar Kräfte, die sich dafür einsetzten. Dazu gehörte der FDP-Parlamentarier Burkhard Hirsch, der einen entsprechenden Gesetzentwurf vorlegte, der aber keine Mehrheit fand.[192] Der Bundestag setzte 1984 eine Kommission ein, die im Konsens Regeln für Offenlegungspflichten erarbeiten sollte. Mehrere Gesetzentwürfe zirkulierten. Doch die überwiegende Mehrheit fürchtete, mit allzu strengen Regeln verschrecke man potenzielle Abgeordnete. Anderenfalls seien nur noch „Angehörige des öffentlichen Dienstes oder ehemalige Studenten" willens, ins Parlament zu gehen, warnte der hessische SPD-Ministerpräsident Holger Börner.

Selbst die Grünen forderten zwar grundsätzlich die Offenlegung aller Abgeordneteneinkünfte,[193] in der Debatte blieben sie aber letztlich zurückhaltend – womöglich aus übergeordneten Erwägungen. Denn in den frühen 1980er-Jahren engagierten sie sich massiv für den Datenschutz als Abwehrrecht der Bürger gegenüber dem Staat. Die Volkszählung von 1983 war höchst umstritten und ihre Gegner malten das Schreckgespenst des „gläsernen Bürgers" an die Wand.[194] So blieb auch der gläserne Abgeordnete vorerst „einer aus Milchglas", wie Burkhard Hirsch spottete.[195]

Am Ende erfolgte eine moderate Anpassung des Ehrenkodex aus dem Jahr 1972 in der Geschäftsordnung des Bundestages. Zu dieser Zeit äußerten die Kommentatoren einerseits Bedauern, andererseits Verständnis für die Zurückhaltung. Einstweilen akzeptierten viele das Argument, „Moral und korrektes Verhalten" könne man nicht durch Gesetze erzwingen.[196] Es bestand also trotz der mittlerweile harten Parteienkritik ein Rest Zutrauen in die moralischen Selbstheilungskräfte der Politik. Das Elitenvertrauen war noch nicht völlig aufgebraucht.

In den 1990er-Jahren wendete sich die Stimmung allerdings – wir erinnern uns an die Kommentare zur Diätenerhöhung in Hamburg 1991. Zwar erklärte Rita Süssmuth 1993 noch: „Wenn Sie den ‚gläsernen Abgeordneten' fordern, sage ich nein." Doch dies war bereits eine Äußerung aus der Defensive in einem Interview, in dem die fragenden Journalisten den Abgeordneten „Verschleierung" von Nebeneinkünften vorwarfen.[197] In den 1990er-Jahren und im ersten Jahrzehnt des 21. Jahrhunderts mehrten sich Initiativen für das Ideal des gläsernen Abgeordneten. Nach Antritt der rot-grünen Bundesregierung forderte der neue Staatsminister im Bundeskanzleramt, Hans Martin Bury, erneut die Offenlegung von Abgeordneteneinkünften.[198] Rund drei Jahre später diskutierte die SPD-Fraktion wiederum über das Thema, ohne Ergebnis. Unterdessen bot das Thema der Opposition oder anderen ehrgeizigen, meist jüngeren Parlamentariern eine Profilierungsmöglichkeit. Ein Beispiel: An der Jahrtausendwende bildete sich innerhalb der SPD das sogenannte Netzwerk als dritte innerparteiliche Fraktion zwischen dem konservativen und dem linken Flügel. Der gläserne Abgeordnete gehörte wie selbstverständlich zu den Forderungen einer reformfreudigen und vergleichsweise liberal geprägten, nach oben strebenden Gruppe.[199]

2002, nach der sogenannten Bonusmeilen-Affäre, erwog die SPD-Bundestagsfraktion eine Veröffentlichungspflicht für alle Nebeneinkünfte von Abgeordneten. Die öffentliche Stimmung gab ihr recht, denn eine Umfrage ergab fast 70 Prozent Zustimmung zu dem Vorhaben. Allerdings scheiterte auch dieses Projekt.[200]

In einem großen Bericht stellte *Der Spiegel* 2005 Ulrich Kelber, einen jungen SPD-Abgeordneten aus Bonn, vor. Kelber veröffentlichte seine Steuererklärung und ließ sich medienwirksam in einem gläsernen Wahlkreisbüro bei der Arbeit beobachten. „Alle Experten", darunter Peter Eigen, Altbundespräsident Roman Herzog, Ernst Gottfried Mahrenholz, ehemaliger Richter am Verfassungsgericht, forderten mittlerweile absolute Transparenz und gläserne Taschen von Abgeordneten, so das Hamburger Nachrichtenmagazin. Die Präsidenten der Landtage trafen sich im gleichen Jahr, um neue Transparenzregeln auszuarbeiten.[201]

Norbert Gansel war unterdessen zum guten Gewissen des Bundestages aufgestiegen. Als er das Parlament 1997 verließ, galt er als moralisches

Vorbild, als Rebell im positiven Sinn. *Die Zeit* überschlug sich geradezu mit Lob über die Unabhängigkeit des Politikers.[202] Knapp zehn Jahre später galt er immer noch als „Ahnherr" der Transparenzbewegung. *Der Spiegel* würdigte ihn für die Konsequenz, mit der er an seinen linken Ideen festgehalten hatte. Dazu gehörte auch die Angewohnheit, jährlich ein „Praktikum als Arbeiter, im Bergwerk, auf der Werft, in der Post" zu machen.[203] Die Utopie der 68er, durch regelmäßigen Kontakt mit den Werktätigen die sozialen und politischen Gegensätze zu überwinden, Gansel hatte sie nie ganz aufgegeben.

Die Popularität Gansels war kaum das Ergebnis einer Renaissance der Sozialromantik. Er beeindruckte die Kommentatoren vor allem durch drei Umstände. Zum einen hatte er ein nun aktuelles Thema schon sehr früh aufgegriffen. Zum Zweiten war er eher am Rand der Macht geblieben und hatte sich immer auch der Kritik durch seine Kollegen ausgesetzt, war also als Kronzeuge der Elitenskepsis einsetzbar. Vor allem jedoch bediente er das Bedürfnis nach Authentizität. In der Berliner Republik, vermutlich als Folge der Professionalisierung von Kommunikationsstrategien in den Parteien, beklagten die Medien zunehmend, Politiker seien nicht mehr authentisch, sagten nicht, was sie dächten. Hinzu kam der Vorwurf, eine politische Karriere verlange danach, sich zu verbiegen – solche Vorwürfe hatte auch Christian Simmert formuliert. Es gab Klagen über den Verlust von unangepassten Typen. Dagegen stach Gansel hervor. Er war sich selbst schlicht über lange Zeit treu geblieben, und zwar eher zum eigenen Nachteil – ein unschlagbarer Beweis für Glaubwürdigkeit. Auch dies gehört ins Bild der Elitenskepsis: Wer sich als Kritiker positionierte, hatte einen Glaubwürdigkeitsvorteil.

2002 gab es drei Abgeordnete des Bundestages, die ihre Einkommensverhältnisse komplett offenlegten: Angelika Volquartz von der CDU Kiel, Ulrich Kelber von der SPD und der grüne Abgeordnete Christian Simmert, von dem bereits die Rede war. Peter Altmaier, ebenfalls von der Union, hatte seine Einkommensteuerbescheide in der Vergangenheit während drei Jahren offengelegt, die Dokumente aber mittlerweile wieder aus dem Internet genommen. Interessant sind die Erfahrungen, die die gläsernen Abgeordneten machten. Peter Altmaier sah sich durch Kritik aus den eigenen Reihen gezwungen, die Offenheit aufzugeben. Seine Fraktionskollegen warfen ihm offenbar vor, sich mit einer populären Aktion auf ihre Kosten profilieren zu wollen. Angelika Volquartz blieb zwar konsequent bei ihrer

Linie, doch erlebte sie auch aus der Bevölkerung kaum Zuspruch. Vielmehr zeigten sich viele Bürgerinnen und Bürger entsetzt über ihre hohen Bezüge – und das, obwohl sie keine Nebeneinkünfte hatte. Die Abgeordnetenbezüge waren offenbar kritikwürdig genug. Auch Simmert hatte aufgrund seiner Offenheit eher politischen Schaden. Auf seiner Homepage gab er an, von seiner Aufwandsentschädigung als Abgeordneter 1.000 D-Mark an seine Partei gespendet zu haben. Das war ein Regelverstoß und führte zu öffentlicher Kritik und Häme, auch weil zur gleichen Zeit ähnliche Vergehen in der CDU-Spendenaffäre auf den Tisch kamen.[204]

Die Fälle zeigen die politischen und kommunikativen Risiken konsequenter Transparenz, vor allem, wenn sie im Umfeld extremer Moralisierung auftaucht. Zwar könnte man argumentieren, Simmert sei erst durch seine ungeschickte Veröffentlichung auf einen Rechtsbruch hingewiesen worden. Die Transparenz habe somit ihren Zweck erfüllt, nämlich öffentliche Kontrolle der politischen Sitten. Doch schon der Fall Altmaier war anders gelagert. Unionskollegen empfanden die altmaiersche Offenheit offenbar als einen impliziten Angriff auf ihr eigenes Verhalten, das der Diskretion, und stellten deshalb seine Motive infrage: Nicht Rechenschaftslegung, sondern individuelle Publicity habe der Kollege gesucht und dies auch noch auf Kosten anderer. Offenbar bewertete Altmaier diese Infragestellung seiner Integrität als so gefährlich, dass er auf die Transparenz komplett verzichtete. Ähnliches hatte übrigens schon Norbert Gansel erlebt: Nach eigenen Angaben erhielt er „Drohbriefe von Ehefrauen" seiner Bundestagskollegen. Sie warfen ihm vor, ihre Ehemänner schlecht aussehen zu lassen.[205] Bleibt noch Angelika Volquartz. Ihre Erfahrungen zeigen das Scheitern der Transparenz auf einer weiteren Ebene: Die eigentlichen Adressaten ihrer Transparenzoffensive, die Wählerinnen und Wähler, reagierten ablehnend. Das Ziel durch Offenheit Vertrauen, Legitimität und Zustimmung zu erhalten, konnte in vielen Fällen nicht erreicht werden. Das stützt die allgemeine These, nach der offene Informationen keinerlei Garantie für Vertrauensgewinne mit sich bringen.

Hinzu kamen spezielle Umstände bei den Abgeordneten. Seit Jahren funktionierte die Aufregungsökonomie so, dass jedes Einkommen in der Politik, gleich welcher Höhe, skandalisiert wurde. Das stand im Einklang mit der Elitenkritik, die unterstellte, dass Politiker unermessliche Reichtümer und Privilegien scheffelten. Nie hatte es eine Debatte darüber gegeben, welche Besoldung denn angemessen wäre, wo also die Grenze zwischen

„Verdienst" und „Privileg" verlaufen könnte. Es gab also keinen Maßstab, nicht einmal eine Debatte über einen Maßstab. Ohne Bewertungsmaßstab führte auch die Transparenz allein nicht zu höherer Akzeptanz.

Gleichwohl gibt es auch in der Gegenwart noch große Hoffnungen auf die vertrauensbildende Kraft des Modells „gläserner Abgeordneter". 2018 bekannten sich zahlreiche Abgeordnete des Deutschen Bundestages und einiger Landesparlamente zu diesem Prinzip. Offensichtlich ist dieses Prinzip vor allem bei SPD-Politikern verbreitet, aber auch einige Grüne gehören dazu – so beispielsweise alle grünen Fraktionsmitglieder in den Landtagen von Hessen und Thüringen.[206]

Gläserne Abgeordnete veröffentlichen ihre Einnahmen und Ausgaben im Internet. Zum Themenspektrum vieler gläserner Abgeordneter gehört mittlerweile deutlich mehr als eine öffentliche Steuerklärung. Typischerweise geben diese Parlamentarier Auskunft über erworbene Ansprüche auf Altersbezüge, über Dienstreisen und Dienstwagen, über ihr Abstimmungsverhalten im Bundestag, über Gespräche mit Lobbyisten und Interessenvertretern. Häufig informieren sie auch über die Ausstattung ihrer Büros, die Anzahl von Mitarbeitern und Ähnliches.[207] Diese Standards erreichen allerdings nicht alle. Die erwähnten Landtagsfraktionen der Grünen beschränken sich im Wesentlichen auf gesetzlich vorgeschriebene Angaben, die weniger aussagekräftig sind.

Ob es ihnen gelingt, das immer noch wachsende Misstrauen gegenüber der politischen Elite einzudämmen, sei dahingestellt. Es zeigt sich hier ein weiteres Problem beim Transparenzversprechen: die Informationsüberlast. Berichte und Hinweise, Zahlen und Angaben sind in vielen Fällen sehr komplex, die Homepages vieler gläserner Abgeordneter verschachtelt. Einfache Botschaften lassen sich kaum ableiten.

Affären und Skandale im wiedervereinigten Deutschland

Antikorruptionspolitik war vor 1990 fast ausschließlich eine Politik, die im Angesicht von Affären oder Skandalen gemacht wurde, als Reaktion auf konkretes Fehlverhalten einzelner Politiker oder Beamter. Das hatte sich in den 1990er-Jahren geändert. Dennoch gab es sie weiterhin, die Affären um Vorteilsnahme, windige Parteienfinanzierung und den Verdacht, Politik sei käuflich. Solche Fälle nahmen deutlich zu. Über Korruption wurde nun auch jenseits von Einzelfällen gesprochen, Gesetzesvorhaben kamen auch ohne solche Auslöser auf den Weg. Andererseits gewannen die Debatten durch die neuen Kontexte an Brisanz. In den Affären formten sich Argumente und Mechanismen, die die Antikorruptionspolitik insgesamt prägten. Die Skandale verloren zwar ihren Charakter als Wegmarken der Antikorruptionspolitik. Doch sie sorgten für eine Art kontinuierliches Affärenrauschen, das die Politik seit der Wiedervereinigung grundierte und den Ruf der politischen Klasse erodieren half. Zugleich forderten einige Skandale prominente Opfer: Zwei Ministerpräsidenten und gar ein Bundespräsident mussten zurücktreten, ein ehemaliger Bundeskanzler verlor seinen moralischen Kredit, zwei Weltkonzerne wurden bis in ihre Grundfesten erschüttert. Deshalb darf die Affärengeschichte an dieser Stelle nicht fehlen.

Aus einem weiteren Grund sind die Skandale interessant. Anders als in den allgemeinen Korruptionsdebatten zeigen nur die Skandale, wie die Grenze zwischen dem Privaten und dem Öffentlichen konkret gezogen wurde. Nur mithilfe der Skandale lässt sich untersuchen, wie „Korruption" im Einzelfall aufgefasst wurde.

Die Art der Verfehlungen hat sich im Vergleich zur Bonner Republik zunächst wenig geändert. Weiterhin ging es um den Verdacht, Politiker hätten sich ungerechtfertigte Begünstigungen erschlichen. Andere Affären handelten von der möglichen Käuflichkeit von Politik. Gelegentlich waren beide Vorwürfe miteinander verknüpft. Erst mit den Skandalen um Siemens und Volkswagen erweiterte sich die Debatte um moralische Verfehlung in der Privatwirtschaft – das war ein Novum und die Folge der globalen Antikorruptionspolitik.

„Freunde zu haben ...": Politiker und Industrielle in den frühen 1990er-Jahren

„Freunde zu haben, ist das eine Schande bei uns in der CSU? Und deshalb: Saludos Amigos!", begrüßte Ministerpräsident Max Streibl die Mitglieder seiner Partei am politischen Aschermittwoch in Passau am 24. Februar 1993. Was als launig-selbstbewusste Ansage gedacht war, erwies sich als PR-Desaster. Streibl stand mitten in einer Affäre, über die er wenig später stürzen sollte: die Amigo-Affäre. Streibl hatte sich von einem Freund in den Urlaub nach Brasilien einladen lassen und dafür gefällig gezeigt, so lautete der Vorwurf. Ab jetzt stand die Chiffre „Amigos" für „bayerische Verhältnisse" in der Politik, für eine systematische Vermischung von Privatem, Politischem und Ökonomischem, für Filz und Verflechtung, für zweifelhaften Luxus im Leben der politischen Amtsträger. Streibls Amigos standen für die Gefahr korruptiver Beziehungen in der großen Politik.

Als die neue Korruptionsdebatte in der Bundesrepublik entstand, fanden mehrere politische Skandale auf höchster politischer Ebene statt. Die wiedervereinigte Republik taumelte mit korruptionskritischer Begleitmusik in die 1990er-Jahre. Drei Skandale möchte ich herausgreifen: Traumschiff-, Briefbogen- und Amigo-Affäre. In allen Fällen mussten Spitzenpolitiker zurücktreten.

In diesen Skandalen ging es einerseits um persönliche Verfehlungen, aber auch um einen Politikstil, der Distanz zwischen Politik und Wirtschaft vermissen ließ. Jene Distanz forderte die Öffentlichkeit im Modus der Skandalisierung nun deutlich ein. Die Hintergrundmusik spielte immer noch die Flick-Affäre, die ja das Misstrauen in die politischen Sitten geweckt hatte. Allerdings ging es in diesen Fällen nicht um Parteienfinanzierung. Für die größere Empörung sorgten jetzt die persönlichen Vorteile der Politiker.

Lothar Späth war ab 1978 Ministerpräsident von Baden-Württemberg. Seine Politik galt als erfolgreich, seine Machtbasis im Südwesten lange Zeit als unzerstörbar. Im Sommer 1989 hätte er es beinahe geschafft, den CDU-

Vorsitzenden Helmut Kohl zu stürzen, doch dann kam der Fall der Mauer. In den letzten Dezembertagen 1990 kamen Informationen über dubiose Reisen an die Öffentlichkeit. Innerhalb von nur zwei Wochen zerbröselte seine Machtbasis. Am 13. Januar 1991 trat Späth von seinem Amt zurück.[208]

Späth wurde kein einzelner Fehler zum Verhängnis, sondern eine seit den frühen 1980er-Jahren gepflegte Praxis. Späth agierte ganz offen mit großer Nähe zur Wirtschaft. Die industrielle Entwicklung Baden-Württembergs war eines seiner großen Anliegen und auf diesem Gebiet konnte er einige politische Erfolge vorweisen. Problematisch war, dass er sich seit vielen Jahren mehrfach von Firmen oder von Industriellen auf kostspielige Reisen einladen ließ, ohne dafür zu bezahlen. Anlass war ein Urlaub im Jahr 1984. Damals hatte Helmut Lohr, Chef des Stuttgarter Elektronikunternehmens SEL, Lothar Späth und dessen Familie auf eine Segelreise in die Ägäis eingeladen, inklusive Hin- und Rückflug. Dieser Urlaub auf einem „Traumschiff" gab der Affäre ihren Namen. Dies allein war schon problematisch. Verhängnisvoll aber war, dass SEL im gleichen Jahr ohne Ausschreibung den Zuschlag für einen Großauftrag erhielt: Der Elektronikhersteller durfte sämtliche Landesbehörden in Baden-Württemberg mit Faxgeräten ausstatten. Für Lohr wirkte Späth offenbar auch als Türöffner bei hochrangigen Politikern wie der Präsidentin der Philippinen und dem Präsidenten von Indonesien.

Der Fall war nur die Spitze eines Eisbergs: Nahezu kontinuierlich hatte Späth sich Privaturlaube und Flugreisen von Industriellen spendieren lassen. Mit Max Grundig etwa flog Späth 1987 in einer extra dafür gecharterten Concorde in die Karibik, wo ein Urlaub auf Grundigs Luxusjacht folgte. Weitere Reisen gab es mit einem Stuttgarter Touristikunternehmer, einem Vorstand der Daimler AG, einem Manager der Firma Blendax und weiteren Wirtschaftsvertretern. In vielen Fällen bestand der Verdacht, die Gastgeber hätten Gegenleistungen erhalten.

Die Verteidigungsstrategie Späths war vom Selbstbewusstsein des langjährigen Landesvaters durchdrungen: Der Ministerpräsident erklärte schlicht, er sei nicht käuflich: „Der Späth ist nicht bestechlich."[209] Solche Ehrenerklärungen in eigener Sache reichten allerdings nicht, um das Vertrauen der Öffentlichkeit wiederzugewinnen. In der *Zeit* hieß es: „Schließlich kommt es nicht darauf an, ob ein Politiker sich tatsächlich in seinen Entscheidungen von Gönnern abhängig macht, sondern allein auf die bloße Möglichkeit des bösen Scheins. Und der muß entstehen, wo Politik und Wirtschaft derart distanzlos miteinander verkehren."[210] Auch die *Frankfurter Allgemeine Zeitung* zeigte sich nach anfänglicher Nachsicht sehr kritisch – einen Tag nach dem Rücktritt bezeichnete sie den als nur konsequent.[211] Selbstverständlich rührte Helmut Kohl keinen Finger, um Lothar Späth zu schützen. Entscheidend aber war, dass der Ministerpräsident nicht zwischen privaten Urlauben und Dienstgeschäften unterschieden hatte und dass er keine Distanz zwischen Staatsamt und Wirtschaft gewahrt hatte.

Rund zwei Jahre nach Späth verlor ein weiterer Spitzenpolitiker sein Amt wegen einer Begünstigungsaffäre. Die Rede ist von Jürgen W. Möllemann, zu diesem Zeitpunkt FDP-Wirtschaftsminister und Vizekanzler mit Ambitionen auf das Amt des Parteivorsitzenden. Er stürzte am 3. Januar 1993 über die sogenannte Briefbogen-Affäre. Die Konstellation ähnelte der FIBAG-Affäre um Franz Josef Strauß. Auch Möllemann verwendete sein amtliches Briefpapier, um einem Unternehmer zu helfen. Pikanterweise ging es um einen angeheirateten Cousin des Ministers – Vetternwirtschaft im engeren Wortsinn also.

Anfang der 1990er-Jahre führten zahlreiche Supermärkte Einkaufswagen mit einer Sicherung ein. Fortan waren Geldmünzen in die Schließvorkehrung zu stecken, wenn man einen Einkaufswagen nutzen wollte. So sollten Vandalismus und Einkaufswagendiebstahl verhindert werden. Die Rechnung ging offenbar auf. Doch bald kämpften viele Supermarktbesucher mit fehlenden Münzen – wenn das Markstück zuvor beim Bäcker ausgegeben oder in der Parkuhr verschwunden war. Hubert Appelhoff aus Kall in der Eifel hatte eine Idee, wie sich die Einkäufer selbst überlisten könnten. Anstelle einer Münze entwickelte er einen Plastikchip am Schlüsselanhänger, der die Schlösser lösen konnte. Er würde garantiert nur bei den Einkaufswagen zum Einsatz kommen, schlicht deshalb, weil man ihn nicht für anderes nutzen konnte. Doch des Ministers Vetter hatte Schwierigkeiten bei der Vermarktung – sein Konzept kam einstweilen nicht an. So bat er offenbar Möllemann um Unterstützung. Aus dem Ministerbüro gingen mehrere Briefe mit Möllemanns Unterschrift an die Chefs der großen Einzelhandelsketten, darunter Aldi, Rewe und Coop. Darin pries der Wirtschaftsminister das „pfiffige Produkt" und bat darum, Kontakt mit Appelhoff aufzunehmen.[212]

Kurz vor Weihnachten 1992 berichtete der *Stern* von diesem Vorgang. Möllemann reagierte öffentlich ungeschickt und empörte sich. Er behauptete, seine Mitarbeiter hätten Vordrucke mit Blankounterschrift verwendet, ohne ihn zu informieren. Dieses Dementi, verbunden mit öffentlicher Mitarbeiterschelte, fand indes keinen Glauben im politischen Bonn. SPD-Fraktionsgeschäftsführer Peter Struck forderte umgehend den Rücktritt des Ministers. In der *Zeit* hieß es Anfang Januar unzweideutig: „Ob Möllemann kopflos oder charakterlos agierte, ist längst nicht mehr die Frage: So oder so hat der Minister sein Amt der Lächerlichkeit preisgegeben. [...] Der Mann muß gehen."[213] Bald folgten ähnliche Forderungen aus der FDP; Möllemann blieb nur der Amtsverzicht.

Um die Schüsse aus den eigenen Reihen zu verstehen, muss man den politischen Kontext beachten. Schon Mitte der 1980er-Jahre hatte *Der Spiegel* dem damaligen Staatsminister im Außenministerium vorgeworfen, sein Amt und private Geschäfte nicht sauber zu trennen. Laut *Spiegel* hatte Möllemann sich innerhalb der Regierung für eine PR-Agentur eingesetzt, die ihm persönlich verbunden war. Außerdem stand er im Verdacht, dank guter Beziehungen zur saudi-arabischen Wirtschaft seinem Bruder einen Posten in Dschidda vermittelt zu haben. Insofern war Möllemann kein unbeschriebenes Blatt.

Wichtiger war ein weiterer Umstand, der sich aus der Situation der FDP ergab. Im Mai 1992 war Hans-Dietrich Genscher altersbedingt von seinen Ämtern als Außenminister und Vizekanzler zurückgetreten. Für einige Monate herrschte bei den Liberalen ein Machtvakuum. Möllemann war von Genscher über viele Jahre gefördert worden. Er wollte 1993 auch nach dem Parteivorsitz greifen. Gegenspieler war in dieser Situation Klaus Kinkel, der Genscher im Amt des Außenministers nachgefolgt war. Die Briefbogen-Affäre beendete den Machtkampf. Im Januar übernahm Kinkel von Möllemann die Funktion als Vizekanzler, im Juni 1993 folgte er Otto Graf Lambsdorff an der Spitze der FDP.

1993 war auch das Jahr der Amigo-Affäre. Stein des Anstoßes waren hier die Beziehungen zwischen Max Streibl und dem bayerischen Unternehmer Burkhard Grob. Grob war Inhaber der Flugzeugfirma Burkhard Grob Luft- und Raumfahrt in Tussenhausen. Als bayerischer Finanzminister hatte Streibl sich ab den 1980er-Jahren massiv dafür eingesetzt, dass die Bundesluftwaffe ein Aufklärungsflugzeug von Grob kaufe. Außerdem verschaffte er der Firma möglicherweise öffentliche Fördergelder der bayerischen Landesanstalt für Aufbaufinanzierung. Diese Vorwürfe wurden im Januar 1993 bekannt, unter anderem, weil es staatsanwaltschaftliche

Ermittlungen wegen Vorteilsnahme gab. Streibl hatte sich von Grob mehrfach auf Urlaubsreisen einladen lassen, insbesondere auf dessen private Hazienda in Brasilien.

„Saludos Amigos" – Streibl verlegte sich auf die Rechtfertigung, er kenne Grob eben schon seit Jahrzehnten, es handle sich um einen Freund und von dem dürfe er sich in den Urlaub einladen lassen. Ähnlich wie Lothar Späth reagierte Streibl recht dünnhäutig und erklärte, er sei nicht bestechlich. Zunächst konnte der bayerische Regierungschef sich zwar halten, doch als die Umfragewerte sich im Frühjahr nach unten bewegten, wurde die Partei nervös. Nach einem kurzen internen Machtkampf zwischen Edmund Stoiber und Theo Waigel folgte Stoiber Streibl im Mai 1993 in der Münchner Staatskanzlei nach.[214]

Da viele Journalisten nun genau hinschauten, kamen weitere Details auf den Tisch. So war es offenbar in den 1980er-Jahren unter Ministerpräsident Strauß für CSU-Landespolitiker üblich, kostenlos die Flugbereitschaft des Rüstungsunternehmens MBB zu nutzen. Der Freistaat hielt bedeutende Anteile an der Firma. Über Max Streibl wurde berichtet, er habe sich von MBB gratis eine Satellitenanlage an seinem Privathaus montieren lassen. Der Münchner Autobauer BMW habe dem CSU-Politiker über Jahre kostenlos Limousinen zur Benutzung überlassen – eine davon habe er im Urlaub auf Ischia zu Schrott gefahren. So gut wie alle CSU-Spitzenpolitiker hätten solche und ähnliche Vergünstigungen erhalten und hätten in den Freundeskreisen um Franz Josef Strauß engste Kontakte mit Unternehmern gehabt.[215]

Die alten Gepflogenheiten der CSU-Führung erwiesen sich auch für andere Politiker als Zeitbombe in einer Epoche, da systematisch hingeschaut wurde. Noch im gleichen Jahr, 1993, holte eine ähnliche Affäre den CSU-Politiker Gerold Tandler ein. Als bayerischer Finanzminister von 1988 bis 1990 hatte Tandler sich dafür eingesetzt, ein Steuerstrafverfahren gegen den Arzt und Unternehmer Eduard Zwick niederzuschlagen. Zwick hatte mit einem Sanatoriumsbetrieb in Bad Füssing ein Vermögen angehäuft, weigerte sich aber schon seit den 1970er-Jahren, seine Steuerschulden zu bezahlen. Ab den frühen 1980er-Jahren lag ein Haftbefehl gegen Zwick vor. Der floh daraufhin in die Schweiz. Das Pikante an der Affäre: Zwick war enger Freund von Franz Josef Strauß gewesen. Tandler wiederum hatte gemeinsam mit Zwick eine GmbH zu einer Zeit gegründet, als der bereits strafrechtlich verfolgt wurde.[216]

Die Amigo-Affäre war deshalb von Bedeutung, weil sie als charakteristisch für den Herrschaftsstil der CSU angesehen wurde. Der Journalist Michael Stiller beschrieb Franz Josef Strauß' Verhältnis zur bayerischen Wirtschaft so, dass er die Firmen bedingungslos protegierte, sie im Gegenzug für die Partei und gelegentlich zum eigenen Vorteil finanziell ausgepresst habe. Aus solchen Verflechtungen erwuchsen dann auch jene Beziehungen, die in der CDU-Spendenaffäre nochmals eine Rolle spielten, vor allem in Gestalt des Rüstungslobbyisten Karlheinz Schreiber.[217]

Die Zeit analysierte bereits Anfang 1993: „‚Amigos' gibt es viele in Bayern. Streibl würde fallen, weil er als Charakterfigur eines Systems nicht mehr brauchbar ist, das aus nichts anderem lebt als aus der Symbiose von Parteipolitik und Wirtschaftsinteressen. [...] Die Verflechtung von Staat, Partei und Industrieinteressen hat in Bayern Methode." Das Ergebnis sei ein „industrielles Neofeudalsystem" in Bayern mit dem „Landesvater als Integrationsfigur" an der Spitze. In der bayerischen Provinz hätten mittelständische Unternehmer „das Patronat über ganze Landstriche" übernommen, immer in enger Symbiose mit der CSU-Elite.[218] Was fehlte, war also die Abgrenzung der politischen Sphären, des Öffentlichen vom Privaten. Was ebenso fehlte, war die Transparenz hinsichtlich der Interessen und Motive, die hinter wirtschaftspolitischen Entscheidungen bayerischer Politiker standen.

Das Stichwort „Amigo" wirkte lange nach. 2013 wurde bekannt, dass viele Abgeordnete im Bayerischen Landtag Ehepartner und Verwandte als Mitarbeiter beschäftigten. Neben dem Begriff „Verwandtenaffäre" war nun auch wieder von einer „Amigo-Affäre" die Rede.[219]

Dienstwagen- und Flugaffären

Politikerreisen wurden ab den 1990er-Jahren zum Stein des Anstoßes für öffentliche Kritik – nicht nur, wenn es um Ferien ging, die ein Industrieller bezahlte. Hatte in den Fällen Späth und Streibl ein Geruch von Käuflichkeit geherrscht – in anderen Affären ging es nur noch um den Vorwurf der Vorteilsnahme und Privilegienwirtschaft. Nutzten Politiker ihre luxuriösen Dienstwagen und -flugzeuge für eigene Zwecke? Bestahlen sie gleichsam den Staat? Diese Frage wurde mehrfach aufgeworfen. Auch in diesen Fällen war es extrem schwierig, eine erkennbare Grenze zwischen dem Privaten und dem Öffentlichen zu ziehen. Hatten Späth und Streibl ihre Urlaube zur reinen Privatsache erklärt, verteidigten sich die Nutzer von Dienstwagen mit dem Hinweis, sie seien gewissermaßen immer im Dienst.

Im Frühjahr 1992 geriet Rita Süssmuth in arge Bedrängnis.[220] Süssmuth galt als eine Art liberales Aushängeschild der CDU unter Helmut Kohl. Der Kanzler hatte die Erziehungswissenschaftlerin 1985 als Quereinsteigerin aus der Wissenschaft ins Kabinett geholt, wo sie das Familien- und Gesundheitsressort erhielt. Sie vertrat politische Positionen, die in der damaligen Union kontrovers waren, etwa mit Blick auf Erleichterungen beim Schwangerschaftsabbruch oder den Umgang mit den Verbrechen aus der NS-Vergangenheit. Süssmuth wurde dank ihrer großen Popularität 1988 die erste Frau an der Spitze des Deutschen Bundestages. Sie blieb ein Jahrzehnt Bundestagspräsidentin, bis ihre Partei 1998 die Mehrheit im Parlament verlor. Süssmuth genoss die Hochachtung aller Fraktionen im Parlament. Sie nutzte das präsidiale Amt gelegentlich, abweichende Auffassungen von der Politik der Kohl-Regierung zu äußern und um für mehr Anstand in der Politik zu werben. Dies verlieh Süssmuth den Ruf von Unabhängigkeit. Ihre Rolle als moralische Instanz verschaffte hohes Ansehen, doch sie konnte politisch gefährlich werden, wenn das eigene Verhalten ins Zwielicht geriet. Das erfuhr Süssmuth in der sogenannten Dienstwagenaffäre.

Am Anfang standen vermutlich Durchstechereien aus der Bundestagsverwaltung, bei der sich die Präsidentin nicht nur Freunde gemacht hatte. So kam das Nachrichtenmagazin *Stern* Anfang 1991 in den Besitz von umfangreichen Dokumenten über die Nutzung eines der drei Dienstwagen der Präsidentin. Die Mercedes-Limousine wurde regelmäßig vom Ehemann der Politikerin gefahren, dem Geschichtsprofessor Hans Süssmuth. Er rechnete zahlreiche Fahrten zwischen dem Wohnort der Süssmuths in Neuss, dem Parlamentssitz Bonn und seinem Arbeitsplatz in Düsseldorf ab.[221] Wie sich schnell herausstellte, waren die Fahrten rechtlich nicht zu beanstanden. Süssmuth hatte seine Frau auf offizielle Termine begleitet, gelegentlich bis zu dreimal in der Woche. Nach der Übernachtung in Bonn sei er direkt in sein Büro gefahren. Deshalb habe es so ausgesehen, als ob er das Auto privat nutze. Es war auch nicht notwendig, einen Berufsfahrer einzusetzen.

Solche Feinheiten konnten die Kritik aber kaum dämpfen. Auch in der eigenen Fraktion waren nicht alle unglücklich über die Ereignisse. Offenbar streuten Unionsleute weitere Gerüchte. Hans Süssmuth habe die gemeinsame Tochter im Dienstwagen zu ihrem Studienort gefahren und er betreibe eine PR-Agentur, für die seine Frau Werbung mache. Süssmuth stand kurz vor dem Rücktritt. Doch Helmut Kohl überzeugte sie, im Amt zu bleiben. *Der Spiegel* erklärte das so: Einerseits war dem Kanzler eine moralisch geschwächte Süssmuth sehr recht. Andererseits hielt er sie als Stimmenmagnet bei weiblichen Wählerinnen und am linken Flügel der Union für unverzichtbar. Auch aus anderen Fraktionen des Bundestages kam Unterstützung. So überlebte Süssmuth die Krise politisch. Unabhängig vom Ausgang der Affäre kochte in den Pressekommentaren die Kritik am privilegierten Leben der Politiker hoch. Die Erinnerung an Späths Luxusreisen war ja noch frisch. In dieser Phase in den frühen 1990er-Jahren etablierten sich solche Deutungsmuster endgültig. „Entsprechend althergebrachter Bonner Selbstbedienungsmentalität hatte sich das Bundestagspräsidium schon 1975 mit weitreichenden Dienstwagenprivilegien ausgestattet."[222] Und der *Stern* brachte beide Affären in einen Zusammenhang. Auf dem Titelblatt vom 21. März erschienen Späth und Süssmuth als Adam und Eva mit der Unterzeile „Moral '91 Bereichert Euch!". Der kaum als Frage gemeinte Untertitel lautete: „Sind wir auf dem Weg in die gesinnungslose Gesellschaft?"

Eine Regelung erregte besondere Aufmerksamkeit. Hinsichtlich der Fahrdienste galten Regierungsmitglieder als „immer im Dienst", so dass die Dienstwagen jederzeit genutzt werden konnten. Diese Aufhebung der Grenze zwischen dem öffentlichen Amt und dem Privatleben schien suspekt. Hier stand, zumindest unausgesprochen, der Verdacht im Raum, Politiker genehmigten sich auf Kosten der Allgemeinheit ein angenehmes Privatleben.

Die *FAZ* versuchte es im Übrigen mit einer Einordnung: Die Kritik an Süssmuth sei auch zu erklären mit dem Rollentausch in ihrer Familie. Ein arbeitender Ehepartner von Politikern sei in den üblichen Mustern öffentlicher Erwartung nicht vorgesehen. Hätte Hans Süssmuth sich als Hausmann betätigt, dann wäre wohl weniger Aufhebens um seine Dienstwagennutzung gemacht worden, vermutete das Frankfurter Blatt.[223]

Fünf Jahre später kam Süssmuths Reiseverhalten wieder in die Schlagzeilen. Ende 1996 ging es um ein anderes Verkehrsmittel, nämlich um die Flugbereitschaft der Bundeswehr. Der Vorwurf lautete, Süssmuth nutze die Flieger, um ihre Tochter in der Schweiz zu besuchen. Tatsächlich hatte Süssmuth den Flughafen Zürich in diesem Jahr rund zwei Dutzend Mal angeflogen. Bald stellte sich heraus, dass es sich in der Regel um dienstliche Anlässe gehandelt hatte wie etwa das Weltwirtschaftsforum in Davos.

In zwei Fällen flog die Bundestagspräsidentin tatsächlich in die Schweiz, um ihre Tochter zu besuchen. Allerdings war es im einen Fall eine dienstliche Unterbrechung einer vorher gestarteten Privatreise, da Süssmuth kurzfristig zu einer Sitzung nach Bonn musste. Im anderen Fall wählte Süssmuth den Weg in die Schweiz nach einem Termin in Süddeutschland anstelle eines längeren Heimflugs an ihren Wohnort.

Die Flugaffäre besaß viele Parallelen zur Dienstwagenaffäre: Wieder gab es in der Unionsfraktion einige, die Süssmuth loswerden wollten. Nach Informationen des *Spiegels* gab es konkrete Pläne, den CDU-Politiker Rudolf Seiters auf den Präsidentensessel zu heben. Zeitungen wie *Bild* und *Welt* schienen dies zu unterstützen. Wiederum ließ Helmut Kohl Süssmuth nicht fallen und es kam Zuspruch aus der Opposition. Wiederum waren die Vorgänge rechtlich unbedenklich, doch nährten sie das Bild von den raffgierigen und unkontrollierten Politikern. Dazu trug Süssmuth indirekt selbst bei. Sie erklärte in einer Pressemitteilung, der dienstliche Zweck ihrer Reisen würde von der Bundeswehr geprüft – doch das entsprach nicht der Praxis. Ähnlich wie bei den Dienstwagen waren die Nutzer der Flugbereitschaft selbst dafür verantwortlich, den dienstlichen Zweck ihrer Reisen sicherzustellen.

So musste Süssmuth sich Doppelstandards vorhalten lassen, hatte sie doch noch wenige Wochen zuvor gesellschaftskritisch beklagt, jeder denke nur an Besitzstände, akzeptiere aber keine Pflichten. So lag es nahe, die Erzählung von den „Raffkes aus Bonn" fortzuschreiben.

Bemerkenswert ist auch, wie die Affäre ins Rollen kam. Hier zeigte sich sehr plastisch das rauer werdende Klima für Politikerinnen und Politiker. Anstelle eines Vertrauensvorschusses schlug ihnen zunehmend grundsätzliches Misstrauen entgegen. Denunziationen von Politikern galten mittlerweile offenbar als selbstverständlich, auch wenn sie auf Hörensagen beruhten. Anlass der Debatte war diesmal weder ein investigativ recherchierter Pressebericht noch eine offene Rechnung aus der Verwaltung. Vielmehr wartete ein deutscher Fluggast Ende November 1996 ungeduldig auf den Abflug seiner Maschine aus Zürich. Als der Reisende sich nach den Gründen für die Verzögerungen erkundigte, bekam er folgende Auskunft. Man warte noch auf eine Maschine der Luftwaffe und die habe zunächst Vorrang. An Bord sitze die Bundestagspräsidentin. Sie komme öfter nach Zürich, weil ihre Tochter hier wohne, glaubten die Flughafenmitarbeiter zu wissen. Das beruhigte den Gast allerdings nicht. Es steigerte seinen Ingrimm derart, dass er wenige Tage später einen Brief über sein Erlebnis an den Bund der Steuerzahler schrieb und über die Verschwendung von öffentlichen Geldern klagte. Der Bund der Steuerzahler machte die Klage öffentlich mit der Bemerkung, Politiker würden „Wasser predigen und selbst Wein trinken".

Möglicherweise in der Absicht, den exklusiven Druck von Süssmuth zu nehmen, recherchierte *Der Spiegel* zahlreiche dubiose Fälle von Flugzeugnutzungen durch Spitzenpolitiker. So malte er am Bild der privilegierten und unkontrollierten Politiker weiter. Dabei zeigte er Unbehagen darüber, dass „die Grenzen zwischen privaten und dienstlichen Anlässen" im Leben der Politiker „fließend" seien.[224]

Dienstwagen und Dienstflüge boten offenbar einen unerschöpflichen Quell von Übertretungen. Das beweisen die Bonusmeilen-Affäre, von der weiter unten die Rede sein wird und eine kuriose Episode aus dem Jahr 2009. Diesmal lenkte ein peinlicher Zwischenfall die öffentliche Aufmerksamkeit auf das letztlich ungeklärte Verhältnis von Privatleben und Dienstpflichten der Spitzenpolitiker. In den Sommerferien 2009 stahlen Diebe die Berliner Dienstwagenlimousine der Gesundheitsministerin Ulla Schmidt von der SPD. Die Diebe waren in die Unterkunft des Fahrers eingebrochen und hatten die Schlüssel mitgenommen. Freilich verschwand der Wagen nicht an der Spree, sondern in Spanien. Anschließend wurde bekannt: Die Ministerin wollte dienstliche Termine in der Nähe ihres Urlaubsortes Alicante wahrnehmen. Dazu hatte sie Wagen samt Fahrer nach Spanien beordert.[225]

Wieder meldete sich der Bund der Steuerzahler und sprach von 10.000 Euro Kosten. Problematisch war hier wiederum die Berührung zwischen privater Sphäre und öffentlichem Amt. Die Kosten erschienen skandalös, weil sie mit Bildern vom sonnigen Süden und einer Urlaub machenden Ministerin in Zusammenhang standen. Dass die Politikerin ihre Ferien für den Dienst am Staat unterbrach, schien dagegen selbstverständlich. So kamen Vorwürfe zustande wie jene, der Urlaub koste die Steuerzahler horrende Summen – dabei waren es ja die politischen Termine, die den Wagen notwendig erscheinen ließen.[226] Schmidt war schon in den vorangegangenen Sommern regelmäßig mit dem Dienstwagen in Spanien unterwegs gewesen, wie später herauskam. Ihre Termine galten häufig deutschen Ruheständlern in Spanien, die über die Rentenpolitik informiert werden sollten.

Formulierungen in der Berichterstattung waren gelegentlich schwammig. Leser konnten den Eindruck erhalten, die Ministerin sei privat in der

Dienstlimousine in den Urlaub gereist. Das war jedoch nicht der Fall. Der einzige private Aspekt bestand darin, dass der Fahrer im Sommer 2009 seinen Sohn mit Billigung der Chefin mitgenommen hatte. Gleichwohl war die Kritik hart: „einfach ein Taxi zu nehmen“, dies scheine „so tief unter der Würde eines Ministers zu liegen“, dass es nicht in Betracht gezogen wurde, schrieb der *Stern*.[227] Ernste politische Folgen hatte der Skandal nicht. Zwar blieb ihr unmittelbar nach der Affäre ein Platz im Wahlkampfteam des SPD-Kanzlerkandidaten Steinmeier für die Bundestagswahl 2009 verwehrt, doch rückte Schmidt bald nach. Im Verlauf des Wahlkampfes griffen die politischen Gegner das Thema gelegentlich wieder auf. Ihr Amt verlor Schmidt im Oktober 2009, weil die SPD aus der Regierung schied.

Schmidt legte ein fast schon geschäftsmäßiges Krisenmanagement an den Tag. Sie vermied jede Empörung über die Kritik, darin unterschied sie sich deutlich von Späth, Streibl, Möllemann und Süssmuth rund fünfzehn Jahre früher. Nach ihrer Rückkehr trat sie vor die Presse, äußerte Verständnis für Ärger und Wut in der Bevölkerung. Außerdem legte sie die früheren Nutzungen des Wagens offen und ließ alles vom Bundesrechnungshof überprüfen – dieser hatte kaum etwas zu beanstanden. Die Strategie von Schmidt verdeutlicht, wie sehr Politiker mittlerweile in der Defensive waren, sobald es um den Anschein von Vorteilsnahme ging. In den 1990er-Jahren waren ihre Kollegen noch bemüht gewesen, ihre Integrität zu betonen. Solche Bemühungen hielt die Gesundheitsministerin vermutlich für aussichtslos.

Kohls finale Affäre: der zweite CDU-Spendenskandal 1999–2000

Helmut Kohls Kanzlerschaft war nicht brillant gestartet – der Regierungschef aus Oggersheim galt in den ersten Jahren als Affärenkanzler, der mit Peinlichkeiten und Provinzialität von sich reden machte. In der Flick-Affäre verhielt er sich ungeschickt und wäre beinahe über seine Falschaussage im rheinland-pfälzischen Untersuchungsausschuss gestürzt. Die deutsche Einheit ließ solche Ungeschicklichkeiten vergessen. Kohls politische Erfolge verdrängten die alten Vorbehalte. 1998 verlor Kohl die Macht an die rot-grüne Regierung unter Gerhard Schröder. Danach schickte Kohl sich an, zum allseits verehrten Altkanzler zu werden, zum Denkmal seiner selbst, der Wiedervereinigung und der Einheit Europas. Ende 1998 ernannte der Europäische Rat ihn zum „Ehrenbürger Europas", nach Jean Monnet erst der zweite Träger dieser Auszeichnung.

Die Zeit des unbeschwerten Ruhms währte nicht lang. Nur ein Jahr später begann eine Affäre, die den Altkanzler seine Popularität und seine Glaubwürdigkeit kostete. Dies lag auch daran, dass der Skandal die gesamte CDU erschütterte. Seither wird Kohl in allen politischen Lagern als höchst ambivalente Person eingeschätzt. Seine politischen Erfolge, so der Eindruck nun, habe der Kanzler auch auf der Grundlage einer oft rücksichtslosen Personalpolitik und mithilfe von schwarzen Kassen errungen. Es kam der Verdacht auf, einzelne Entscheidungen Kohls könnten in Zusammenhang mit Spenden an seine Partei gestanden haben. Ein Hauch von Korruption liegt seitdem über der Lebensleistung des Altkanzlers. Bis an sein Lebensende 2017 konnte er diesen Ruf nicht mehr abschütteln.

Beginnen wir zunächst mit den Vorwürfen. Helmut Kohl unterhielt als Parteivorsitzender der CDU ein geheimes Parteienfinanzierungssystem. Es beruhte auf nicht deklarierten Spenden, die beispielsweise bar an ihn überreicht wurden. Einigen Spendern war sehr daran gelegen, im Dunkeln zu bleiben. So stellte sich etwa heraus, dass der Vorstand der Firma Siemens an Kohl spendete, obwohl die Aktionärsversammlung des Konzerns Mitte der 1980er-Jahre Parteispenden verboten hatte. Diese Gelder wurden mit den üblichen Mitteln der Geldwäsche verschleiert, liefen über verdeckte Konten im In- und Ausland, in Bargeld in die Schweiz oder aus der Schweiz über die Grenze. Beteiligt waren die jeweiligen Schatzmeister der CDU und Sonderbeauftragte wie der Steuerberater Horst Weyrauch. Der SPD-Abgeordnete Joachim Stünker schätzte, dass die CDU auf diese Weise ab Beginn der 1980er-Jahre zwischen 20 und 40 Millionen D-Mark einnahm. Das Geld stand Kohl persönlich zur Verfügung: Er setzte es systematisch dafür ein, einzelne Gliederungen der Partei direkt zu unterstützen. Solche Geldspritzen waren integraler Bestandteil eines Herrschaftsstils, in dem der Parteivorsitzende sich als Gönner und Problemlöser betätigte.

Verdeckte Spenden flossen in mindestens drei größeren Fällen, die den Verdacht der Käuflichkeit nährten. Der erste Fall fiel in die letzten Regierungsmonate Kohls. 1998 erhielt die Partei eine Barspende über 5,9 Millionen D-Mark von dem Unternehmerehepaar Ehlerding. Das Geld wurde in der CDU-Parteizentrale an den Abteilungsleiter Hans Terlinden überreicht. Die Spende stand zeitlich im Zusammenhang mit dem Verkauf von über hunderttausend Wohnungen aus dem Besitz des Bundes. Den Zuschlag erhielt ein Immobilienkonzern, an dem Karl Ehlerding maßgeblich beteiligt war. Dieser Verkauf stand von Beginn an in der Kritik, da Mitbewerber höhere Preise geboten hatten; auch der Bundesrechnungshof kritisierte den Kaufpreis.[228]

Ein weiterer Fall betraf die wirtschaftlichen Folgen der Wiedervereinigung. Im Sommer 1992 verkaufte die Treuhandanstalt das ehemalige Chemiekombinat Leuna mitsamt dem Autobahntankstellennetz Minol an den staatlichen französischen Erdölkonzern ELF Aquitaine. Der Kaufpreis war mit 720 Millionen D-Mark ebenfalls moderat. Außerdem sagte die Bundesregierung 1,5 Milliarden D-Mark Subventionen für eine Modernisierung der Anlagen zu. Nun war dieses Geschäft einerseits auf höchster politischer Ebene zwischen Kohl und dem französischen Präsidenten François Mitterrand vereinbart worden. Andererseits hatte es auch hier ein höheres Angebot durch ein Konsortium um die Firma British Petrol gegeben. Später ermittelte die Staatsanwaltschaft gegen ELF wegen Subventionsbetrug, weil die französischen Modernisierungsinvestitionen geringer als versprochen ausfielen. In Frankreich kam es in den 1990er-Jahren zu einem großen Korruptionsskandal um ELF. Infolge dieser Ermittlungen und Prozesse ergaben sich Hinweise, die nach Deutschland führten. Angeblich flossen mehr als 250 Millionen Französische Franc an unterschiedliche Entscheidungsträger, Vermittler und Lobbyisten in Deutschland, möglicherweise profitierten bis zu 30 deutsche Politiker davon. Zwischen 13 und 80 Millionen D-Mark sollen dabei an die CDU oder deren Politiker über ausländische Konten gegangen sein. Hinweise von Ermittlungsbehörden in der Schweiz veranlassten deutsche Staatsanwaltschaften zu eigenen Untersuchungen. Die deutschen Ermittler, vor allem von der Staatsanwaltschaft Augsburg, entdeckten ein Netz von Lobbyisten und Politikern, zu denen der Waffenhändler Karlheinz Schreiber, der Staatssekretär im Verteidigungsministerium Holger Pfahls (CSU) und CDU-Schatzmeister Walther Leisler Kiep gehörten.

Das gleiche Netzwerk aus Unionspolitikern und Rüstungsvermittlern stand auch im Hintergrund der sogenannten Panzeraffäre. 1991 genehmigte die Bundesregierung eine Lieferung von Spürpanzern nach Saudi-Arabien. Diese stammten zwar aus dem Bestand der Bundeswehr, wurden jedoch zuvor an die Firma Thyssen ausgeliehen, damit sie schnell an den Golf ausgeliefert werden konnten. Helmut Kohl setzte das Geschäft damals gegen Widerstände im Außenministerium persönlich durch. Im Rahmen dieser Lieferung flossen extrem hohe Vermittlungsprovisionen an Lobbyisten und andere Beteiligte, insgesamt rund 220 Millionen D-Mark, was etwa der Hälfte der Gesamtkosten für das Geschäft entsprach. Davon erhielt Staatssekretär Pfahls 3,8 Millionen, was ihm später eine Haftstrafe einbrachte. Mindestens eine Million ging als undeklarierte Spende an die CDU-Führung. Auch dies warf die Frage auf, ob die Ausfuhrgenehmigung allein aus außenpolitischen Motiven zustande gekommen war.[229]

Von diesen Fällen erfuhr die Öffentlichkeit nach und nach zwischen Ende 1999 und 2002. Den Auftakt machte ein Haftbefehl gegen Walther Leisler Kiep im November 1999.[230] Kiep war von 1971 bis 1992 Schatzmeister der CDU gewesen, kümmerte sich aber auch später noch um diverse Sonderkonten. Die Fahnder waren zunächst auf die Million aus dem Saudi-Arabien-Geschäft gestoßen. Doch weitete sich die Affäre rasend schnell aus. Bald gab es konkrete Hinweise, dass die CDU-Führung um Kohl regelmäßig verdeckte Einnahmen erhielt. Der Altkanzler ging schließlich in die Offensive. In einem berühmt gewordenen Interview mit dem ZDF am 16. Dezember gab er zu, zwischen 1993 und 1998 persönlich zwischen 1,5 und 2 Millionen D-Mark an Spenden entgegengenommen zu haben, ohne sie zu deklarieren. In dieser Sendung formulierte er eine Verteidigungsstrategie, die er bis an sein Lebensende beibehalten sollte. Er könne die Herkunft der Spenden nicht offenlegen, denn er habe den Spendern sein persönliches Wort gegeben, dass sie anonym blieben. Es handle sich um deutsche Staatsbürger. Dies getan zu haben, sei ein Rechtsbruch und Fehler, zu dem er stehe. Dies ändere nichts an seiner Verpflichtung zur Verschwiegenheit. Außerdem müsse man die Kontexte berücksichtigen: Die CDU habe dringend Geld gebraucht für den Aufbau ihrer Organisation in den neuen Ländern. Andere Parteien seien finanziell viel besser ausgestattet gewesen, vor allem die ehemaligen Kommunisten. Schließlich seien die Berichte Teil eines Feldzugs gegen ihn selbst. Seine Gegner versuchten, seinen Ruf zu schädigen und seine großen Leistungen für Land und Partei infrage zu stellen.

Die neue CDU-Führung um Wolfgang Schäuble und Generalsekretärin Angela Merkel war über die Vorgänge nicht informiert. Kohl weigerte sich auch intern beharrlich, mit der neuen CDU-Spitze zusammenzuarbeiten. So brauchte es Wochen, bis man eine Strategie zum Umgang mit den Vorgängen entwickeln konnte. Nach dem Interview lief sie darauf hinaus, sich von Kohl zu distanzieren. Am 22. Dezember warf Merkel dem Altkanzler in einem Zeitungsartikel in der *FAZ* vor, der Partei Schaden zuzufügen. Ihrer Partei wiederum empfahl sie, sich aus dem Schatten Kohls zu befreien. Das Präsidium der CDU bestätigte diesen Kurs noch am gleichen Tag, indem es Kohl aufforderte, sein Wissen preiszugeben. Knapp einen Monat später forderte das Präsidium Kohl schließlich auf, den Ehrenvorsitz ruhen zu lassen. Kohl legte dieses Amt sofort nieder. Er bezog fortan die neue CDU-Führung in den Vorwurf mit ein, seinen Ruf schädigen zu wollen. Der Altkanzler igelte sich in einer Art Bunkermentalität ein. Kritik an seinem Verhalten durch Parteifreunde wertete er als Demontageversuche und persönlichen Verrat.[231] Für Kohl hatte die Affäre auch ein juristisches Nachspiel. Zwischen Januar 2000 und April 2001 ermittelte die Bonner Staatsanwaltschaft wegen Untreue gegenüber der Partei gegen Helmut Kohl. Das Verfahren wurde wegen Mangel an Beweisen gegen Zahlung einer Buße von 300.000 D-Mark eingestellt.

Allerdings war nicht Kohl allein betroffen. Im Januar 2000 wurde bekannt, dass der hessische Landesverband der CDU ein ähnliches System mit Schwarzgeldkonten in der Schweiz unterhalten hatte. Im gleichen Monat musste Wolfgang Schäuble einräumen, eine Barspende von Wolfgang Schreiber angenommen und nicht deklariert zu haben. Die Union hatte ganz offensichtlich ein strukturelles Problem bei den Finanzen gehabt. Trotz Flick-Affäre waren ihre Führungsfiguren bis Ende der 1990er-Jahre in die illegale Parteifinanzierung verstrickt. Bereits im Februar 2000 verfügte das Bundestagspräsidium erste Sanktionen gegen die Partei, da ihre Rechenschaftsberichte offensichtlich fehlerhaft gewesen waren. Allein für das Jahr 1998 musste die Union über 40 Millionen D-Mark an die Bundestagsverwaltung zahlen. Wenig später wurde Wolfgang Schäuble gezwungen, vom Parteivorsitz zurückzutreten. Die Partei verordnete sich einen umfassenden Erneuerungsprozess.

Bereits Ende 1999 hatte der Deutsche Bundestag einen Untersuchungsausschuss eingesetzt. Der Ausschuss befragte Helmut Kohl und viele andere Beteiligte, trug Informationen über dubiose Zahlungen und Provisionen zusammen, konnte letztlich aber keine konkreten Bestechungsfälle in der Kohl-Regierung nachweisen.

Die CDU-Spendenaffäre löste eine heftige Debatte aus. Die moralische Demontage Helmut Kohls war komplett. Es gab einhellige Empörung über einen Partei- und Regierungschef, der sein persönliches Ehrenwort über die Gesetzestreue stellte. Vom Bruch des Amtseides und natürlich von der Verletzung öffentlicher Interessen war die Rede.[232] In einem ungewöhnlichen Schritt kritisierte Gerhard Schröder seinen Amtsvorgänger im Januar 2000. Er warf Kohl vor, die Grenzen des Erlaubten übertreten zu haben. Interessanterweise verzichtete die Unionsführung auf Kritik daran.[233] Justizministerin Herta Däubler-Gmelin von der SPD hielt Kohl in einem Interview entgegen, mit seinem Verhalten unmittelbar die Rechtsstaatlichkeit der Bundesrepublik infrage zu stellen und sich wie in einer „Bananenrepublik" zu verhalten.[234] Charakteristisch für die Berichterstattung sind die harschen Urteile: Kohls Art der Machtausübung wurde als kriminell oder gesetzlos bezeichnet, vor allem in der linken und liberalen Presse.[235]

Die Empörung schloss bald auch die konservative Presse ein. Interessant ist beispielsweise, wie sich der Tenor in den Kommentarspalten der *Frankfurter Allgemeinen Zeitung* änderte. Dort gab es in den ersten Wochen noch Verständnis für die dunklen Seiten der Macht. Manche Praktiken seien unschön, aber notwendig. Auch könne man Kohl sicher nicht vorwerfen, „der Staatsmann und Kanzler" habe seine Außenpolitik für derart kleine Beträge verkauft. „Deutschlands Parteien sind nicht korrupt", so lautete das Fazit noch Ende November 1999.[236] Bis Weihnachten vergaßen die *FAZ*-Kommentatoren es selten, in ihren Spalten Kohls Verdienste zu beschwören.[237]

Ungefähr ab der Jahreswende vollzog die Redaktion einen deutlichen Schwenk, vielleicht eingeleitet durch Angela Merkels Beitrag vom 22. Dezember. Von nun an standen die Gefahren für die CDU im Mittelpunkt. Offenbar fürchtete man, Kohl könne die gesamte Partei mit in den Abgrund reißen. „Die Macht Helmut Kohls hat zerstörerische Wirkung auf eine demokratische Partei [...]. Kohl stellt in der Spendenaffäre sein persönliches Ehrenwort, aber auch seine Auffassung von dem, was er für das Wohl seiner Partei hält, über das Gesetz."[238] Die Wähler der Union müssten den Eindruck haben, eine „scheinheilige Partei" zu wählen und „Betrügern aufgesessen" zu sein.[239] Sie musste sich unbedingt von Kohl lösen, weil der Eindruck entstanden sei, auch die Partei achte Recht und Gesetz nicht.[240] Damit schwenkte auch die *FAZ* auf eine sehr kritische Bewertung. Die gleiche Diagnose stellte im Übrigen *Die Zeit*: Mit Helmut Kohl habe die CDU „ihre eigene Identität als Rechtsstaatspartei zerstört".[241] Dies deckte sich mit den Sorgen in der CDU-Parteiführung.

Allein die *Bild*-Zeitung hielt lange an Kohl fest. Sie gab noch kurz vor Weihnachten eine Umfrage zur Unterstützung Kohls in Auftrag. Knapp sechzig Prozent ihrer Leser meinten, Kohl solle zu seinem Wort stehen und die Spender nicht nennen.[242] Doch das blieb eine Einzelstimme.

Kohls Verteidigungsstrategie beruhte auf dem Vorwurf, man erkenne seine historischen Leistungen nicht an. Auch vor dem Untersuchungsausschuss erklärte Kohl sich in diesem Sinn. Kohls Hoffnung, die deutsche Einheit werde am Ende alles überstrahlen, wurde als Zeichen von Arroganz und Wirklichkeitsverdrängung ausgelegt.[243] Unterdessen gibt es Vermutungen, Kohl habe die Spender erfunden. Das war jedenfalls die Auffassung von Wolfgang Schäuble, die er ab Mitte des zweiten Jahrzehnts des 21. Jahrhunderts auch öffentlich vertrat. Schäuble ging davon aus, Kohl habe alte schwarze Kassen besessen, die noch aus der Zeit vor der Flick-Affäre stammten. Diese Vermutung formulierte übrigens Günther Nonnenmacher in der *Frankfurter Allgemeinen* schon Anfang 2000.[244] Sollte Kohl die Spender erfunden haben, wäre das umso aussagekräftiger im Hinblick auf Kohls Selbstbild. Offensichtlich glaubte der Altkanzler, mit dieser Geschichte seinen Ruf als Ehrenmann zu retten. Doch Nonnenmacher zeigte sich in seinem Artikel unnachgiebig: „Das Ehrenwort, mit dem Kohl seine angeblichen Spender schützen will, rückt immer mehr in die Sphären des Mafiösen – omertá." Andere urteilten noch härter.

Die geringe Rationalität der kohlschen Verteidigungslinie fiel auch anderen zeitgenössischen Beobachtern auf. Die Soziologin Ludgera Vogt vermutete dahinter keinen Kampf um den guten Ruf, sondern ein Zeichen an Kohls „Elitenkreis": Weil er bereit sei, öffentliche Schande auf sich zu ziehen, könne Kohl später von seinen Spendern erhebliche Gegenleistungen einfordern.[245] Angesichts von Kohls weiterem Schicksal spricht wenig für diese These. Sie zeigt aber, wie schwer es vielen Zeitgenossen fiel, Kohls Strategie zu verstehen.

Kohl erreichte mit seiner Haltung die Öffentlichkeit nicht. Dass die Reaktionen so verheerend ausfielen, lag zu einem guten Teil an der Korruptionsdebatte, die seit rund zehn Jahren in Deutschland geführt wurde. Wie wir gesehen haben, war Korruption als ein Grundübel nicht funktionierender Gesellschaften identifiziert worden, als Merkmal des organisierten Verbrechens und als Chiffre für Rückständigkeit. Kohl hatte diesen Kulturwandel offenbar nicht registriert. Er machte den gewaltigen Fehler, seine Privatmoral offensiv über die Gesetze zu stellen. Damit stellte er Normen des sozialen Umgangs über öffentliche Normen. Kohl stritt sein

Fehlverhalten gar nicht ab, sondern forderte Verständnis für eine Notlage: Er könne gar nicht anders, als bei seinem Schweigen zu bleiben.

Kohl versuchte, was die Korruptionsdebatte eigentlich schon seit dem frühen 19. Jahrhundert nicht mehr zuließ: den Schutzbereich seiner Privatsphäre weit in den öffentlichen Raum der Politik auszudehnen, private über gemeinwohlorientierte Normen zu stellen. Damit sprach er allen Debatten über Transparenz und Korruptionsbekämpfung Hohn. Im Unterschied zu Späth und Streibl beließ er es eben nicht dabei, Käuflichkeit abzustreiten. Er forderte von seiner Partei und der Öffentlichkeit nichts weniger als normative Kasuistik, faktisch eine Art individuelles Recht auf Gesetzesübertretung. Eine solche Kasuistik gab es selbst in den Zeiten korruptionspolitischer Zurückhaltung nur in Ausnahmefällen – etwa in dem Kommentar von Rudolf Augstein über Karl Wienands Stimmenkauf im Dienst der Kanzlerschaft Brandts. Selbst in diesem extremen Fall war aber klar, dass Wienand dies sein Amt kosten musste, weil er die Gesetze verletzt hatte (siehe Seite 96f.).

Sein Anspruch auf individuelle Normverschiebung entwertete Kohls politische Leistungen in der Tat, weil es sich um einen enormen Tabubruch handelte. Seit der Französischen Revolution beruhte die Legitimität europäischer Politik darauf, dass Gesetze und öffentliche Regeln immer Vorrang vor sozialen Verpflichtungen der Amtsinhaber genossen. Diesen Grundsatz hatte Kohl nicht nur verletzt – das kam selbstverständlich sehr häufig vor –, er hatte den Grundsatz selbst infrage gestellt. Nur so ist verständlich, warum dem Altkanzler sogar in konservativen Zeitungen „ideeller Hochverrat“ vorgeworfen werden konnte.[246] Es gehört wohl zur Tragik des späten Kohl, dass er diese Zusammenhänge nicht erkannte. Völlig untauglich war dann auch seine Wiedergutmachungsstrategie. Noch während der Hochphase des Skandals kündigte er an, die der Partei entstandenen Kosten durch neue, von ihm persönlich, aber jetzt legal eingeworbene Spenden auszugleichen.[247] Weil Kohl den Anspruch auf Privatmoral bis zu seinem Tod im Jahr 2017 aufrechterhielt, stimmten auch dann noch sehr viele Nachrufe einen ambivalenten Ton an. Dagegen waren Späth seine Urlaubsreisen schon lange verziehen.

Neben der Empörung über Kohls Privatmoral ging es in den Kommentaren um drei weitere Themen, nämlich erstens um das sogenannte System Kohl, den speziellen innerparteilichen Herrschaftsstil Kohls, zweitens um das Verhältnis zwischen Parteien und Rechtsstaat und drittens um eine Abrechnung mit der „Ära Kohl" und den politischen Strukturen der Bonner Republik.

Schon seit vielen Jahren gab es Kritik an Kohls Machttechniken. *Der Spiegel* beschrieb 1994 ein unappetitliches System von Kontrolle und Gefälligkeiten innerhalb der CDU, mit dem sich der Vorsitzende im Amt halte.[248] Schon vor dem Ehrenwortinterview war das System Kohl ein wichtiger Referenzpunkt in der Affäre. Die Berichte erlaubten es nun, die spezielle Machttechnik Kohls nicht nur in die Nähe von Mafiapraktiken zu rücken. Sie erschienen feudal, vormodern, rein auf personellen Abhängigkeiten und Gefälligkeiten basierend – und zu alledem noch von Schwarzgeld finanziert. Der Blick hinter Kohls Machtkulissen illustrierte offenbar mustergültig, was Parteienkritiker seit mindestens zehn Jahren vortrugen. Die Scheuchs frohlockten, ausgerechnet in einem Beitrag für *die tageszeitung*: „Der Ex-Kanzler besorgt, was umfangreiche Forschung nie zu Tage gebracht hätte: Jetzt wissen wir, wie es in der CDU zugeht."[249] Es gehe in der Politik nicht mehr um Problemlösungen und Inhalte, sondern um Machterhalt und persönliche Vorteile. Auch hier zielte des Altkanzlers Verteidigungsstrategie hilflos ins Leere: Seine Behauptung, dies alles sei zur Abwehr der Kommunisten geschehen, rief allenfalls noch Hohn über den Zynismus der Mächtigen hervor, die die Bevölkerung an der Nase herumführten.[250]

Auch innerhalb der Union entstand eine Debatte über das System Kohl. Schon im Jahr 2000 sezierte ein Buch des CDU-Politikers Friedbert Pflüger sehr genau die Machtmechanismen in seiner Partei. Pflüger hob vor allem auf Psychologie ab. In seinen Augen war Kohl ein Manipulator, der geschickt mit den Angehörigen seiner Partei spielte, ihnen ein Gefühl von Bedeutsamkeit gab und sie bei Gelegenheit rücksichtslos fallen ließ. Pflüger hob die Neigung des Kanzlers hervor, in der eigenen Partei strikt zwischen Freund und Feind zu unterscheiden. Persönliche Loyalität stehe anstelle politischer Inhalte im Mittelpunkt. Pflüger kritisierte aber auch das Duckmäusertum und den mangelnden Mut bei den Parteikollegen als Basis dieses Systems.[251]

Auch der Korruptionsverdacht erhielt mit den Berichten über das Herrschaftssystem in der CDU neue Nahrung, wiederum völlig anders, als Kohl das wohl dachte. Der ehemalige Parteivorsitzende unterstrich immer wieder, er persönlich habe nie etwas von dem Geld erhalten, sondern alles an die Partei abgeführt. Schon deshalb sei er nicht bestechlich gewesen. Doch das sahen viele Kommentatoren anders. Transparency International hielt in einer Stellungnahme fest: „Der Fall Kohl ist eindeutig Korruption. [...] Per Definition ist Korruption die Ausnützung einer Machtstellung zum privaten Nutzen. Wenn ein Mann eine Parteikasse auffüllt, um wiedergewählt zu werden, ist das auch ein privater Nutzen."[252] Da spielte es schon längst keine Rolle mehr, ob einzelne politische Entscheidungen gekauft waren oder nicht.

Der zweite Diskussionsstrang galt dem Verhältnis von Parteien und Rechtsstaat. Als skandalös bewerteten alle Kommentatoren, dass die CDU trotz der Flick-Affäre und trotz mehrerer Gesetzesverschärfungen zur Parteienfinanzierung ihr Gebaren nicht geändert hatte. Anstelle der öffentlich gelobten Besserung habe man schlicht neue Umgehungsstrategien gewählt. Es handle sich um ein systemisches Versagen, das die Rolle der Parteien nochmals infrage stelle. Neue Argumente tauchten in diesem Zusammenhang nicht auf. Hinzu kam allerdings der Vorwurf, Helmut Kohl habe als Bundeskanzler mehrfach entsprechende Gesetze unterschrieben und sie dennoch systematisch übertreten. Das „Verhalten des vormaligen Kanzlers ist die zur makabren Karikatur zugespitzte Weigerung aller Parteien", sich der Verfassung zu beugen, urteilte Robert Leicht in der *Zeit*.[253]

Ein letztes Thema trieb die journalistischen Kommentatoren speziell im linksliberalen Spektrum um, nämlich das Gefühl, man habe das alles eigentlich wissen müssen. Auch die schreibende Zunft habe sich am System Kohl mitschuldig gemacht, weil man den Kanzler seit der Einheit mit Kritik geschont habe. Man habe angesichts des Einheitsglanzes die Gefährdungen für die Demokratie nicht mehr bemerkt, die von ihm ausgegangen seien. Mit der Aufdeckung des Skandals und mit dem Wahlsieg von Rot-Grün unter Schröder ende aber die Geschichte Kohls und der Bonner Republik. Zugleich verbanden sie mit dem Skandal die Hoffnung, die deutsche Demokratie werde gestärkt und modernisiert aus ihm herausgehen, ähnlich wie nach der Spiegel-Affäre von 1962.[254]

Der Fall Kohl zeigt in erster Linie die krassen Missverständnisse zwischen dem um seinen Ruf kämpfenden Altkanzler und einer moralisierten Debatte, die peinlich genau die Grenzen zwischen öffentlicher und privater Sphäre zu vermessen suchte und für die der abgestandene Mief aus politischen Hinterzimmern auch kulturell längst der Vergangenheit angehörte. Immerhin gab es zur gleichen Zeit bereits die Initiativen gläserner Abgeordneter. Es half dem ehemaligen Bundeskanzler nicht, dass er einen klaren Kompass für Recht und Unrecht zu besitzen glaubte. Ganz offenbar hatte er sich außerhalb des bundesrepublikanischen Konsenses gestellt.

Bonusmeilen und erste Zweifel am Skandalisierungsimperativ 2002

Ulla Schmidts Dienstwagenaffäre war nicht der einzige Skandal um Selbstbegünstigung von Politikern in der rot-grünen Regierungszeit. 2002, kurz vor dem Ende der ersten Legislaturperiode, kam es zu unterschiedlichen Debatten, vor allem zur sogenannten Bonusmeilen-Affäre um privat genutzte Rabattpunkte bei der Lufthansa.

Bereits im Frühjahr zogen einige Medien, allen voran *Der Spiegel*, Linien zwischen dem CDU-Spendenskandal und einer eher lokalen Affäre mit Beteiligung von SPD-Politikern. Im sogenannten Kölner Müllskandal war es zu Bestechungen von Amtsträgern der Kölner SPD gekommen. Dem *Spiegel* ging es offenbar sehr um Äquidistanz, also darum, die sozialdemokratische Partei nicht schonender als die Union zu behandeln. So vermutete das Hamburger Blatt, bei der SPD ein ähnliches Kontensystem aufdecken zu können wie drei Jahre zuvor in der Partei Helmut Kohls.[255] Es stellte sich bald heraus, dass wichtige lokale SPD-Politiker in den Fall verstrickt waren – und auch der uns schon bekannte Karl Wienand. Doch hatte der Müllunternehmer Trienekens Vertreter aller Parteien geschmiert. In Köln tat sich ein Abgrund lokaler Gefälligkeitswirtschaft auf, an der alle wichtigen Parteien partizipiert hatten.[256] Die Haltung des *Spiegels* in diesem Fall zeigt, dass die meisten Journalisten nicht einzelne Parteien oder gar Personen, sondern die gesamte politische Elite im Verdacht hatten, jederzeit für Schwarzgeld und Bestechlichkeit anfällig zu sein. Auf der Titelseite der *Spiegel*-Ausgabe prangte „Die Schmiergeldrepublik".

Der Bonusmeilen-Affäre ging eine Art Lifestyleskandal um den Verteidigungsminister voran. Im Fokus stand Rudolf Scharping, der in den 1990er-Jahren kurzzeitig Hoffnungsträger der SPD und Kanzlerkandidat gewesen war. Seinen öffentlichen Kredit hatte Scharping in den vergangenen Monaten aufgebraucht. Seit Herbst 2001 war er bereits Minister auf Abruf. Im Sommer 2002 kamen massive Fehler hinzu: Zunächst autorisierte der Minister eine Geschichte mit Urlaubsfotos in der Illustrierten *Bunte*, auf denen er gemeinsam mit seiner Lebensgefährtin in einem Pool beim Planschen zu sehen war. Noch ernster waren Berichte über Verbindungen Scharpings zur PR-Agentur von Moritz Hunzinger. Hunzinger beriet den Minister persönlich in seiner Öffentlichkeitsarbeit. Problematisch war dabei, dass Hunzinger auch die Interessen von Rüstungsfirmen vertrat und dass er Scharping hohe Honorare gezahlt hatte. Scharping verweigerte seinen Rücktritt und so griff Bundeskanzler Schröder zu einer seltenen Maßnahme: Er entließ den Chef des Verteidigungsressorts am 18. Juli 2002, ohne dies mit den üblichen Dankesworten zu verbinden.[257]

Die Bonusmeilen-Affäre war das Ergebnis eines Dominoeffekts. Nun recherchierten einige Redaktionen im Umfeld von Moritz Hunzinger. Von ihm war bekannt, dass er mit vielen Politikern zusammenarbeitete.

So hatte Hunzinger 1999 dem innenpolitischen Sprecher der Grünen, Cem Özdemir, mit einem Privatkredit aus einer finanziellen Bredouille geholfen. Die interessierte Öffentlichkeit konnte lesen, wie der damals frischgebackene Abgeordnete nach dem Gewinn seines Bundestagsmandats 1994 Verwandten, seiner Partei und anderen Organisationen Geld gegeben hatte. Seine Steuerschulden wuchsen ihm später über den Kopf und Hunzinger half. Die Angelegenheit war peinlich genug für Özdemir, weil Hunzinger CDU-Mitglied war. Kurz darauf konfrontierte die *Bild*-Zeitung den Grünen mit weiteren Vorwürfen: Er hatte als Abgeordneter auf Dienstreisen mit der Lufthansa Bonuspunkte gesammelt. Die dienstlich erflogenen Meilen hatte Özdemir aber privat eingelöst: für eigene Flüge, für Reisen seiner Eltern und die eines Freundes. Die *Welt* wählte das böse Wort „Özdemir-Tours".[258]

Özdemir reagierte schnell. Am 26. Juli 2002, einen Tag nach dem Bekanntwerden, legte er sämtliche Ämter in der Bundespolitik nieder – nach den Wahlen 2002 gehörte er auch dem Bundestag nicht mehr an. Dieser Rückzug schadete ihm langfristig nicht. Vielmehr erntete er dafür große Hochachtung in seiner Partei und Teilen der Medien.[259] Nach einem Zwischenspiel im Europäischen Parlament zog Özdemir 2009 wieder in den Bundestag ein. Zwischen 2008 und 2018 war er Bundesvorsitzender seiner Partei.

Özdemir war nicht der einzige Politiker, der dienstliche Bonusmeilen privat nutzte. Gleiches galt für Gregor Gysi, Politiker der damaligen PDS. Gysi amtierte in dieser Zeit als Wirtschaftssenator im Land Berlin. Wie Özdemir akzeptierte Gysi die Vorwürfe, entschuldigte sich in der Öffentlichkeit, spendete den geldwerten Vorteil der Bonusflüge an eine gemeinnützige Organisation und trat aus der Berliner Landesregierung aus.[260]

Die Vorwürfe ungerechtfertigter Privilegien und Bereicherung im politischen Amt ähnelten denen der anderen Affären, die wir kennengelernt haben. Doch gab es zwei Auffälligkeiten in der Bonusmeilen-Affäre. Das waren zum einen die schnellen Rücktritte, verbunden mit Schuldeingeständnissen. Offenbar waren Gysi und Özdemir nicht die Einzigen, die zu Bekenntnissen bereit waren. In der SPD-Fraktion gab es einige Abgeordnete mit ähnlichem Flugverhalten, die planten, von sich aus an die Öffentlichkeit zu gehen und sich zu entschuldigen – was freilich die Fraktionsführung verhinderte.[261] Die Reaktionen waren also völlig andere als die von Späth, Kohl und Scharping. Es ist nicht leicht zu sagen, ob dies an einer anderen Kommunikationsstrategie lag oder an einem ehrlichen Schuldbewusstsein angesichts einer nunmehr über zehn Jahre dauernden Korruptionssensibilität in der Republik. Auch spricht einiges dafür, dass Gysi bereits vor der Affäre mit dem Gedanken gespielt hatte, sein Amt zur Verfügung zu stellen. Wie dem auch sei, öffentliche Zerknirschung der Politiker schien das Gebot der Stunde.

Die Affäre bot noch eine andere Besonderheit. Anders als im Fall Süssmuths waren die Flüge eindeutig privaten Anlässen zuzuordnen, zumindest im Buchungssystem der Lufthansa. Und dennoch sehen wir in diesem Fall erstmals Selbstkritik in den Medien über die Schärfe der Skandalisierung. Das mag mit den raschen Rücktritten zu erklären sein. Es mag auch mit politischen Präferenzen zu tun haben. Nicht nur die Bundesregierung, auch linksliberale Zeitungen wie *Der Spiegel*, *Süddeutsche Zeitung* und *Die Zeit* witterten so kurz vor den Bundestagswahlen eine politische Kampagne. Wie im Fall der Süssmuth-Flüge gingen die ersten Hinweise nämlich auf den Bund der Steuerzahler zurück. Anschließend erhob die *Bild*-Zeitung öffentlich die Vorwürfe. Auffälligerweise ging es ausschließlich um Verfehlungen von Politikern links der Mitte. Auch Jürgen Trittin und Ludger Volmer von den Grünen wurden von *Bild* verdächtigt, doch hatten diese ihre Bonusmeilen dienstlich eingesetzt.[262]

Trotz dieser Einschränkungen sind die in dieser Form erstmals dargelegten journalistischen Zweifel an der Skandalisierungsdynamik bemerkenswert. *Der Spiegel* mokierte sich abschätzig über die „bundesdeutsche Wallungsdemokratie", geflissentlich vergessend, wie intensiv man selbst dazu beitrug. Immerhin präsentierte er auch sachliche Argumente gegen allzu viel Aufregung über Bonusmeilen. Da war zunächst der Vorwurf der Doppelmoral und der Überforderung: „Von ihren Volksvertretern erwarten die

Bürger all das, was sie selbst nicht leisten", „anspruchslos, unbestechlich und nur dem Allgemeinwohl verpflichtet. Kein Wunder, dass niemand diesem Bild genügen kann." Zum anderen wollte das Hamburger Nachrichtenmagazin die Verfehlungen eingeordnet wissen: Es handle sich um Lappalien, wenn man sie mit den eigentlichen Problemen im Parlament vergleiche, nämlich dem Einfluss von Lobbyisten auf Politik und Gesetzgebung.[263]

Auch *Die Zeit* sah Maßstäbe verschwimmen und fürchtete einen allgemeinen Ansehensverlust der Politik: „Ob massive Korruptionsfälle, Millionenspenden ungeklärter Herkunft oder eben die privaten Bonusflüge – alles dient ununterscheidbar und kriterienlos dazu, den Generalverdacht gegen eine als gierig angesehene Politikerklasse zu bedienen." Viel spricht für diese hellsichtige Diagnose. Allerdings übersah der gegen den „entrüsteten Boulevard" gerichtete Artikel, dass alle Medien diesen Generalverdacht genährt hatten, auch und gerade die Qualitätszeitungen liberaler Prägung.[264] Man wird den Eindruck nicht los, als klagte hier der berühmte Zauberlehrling über die Geister, die er selbst gerufen hatte.

Abschied vom rheinischen Kapitalismus: Volkswagen und Siemens 2005–2007

Die Geschichte der Korruptionsskandale hat viele tragische Helden. Und doch sticht die Geschichte von Peter Hartz hervor. Hartz gehörte zum Kreis der Vordenker von Gerhard Schröders Reformpolitik. Zumindest in Teilen war Peter Hartz Vater der Agenda 2010, jenes Katalogs an Maßnahmen in der Sozialpolitik, die später als Schröders große wirtschaftspolitische Leistung gefeiert wurde und die zugleich zur Spaltung der SPD führte.

Der Kanzler berief Hartz 2002 zum Vorsitzenden einer Expertenkommission. Sie entwickelte pünktlich zum anstehenden Bundestagswahlkampf Vorschläge für neue Wege in der Arbeitsmarktpolitik. Die Regierung inszenierte den Bericht des Kommissionsvorsitzenden als eine Art sozialpolitisches Hochamt: Hartz hielt im historischen Französischen Dom am Berliner Gendarmenmarkt eine Rede. Er versprach, mit den von ihm vorgeschlagenen Reformen sei Massenarbeitslosigkeit bald Geschichte.[265] Es gehörte zum Regierungsstil von Rot-Grün, Experten oder Wissenschaftler sichtbar in die Lösung politischer Probleme einzubeziehen. Peter Hartz war Manager. Ab 1993 amtierte er als Personalchef des

Volkswagenkonzerns. Mit unkonventionellen Ideen zur Sicherung von gefährdeten Arbeitsplätzen hatte er sich bundesweit einen Namen gemacht. Der Sozialdemokrat war dafür bekannt, in enger Abstimmung mit den Gewerkschaften zu agieren und neue Lösungen im Konsens zu suchen. Insofern war er eine ideale Figur, um die schrödersche Sozialpolitik zu repräsentieren. Dass er es mit der Konsenssuche im Konzern übertrieben hatte, sollte ihm noch zum Verhängnis werden.

Nach der gewonnenen Wahl machte sich die rot-grüne Regierung an die Umsetzung. Die Agenda 2010 beherrschte ab März 2003 die Innenpolitik. Hartz wurde eine seltene Ehre zuteil: Im politischen Berlin benannte man die nun folgenden vier arbeitsmarktpolitischen Gesetze nach ihm. Mit dem Grundsatz von „Fördern und Fordern" krempelten die Gesetze das System der Arbeitsverwaltung um. Dazu gehörte auch ein Abbau von Sozialleistungen. Linke und gewerkschaftsnahe Sozialdemokraten kritisierten dies heftig. Letztlich büßte die Regierung wegen der Agenda 2010 ihre Stabilität ein, Schröder führte 2005 vorgezogene Neuwahlen herbei und verlor die Kanzlerschaft. In der Rückschau haben Ökonomen die Flexibilisierung als einen wichtigen Faktor für den späteren Abbau der Arbeitslosigkeit in Deutschland identifiziert.

Ungefähr zur gleichen Zeit stürzte auch Peter Hartz. Im Juni 2005 kam heraus, dass die Konzernleitung den Arbeitnehmervertretern im Betriebsrat ungebührliche Privilegien verschafft hatte. Eine unappetitliche Mischung aus Veruntreuung von Firmengeldern, Bestechung von Betriebsräten und Bordellbesuchen klebt seitdem an Hartz' Namen. Auch der arbeitsmarktpolitische Ruhm von Hartz verblasste rasch. In der öffentlichen Debatte blieb von den vier „Hartz-Gesetzen" vor allem eines: „Hartz IV". Dies steht für die spürbar abgesenkte Grundsicherung, die Nachfolgerin der Sozialhilfe. Hartz IV, das war für Schröder-Kritiker das Symbol eines kaltherzigen Sozialabbaus. Kritik an Hartz IV führte zur Auszehrung der SPD am linken Rand, war Grundton für die Gründung der Linkspartei, steht damit zumindest symbolisch für den Niedergang der Sozialdemokratie nach dem Ende der Ära Schröder.

Nur vor diesem Hintergrund ist die politische und symbolische Brisanz der VW-Korruptionsaffäre verständlich, die zwischen Sommer 2005 und 2006 ihren Höhepunkt erlebte. VW-Affäre und der kurz darauf folgende Siemens-Skandal zeigen, welche Auswirkungen die Korruptionsdebatten auf das Bild der Wirtschaft, aber durchaus auch auf deren Praktiken hatte. In beiden Fällen kamen offenbar über Jahrzehnte gepflegte Verhaltensweisen ans Licht der Öffentlichkeit, die sich nun als nicht mehr tragbar erwiesen.

Die beiden Skandale waren Teil einer Art Abrechnung mit wirtschaftlichen Praktiken in Deutschland nach 1945. Ähnlich wie die Amigo-Affäre und der Kohl-Spendenskandal zu Tribunalen über die politische Kultur der alten Bundesrepublik gerieten, so standen im VW- und Siemens-Skandal der „rheinische Kapitalismus“ am Pranger. Bei VW ging es um das Binnenverhältnis zwischen Arbeit und Kapital, bei Siemens um Mauscheleien mit (meist staatlichen) Entscheidungsträgern in Ländern der Dritten Welt.

Rheinischer Kapitalismus ist kein scharf definiertes Konzept.[266] Es steht für einige Merkmale der Wirtschaftsordnung in der Bonner Republik, vor allem für die Verflechtung und den politischen Einfluss auf die Wirtschaft, für eine starke sozialpolitische Komponente, enge Abstimmung zwischen Banken und Großunternehmen. Er beschreibt eine starke und vor allem kompromissbereite Partnerschaft zwischen Arbeit und Kapital im Besonderen und Korporatismus im Allgemeinen. Die besonderen Machtstrukturen in der westdeutschen Wirtschaft werden gelegentlich auch als „Deutschland AG“ bezeichnet.[267] Damit ist gemeint, dass sich Unternehmensmanager, Banken als Vertreter der Anteilseigner, Gewerkschaften und Politiker häufig auf Konsensmodelle einigten. Dies kann als starke Sozialpartnerschaft ausgelegt werden oder als Verstoß gegen das in den 1990er-Jahren so prominente Prinzip des Shareholder-Value.

So verwundert es nicht, dass rheinischer Kapitalismus und Deutschland AG seit den 1980er- und vor allem in den 1990er-Jahren zunehmend unter Druck gerieten. Vom neoliberalen Denken inspirierte Ökonomen, zunehmend auch Politiker, forderten, neue Wege einzuschlagen. Im Kern ging es darum, die Marktkräfte zu stärken und politische oder soziale Erwägungen auf das Wirtschaftsgeschehen zurückzudrängen. Sie verlangten beispielsweise, die vielfach miteinander verbundenen deutschen Konzerne zu entflechten. Politik und Wirtschaft sollten unbedingt auf Abstand gehalten werden. Auch die Hartz-Reformen gehören in den Kontext einer erklärten Abkehr vom rheinischen Kapitalismus. Dies gehört zur Ironie in der Geschichte des Peter Hartz: Einer der Protagonisten neuer sozialpolitischer Wege fiel über Praktiken, die wie eine Karikatur des rheinischen Kapitalismus wirkten.

Um welche Vorwürfe ging es im Einzelnen?[268] Im Mittelpunkt stand das Verhältnis zwischen Konzernleitung und Betriebsrat bei Volkswagen.

Spätestens ab 1996 erfreuten sich die Betriebsräte des Konzerns besonderer Aufmerksamkeiten, die vom Vorstand finanziert wurden und an denen gelegentlich auch Manager teilnahmen. Es handelte sich vor allem um kostenlose Auslandsreisen, an denen bisweilen auch Ehefrauen der Arbeitnehmervertreter teilnahmen. Besonders pikant waren die regelmäßigen Bordellbesuche im Ausland. In Wolfsburg nutzte man zusätzlich eine eigens angemietete Wohnung, in der Prostituierte und Betriebsräte sich begegneten. Besonderer Nutznießer der Wohltaten war kein Geringerer als der Gesamtbetriebsratsvorsitzende Klaus Volkert von der IG Metall. Volkert profitierte zusätzlich, weil der Konzern seiner Geliebten einen hoch dotierten Beratervertrag ausstellte.

Am System der „Lustreisen" waren viele beteiligt. Ein Manager aus der Personalabteilung, Klaus-Joachim Gebauer, organisierte Reisen und Prostituierte. Er bezahlte mit seiner privaten Kreditkarte und erhielt vom Konzern „Vertrauensspesen", die er nicht abrechnen musste. Schnell wurde auch klar, dass Peter Hartz als Personalvorstand diese Praktiken aktiv unterstützte. In einigen Fällen hatte er Ausgabenrechnungen unterschrieben und vermutlich auch Prostituiertendienste genossen. Die Verstrickungen reichten bis in die Politik. Der SPD-Bundestagsabgeordnete Hans-Jürgen Uhl war im Hauptberuf Betriebsratssekretär bei VW. Er behauptete zunächst, nichts von den Vorgängen zu wissen. Dann jedoch kam heraus, dass er selbst an Bordellbesuchen teilgenommen hatte. Auch der SPD-Landtagsabgeordnete Günter Lenz wurde von Gebauer in einem Prozess schwer belastet.

Ermittlungen und Strafprozesse endeten in diversen Schuldsprüchen. Klaus Volkert erhielt eine mehrjährige Freiheitsstrafe wegen Anstiftung zur Untreue und Verstößen gegen das Betriebsverfassungsgesetz; Peter Hartz konnte seine Strafe wegen Untreue durch ein umfassendes Geständnis reduzieren – er erhielt eine Bewährungsstrafe. Gleiches gilt für Klaus-Joachim Gebauer. Auch Hans-Jürgen Uhl wurde wegen Falschaussage und Beihilfe zur Untreue verurteilt. Viele Beobachter gingen davon aus, auch Konzernchef Wolfgang Piëch habe die Lustreisen zumindest gebilligt. Doch belastbare Indizien dafür gab es nicht.

Die Lustreisen warfen ein schlechtes Bild auf das bislang so gelobte Verhältnis von Management und Gewerkschaften in Wolfsburg. Nun stand zumindest der Verdacht im Raum, die Arbeitnehmervertreter seien bestechlich gewesen. Erst Ende 2004 hatte der Konzernbetriebsrat einer Nullrunde bei den Löhnen zugestimmt. Auch wurde die These vertreten, zwischen Volkert und Hartz habe es eine lange Interessenallianz gegeben. Als Gesamtbetriebsratschef des Weltkonzerns war Volkert Mitglied im Präsidium des Aufsichtsrats von VW und eines der mächtigsten Mitglieder der IG Metall. Volkert habe dank seines enormen Einflusses dem in Wolfsburg unbekannten Saarländer Peter Hartz auf den Chefsessel der Personalverwaltung geholfen – Hartz habe sich anschließend mit dem Beratervertrag für Volkerts Geliebte und weitere Vergünstigungen erkenntlich gezeigt. Insgesamt soll Volkert illegale Leistungen im Wert von 2,6 Millionen Euro erhalten haben, zusätzlich zu seinem fürstlichen Gehalt von zuletzt knapp 700.000 Euro im Jahr als VW-Mitarbeiter.[269] Die Affäre offenbarte, in welchem Ausmaß hochrangige Gewerkschafter Teil der wirtschaftlichen Oberschicht waren. Wegen der Bordellbesuche waren die Verflechtungen sittlich anrüchig. Sie zeigten außerdem, dass die Spitzen der deutschen Industrie nach den Regeln einer reinen Männerwelt agierten.

Im Sommer und Herbst 2005 war der Skandal durchaus auch parteipolitisch brisant – Peter Hartz als virtuelles Regierungsmitglied, Klaus Volkert als Duzfreund des Bundeskanzlers, die gewerkschaftlichen Netzwerke der SPD standen am Pranger. Liberale Politiker hofften offenbar auch, unter dem Eindruck des öffentlichen Unmuts den Einfluss von Arbeitnehmervertretern generell beschneiden zu können. FDP-Vizeparteichef Rainer Brüderle jedenfalls ließ schon kurz nach Beginn der Affäre verlauten, sie könne zum „Sargnagel des deutschen Mitbestimmungsmodells" werden.[270]

Strafrechtlich betrachtet, ging es nicht um Bestechung, sondern um Untreue. Doch die publizierte Öffentlichkeit diskutierte den Skandal von Beginn an unter dem Stichwort „Korruption". Denn hier bestätigte sich unter aller Augen das, was die Antikorruptionspamphlete der 1990er-Jahre schon beschrieben hatten: In allen Wirtschaftsbranchen herrschten Systeme von Gabe und Gegengabe. Korruption sei in Deutschland gang und gäbe.[271] Um Korruption handelte es sich deshalb, weil der Betriebsrat eine ähnliche Funktion wie ein Mitarbeiterparlament hatte. So schienen die lustreisenden Gewerkschafter als Verräter am Gemeinwohl der VW-Arbeiter, und zwar zum ausschließlich persönlichen Nutzen. Das hatte Auswirkungen bis in die Strafprozesse hinein. Peter Hartz gelang es dort nämlich, sein Handeln in ein etwas besseres Licht zu rücken. Er habe zwar Gesetze gebrochen, dies aber stets im Interesse des Firmenwohls und des Vorstands getan. Volkerts dagegen konnte seine Rolle nie anders begründen als mit Eigeninteressen.[272]

Jenseits der individuellen Moral eignete sich die Korruptionskritik dafür, wirtschaftspolitische Entflechtungen zu fordern. Denn die Lustreisen-Affäre stellte ein Prinzip infrage, das von Gewerkschaftsseite mit Stolz reklamiert wurde: Ko-Management. Im Zuge des Mitbestimmungsrechts hatten Arbeitnehmervertreter ab den 1970er-Jahren in vielen Großunternehmen die Hälfte der Aufsichtsratsmandate inne. Im Zuge von Betriebsvereinbarungen und Tarifverhandlungen waren Gewerkschafter zumindest im Bereich Personal stark in Unternehmensentscheidungen eingebunden. Arbeitgeber- und Arbeitnehmerseite mussten sich oft eng abstimmen. Betriebsräte großer Unternehmen machten ihre Arbeit schon lange als Vollzeitjob und sie verfügten über eigene Sekretariate. So wandelte sich auch ihr Selbstbild. Oftmals verstanden sie sich als Teil der Unternehmensführung, als Ko-Manager eben.[273] Auch dies kann man als eine Art Grenzüberschreitung deuten.

Der VW-Betriebsratsvorsitzende symbolisierte die Gefahren dieses Arrangements: Volkert wollte ganz offensichtlich am Luxusleben des Managements in einem Großkonzern teilhaben. Er war dem nicht gewachsen und machte sich käuflich. Im Austausch gegen Lustreisen und Statussymbole wie einen Parkplatz neben den Konzernvorständen ließ er sich darauf ein, gemeinsam mit den Chefs mal Arbeitsplätze zu retten, mal Arbeitsplätze zu vernichten, so *Die Zeit*.[274] Die Gewerkschaftsseite stand als gierig, verlogen und inkompetent da. Das Ko-Management verlor seinen Glanz.

Verfechter des Shareholder-Value-Prinzips konnten die Affäre als weiteren Beweis werten, dass kapitalfremde Interessen in einer Unternehmensleitung nichts zu suchen hatten. Mit der Korruptionsdebatte verband sich eben auch die Forderung nach strikter Trennung zwischen Eigentümer- und Arbeitnehmerinteressen.

Auch in die schon mehrfach erwähnte Elitenkritik ließ der Skandal sich einfügen, vor allem mit einer Spitze gegen die Sozialdemokratie. Im Kontext der Lustreisen-Affäre fanden Reporter des *Stern*, die an den Wolfsburger Werkstoren die Stimmung bei den Mitarbeitern erkundeten, nicht wenige VW-Arbeiter, die sich von der Gewerkschaftselite verraten fühlten.[275] Andere Beiträge, wie die des ehemaligen Managers Hans-Joachim Selenz, diagnostizierten ein Versagen aller etablierten Eliten: Management, Arbeitnehmervertreter und Politiker.[276]

Weniger stark parteipolitisch aufgeladen war die Siemens-Korruptionsaffäre. Sie zeigte indes den konkreten Einfluss der internationalen Antikorruptionsregime. Siemens war eine Art Testfall auf deutschem Boden. Hier wurden die von Weltbank, US-Regierung und Transparency International gestalteten Regeln unmittelbar wirksam.

Doch zunächst zu den Vorwürfen. Die Firma Siemens gehörte ebenso wie Volkswagen zu den großen Industriekonzernen in der Bundesrepublik. Nach dem Zweiten Weltkrieg musste die Firma ihre Zentrale von Berlin nach München verlegen und sich gewissermaßen neu erfinden. Zum Geschäftsmodell gehörte unter anderem der Anlagenbau im Ausland, nicht zuletzt im globalen Süden. Insbesondere in Afrika fand der Konzern einen lukrativen Markt, beispielsweise für seine Kraftwerksturbinen. Nach der Lieferung der Maschinen und Anlagen bestanden meist langfristige Wartungsverträge, aus denen weitere Folgegeschäfte resultierten. Die Gestaltung dieses Auslandsgeschäfts bei Siemens wuchs sich nach der Jahrtausendwende zum Problem aus.

Im Frühherbst 2006 erhielt die Münchner Staatsanwaltschaft Hinweise auf Untreue im Siemens-Konzern. Auch in Italien, in der Schweiz und in Liechtenstein ermittelten die Behörden wegen Bestechung oder Geldwäsche gegen einzelne Mitarbeiter. Rasch erhielten die Staatsanwälte den Eindruck, dass es im Unternehmen ein weitverzweigtes System schwarzer Kassen geben musste. Am 15. November 2006 holten die Ermittler dann zum großen Schlag aus. Sie durchsuchten mit rund 270 Beamten aus Deutschland und einigen italienischen und schweizerischen Kollegen die Konzernzentrale in München und viele weitere Standorte. Noch am gleichen Tag kamen mehrere Manager in Haft. Offenbar, weil die Konzernspitze sich sofort von den Verdächtigen distanzierte, waren die Vernommenen recht gesprächig, nannten Namen, Summen, konkrete Geschäfte. Das Siemens-Schmiergeldsystem nahm rasch Konturen an und die Staatsanwaltschaft bereitete entsprechende Klagen vor. Kurz darauf nahmen auch die amerikanischen Strafverfolgungsbehörden und die US-Börsenaufsicht Ermittlungen auf. In Deutschland berichteten die Medien ausführlich.[277]

Zunächst versuchte die Konzernleitung noch, die Vergehen als Einzelfälle darzustellen, doch ließ diese Strategie sich nicht lange durchhalten. Der Chef des Aufsichtsrats, Heinrich von Pierer, zog im April 2006 die Konsequenzen und legte sein Mandat nieder. Vorstandsvorsitzender Klaus Kleinfeld folgte einige Wochen später. Zeitweilig schien gar die Existenz des Unternehmens gefährdet: Es drohte der Ausschluss von der New Yorker

Börse. Im Sommer 2007 wetteten einige große Investoren auf diese Option und bereiteten eine feindliche Übernahme vor.

Doch dazu kam es nicht. Im Aufsichtsrat von Siemens hatte man die Gefahren erkannt. Eine Gruppe um den neuen Aufsichtsratsvorsitzenden Gerhard Cromme, Josef Ackermann von der Deutschen Bank und den IG-Metall-Vertreter Berthold Huber beschloss die Flucht nach vorn. Siemens arbeitete fortan mit den Behörden zusammen, tauschte große Teile des Managements aus, errichtete eine schlagkräftige Compliance-Struktur und ließ das Unternehmen auf eigene Kosten von einer großen Anwaltsfirma aus den USA nochmals durchleuchten. Im Dezember 2008 schloss Siemens gerichtliche Vergleiche in Deutschland und in den USA. Die Prozesse wurden gegen Zahlung von insgesamt rund 1,6 Milliarden Dollar eingestellt – bei Weitem die höchsten Bußen, die ein Unternehmen bis dahin für Bestechung hatte zahlen müssen. Gleichwohl spricht vieles dafür, dass die Strategie richtig war. Siemens stand am Ende gesäubert da; Aufsichtsbehörden und Anteilseigner beurteilten das Verhalten des Managements als vorbildlich. Diese Interpretation vertritt der Wirtschaftshistoriker Hartmut Berghoff, der von Siemens den Auftrag erhielt, die Geschichte des Skandals zu untersuchen.[278]

Berghoff hat auch die Praktiken im Unternehmen eingehend untersucht. Er kann zeigen, dass Siemens über Jahrzehnte im Ausland enorme Summen für Bestechung und Schmiergelder ausgab. Dies gehörte zur Unternehmenskultur, und zwar auch noch während der 1990er-Jahre. Dazu trugen die oft langjährigen Engagements etwa in Afrika bei, wo Siemens-Mitarbeiter intensive Beziehungen von Gabe und Gegengabe pflegten. Obwohl sich zu dieser Zeit die Bewertung von Korruption im Geschäftsleben deutlich veränderte, schützte die Unternehmensleitung ihre bestechenden Mitarbeiter. Wenn Siemensianer wegen Untreue verurteilt wurden, übernahm das Unternehmen Anwaltskosten, zahlte Gehälter weiter, hielt gar Rentenansprüche für eventuelle Zeiten im Gefängnis aufrecht. Das Management war offenbar fest davon überzeugt, solche Praktiken seien notwendig und betriebswirtschaftlich erfolgreich; man sah die Verurteilten als Opfer und als besonders treue Mitarbeiter.

Gleichzeitig spielte Siemens die Karte des moralischen Unternehmens. Der Konzern gehörte zu den ersten Unterstützern von Transparency International, setzte sich für die OECD-Konvention gegen Auslandsbestechung ein. Siemens gründete für europäische Verhältnisse sehr früh eine

Compliance-Abteilung. Den Mitarbeitern war aber klar, dass diese Abteilung sie nicht wirklich überwachte.

Was man bei Siemens offenbar zu spät bemerkte, waren neue gesetzliche Regeln und die Zwänge der Globalisierung. Deutschland verbot 1998 die Auslandsbestechung. Ab 2001 ließ Siemens seine Aktien an der Wall Street handeln. 2002 verschärften die USA ihre Antikorruptionsgesetzgebung mit dem Ziel, den alten Foreign Corrupt Practices Act auch wirklich durchsetzen zu können. Das FBI richtete 2006 eine eigene Abteilung für Bestechungsdelikte im Ausland ein. Generell verlangten die US-Behörden ab etwa 2000 effektive Compliance-Strukturen in den von ihnen überwachten Unternehmen. All diese Entwicklungen wurden bei Siemens offensichtlich zu spät erkannt. So kam es zum Konflikt. Vor allem auf Betreiben der US-Behörden wurde an Siemens ein Exempel statuiert, denn die Bußen lagen deutlich über dem, was bis dahin verlangt worden war. Allerdings stieg anschließend die Anzahl der einschlägigen Verfahren in den USA und auch die Strafen wurden immer empfindlicher.[279]

Der Fall Siemens hatte außerdem eine Teilaffäre mit gewisser Ähnlichkeit zum VW-Korruptionsskandal. Auch bei Siemens manipulierte das Management die Arbeitnehmervertretung – jedoch in weit umfangreicherem Maß. Siemens finanzierte nämlich eine sogenannte gelbe Gewerkschaft. Die Unternehmensleitung beauftragte den Unternehmensberater Wilhelm Schelsky, eine arbeitgeberfreundliche Gewerkschaft zu unterstützen. Schelsky war ursprünglich Mitarbeiter bei Siemens gewesen und in dieser Funktion Mitglied sowie langjähriger Vorsitzender der Arbeitsgemeinschaft Unabhängiger Betriebsangehöriger (AUB). Diese sah ihre Aufgabe darin, in den Betriebsräten des Siemens-Konzerns ein arbeitgeberfreundliches Gegengewicht zur IG Metall zu bilden. 1990 machte Schelsky sich selbstständig. Sein Beratungsunternehmen erhielt vermutlich rund 60 Millionen Euro von Siemens, die er an die AUB weiterreichte. Von den verdeckten Zahlungen wussten auch Spitzenmanager von Siemens; offenbar gab es konspirative Absprachen zwischen Gewerkschaft und Konzernspitze.[280]

Die Vorgänge bei Volkswagen und Siemens stellten das bundesdeutsche Modell des rheinischen Kapitalismus auch moralisch infrage, insofern fügten sie den sozial- und wirtschaftspolitischen Debatten ein weiteres Argument hinzu. Und sie können neben der Kohl-Affäre zumindest als symbolpolitischer Abschied vom Selbstverständnis der alten Bundesrepublik gedeutet werden. Allerdings waren die politischen Folgen der Skandale begrenzt. Gesetzgeberische Maßnahmen folgten nicht; auch die große Rolle von Gewerkschaften und Politik im Volkswagen-Konzern blieb unangetastet. Allerdings hatte der Siemens-Skandal offenbar Einfluss auf die Geschäftswelt: Seitdem nahmen Bemühungen um effektive Compliance in Deutschland stark zu. Für die öffentliche Debatte in Deutschland war möglicherweise ein anderer Umstand wichtiger: Seit VW und Siemens wird Korruption ganz selbstverständlich auch auf Vorgänge innerhalb von Unternehmen bezogen. Neben Politikern standen nun auch Unternehmenslenker und Gewerkschafter deutlich in der Kritik.

Während die Skandale um Siemens und Volkswagen in der öffentlichen Deutungsgeschichte den moralischen Bankrott des rheinischen Kapitalismus symbolisieren konnten, schlug das wirtschaftspolitische Pendel bald wieder um. Nur wenige Jahre später, im Herbst 2008, kam es zur Pleite des US-Bankhauses Lehman. Ökonomen und Wirtschaftspolitiker weltweit fürchteten verheerende Dominoeffekte und griffen ins Marktgeschehen massiv ein: Banken wurden mit staatlichem Geld gerettet, teilweise verstaatlicht, der sehr weitgehenden Deregulierung des Finanzsektors folgte nun wieder eine Phase der Regulierung mit dem Ziel, allzu risikoreiche Geschäfte einzudämmen.[281] Weltweit gerieten die Auswüchse des finanzwirtschaftlichen Kapitalismus in den Blick, bei dem astronomische Gehälter trotz offenkundigem Versagen gezahlt wurden und die Belohnungsmechanismen für Angestellte, die Spekulation mit Risiken zusätzlich angefacht hatten. Seitdem ist die Bedeutung des Staates als ordnungspolitische Instanz wieder stärker geworden. Zugleich unterstützte die Bankenkrise die Idee der Compliance: Sie zeigte, dass moralisches Verhalten von Mitarbeitern in der Privatwirtschaft zentral, aber keinesfalls selbstverständlich ist.

Ein korrupter Präsident? Die Affäre Wulff 2011–2012

Unter den Spitzenämtern in der Bundesrepublik gilt das des Bundespräsidenten als außergewöhnlich. Das Staatsoberhaupt besitzt kaum politische Macht. Seine Hauptaufgabe liegt in der Sinnstiftung. Seit den Zeiten von Theodor Heuss soll es für Zusammenhalt in der Gesellschaft und auch für nachdenkliche Töne in der politischen Debatte sorgen. Populäre Präsidenten wie Richard von Weizsäcker oder Joachim Gauck haben diese Rolle mit großer Virtuosität ausgefüllt und dabei viel Einfluss auf die Deutung des politischen Geschehens genommen. Dabei erfreuten sich die Amtsinhaber in der Regel einer gewissen Dignität – dem täglichen politischen Meinungsstreit enthoben, achteten auch die Medien auf eine respektvolle Berichterstattung. Das wichtigste symbolische Kapital des Präsidenten war daher seine Integrität, seine persönliche Glaubwürdigkeit.

Was aber, wenn der Präsident korrupt war? Ein solcher Vorwurf steht im Gegensatz zur Idee des entrückten, die Grundwerte der Republik verkörpernden Staatsoberhaupts. Es war dieser Verdacht, der Christian Wulff Anfang 2012 sein Amt kostete. Wulff war hinsichtlich seines formalen Ranges das bislang prominenteste Opfer der Korruptionsdebatten in Deutschland. Die Tragik Wulffs liegt darin, dass ihm weder Bestechlichkeit noch Vorteilsnahme nachgewiesen werden konnten, er aber als Beispiel für eine Schnäppchenmentalität bei Politikern in Erinnerung bleiben wird.

Der Fall Wulff war der Höhepunkt einer sich radikalisierenden Debatte über die Gefahren von Korruption, Privilegierung und Selbstbereicherung von Politikern. Dass sie eine solche Wucht erreichte, ist nur verständlich vor dem Hintergrund eines verwurzelten Elitenmisstrauens und des Generalverdachts gegenüber Politikern, sie würden ihr Amt hauptsächlich zur persönlichen Bereicherung nutzen.

Und so zeigt der Fall, welche Gefahren heiß laufende Skandalisierungsspiralen mit sich bringen können. Vor allem zeigt er die Gefahren des nahezu unbegrenzten Transparenzhungers von Medien und Publikum gegenüber Politikern. Am Ende der Wulff-Affäre blieben Karikaturen: die Karikatur eines schnäppchenjagenden Landespolitikers, die Karikatur der mit Eifer Staatsgeheimnisse aufdeckenden Investigativjournalisten, die Karikatur einer von öffentlichem Druck getriebenen Staatsanwaltschaft. Für alle Beteiligten war der Skandal um Christian Wulff im Ergebnis ein Desaster.

Beginnen wir mit einer Darstellung der Vorwürfe und Verdachtsmomente. Es kamen nicht eben wenige Vorwürfe zusammen, die Journalisten in der öffentlichen Debatte vortrugen. Fast alle bezogen sich auf Wulffs Zeit als Ministerpräsident von Niedersachsen. Dieses Amt hatte er von 2003 bis zur Bundespräsidentenwahl im Juni 2010 innegehabt. Der wichtigste Themenkomplex betraf die Finanzierung des privaten Wohnhauses von Wulff und seiner Frau im Jahr 2008. Bereits seit Jahren stand der Verdacht im Raum, Wulff habe finanzielle Hilfen von Industriellen erhalten. Im Februar 2010 verneinte Wulff eine Anfrage im niedersächsischen

Landtag, ob er in geschäftlichen Beziehungen mit Egon Geerkens stehe. Geerkens war ein Osnabrücker Immobilienunternehmer und zugleich langjähriger Freund Wulffs. Ende 2011 legten Recherchen des *Spiegels* und der *Bild*-Zeitung nahe, der Ministerpräsident habe das Parlament belogen. Tatsächlich wurde nun bekannt, dass Wulff eine halbe Million Euro als Darlehen aus dem Vermögen von Edith Geerkens erhalten hatte, der Ehefrau des Unternehmers. Damit rechtfertigte der Bundespräsident auch seine vormalige Antwort an den Landtag. Zugleich stand der Vorwurf im Raum, Wulff habe Geerkens als Gegenleistung Vorteile verschafft. Der Unternehmer hatte mehrfach Wirtschaftsdelegationen angehört, mit denen der Ministerpräsident ins Ausland gereist war.

Hans-Herbert von Arnim meldete sich im Januar 2012 mit einem hastig verfassten Fachaufsatz zu Wort. Darin belegte er seine auf Medienberichten fußende Einschätzung, im Fall Geerkens sei die Grenze der Strafbarkeit „eindeutig überschritten“, und zwar wegen Vorteilsgewährung und Vorteilsannahme des Ministerpräsidenten. Im Aufsatz wird im Übrigen die Gefahr beschworen, Politiker könnten Strafverfolgung möglicherweise vereiteln.[282] So wurde der Antikorruptionsexperte aus Speyer seiner Rolle gerecht. Die rechtliche Würdigung durch die Staatsanwaltschaft in Hannover fiel anders aus. Zum Anklagepunkt brachte es dieser Vorwurf nicht.

Kurz nach der Anfrage im niedersächsischen Landtag löste Wulff den Privatkredit durch einen Kredit der Landesbank Baden-Württemberg ab – was Ende 2011 nun auch bekannt wurde. Dies legten viele Wulff als Verschleierungstaktik aus. Zudem wurde auch hinter diesem Geschäft gelegentlich Vorteilsnahme vermutet: Zur gleichen Zeit gab es intensive Kontakte Wulffs mit seinem baden-württembergischen Amtskollegen Günter Oettinger, dessen Land Eigentümer der BW-Bank war. Der Verdacht konnte nicht erhärtet werden.

Ein zweiter Stein des Anstoßes war die Rolle von Wulffs Hannoveraner Staatskanzlei bei der Ausrichtung einer Serie von Konferenzen unter dem Titel „Nord-Süd-Dialog“ in Hannover. Es handelte sich um privatwirtschaftlich organisierte Veranstaltungen mit Politikern, Industriellen und Prominenten aus Niedersachsen und Baden-Württemberg. Das Unternehmen des Eventmanagers Manfred Schmidt richtete diese Veranstaltungen aus und finanzierte sie durch hohe Teilnahmegebühren. Ein enger Mitarbeiter Wulffs, Olaf Glaeseker, war in die Sache verwickelt. Er besaß enge Kontakte zu Schmidt und hatte offenbar den Anschein erweckt, es handle sich um offizielle Veranstaltungen des Landes Niedersachsen. Glaeseker hatte mehrfach kostenlos Urlaub mit einem Reiseunternehmen Schmidts gemacht. Ein Strafverfahren gegen beide wegen Bestechung und Bestechlichkeit wurde 2014 gegen Auflagen eingestellt.

Frühere Urlaubsreisen und angebliche Einladungen wurden auch für Christian Wulff politisch bedrohlich und kosteten ihn schließlich sein Amt. Berichte über kostenlose Urlaube Wulffs in Immobilien der Familie Geerkens und über Urlaubseinladungen des Managers Wolf-Dieter Baumgartl machten die Runde. Diese Einladungen bestritt Wulff nicht. Anders verhielt es sich mit David Groenewold, einem Filmproduzenten, dessen Produktionsfirma Subventionen des Landes Niedersachsen bezogen hatte. Groenewold hatte offensichtlich enge, auch private Beziehungen zu Wulff. Bei einer gemeinsamen Urlaubsreise auf die Insel Sylt 2007 bezahlte Groenewold auch das Zimmer von Wulff und seiner Ehefrau. *Bild* und andere Medien vermuteten, der Ministerpräsident habe sich einladen lassen. Wulff dagegen legte dar, Groenewold habe ihm das Geld nur vorgestreckt. Ein weiterer gemeinsamer Hotelaufenthalt fand den Weg in die Öffentlichkeit. 2008 hatten Groenewold und die Wulffs gemeinsam das Münchner Oktoberfest besucht, zusammen im Hotel Bayerischer Hof logiert und auf der Festwiese gegessen. Der spätere Prozess vor dem Landgericht Hannover hatte (nur) diesen München-Besuch zum Inhalt.

Zum Gesamtbild der Affäre gehören viele weitere Vorwürfe, die in extrem aufgeheizter Atmosphäre um die Jahreswende 2011/12 vorgetragen wurden. So ermittelte die *Berliner Zeitung* im Januar 2012 Informationen über einen Autohändler, bei dem die Wulffs ein Privatauto orderten. Er habe ihnen besonders günstige Konditionen gegeben und ein Bobby-Car-Spielauto für ihren Sohn mitgegeben. Daraufhin habe Wulff den Händler zum Sommerfest des Bundespräsidenten eingeladen. Auch dies erschien ungebührlich.[283] Schon 2010 habe Wulff einen Škoda zum besonders günstigen Tarif für Volkswagen-Mitarbeiter geleast. Die bekam er nur, weil er als Ministerpräsident des Landes Niedersachsen Mitglied im Aufsichtsrat des Wolfsburger Autokonzerns war.[284]

Alle genannten Vorwürfe kamen in einem vergleichsweise kurzen Zeitraum auf die Agenda, zwischen Mitte Dezember 2011 und Mitte Februar 2012. Nahezu sämtliche Zeitungen berichteten zeitweilig fast täglich über die Affäre, sehr häufig auch mit mehr als einem Artikel pro Ausgabe. Auch die Onlinemedien und elektronische Medien waren eingebunden – nicht zuletzt mit unzähligen Talkshows zum Thema im Fernsehen. Zunächst beherrschte die Kreditaffäre die Spalten, bevor sich ungefähr ab der Jahreswende der gesamte Fächer an Vorwürfen entfaltete.

Hinzu kam Anfang 2012 ein weiterer schwerwiegender Vorgang. Es wurde nun bekannt, wie Wulff vor der ersten Veröffentlichung über den Privatkredit versucht hatte, die Berichte zu stoppen. Am 12. Dezember, Wulff war auf einer Auslandsreise, hatte er mehrere Entscheidungsträger im Springer-Verlag kontaktiert. Die Interpretation der Telefonate geht auseinander. Wulff behauptete später, er habe die Berichte nicht verhindern, sondern nur solange aufschieben wollen, bis er wieder in Deutschland war. Die meisten Beobachter werteten dies aber als Zensurversuch. Wulff hatte dem Chefredakteur der *Bild*-Zeitung, Kai Diekmann, eine längere Tirade auf den Anrufbeantworter gesprochen und dabei auch Wörter wie „Krieg" benutzt. Dies konnte ihm als Drohung ausgelegt werden. *Bild* veröffentlichte den Text auf der Mailbox nicht selbst, aber er gelangte auf anderen Wegen an die Öffentlichkeit.

Über Wochen hat Wulff selbst nicht zu den Vorwürfen Stellung genommen, sondern seine Position über seinen Sprecher oder seinen Anwalt darstellen lassen. Erst am 4. Januar 2012 gab der Bundespräsident den Fernsehsendern ARD und ZDF ein Interview. Darin wies Wulff Rücktrittsforderungen zurück und verteidigte sein Recht auf Privatsphäre. Der Anruf bei Diekmann sei ein Fehler gewesen, für den er sich auch entschuldigt habe. Jedoch habe er den Bericht von *Bild* nicht verhindern wollen. Im Übrigen kündigte er an, alle Informationen im Internet öffentlich zu machen – was aber nur eingeschränkt umgesetzt wurde.[285]

Wulff war fest entschlossen, im Amt zu verbleiben. Er bekräftigte, die Vorwürfe seien unbegründet. Mitte Februar wurde durch die *Bild*-Zeitung bekannt, David Groenewold habe bei dem Hotel auf Sylt die Belege für seine Zahlungen angefordert. Das wertete die zuständige Staatsanwaltschaft in Hannover als Verdunklungsversuch: Man könne befürchten, hier sollten Beweise vernichtet werden. Die Staatsanwaltschaft beantragte daher am 16. Februar, die Immunität des Bundespräsidenten aufzuheben.[286] Am folgenden Tag trat Wulff von seinem Amt zurück.

Pikanterweise brachten die Ermittlungen trotz enormem Aufwand nur magere Verdachtsmomente zutage. Es spricht viel dafür, dass die Ermittler sich in einer Zwangslage vermuteten. Weniger als den Fall Wulff sahen sie möglicherweise den politisch-medialen Druck. Jedenfalls las man in der

Presse vor wie auch nach dem Beginn der Ermittlungen, die Verfolger dürften das Staatsoberhaupt auf keinen Fall besser als jeden anderen Verdächtigen behandeln. Im Frühjahr bot die Staatsanwaltschaft Wulff an, das Verfahren gegen Zahlung einer Geldbuße einzustellen. Darauf ließ sich der ehemalige Bundespräsident nicht ein. Am Ende blieb der Staatsanwaltschaft Hannover nichts übrig, als David Groenewold und Christian Wulff wegen Bestechung und Bestechlichkeit anzuklagen, und zwar auf alleiniger Grundlage des Oktoberfestbesuchs.

Der Prozess war spektakulär, denn noch nie hatte ein ehemaliger Bundespräsident vor einem Strafgericht gestanden. Schon zu Beginn erlitten die Staatsanwälte eine zweite Niederlage: Das Gericht ließ lediglich eine Anklage auf Vorteilsnahme bzw. -gewährung zu. Im Verlauf der Verhandlungen konzentrierte sich die Frage dann darauf, welchen Anteil Wulff und Groenewold an der Bezahlung des Essens auf der Festwiese hatten. Von Korruption war nun auch in der Presse nicht mehr die Rede. Das Verfahren endete in einem Desaster für die Ankläger: Am 27. Februar 2014 sprach das Gericht Groenewold und Wulff wegen erwiesener Unschuld frei. In der Urteilsbegründung übte der Richter scharfe Kritik an den Ermittlungsbehörden. Ihnen warf er unter anderem vor, einseitig Belastendes gegen Wulff ermittelt und die entlastenden Umstände sträflich vernachlässigt zu haben.[287] „Aus der Unschuldsvermutung wurde eine Schuldvermutung“, kritisierte Heribert Prantl von der *Süddeutschen Zeitung* in einem Rundfunkbeitrag,[288] statt Besserstellung also Schlechterstellung aufgrund des politischen Amtes.

Nun wäre es aber verfehlt, Wulff ausschließlich als ein Opfer der Ereignisse darzustellen. Der Präsident machte eine Reihe von kommunikativen Fehlern. Hauptfehler war sicherlich der Anruf bei Kai Diekmann, der ein verbreitetes Deutungsmuster stützte: Politiker seien darauf aus, Informationen über ihr Verhalten zu vertuschen und die Arbeit der Presse zu behindern. So ließ dieser Anruf die Journalisten gewissermaßen zusammenrücken in ihrem Einsatz für die Pressefreiheit. Ein weiterer Fehler Wulffs lag im Rückblick wohl darin, dass er lange Zeit nur zugab, was ohnehin schon öffentlich war. Außerdem gab er persönlich lange keine Erklärung ab, verweigerte dann eine öffentliche Entschuldigung und beharrte auf seiner Sicht der Dinge.[289] Schließlich gab es ein paar Umstände, die Wulff nur teilweise selbst zu verantworten hatte, die aber für die Deutung zentral waren. Wulff hatte sich über viele Jahre als eher biederer, bodenständiger Politiker inszeniert, auch in seiner Zeit als Ministerpräsident. Dann vollzog er eine Wende in seiner Außendarstellung, wagte einen Imagewechsel, als er sich von seiner ersten Frau scheiden ließ und mit seiner späteren Frau Bettina verband. Nun entstand die Erzählung vom jungen, mondänen, schicken Politikerpaar. Nach dem Wechsel ins Amt des Bundespräsidenten pflegte das jüngste deutsche Staatsoberhaupt seit Gründung der Bundesrepublik dieses Image weiter, und zwar wie von Beginn an mit tatkräftiger Hilfe der *Bild*-Zeitung und ihres Chefredakteurs. Mit Diekmann hatten die Wulffs über lange Zeit ein fast freundschaftliches Verhältnis.[290]

Viele Beobachter interpretierten Wulffs Schmallippigkeit in der Kredit-Affäre dann als Verlust einer Maske. Offenbar meinten viele Journalisten, nun komme wieder der seinem Wesen nach langweilige Provinzpolitiker in seiner ganzen, auch moralischen Armseligkeit zum Vorschein. Kostenlose Urlaubsreisen, ein angeblich verbilligter Kredit für ein mäßig schickes Eigenheim, kleine Vergünstigungen auf Kosten von reichen Freunden, das schien in das Charakterbild des Bundespräsidenten perfekt zu passen.[291] Dem heimlichen Spießer im höchsten Staatsamt, so lautete offenbar die Interpretation, waren solche Vergehen schon aus charakterlichen Gründen zuzutrauen. „Christian Wulff repräsentiert den Teil der Bevölkerung, der das Gemeinwesen als Schnäppchenmarkt begreift", so hieß es in der *tageszeitung*.[292] Tatsächlich konzentrierte sich die mediale Kritik neben dem Zensurvorwurf und mangelnder Glaubwürdigkeit vor allem auf die angebliche „Schnorrermentalität" (*Handelsblatt*) des „Geiz ist geil"-Präsidenten (*Financial Times Deutschland*) und seinen „Hang zum Winkeladvokatischen" (*FAZ*).[293] Im Fahrwasser solcher Bemerkungen und Kommentare rückte die charakterliche Eignung Wulffs in den Mittelpunkt. Damit war die Debatte über Verbleib im Amt oder Rücktritt auch weitgehend entpolitisiert. Das Hauptargument für den (von den meisten Journalisten geforderten) Rücktritt lautete, der Bundespräsident könne in Zukunft keine Glaubwürdigkeit und keine moralische Autorität mehr beanspruchen. Ohne diese Autorität könne er das Amt nicht mehr ausfüllen. Nur ein neuer Amtsinhaber werde es wieder mit Leben füllen.[294]

Nun mag man geneigt sein, anzunehmen, es sei in der Debatte um Wulff gar nicht um Korruption gegangen. Doch genau das war der Fall. Die angebliche Jagd nach Vorteilen bei Politikern und Korruption waren synonym. Besonders eindrücklich formulierte das *die tageszeitung*. Drei Tage nach dem Rücktritt verkündete das Blatt diese frohe Botschaft: „Die

Deutschen tolerieren keine Korruption mehr." „Die Deutschen konnten nicht verzeihen, dass Wulff seine Ämter missbraucht hatte, um sich als Schnäppchenjäger zu betätigen. Diese deutsche Aversion gegen Korruption ist neu, wie ein Blick in die Geschichte zeigt." Der Grund für die Haltung sei eine Spaltung in der Gesellschaft, in der die Reallöhne sinken.[295] Es ging tatsächlich nie um politische Entscheidungen Wulffs, die durch Vorteilsgewährung beeinflusst waren. Selbst in der Hochphase der Empörung behaupteten die Medien nicht, die Politik der niedersächsischen Landesregierung sei in größerem Umfang käuflich gewesen. Korruption war eher eine Frage von Stil und persönlichem Anstand. Insofern war die Affäre Wulff eine Art Quintessenz der elitenkritischen Korruptionsdebatte seit dem Beginn der 1990er-Jahre.

Interessant an der Wulff-Affäre ist ganz sicherlich auch die Einstimmigkeit der Medien, über die politischen Lager und über die Grenzen zwischen Boulevard- und Qualitätsjournalismus, zwischen kommentierendem und investigativem Journalismus hinweg. Das haben schon einige zeitgenössische Kommentatoren mit Verwunderung vermerkt.[296] Das verstärkte den Eindruck, hier habe die gesamte Presse der Bundesrepublik in einer Art Rudelbildung zur Jagd auf den Bundespräsidenten geblasen – so zumindest sah Wulff selbst das.[297]

Doch zur Wahrheit über die Wulff-Affäre gehört auch, dass ein Teil der Presse schon recht früh Selbstkritik übte. Einige Journalisten wie Josef Joffe in der *Zeit* und Ulrich Schulte in der *tageszeitung* sprachen problematische Mechanismen innerhalb des Mediengeschäfts deutlich an. Das betraf zum einen die Strategie der *Bild*-Zeitung. So kam bereits früh der Eindruck auf, *Bild* führe eine Kampagne zum Sturz des Präsidenten. Das Blatt aus dem Axel-Springer-Verlag wolle seine absolute Macht demonstrieren, so der Vorwurf. Kampagnenjournalismus aber diene nicht der politischen Aufklärung.[298] Zwei später erschienene Gesamtdarstellungen der Affäre folgen dieser Interpretation. Demnach gab es einen handfesten politischen Hintergrund. Christian Wulff hatte in seiner Rede zum Tag der Deutschen Einheit 2010 versichert, auch der Islam gehöre zu Deutschland. Diese integrationspolitische Aussage hatte namentlich Kai Diekmann scharf kritisiert. Die politische Differenz sei ein Grund für die Kampagne von *Bild* gewesen.[299]

Einige Kollegen kritisierten scharf, wie *Bild* den Text des Anrufs von Wulff publik machte, nämlich auf Umwegen und unter Mitwirkung von

FAZ und *Süddeutscher Zeitung*, ohne dabei selbst in Erscheinung zu treten. *Die tageszeitung* warf der *Bild*-Zeitung und ihrem Chefredakteur die „Verletzung journalistischer Ethik“[300] vor. „Auch die Mediokratie ist eine Gefährdung der Demokratie“, warnte Kerstin Decker in der gleichen Zeitung Mitte Januar 2012.[301] In der Literatur zum Fall Wulff gilt das Verhalten der *Bild* als Teil einer gezielten Kampagne gegen den Präsidenten. Neben der Machtfrage ging es offenbar auch um andere Erwägungen: Hinzu kam der neue Anspruch der *Bild*-Journalisten, als seriöse, das heißt investigativ recherchierende Berichterstatter ernst genommen zu werden. Wulffs eigener Anteil wird unterschiedlich bewertet – immerhin hatte er sich in früheren Zeiten bewusst auf die Zusammenarbeit mit dem Boulevardblatt eingelassen.[302]

Allerdings beschränkte sich die Medienkritik nicht auf Kollegenschelte. Offenbar setzte in einigen Redaktionen ein Prozess kritischer Selbstreflexion ein. Kommentatoren sorgten sich zunehmend, angesichts der Übertreibungen nunmehr selbst Glaubwürdigkeit und Respekt in der Bevölkerung zu verlieren.[303] Man habe die Maßstäbe verloren, welches Thema wichtig und welches Thema weniger wichtig sei. Sorgfältige und unabhängige Berichterstattung sei in Gefahr. Denn man lasse sich vom „Herdentrieb“ der Kollegen und vom Minutentakt der Onlinemedien beeinflussen, so hieß es etwa in der *Zeit* bereits Mitte Januar 2012.[304] Damit rückten aktuelle Veränderungen in den Arbeitsbedingungen der Printmedien ins Augenmerk. Offenbar hatten auch ökonomische Aspekte wie die Sorge um zurückgehende Auflagen die Journalisten angetrieben.[305] Außerdem begannen einige Blätter, über Schnäppchenjägerei und Privilegien von Journalisten zu berichten. So erfuhr die interessierte Öffentlichkeit, dass viele Unternehmen Journalisten regelmäßig besserstellten als andere Kunden. Medienschaffende profitierten von Gratisleistungen aller Art. Auch diese Doppelmoral gefährde die Glaubwürdigkeit der Presse.[306]

Das Selbstverständnis vieler Journalisten, sie würden dem Aufklärungsinteresse des Volkes eine Stimme verleihen, blieb nicht unwidersprochen. Eine Umfrage des Instituts für Demoskopie Allensbach ergab Anfang Februar 2012, dass eine knappe Mehrheit der Deutschen die Berichterstattung für übertrieben hielt – allerdings hießen sie auch knapp 40 Prozent gut. Jedenfalls zeigt dieses Umfrageergebnis, dass nur eine Minderheit der Bevölkerung die Empörungskultur der führenden Medien teilte. Offenbar war man über das Ziel hinausgeschossen.[307]

Die Beurteilung der Medien im Fall Wulff blieb unter Journalisten kontrovers. Dies zeigt eine Episode vom Frühjahr 2012. Damals erhielt die Redaktion der *Bild*-Zeitung den renommierten Henri-Nannen-Preis für Journalismus in Anerkennung ihrer Recherchen über Wulffs Immobilienkredit. Erstmals wurde das Boulevardblatt für investigativen Qualitätsjournalismus geehrt. Drei Redakteure der *Süddeutschen Zeitung*, die den Preis ebenfalls erhalten sollten, lehnten aus Protest ab; darunter war auch Hans Leyendecker. Sie warfen *Bild* auch und gerade im Fall Wulff unlautere Methoden vor.[308]

Selbst nach dem Freispruch Wulffs blieben die Auffassungen geteilt. Heribert Prantl sah mittlerweile die Skandalisierung von Wulffs Verhalten als den eigentlichen Skandal: „Die Staatsaffäre Wulff war und ist eher eine Affäre derer, die sie ausgerufen haben."[309] Auch innerhalb einzelner Redaktionen herrschte Uneinigkeit, sowohl während der Affäre als auch in der Rückschau. Diese Kontroversen legte der Leiter des Hauptstadtbüros der Onlineausgabe des Magazins *Stern* kurz nach dem Urteilsspruch offen: Auch wenn viele Kollegen das mittlerweile anders beurteilten, seien die Bobby-Car-Berichte relevant gewesen. Lange Zeit hatte sein Redaktionskollege Hans-Ulrich Jörges Christian Wulff verteidigt, bevor er Mitte Februar 2012 dann allerdings auch zum Sturm auf den Präsidenten geblasen hatte.[310]

Im Fall Wulff lassen sich die Probleme von Korruptionsdebatte und Transparenzgebot genau studieren. Zunächst macht der Fall klar, wie realitätsfremd die Idee einer strikten Trennung von Privatem und Amtlichem ist. Wulff und Groenewold hatten sich zunächst dienstlich kennengelernt: Der Unternehmer lobbyierte beim Politiker in der Hoffnung, von der Filmförderung des Landes Niedersachsen zu profitieren. Später entwickelte sich eine private Freundschaft, bis hin zu einem sehr engen Vertrauensverhältnis auch in familiären Dingen. Wann wäre zeitlich die genaue Grenze zu ziehen? Im Fernsehinterview vom 4. Januar 2012 forderte Wulff vehement sein Recht auf ein Privatleben ein, über das er gegenüber der Presse keine Auskunft geben müsse. Dies war realitätsfremd und wirkte in der Situation wie ein Vertuschungsversuch. In der Affäre wurden unendlich viele Details über das Leben des Politikers und seiner Familie öffentlich. Und Wulff verlegte sich dann darauf, über jede einzelne ihm zur Last gelegte Handlung zu diskutieren. Ihm ging es darum, die Vorwürfe zu entkräften und – öffentlich – deutlich zu machen, dies oder jenes habe privaten Charakter.

In kaum einem Fall war die Grenze befriedigend zu ziehen. Insofern irrten beide Seiten. Das gilt für den Streiter für seine Privatsphäre ebenso wie für die journalistischen und staatsanwaltschaftlichen Kämpfer für die Aufdeckung von Grenzüberschreitungen. Viele Begegnungen und Kontakte Wulffs und seiner Frau waren eben beides zugleich, Teil des Privaten wie auch des Amtlichen.

Solche Grauzonen zu akzeptierten, liegt nicht in der Logik der Korruptionsdebatte. Der Korruptionsbegriff basiert auf binärem Denken: Es gibt nur korrupt oder nicht korrupt. Anders als Helmut Kohl verlangte Wulff keinesfalls, dass seine private Moral auch im politischen Raum Geltung haben solle. Er behauptete allerdings, in seinem Privatleben spiele sein Amt keine Rolle. Im Unterschied zur Amigo- oder zur Bonusmeilen-Affäre beendete Wulffs Rücktritt nicht die Diskussion, und zwar weil es zum Prozess kam. Dadurch wurde neben der Justiz auch die Öffentlichkeit dazu gezwungen, sich bis zur letzten Konsequenz mit der Grenzziehung und der moralischen Würdigung von Essenseinladungen zu beschäftigen.

Auch der Transparenztraum erlebte im Fall Wulff eine herbe Entzauberung. Die geradezu hemmungslose Transparenzierung von Wulffs Finanzen und eines großen Teils seines Lebens brachte keine Klarheit. Wenn Wulff auf Anfragen widerwillig Informationen zur Verfügung stellte, vermuteten Journalisten regelmäßig, es liege immer noch nicht die ganze Wahrheit vor. Jede Information über Essenseinladungen oder Bobby-Cars gebar zunächst den Verdacht, dahinter könne eine unmoralische Handlung des Bundespräsidenten stecken.

Allerdings: Die Übertreibungen ließen am Ende alle Verdachtsmomente in sich zusammenfallen. Die im Rückblick offensichtlich absurden Transparenzforderungen delegitimierten letztlich alle gegen Wulff gerichtete Kritik. Grenzenlose Transparenz verstellte in der Tat die Möglichkeit, relevante von weniger relevanten Informationen zu unterscheiden.

Am Ende richtete sich die Transparenzierung gegen die Transparenzakteure selbst. Das zeigt die Debatte über Presserabatte, in deren Folge die moralische Glaubwürdigkeit der kritischen Journalisten völlig erodierte. Das zeigt aber auch die harsche Kritik an der Politik der *Bild*-Zeitung. Diese hatte Wulff zunächst „hochgeschrieben", um ihn später umso rücksichtsloser zu desavouieren. Die zunehmend kritische Berichterstattung über das vermutlich von *Bild* selbst durchgestochene Protokoll des Wulff-Anrufs bei Diekmann ließ den Anspruch des Springer-Blattes auf

Qualitätsjournalismus in sich zusammenbrechen. Solche Debatten untergruben die Glaubwürdigkeit einer Berichterstattung, deren eigene Motive nicht transparent waren.

Transparenzforderungen und Grenzziehungsdebatten hatten auch den Effekt, die Debatte um Wulff zu entpolitisieren. Es zeigt die Gefahren einer moralisierenden Auseinandersetzung, die den Zweck gerade nicht erfüllte: politische Macht auf der Grundlage relevanter Informationen zu kontrollieren. Was der Fall Wulff eben auch zeigt, ist Folgendes: Es gibt keine „reinen" Informationen, egal, wie transparent diese dargeboten sind. Informationen ergeben nur einen Sinn in einem Kontext. Der Kontext im Fall Wulff war eine wohl unbegründete Hypothese: Es müsse irgendwo eine schmutzige Geschichte geben, denn Wulff erschien unseriös – seine Salamitaktik, sein Anruf bei Diekmann, seine Weigerung, sich umfassend zu entschuldigen. Nur vor dem Hintergrund dieser Hypothese schienen die Informationen überhaupt relevant. Die Hypothese war aber nicht nur deshalb mächtig, weil Wulff sich ungeschickt verhielt. Sie entsprach vor allem dem populären Politikerbild vom Schnäppchenjäger, das seit rund zwei Jahrzehnten in der Korruptionsdebatte gepflegt und ausgeschmückt worden war.

Fazit

„Unbestechlichkeit und Sauberkeit des politischen und geschäftlichen Lebens" seien deutsche Kerntugenden, rief der Abgeordnete Gebhard Seelos seinen Bundestagskollegen 1950 zu (siehe Seite 28). Welch ein Kontrast zu den Debatten in der jüngeren Zeit. Der normale Modus von Politik seien Vorteilsnahme und Gefälligkeiten, so jedenfalls muss es Beobachtern deutscher Politik seit der Wiedervereinigung erscheinen. Zwei Geschichten lassen sich anhand dieses Kontrastes erzählen. Entweder haben die frühen Bundespolitiker Missstände und üble Machenschaften unter den Teppich gekehrt und Lösungen auf die lange Bank geschoben. Oder aber die jüngere Antikorruptionsdebatte übertrieb maßlos.

Für die erste Variante der Erzählung spricht die Geschichte der Gesetzgebung. Schon in den 1950er-Jahren und wieder in den frühen 1970er-Jahren lagen Themen auf dem Tisch, die erst viel später geregelt wurden. Dazu gehörten vor allem Interessenkonflikte von Beamten und Politikern im Kontakt mit Wirtschaftsvertretern, der Umgang mit Nebeneinkünften, die Strafbarkeit der Abgeordnetenbestechung. Erst ab den späten 1990er-Jahren sind hierzu einigermaßen konsistente Regelungen verabschiedet worden. Auch die vielen ungeklärten Fragen der Parteienfinanzierung wurden nach der Flick-Affäre zwar angegangen, aber bis zur CDU-Spendenaffäre gab es offensichtlich bewusste Verstöße gegen das Recht. Folgte man dieser Erzählung, dann hätten die politischen Eliten der Republik erst auf den massiven Druck reagiert, den investigative Medien hierzulande und eine internationale Koalition für Korruptionsbekämpfung weltweit ausgeübt haben. Wir hätten es also mit lange Zeit uneinsichtigen Beharrungskräften zu tun, die erst im neuen Jahrtausend überwunden worden wären.

Doch auch ein anderer Befund gehört zum Gesamtbild: Schon in der frühen Bundesrepublik wurde kein Politiker, nicht einmal Bundeskanzler Adenauer, von öffentlicher Kritik ausgenommen. Allerdings galt Korruption lange Zeit nicht als Strukturproblem. Entsprechende Moralisierungen waren oft wenig hilfreich: Als der *Vorwärts* 1959 Bonn als „Korruptionshauptstadt" betitelt hatte, mussten die SPD-Granden bald zurückrudern. Als Willy Brandt im Wahlkampf 1972 seinen Gegnern Korruption vorwarf, bekam ihm das nicht gut, auch wenn es seinen Wahlsieg am Ende nicht gefährdete. Umgekehrt galten Karl Wienands Machenschaften nicht als Gefahr für die Demokratie.

Diese Stimmung änderte sich erstmals ab dem Flick-Skandal in den 1980er-Jahren und dann massiv nach der Wiedervereinigung. Helmut Kohls Beharren auf seinem Ehrenwort werteten Liberale wie Konservative als Anschlag auf den Rechtsstaat, Christian Wulffs Urlaubs- und Essenseinladungen als Gefahr für die Unabhängigkeit von Regierungspolitik. Skandale waren nun begleitet von einer Berichterstattung, die Amtsträger und Politiker oftmals in einen Generalverdacht stellte. Aus der Sauberkeitsvermutung der 1950er-Jahre wurde nach 1990 eine Korruptionsvermutung; der optimistischen Bewertung des demokratischen Führungspersonals folgte tiefer Pessimismus.

Korruptionsdebatten erlauben Einblicke in gesellschaftliche Wertesysteme und Wandlungsprozesse. So zeigten die Korruptionsdebatten in den 1950er-Jahren, verglichen mit der Flick-Affäre, wie sich der Umgang der westdeutschen Gesellschaft mit dem Nationalsozialismus änderte. Wurde das Nazi-Regime in den 1950er-Jahren als korruptes Gegenbild zur sauberen Demokratie dargestellt, diente die NS-Vergangenheit des Flick-Konzerns in den 1980er-Jahren als Beleg für die Kontinuitätsthese. Dabei akzentuierten die aktiven Politiker um 1950 den Bruch mit der Vergangenheit, während die Kritiker drei Jahrzehnte später das Überleben alter Kräfte fürchteten. Im Kontrast zur Situation von 1949 im Westen fand die Korruption des SED-Regimes nach 1989 allerdings kaum Aufmerksamkeit in Gesamtdeutschland. Zu dominant war die zu diesem Zeitpunkt aufblühende Debatte über korrupte Strukturen in Verwaltung und Politik, als dass man daraus eine ähnliche Erzählung von der korrupten DDR-Diktatur hätte machen können. Auch überschrieben die neuen Erfahrungen mit der Treuhand gleichsam die alten Erlebnisse im ostdeutschen Staat.

In der frühen Republik wurden Sauberkeit und Ehre (vor allem der Beamten) als Gegenwerte zur Korruption beschworen. Darüber gab es einen breiten Konsens. Doch diese Werte verloren zunehmend ihre Relevanz. In der politischen Kommunikation wurde das Vertrauen in den letztlich moralischen Staat abgelöst von dem Anspruch, unlauteres Verhalten stets und unnachgiebig aufzudecken. Diese Entwicklung fiel zusammen mit dem Glaubwürdigkeitsverlust vieler Autoritäten, der bereits Ende der 1960er-Jahre einsetzte. Während der Flick-Affäre ist diese Verschiebung gut zu beobachten gewesen. Ihren Höhepunkt erreichte sie mit der Kritik an Helmut Kohl 1999. Trotz seiner historisch-politischen Autorität als Kanzler der Einheit gelang es ihm nicht, das Vertrauen der Öffentlichkeit in seine Integrität wiederherzustellen.

Wandel prägte auch die Bewertung der Beziehungen zwischen Wirtschaft und Staat. Häufig war in der Korruptionsdebatte von der Spannung zwischen Privatwirtschaft und Politik die Rede. Nach dem Krieg sorgten sich vor allem Politiker selbstbewusst um den schädlichen Einfluss, den Vertreter der Wirtschaft auf Amtsträger haben konnten. Das gewinnorientierte Denken von Unternehmern galt als Gefahr für die sittliche Integrität des Staates und seiner Diener. Ganz anders lagen die Verhältnisse in den 1990er-Jahren. Nun sollten Grundsätze der Betriebswirtschaft staatliches Handeln optimieren – und vor allem: Nun galt die Gier der Staatsdiener als Problem. An die Stelle des Staates als Hochburg sittlicher Maßstäbe trat die Wirtschaft, jedenfalls dann, wenn sie korruptionsfrei geläutert war – ein Projekt, an dem Weltbank und OECD ja systematisch arbeiteten.

In den Korruptionsdebatten spiegelte sich die Entwicklung des ökonomischen Denkens. Wie die Zahnräder eines Uhrwerks griffen ab den 1990er-Jahren die Logiken unterschiedlicher Ansätze zu Verbesserung von Staat und Unternehmen ineinander: Marktliberalismus, Shareholder-Value, New Public Management, gute Regierung, Transparenz, Korruptionsbekämpfung. Dabei ging es gleichermaßen um mehr Effizienz wie auch um bessere Moral. Geld sparen und dabei Gutes tun, so die anscheinend zwingende Logik hinter diesem Geflecht von Vorschlägen und Reformansätzen.

Vor diesem Hintergrund gelang dann auch ein Angriff auf den rheinischen Kapitalismus. Ursprünglich hatte der sich ja auch auf eine bessere Moral berufen als der Raubtierkapitalismus, indem er den Ausgleich von Interessen verfolgte, vor allem den zwischen Arbeitnehmern und Arbeitgebern. Doch verblasste dieses Selbstbild angesichts gieriger Betriebsräte bei Volkswagen und halbseidener Siemens-Manager. In beiden Unternehmen gerieten Organisationsformen von Solidarität in Misskredit – bei Volkswagen das Ko-Management und bei Siemens die bedingungslose

Unterstützung von bestechenden Mitarbeitern durch die Konzernleitung. Damit konnte der rheinische Kapitalismus als moralisch gescheitert angesehen werden.

Die Geschichte der Korruption ist immer auch eine Geschichte der Aushandlung von Grenzen zwischen dem Privaten und dem Öffentlichen. Mit dem New Public Management hielten privat(wirtschaftlich)e Normen Einzug im öffentlichen Bereich. Andererseits zeigt der Skandal um Volkswagen, dass das Verhalten innerhalb privater Unternehmen mit Maßstäben gemessen wurde, die sonst an öffentliche Amtsträger angelegt wurden: Betriebsräte konnten sich nun der Korruption schuldig machen, so jedenfalls sah es ein großer Teil der Öffentlichkeit. Man kann daran ablesen, wie die Grenzen zwischen der privatwirtschaftlichen und der öffentlichen Sphäre sich verwischten. Ähnliches gilt für die politischen Institutionen: Schon seit den 1990er-Jahren verringerten sich die Unterschiede zwischen staatlich legitimierten Akteuren (Parlamente, Verwaltungen, Regierungen) und gesellschaftlichen Kräften wie Nichtregierungsorganisationen. Durchlässige Regierung und Transparency als Projektträger der Weltbank – dies verteilte politische Macht jenseits des Staates.

Mit Blick auf Personen, insbesondere auf Politiker, kannte die Debatte nur eine Richtung: Auflösung von Schutzräumen des Privaten. Bei Adenauers Fahrten zu CDU-Veranstaltungen ließ man die Frage noch offen, ob das nun öffentlich oder privat veranlasst war. Auch Karl Wienands Hilfe bei privaten Problemen von Abgeordneten galt zwar als anrüchig. Doch er konnte für seine Bemühungen um die sorgengeplagten Volksvertreter mit Verständnis seitens vieler Journalisten rechnen, solange ein vertretbares Maß nicht überschritten war. Helmut Kohls Berufung auf das Ehrenwort war dagegen nicht mehr statthaft und im Fall Wulff war die Öffentlichkeit überzeugt, jede einzelne seiner Handlungen vom Hauskredit bis zu seinen Urlauben müsse vor aller Augen überprüfbar sein. Die mediale Öffentlichkeit forderte vor dem Hintergrund des grassierenden Transparenzdenkens Einsicht ins Privatleben der Politiker und sie behielt sich vor, all dies nach den Maßstäben des öffentlichen Amtes zu bewerten. Es kam so zu einer moralischen Zangenbewegung: Einerseits öffneten sich staatliche Entscheidungsprozesse dem Einfluss privater Organisationen oder privatwirtschaftlicher Logiken. Andererseits stiegen die an öffentlichen Werten orientierten Moralanforderungen an Amtsträger fast ins Unerfüllbare.

Angesichts der heftigen Korruptionsdebatten im 19. und frühen 20. Jahrhundert stellt sich die Frage, was eigentlich erklärungsbedürftiger ist: die relative Ruhe zwischen 1950 und 1990 oder der enorme Aufstieg des Korruptionsparadigmas nach dem Ende des Kalten Krieges. Zumindest mit Blick auf Westdeutschland ist klargeworden, warum hier zunächst viel für Zurückhaltung sprach. Die Medien und Politiker prangerten das untergegangene Naziregime als Inbegriff der Korruption an. Dies entsprach der individualisierenden und moralisierenden Bewertung des Nationalsozialismus in dieser Zeit. Die Korruptionsdiskussion lieferte Argumente dafür, die demokratische Ordnung als eine moralisch „saubere" Lösung zu akzeptieren. Der Verweis auf die angeblichen Traditionen deutscher Staatlichkeit schien dieses Argument zu bestärken, machte es auf jeden Fall auch für Konservative anschlussfähig. Das Abziehbild vom korrupten Parlamentarismus, welches in der Zwischenkriegszeit dominiert hatte, war verschwunden. Allerdings handelte es sich nicht um schlichte Demokratiepropaganda, sondern um eine facettenreiche Debatte. Dazu gehörte auch der kurzlebige Versuch staatlicher Stellen, Antikorruptionsbehörden zu schaffen; dazu gehörte die Kritik an Korruption im beschwerlichen Alltag sowie an den als korrupt wahrgenommenen Spruchkammerverfahren.

In den Jahren um 1990 kamen viele Faktoren zusammen, um die Debatte wieder zu entfachen. Erstmals in der langen Geschichte der Korruption trieben globale Diskussionen die nationale Debatte voran. Während die Wiedervereinigung eine überraschend geringe Rolle spielte, war die nach 1990 etablierte Weltordnung mit einem US-amerikanischen Hegemon gewiss entscheidend für die neue Konjunktur des Themas. In Deutschland trafen die weltweiten Bemühungen um härtere Regeln und Strafgesetze auf eine Öffentlichkeit, die wegen der Flick-Affäre hochgradig sensibilisiert war.

Hinzu kam das Selbstverständnis von Korruptionskritikern. Anders als Bernt Engelmann seine Rolle bis in die 1990er-Jahre verstand, hielten die meisten Journalisten Abstand zu allen Parteien. Korruptionskritik galt nicht einer politischen Richtung, sondern allen Übeltätern. Damit gewann die Kritik der Korruption an Glaubwürdigkeit. Es handelte sich ganz offenbar nicht um rein taktisch motivierte Vorwürfe, mit denen ein politisches Lager ein anderes beschädigen wollte. Vielmehr ging es ohne Ansehen der politischen Couleur um das Problem selbst. Doch damit kam auch eine neue moralische Unerbittlichkeit ins Spiel.

Kritiker in der Zeit der Berliner Republik stellten ihre Berichte über üppige Einkommen von Politikern häufig in den Kontext von Kürzungen bei den Sozialleistungen. Dahinter stand der Doppelmoralvorwurf: Den Bürgern predige die Politik Zurückhaltung oder schränke Leistungen für sie ein, während ihre Vertreter für sich selbst immer bessere Konditionen erreichten. *Der Spiegel* formulierte 1993: „Je härter die Deutschen von den Sparplänen zur Finanzierung des Aufbaus Ost betroffen sind, desto größer ist die Verdrossenheit über die finanziellen Mauscheleien zum persönlichen Wohl der Regenten."[1] Ähnlich hieß es bereits 1991: „Was im Wahlvolk für Empörung sorgt, ist der Eindruck, daß sich Politiker und Parteien weitgehend unkontrolliert schadlos halten können, während denen da unten, den Rentnern, Arbeitslosen und Kranken, Verzicht gepredigt wird."[2]

Solchen Deutungen bot das Politikfeld Korruptionsbekämpfung einen Resonanzraum. Es ist schwer zu sagen, ob der *Spiegel* mit seiner Analyse recht hatte. Falls ja, dann wäre die Heftigkeit der Korruptionsdebatte auch mit einem sozialen Phänomen zu erklären, mit der tatsächlichen oder empfundenen Vergrößerung der Schere zwischen Arm und Reich. Wenn diese Interpretation stimmt, dann hätte der Transparenz-Korruptions-Diskurs in doppelter Weise die Politik des Sozial- und Staatsabbaus befördert. Einerseits hätte er die moralische Autorität von Repräsentanten des Staates unterminiert. Andererseits hätte er dazu beigetragen, den Unmut über soziale Härten von den politischen Programmen zu lösen. Diese Härten wären dann nicht als Bestandteile eines marktliberalen Politikkonzepts begriffen worden, sondern als Folge charakterlicher Defizite beim politischen Personal. Damit hätte die Korruptionsdebatte zur Entpolitisierung beigetragen. Auseinandersetzungen mit politischer Programmatik wären dann durch Ressentiments gegen „die da oben" ersetzt worden.

Mit dem Aufstieg der Transparenz erhielt Korruption einen politisch wirksamen Gegenbegriff. Freilich kam die Transparenz nicht allein in Abhängigkeit zur Korruption auf. Wir sahen, dass dieses Konzept seine eigene Geschichte hat, die bis in die Aufklärung zurückreicht. Weder ist Transparenz auf einen Gegenentwurf zur Korruption reduzierbar, vor allem nicht in Zeiten des Internets. Noch ist Korruptionskritik allein mit dem Streben nach Transparenz zu erklären. Empörung über Korruption speist sich schließlich aus vielen Quellen, nicht allein aus dem Gefühl der Undurchsichtigkeit von Hinterzimmergeschäften.

Und dennoch: Die Vorstellungen von Korruption und Transparenz fanden spätestens in den 1990er-Jahren zusammen – im deutschen Fall bereits zaghaft während der Flick-Affäre und sehr verborgen seit dem Beginn der Karriere des gläsernen Abgeordneten Norbert Gansel. Nach dem Fall der Mauer brachte Transparenz die beiden wichtigsten politischen Motive für den Antikorruptionskampf auf einen einzigen Nenner: die Öffnung von Märkten und die kritische Überprüfung des Verhaltens politischer Autoritäten. Transparenz band emanzipatorische wie marktorientierte Motive zusammen.

So verstanden ist Transparenz ein *missing link*. Sie erklärt, warum der Antikorruptionskampf von zivilgesellschaftlichen Akteuren und linksliberalen kritischen Journalisten auf der einen Seite sowie einem Teil der ökonomischen Eliten und multinationalen Konzerne auf der anderen Seite angeführt wurde. Meist ging es den beiden Seiten um völlig unterschiedliche Botschaften. Antikorruptionsautoren wie Hans Leyendecker zeigten sich nicht gerade als Freunde von Großkonzernen. Insbesondere beim Thema Lobbyismus stand Kritik an der unkontrollierbaren Macht der Wirtschaftsverbände stets im Raum. Organisationen wie Transparency International spielten gelegentlich mit der Mehrdeutigkeit des Anliegens. Dennoch kamen sich beide Stoßrichtungen der Debatte nur selten ins Gehege. Dies lag auch daran, dass vergleichsweise selten von strukturellen Abhängigkeitsverhältnissen die Rede war. Wenn strukturelle Probleme im Fokus standen, dann zielte das seit der Flick-Affäre in der Regel auf Parteien, Parlamente und Verwaltung, nicht aber auf ökonomische Zusammenhänge. Transparenz kann einerseits den Ohnmächtigen neue Einflussmöglichkeiten eröffnen. Sie kann aber auch den ohnehin schon bestplatzierten Lobbyisten weiter verbesserte Startchancen einräumen, wie wir am Umgang der EU-Kommission mit Entwürfen für Richtlinien gesehen haben.

An einigen Beispielen haben wir die Schwächen des Transparenztraums kennengelernt. Selbst die konsequentesten gläsernen Abgeordneten konnten Zweifel an ihrem Verhalten oft nicht ganz ausräumen. Es genügte schon die kritische Frage, ob denn die Motive hinter der Transparenzherstellung völlig rein seien oder ob die „Gläsernen" nicht auf Kosten ihrer Kollegen Aufmerksamkeitspunkte sammelten. Transparenzgelöbnisse in der Politik steigern nur selten das öffentliche Vertrauen. Eher schon sind Transparenzforderungen Ausdruck eines tiefsitzenden Misstrauens, eines Misstrauens im Übrigen, das wenige Auswege zulässt.

Am Beispiel der Abgeordnetendiäten lernten wir ein typisches Dilemma kennen: Dass Abgeordnete selbst über ihre Einkünfte bestimmten, schien schon sehr früh in der Bonner Republik moralisch zweifelhaft. Eine mögliche Lösung wurde allerdings in den 1990er-Jahren ebenfalls verworfen, nämlich die Kopplung der Bezüge an die Richterbesoldung: Damit würden sich die Abgeordneten der kritischen Debatte über ihre Einnahmen entziehen. Es sei dann nicht mehr transparent, über wessen Gehalt bei der Richterbesoldung entschieden werde. Die einzige konsequente Lösung wäre ein Verzicht auf jegliche Vergütung. Das aber würde die Parlamentslaufbahn entweder allen Unvermögenden verschließen. Oder aber die Abgeordneten würden von Spenden abhängig. Letzteres brächte noch gravierendere Abhängigkeiten und Transparenzprobleme mit sich.

Der britische Politikwissenschaftler Matthew Fluck sieht einen weiteren Zusammenhang.[3] In seinen Augen haben Transparenzforderungen und Verschwörungstheorien die gleiche Grundlage. Beide gingen von einer Wirklichkeit aus, die als undurchschaubar gelte, die nur mit einem verborgenen Wissen gedeutet werden könne. Von diesem verborgenen Wissen erhofften sich beide, Transparenz- wie Verschwörungstheoretiker, die entscheidenden Bewertungsmaßstäbe. Nach Fluck übersehen beide das zentrale Problem: Das Wissen, das sie herbeisehnen, existiert nicht. Im Fall der Verschwörungstheorie sei die Erklärung eine Illusion. Im Fall der Transparenz sei völlig unklar, was relevante und was irrelevante Informationen zur Deutung der Wirklichkeit sind. Übertragen auf die Korruptionsdebatte heißt das: Hinter politischen Entscheidungen, die man nicht versteht oder nicht gutheißt, vermutet man dunkle Machenschaften, also Korruption. Je komplexer die Zusammenhänge, desto eher ist der Transparenzträumer also auf die Korruptionshypothese zurückgeworfen. Im Fall Wulff beglaubigte scheinbar jede neue Information den Korruptionsvorwurf, solange, bis die Justiz sich die Zeit nahm, die Vorwürfe Punkt für Punkt abzuarbeiten.

War also nichts dran an der Korruptionsgefahr? Natürlich muss man differenzieren. Es gehört zu den positiven Effekten der Korruptionsdebatten, dass viele problematische Verhaltensweisen zurückgedrängt wurden. Es hat der öffentlichen Auftragsvergabe in vielen Städten sicher gutgetan, wenn langjährige Verfilzungen von Spezialstaatsanwaltschaften aufgedeckt wurden. Vermutlich sind seit Flick und Kohl auch die systematischen Rechtsbrüche in der Parteienfinanzierung deutlich zurückgegangen.

Umgekehrt gilt aber auch: Nur wenige staatspolitische Entscheidungen von großer Reichweite sind durch Korruption zustande gekommen. Im Wesentlichen handelt es sich um die Hauptstadtentscheidung und das gescheiterte Misstrauensvotum gegen Willy Brandt. Darüber hinaus wissen wir zumindest von keinem bedeutenden Fall klassischer Bestechung. Im Bereich der Geschäfte auf Gegenseitigkeit kommt möglicherweise die Steuerbefreiung für Flicks Daimler-Aktien-Verkauf dazu; möglich, aber unwahrscheinlich auch die Panzerlieferungen an Saudi-Arabien und der Verkauf von Leuna an ELF Aquitaine in den frühen 1990er-Jahren. Unklar bleiben die Motive zum Bau der Nordstream-Pipeline durch die Ostsee. Auf Landesebene mag es durchaus politische Gefälligkeiten gegenüber Unternehmen gegeben haben, etwa im Baden-Württemberg Lothar Späths oder im Bayern Max Streibls und Franz Josef Strauss'. Anders verhielt es sich mit den Zuständen bei Volkswagen und Siemens: Hier haben dichte Begünstigungsnetze die Arbeitnehmervertretungen offensichtlich ihrer Unabhängigkeit beraubt.

Am problematischsten war die jahrzehntelange Praxis der großen Parteien, ihre Einnahmen auf illegale Weise zu organisieren. Dieses Verhalten und die Umstände seiner Aufdeckung erschütterten zu Recht das Vertrauen in die Rechtstreue der politischen Entscheidungsträger. Immerhin landeten Regierungsmitglieder auf der Anklagebank. Die Enthüllungen um Helmut Kohl aus dem Jahr 1999 bestärkten den Eindruck, die politische Elite habe nicht aus den Fehlern gelernt.

Und dennoch bleibt festzuhalten: Die Bundesrepublik hatte nie ein ernstes Korruptionsproblem. Dieses Urteil setzt voraus, dass man die Selbstbegünstigung eines Eugen Gerstenmaier, Jürgen Möllemanns Unterstützung für seinen Cousin und die Bonusmeilen eines Cem Özdemir als nachrangig betrachtet – nicht als legitim, aber auch nicht als Gefahr für die Demokratie oder für die Leistungsfähigkeit von Parlament und Regierung. Diese Fälle entsprechen selbstverständlich der Definition von Korruption als Missbrauch eines öffentlichen Amtes zum privaten Nutzen. Nur scheint der angerichtete Schaden vergleichsweise gering gewesen zu sein. Auf der anderen Seite der Bilanz stehen die „Kosten" einer oftmals überschießenden Kritikwut. Auch hier ist Schaden angerichtet worden, möglicherweise ein größerer als der, den die Korruption selbst hervorbrachte. Zumindest gilt das für die Zeit seit 1990.

Die Korruptionsdebatte seit der Wiedervereinigung war über weite Strecken eine Form von Elitenkritik. Vor dem Hintergrund der Flick-Affäre ist das einerseits nachvollziehbar. Andererseits kam es bald zu einer Art Überbietungswettkampf in der Desavouierung politischer Verantwortungsträger, der eigentlich nur sprachlos machen kann. Über „Politik und andere Verbrechen" schrieb *die tageszeitung* 1998 nur halb ironisch.[4] Diese Wortwahl war charakteristisch. Ab 1990 wurden Kommentare üblich, die politisches Engagement mit Kriminalität gleichsetzten – auch in Blättern des Qualitätsjournalismus. Die Stoßrichtung dieser oft pauschalen Kritik änderte sich. In der Flick-Affäre kamen erstmals derartige Tendenzen auf. Zu dieser Zeit ging es hauptsächlich darum, den staatstragenden Habitus konservativer Politiker mit dem Hinweis auf deren Doppelmoral infrage zu stellen. In den frühen 1990er-Jahren formulierten die Scheuchs dann eine rechtskonservative Variante: In ihrer Sicht war die Politik von linken Kretins und Emporkömmlingen beherrscht. Dagegen geißelten fortan eher linksliberal eingestellte Journalisten Machtkartelle, amoralische Politiker und ihre Mauscheleien mit Unternehmensbossen.

Auffällig an der Rhetorik dieser Zeit war die Verfestigung des gedachten Gegensatzes zwischen der einfachen Bevölkerung und „denen da oben". Auffällig deshalb, weil die Kritiker selbst Teil dieser Eliten waren: Journalisten in einflussreichen Medien, Experten und Wissenschaftler, neue politische Akteure wie Transparency International. Zugleich gab es so etwas wie kulturpessimistischen Fatalismus: Die gesamte Gesellschaft sei korrupt und sie habe genau die Politiker, die sie verdiene. Hinzu kamen Ökonomen, denen es nicht unrecht erscheinen konnte, wenn die Moral der Repräsentanten von Staat und Politik in Zweifel gezogen wurde, da sie staatliche Strukturen für ineffizient hielten. Im Ergebnis entstand jedenfalls eine toxische Mischung von Kritik und Ressentiment gegenüber dem Staatlichen und seinen Vertretern. Die Folgen sehen wir noch heute: Der Generalverdacht und die moralische Entwertung von Politikerinnen und Politikern der politischen Mitte sind eine Grundlage des aktuellen Populismus.

Eine Tragik liegt darin, dass die Korruptionskritiker sich als Freunde, nicht als Gegner der Demokratie gesehen haben. Sie wollten das liberale politische System besser machen, nicht sturmreif schießen. Sie waren der Überzeugung, Transparenz und streng befolgte Moral mache das repräsentative System gerechter. Und der Erfolg sprach ja auch zunächst für sie, insbesondere auf internationaler Ebene. Der weltweite Kampf gegen

Korruption schien ein Erfolgsmodell zu sein: Fand er nicht rasch Akzeptanz? Bewies dieser Kampf nicht, dass Freihandel, Marktwirtschaft *und* gute Regierung sowie korruptionsfreie Verwaltung Hand in Hand gingen? Bewies man damit nicht die ökonomische *und* moralische Überlegenheit der liberalen Demokratie?

Diese Interpretation übersah allerdings, dass Beweise für die Kausalität von Korruptionsbekämpfung und Wirtschaftswachstum auf äußerst schwachen Füßen standen. Außerdem haben wir gesehen, wie der Antikorruptionskampf einerseits mit finanziellen Zuwendungen der Weltbank, andererseits mit massiven Zwangsmitteln implementiert wurde, letztlich gestützt auf die ökonomische Macht der USA. Der Fall Siemens ist ein plastisches Beispiel.

Die Korruptionsdebatte der Berliner Republik systematisierte die Korruptionskritik. Anders als in der Bonner Republik wurden die einzelnen Skandale zu einer Gesamterzählung verwoben. Es blieb jedoch eine auffällige Leerstelle: Im Unterschied zu den klassischen Korruptionsdebatten des 19. und frühen 20. Jahrhunderts standen keine politischen Erklärungen bereit – wie damals etwa der Einfluss des Kapitalismus. Am ehesten wurden noch die Strukturen des Parteienstaates und verbreitete Habgier verantwortlich gemacht. Die Leerformel vom Niedergang der Moral musste als Lückenbüßerin herhalten. Es entstand damit das Bild eines drängenden Problems, für das es keine politische Ursache gab.

Der Kampf gegen Korruption ist ein Kampf um moralisches Wohlverhalten. Solange Politikerinnen und Politiker für ihre Arbeit ein Mandat benötigen, solange sie ihre eigene Karriere verfolgen müssen, solange werden sie auch persönliche Interessen haben. Solange Abgeordnete als Repräsentantinnen und Repräsentanten der Bevölkerung gelten und deren Sorgen und Probleme teilen sollen, tut man gut daran, ihnen ein Privatleben, berufliche Tätigkeit und andere persönliche Interessen zuzugestehen. Legt man es darauf an, wird man vor diesem Hintergrund aber fast immer skandalisierbares Verhalten finden. Bedenklich ist hier vor allem der Kommentar von Transparency International Deutschland zu Helmut Kohl: Er sei korrupt, weil er sich persönliche Karrierevorteile im innerparteilichen Machtkampf gesichert habe.

Wenn man diese Argumentation konsequent zu Ende denkt, wird demokratische Politik unmöglich. Demokratie besteht anders als Monarchie oder Diktatur eben auch aus dem Kampf um die Macht. Dabei ringen nicht nur Parteien, sondern notwendigerweise auch Einzelpersonen um Einfluss, Posten und Karrieren. Wer schon in diesem Machtstreben den Anfang der Korruption erkennt, der untergräbt trotz aller guten Absicht die Fundamente der Demokratie. Und genau dies ist in den Jahren ab 1990 gelegentlich der Fall gewesen.

Korruptionsfreie Politik in diesem sehr strengen Sinn ist also unmöglich. Zugleich steht hinter der Korruptionskritik fatalerweise immer noch eine alte Fortschrittserzählung. Verbreitet ist die Annahme, moderne Gesellschaften seien korruptionsfrei. Der Mythos korruptionsfreier Moderne wird noch gestützt durch die Scheinempirie von Umfragen im Stil des Korruptions-Perzeptions-Index. Daraus erwächst Unmut, weil die deutsche Gesellschaft ganz gewiss modern sein will. Aus Kritik kann dann zunehmend ungeduldige Kritik werden.

So hat die Korruptionsdebatte das Zeug zur Selbstkannibalisierung der Demokratie. Sie ist das Ergebnis eines freiheitlichen Systems, in dem eine kritische Presse und politische Skandale wichtige Korrektive sind, in der Transparenz als eine Möglichkeit gilt, noch mehr Partizipation zu erzielen. Doch die Korruptionskritik wirkt gelegentlich wie eine Autoimmunkrankheit: Sie ließ das Vertrauen in die Integrität des politischen Systems erodieren, dessen Ausdruck sie selbst ursprünglich war.

Einiges deutet darauf hin, dass diese Gefahren mittlerweile erkannt wurden. Transparenz, Marktliberalismus und Korruptionsbekämpfung haben deutlich an Glanz verloren. Journalisten zeigen seit der Debatte um Christian Wulff verstärkt Problembewusstsein. Die Sensibilität für negative Folgen grenzenloser Korruptionsskandalisierung ist gestiegen.

Anstelle der lebensfernen Fiktion vom uneigennützigen Spitzenpersonal sollten realistische Erwartungen gelten. Politiker sind selbstverständlich keine Gutmenschen, noch sind sie allesamt Spesenritter. Politische Akteure sind untereinander vernetzt und sie sind Unterstützern in Parteigliederungen, Nichtregierungsorganisationen und Lobbies verpflichtet. Das sollte weder geleugnet noch verteufelt werden.

Entscheidender als die persönliche Moral sind politische Ergebnisse. Diese müssen selbstverständlich daraufhin überprüft werden, welchen berechtigten oder unberechtigten Interessen sie dienen. Niemand kann bestreiten, dass die deutschen Regierungschefs nicht mehr verdienen als Sparkassendirektoren. Als SPD-Kanzlerkandidat Peer Steinbrück 2012 beiläufig darauf hinwies, erntete er einen Sturm der Entrüstung. Das konnte in den Augen der Öffentlichkeit nur ein Zeichen persönlicher Gier sein. Kein Zufall war dagegen, wenn ausgerechnet der populistische Milliardär Donald Trump auf sein Präsidentengehalt verzichtete. Das waren freilich Peanuts für einen Unternehmer, der massive Steuersenkungen durchsetzte und damit seine eigenen Unternehmen begünstigte.[5] Es lohnt sich stets, kritisch nach den politischen Motiven der selbst ernannten Streiter für Moral zu fragen.

Aus der Geschichte der Korruptionsdebatten folgt wohl vor allem Skepsis. Skepsis gegenüber überschäumenden Transparenzutopien, Skepsis auch gegenüber allzu düsteren Zeitdiagnosen. Moralisierung kann erhebliche politische Dynamik erzeugen, im Guten wie im Schlechten. Maß und Mitte täten auch der Korruptionsdebatte gut. Und deshalb liefert das Buch in einem Punkt wenig: Argumente für die Behauptung, der deutsche Staat sei eine Bananenrepublik.

Danksagung

Auch für Geisteswissenschaftler findet der Alltag immer seltener in der berühmten Studierstube statt, sondern in Gremiensitzungen, Mitarbeitergesprächen, bei Projekttreffen und natürlich in Hörsaal und Seminarraum. An einem Buch zu schreiben ist immerhin Anlass, sich während der Semesterferien gelegentlich für ein paar Tage in der Woche auf das Lesen und Schreiben zu konzentrieren. Lange bevor die Gefahr der Isolation droht, geht es dann auch schon wieder los. Aber natürlich ist auch das Bücherschreiben keine einsame Angelegenheit, das wissen alle Leser von Danksagungen.

Andrea Perthen bin ich zu großem Dank verpflichtet. Wir haben parallel an unseren jeweiligen Manuskripten gearbeitet, uns ausgetauscht, und ich durfte einige von ihr recherchierte Informationen vorab verwenden. Laura Loew hat substanzielle Auswertungen in schwer zugänglichen Zeitungsbeständen durchgeführt, die an mehreren Stellen entscheidend für dieses Buch sind. Oliver Pribilla und Mauricio Homberg habe mich ebenfalls sehr unterstützt. Bereits vor einigen Jahren hat Fran Osrecki mir die Augen für das Prinzip der Laiensteuerung im New Public Management geöffnet. Von Ronald Kroeze erhielt ich wichtige Einsichten in den Lockheed-Skandal in den Niederlanden. Seit Sommer 2018 diskutierte ich einige Ideen mit Sandra Zimmermann und Martin Mainka, die im Projekt „Histrans" ihre Doktorarbeiten schreiben. Volker Köhler ist mein fast täglicher und immer kluger Gesprächspartner zu allen Fragen rund um Korruption und Patronage. Was Korruption und Transparenz bedeuten, ist seit einigen Jahren gemeinsames Thema in einem internationalen Forschungskonsortium – erwähnen möchte ich hier vor allem die Kollegen Frédéric Monier, Andreas Fahrmeir und Olivier Dard, von deren Erkenntnissen und Einsichten ich immer wieder profitiere.

Dank gebührt den Mitarbeiterinnen und Mitarbeitern des Verlags wbg Theiss, namentlich meinem Lektor Daniel Zimmermann und dem Programmleiter Clemens Heucke. Beide haben das Projekt mit Engagement in das Verlagsprogramm aufgenommen und stets kundig und motivierend begleitet.

Wie immer blieb auch meine Familie nicht gänzlich verschont vom Bücherschreiben. Ihr gilt mein ganz spezieller Dank.

Mai 2019 Jens Ivo Engels

Anmerkungen

Einleitung

1 Tätige Reue, Der Spiegel 21.12.1981.
2 Berg 1997.
3 Berg 1997, S. 8.
4 Zur Definition von Korruption und zur Entstehung des modernen Korruptionsbegriffs Engels 2014.
5 „Corruption is the abuse of entrusted power for private gain", Webseite von Transparency International unter https://www.transparency.org/what-is-corruption (Aufruf: 18.09.2018).
6 Doyle 1996.
7 Bernsee 2017; Engels 2009.
8 Ebhardt 2015.
9 Kroeze 2013; Rothfuss 2017; Portalez 2018; Engels/Rothfuss 2013; Engels 2008a.
10 Ben-Ami 2012.
11 Klein 2014; Geyer 2018.
12 Buchan/Hill 2014.

Korruption in der Bonner Republik 1949 bis 1990

1 Engels 2014.
2 Es gibt noch keine umfassende Arbeit zu dem Thema; einige Informationen finden sich etwa bei Ramge 2003 und Huge/Schmidt/Thränhardt 1989.
3 Klug sein und mundhalten, Der Spiegel 27.09.1950.
4 Zu diesen Hintergründen vgl. die Sitzungsprotokolle des Untersuchungsausschusses – den Hinweis verdanke ich Andrea Perthen.
5 Deutscher Bundestag: Drucksache 1/2274, Zitat S. 1.
6 „If bribery and corruption followed by public investigation and punishment has to be part of the democratic process of government, then in this sense the West German Federal Republic has arrived", Bribery Case at Bonn, New York Herald Tribune 20.11.1950; für den Hinweis danke ich Andrea Perthen.
7 Deutscher Bundestag: Stenographische Protokolle, Plenardebatte vom 07.06.1951, 1. Wahlperiode, 148. Sitzung, S. 5897 ff.
8 Die Rede Arndts befindet sich auf S. 5917–5923.
9 Neben den Wortmeldungen in der Debatte dazu Deutscher Bundestag: Drucksache Nr. 2319 (Antrag der Union) und Umdruck Nr. 214 (SPD).
10 Sozialdemokratische Partei Deutschlands 1953; Zitate S. 36 und 49, letzte freie Wahlen S. 54.
11 Geld und Politik. Kommentar von Rudolf Augstein, Der Spiegel 20.06.1951.

12 Brawand, Leo: Die Spiegel-Story. Wie alles anfing, Düsseldorf 1987, S. 156. Dank an Andrea Perthen für den Hinweis.
13 Geld und Politik. Kommentar von Rudolf Augstein, Der Spiegel, 20.06.1951.
14 Der 30. Januar, Die Zeit 29.01.1953 von Marion Gräfin Dönhoff.
15 Rede in der Bundestagsdebatte über Korruptionsfälle in der Bundesverwaltung, Deutscher Bundestag: Stenographische Protokolle, Plenardebatte vom 18.06.1959, 3. Wahlperiode, 76. Sitzung, S. 4175–4200.
16 Klein 2014.
17 Besitz, Neid, Regierung und Parteien II, Die Zeit 23.06.1949.
18 Bajohr 2004.
19 Ausführliche Darstellung bei Gross 2009.
20 Gegeneinander und Durcheinander, Die Zeit 23.09.1948.
21 Kershaw 2009, S. 345. Die Formulierung wurde schon von den Zeitgenossen verwendet.
22 Entnazifizierung. Mehr ist besser, Der Spiegel 08.11.1950.
23 Das große Finale einer Denazifizierungskomödie, Die Zeit 25.05.1950.
24 Middendorf 1959, S. 72 mit einem Fall aus Württemberg.
25 Herbert 2014, S. 657–667.
26 Kiehne 1957, Zitate S. 185.
27 Vgl. Ruf 2016.
28 So etwa in einem Artikel Klarheit über künftige Lasten, Die Zeit 11.04.1946; oder Die Allmacht des kleinen Vorteils, Die Zeit 14.08.1947.
29 Kiehne 1957, Zitate S. 187.
30 Nöte der Planwirtschaft, Die Zeit 08.05.1947.
31 Verantwortungslos?, Die Zeit 27.06.1946.
32 Schildt 1999.
33 Stenographisches Protokoll der Plenardebatte des Deutschen Bundestages am 07.06.1951, 1. Wahlperiode, 148. Sitzung, S. 5921.
34 Herbert 2014, S. 616.
35 Engels 2014, Kap. 9.
36 Für die Weimarer Republik sehr eindrücklich Klein 2014.
37 Menne 1948/49.
38 Menne 1948/49; Zitate: Volksmoral S. 160, Unfähige und Minderwertige S. 179, Einnistung S. 149.
39 Das zweite Papier, Die Zeit 03.10.1946; Der Angelpunkt, Die Zeit 13.02.1947.
40 Getrübter Spiegel deutscher Heimat, Die Zeit 25.04.1957.
41 Polens Reformen bleiben stecken, Die Zeit 01.08.1957.
42 Vgl. zu den Vorwürfen und Untersuchungen im Fall Kilb Berichte in Der Zeit vom 13. und 20.11.1959, im Spiegel vom 09.07.1958, 25.11.1959. Kurze Darstellungen auch bei Huge/Schmidt/Thränhardt 1989 und Noack 1985.
43 Informationen aus: Die Koblenzer „Hoflieferanten", Die Zeit 05.09.1957; Die Beamten vom Stamme „Nimm", Die Zeit 28.11.1957.
44 In den Quellen finden sich gleichberechtigt zwei Schreibweisen, Koenecke und Könecke.
45 Gewisse Gewohnheiten, Der Spiegel 28.01.1959.
46 Gewisse Gewohnheiten, Der Spiegel 28.01.1959.
47 Spiegel-Titel am 02.09.1959 (Bütt im Tribunal); Eine Stilfrage, Frankfurter Allgemeine Zeitung 17.07.1959.
48 Die Zeitung Die Welt berichtete am 28.06.1958 über diese Pressekonferenz.
49 F wie Freiherr, Der Spiegel 02.11.1960.
50 Burkhard Freiherr Loeffelholz von Colberg, Der Spiegel 30.09.1964.
51 Die Leihwagen rollen nicht mehr, Die Zeit 21.05.1965.
52 Nervosität in der Mainzer Staatskanzlei, Vorwärts 13.02.1959.
53 Der Spiegel berichtete ausführlich und häufig, und zwar am 11.06., 20.08., 01.10., 22.10.1958. Vgl. auch den Ausschussbericht vom 07.10.1958, Landtag von Rheinland-Pfalz: Drucksache 3/473.

54 Stark beteiligt, Der Spiegel 21.01.1959.
55 Bleibt auf dem Teppich, Der Spiegel 09.11.1960 mit Zitaten aus der Bild am Sonntag.
56 Affären, Frankfurter Allgemeine Zeitung 10.07.1958.
57 Wiedergegeben in Der Spiegel 20.08.1958 (Presseschau).
58 Der Kommentar war gezeichnet von Moritz Pfeil, ein Pseudonym, das sowohl Herausgeber Augstein als auch Chefredakteur Hans-Detlev Becker verwendeten: Es gibt noch Richter, Der Spiegel 19.11.1958.
59 Die Zitate sind einer Presseschau entnommen, die Der Spiegel in seiner Ausgabe vom 02.09.1959 in kritischer Absicht veröffentlichte.
60 „Ist es wahr, daß wir die Kehrseite der Medaille zu ausschließlich präsentieren? Es ist wahr. Was bleibt uns anderes übrig, da alle Welt sich gewöhnt hat, einseitig zu münzen", Editorial unter dem Titel Liebe Spiegelleser, Der Spiegel 22.10.1958.
61 Insbesondere mit Kritik am Landgerichtspräsidenten Becker, u. a. Nachspiel zur Kilb-Affäre, Die Zeit 26.01.1962; Der Fall Kilb wird zum Fall Becker, Die Zeit 25.05.1962.
62 Korruption und Sensation, Die Zeit 03.06.1966.
63 Affären 1967, Die Zeit 24.03.1967. Besprochen wird Engelmann 1967.
64 Die Villa zum halben Preis, Vorwärts 06.02.1959.
65 Deutscher Bundestag: Stenographische Protokolle, Plenardebatte vom 18.06.1959, 3. Wahlperiode, 76. Sitzung, S. 4175–4200. Eine Auswertung der Debatte auch bei Dörre 2015.
66 Deutscher Bundestag: Stenographische Protokolle, Plenardebatte vom 18.06.1959, 3. Wahlperiode, 76. Sitzung, S. 4199.
67 Minister Schröder weicht aus, Vorwärts 26.06.1959.
68 Wengst 2015; Eisfeld 2015.
69 Eilbote der Partei?, Der Spiegel 25.11.1959.
70 Bernsee 2017; Wagner 2005.
71 Zitat aus Wie korrupt sind wir eigentlich?, Die Zeit 17.07.1959; weitere Interventionen Eschenburgs: Was macht man gegen den Lobbyismus?, Die Zeit 26.09.1957; Des Kanzlers Präzedenzfälle, Die Zeit 09.09.1960.
72 Leihwagen-Moral, Die Zeit 10.06.1960.
73 Eschenburg 1961, insbes. S. 22–24, 54, 70.
74 Middendorf 1959, S. 69–76, Zitate 69, 75.
75 Korruption. Staatsdiener - oder wessen Diener?, Die Zeit 13.01.1961.
76 Die Beamten vom Stamme „Nimm", Die Zeit 28.11.1957.
77 Zu den Vorgängen sehr detailliert Möller 2015, S. 225–242.
78 Hans und Franz, Der Spiegel 31.05.1961.
79 Vgl. dazu die Ausführungen des SPD-Abgeordneten Jahn am 21.03.1962 im Parlament. Deutscher Bundestag: Stenographische Protokolle, 4. Wahlperiode, 21. Sitzung, S. 772–773.
80 Vgl. dazu die erste Debatte über den Ausschussbericht, an deren Ende die Zurückweisung in den Ausschuss stand; Deutscher Bundestag: Stenographische Protokolle, Plenardebatte vom 28.06.1951, 4. Wahlperiode, 37. Sitzung, S. 1581–1584.
81 Urteil in Sachen Strauß-Augstein, Die Zeit 03.09.1965.
82 Zitiert in der Presseschau des Spiegels 07.02.1962.
83 Zitiert in der Presseschau des Spiegels 14.03.1962.
84 Zu Strauß und zu Lockheed gibt es einige Studien: Schmidt 2007; Möller 2015, S. 212–224; Berghoff 2013, hier S. 9–15; Kroeze 2018; Siano 2016.
85 Möller 2015, S. 219–220.
86 Ein gewisses Flattern, Der Spiegel 24.01.1965.
87 Erste Rate an FM Munich, Der Spiegel 08.12.1975.
88 Strauß, die Gangster und die Wahrheit, Der Spiegel 23.02.1976.
89 Bohnsack/Brehmer 1992, S. 146–155.
90 Deutscher Bundestag: Drucksache 8/3835 vom 20.03.1980.
91 Schlammschlacht um Wähler, Der Spiegel 13.09.1976; ähnlich auch Nie etwas ausschließen, Der Spiegel 20.09.1976.
92 Kroeze 2018.

93 Was macht man gegen den Lobbyismus?, Die Zeit 26.09.1957.
94 Die kluge Lobby, Die Zeit 14.07.1961.
95 Perthen 2019, Kapitel 3.4.
96 Das geht aus einem Protokoll über eine Abteilungsleiterbesprechung im Verteidigungsministerium vom 25.06.1957 hervor; Bundesarchiv Freiburg Militärarchiv BW 1/251307; Hinweis von Andrea Perthen.
97 Bundeswehr: Brevier für saubere Hände, Die Zeit 07.11.1969.
98 Ich Bösewicht, Der Spiegel 16.01.1989.
99 Bundeswehr: Brevier für saubere Hände, Die Zeit 07.11.1969.
100 Bundesarchiv Freiburg, Militärarchiv BW 1/347649; Hinweis von Andrea Perthen.
101 Zur Publizistik über den Fall HS 30 Perthen 2018.
102 Perthen 2019, Kapitel 3.4 zum Antikorruptionsreferat.
103 Ich Bösewicht, Der Spiegel 16.01.1989.
104 Durynek 2008, S. 183.
105 Durynek 2008, S. 205–206.
106 Durynek 2008, S. 221. Vgl. auch die Kabinettsprotokolle der Bundesregierung, Protokoll vom 18.05.1960, online unter http://www.bundesarchiv.de/cocoon/barch/0000/k/k1960k/kap1_2/kap2_20/para3_4.html (Aufruf: 23.05.2017).
107 Gniss 2005; Möller 2002, S. 112–116.
108 Gniss 2005, S. 444; Knabe 2001, S. 256–259.
109 Diese Informationen stammen aus der Spiegel-Berichterstattung: Gerstenmaier. Ich dien', Der Spiegel, 20.01.1969; Gerstenmaier. Der Fall, Der Spiegel 27.01.1969.
110 Gniss 2005, S. 445.
111 Gerstenmaier. Ich dien', Der Spiegel 20.01.1969. Vgl. auch die ausführliche Presseschau in derselben Ausgabe.
112 Was bleibt ist der Rücktritt, Die Zeit 24.01.1969.
113 Angaben von Karl Wienand; Lotze 1995, S. 101–104.
114 Das berichtete später der SPD-Abgeordnete Hans-Joachim Baeuchle; Rätsel über Rätsel, Der Spiegel 23.07.1973.
115 Barzels Waterloo – Brandts Watergate?, Die Zeit 08.06.1973.
116 Deutscher Bundestag: Stenographische Protokolle, Plenarsitzung vom 28.10.1969, 6. Wahlperiode, 5. Sitzung, S. 33.
117 Vgl. Berichte im Spiegel vom 16.11. und 23.11.1970 sowie die Ausgabe der Zeit vom 20.11.1970 mit sieben Artikeln.
118 Massiver Druck, Der Spiegel 12.04.1971.
119 Skandal um einen FDP-Abgeordneten, Die Zeit 20.11.1970.
120 Erpressung, Die Zeit 27.11.1970.
121 Die Karten dicht an der Brust, Brandt und die Korruption; beide Artikel in Der Spiegel 02.10.1972.
122 Die Union propagiert die Finsternis, Der Spiegel 30.10.1972.
123 Wir haben einen hohen Preis bezahlt, Der Spiegel 25.09.1972.
124 Allein drei Artikel in der Ausgabe der Zeit vom 06.10.1972.
125 Besuch im Schloß, Der Spiegel 16.10.1972.
126 Wie bei Radio Eriwan: Im Prinzip ja, Der Spiegel 23.10.1972.
127 Das ergibt sich indirekt aus einer Nach-der-Wahl-Befragung im Auftrag des *Spiegels*, erwähnt in: CDU sogar ihrer Minderheit nicht sicher, Der Spiegel 27.11.1972.
128 „Das ist nur die Vorhölle", Der Spiegel 04.06.1973.
129 Deutscher Bundestag: Stenographische Protokolle, Plenardebatte vom 27.03.1974, 7. Wahlperiode, 90. Sitzung, S. 5966–6005.
130 Zur Paninternational-Affäre Lotze 1995, S. 128–133. Zum Abschluss der Ausschussarbeit Um Ausflucht nicht verlegen, Die Zeit 29.09.1972.
131 Es sieht schlecht aus um Wienand, Der Spiegel 26.08.1974.
132 Der Bundesbeauftragte für die Unterlagen des Staatssicherheitsdienstes 2013, insbes. S. 233, 242, 267; Grau 2009, insbes. S. 9–17; vgl. zur angeblichen Bestechung Leo Wagners

via Albert Fleissmann, einen westdeutschen Verleger und angeblichen IM, auch die Memoiren eines ehemaligen Mitarbeiters der Staatssicherheit: Kopp 2016, S. 18–28.

133 Lotze 1995.

134 Die Karten dicht an der Brust, Der Spiegel 02.10.1972 mit diesem Zitat; vgl. auch Grau 2009, S. 9, 14–15; vgl. Lotze 1995, S. 110–111.

135 Lotze 1995, S. 110–111, 149–151.

136 (Noch kein) Watergate in Bonn, Der Spiegel 18.06.1973.

137 Hausmitteilung, Der Spiegel 25.06.1973.

138 SPD-Sturz vom Podest, Die Zeit 15.06.1973.

139 War Jule Steiner ein ferngesteuerter Agent?, Die Zeit 03.08.1973.

140 Als wär's ein Stück von ihm, Der Spiegel 23.07.1973.

141 SPD-Pressedienst: Vorurteil oder Vor-Urteil?, 01.03.1972, S. 5.

142 Zitiert in Wienand. Nichts Gutes, Der Spiegel 17.12.1973.

143 SPD-Sturz vom Podest, Die Zeit 15.06.1973.

144 „Das ist nur die Vorhölle", Der Spiegel 11.06.1973.

145 Zu Schäuble, Ehmke, Vorwürfen: Deutscher Bundestag: Stenographische Protokolle, Plenardebatte vom 27.03.1974, 7. Wahlperiode, 90. Sitzung, S. 5966–6005.

146 Wie arm die Wahrheit dran ist, Der Spiegel 09.07.1973. Ähnlicher Tenor in der Glosse Klein-Watergate, Die Zeit 15.06.1973.

147 Ausschuß-Ware, Die Zeit 03.08.1973.

148 Was sind die Abgeordneten uns wert?, Die Zeit 19.04.1974.

149 Pyta 2007, S. 101–102. Der erste *Bild*-Bericht erschien am 07.06.1971 unter dem Titel 140000 Mark her – oder wir verlieren.

150 Gauner, Gelder und Gerüchte, Die Zeit 11.06.1971; Idole wanken, doch sie weinen nicht, Die Zeit 13.08.1971.

151 Kren 2011, S. 101.

152 Wieder Tritt gefaßt, Der Spiegel 04.02.1974.

153 Kren 2011, S. 114.

154 Idole wanken, doch sie weinen nicht, Die Zeit 13.08.1971.

155 Gauner, Gelder und Gerüchte, Die Zeit 18.06.1971; Ein Elfmeter kostet 1000 Mark, Der Spiegel 14.06.1971.

156 Abstieg und Skandale, Die Zeit 11.06.1971.

157 Vgl. das Porträt des Fußballmanagers Otto Ratz unter dem Titel „Der Fußball bin ich", Die Zeit 11.06.1971.

158 Idole wanken, doch sie weinen nicht, Die Zeit 13.08.1971.

159 Das teure Spielzeug, Die Zeit 29.10.1971 (Aufsatz von Gerd Hortleder).

160 Enzensberger 1990, S. 223.

161 Kilz/Preuß 1984, S. 287–288; Bartholmes 2003, S. 15.

162 Hoeres 2013.

163 Wirsching 2006, S. 79.

164 Bundespräsident Richard von Weizsäcker zum 8. Mai 1985, Hamburg: Philips 1985, Schallplatte in Album, 33 UpM, stereo.

165 Herbert 2014, S. 1019–1022.

166 Roth/Rucht 2008.

167 Engels 2006.

168 Mende 2011.

169 Metzger 2015.

170 Kilz/Preuß 1984, S. 256.

171 Kilz/Preuß 1984, S. 268–271.

172 „Dann kann man sie nicht mehr hängen", Der Spiegel 7.12.1981; Spendenaffäre: Vielleicht sieben Wahrheiten, Der Spiegel 14.12.1981; Tätige Reue, Der Spiegel 21.12.1981.

173 Bartholmes 2003, S. 13.

174 Z.B.: Eisernes Prinzip, Der Spiegel 06.10.1981; Jetzt hat's geschnackelt, Der Spiegel 09.02.1981. Ausführliche Schilderung der Vorgänge um Johanna Getrud Rech auch bei Kilz/Preuß 1984, S. 41–69.

175 Bartholmes 2003, S. 3–4.

176 Ausführliche Zusammenfassung und Analyse bei Kilz/Preuß 1984, insbes. S. 125–200.

177 Kilz/Preuß 1984, S. 182.

178 Priemel 2007.

179 Frei/Ahrens/Osterloh/Schanetzky 2009, S. 738.

180 Frei/Ahrens/Osterloh/Schanetzky 2009, Zitat S. 741. Alle weiteren Informationen über die frühe Zeit des Flick-Konzerns stammen aus diesem Buch, insbesondere dem Kapitel „Landschaftspflege".

181 Engels 2014, S. 306.

182 Bösch 2001, S. 697.

183 Das ist die Interpretation von Frank Bösch, Bösch 2001, insbes. S. 699–702.

184 Bartholmes 2003, S. 9–11.

185 Bartholmes 2003, S. 12–13.

186 Bösch 2001, S. 707.

187 Vgl. die hilfreiche Synopse auf http://visualisiert.net/parteiengesetz/ (Aufruf: 21.08.2017).

188 Wirsching 2006, S. 67, 74; Bartholmes 2003, S. 5–7; Kilz/Preuß 1984, S. 313.

189 Wirsching 2006, S. 69–74.

190 Die Grünen: Diesmal die Grünen. Warum? Ein Aufruf zur Bundestagswahl 1983, Bonn 1983, Zitate S. 3 und 4.

191 Die Grünen 1987, S. 4.

192 Die Grünen: Zur Bundestagswahl 1987. Brief an unsere Wählerinnen und Wähler, Bonn 1987, Zitate S. 1 und 2.

193 Vgl. das Vorwort von Rudolf Augstein in Kilz/Preuß 1984, S. 8.

194 Die Zitate stammen aus einem dokumentarischen Buch über die Zeugenaussagen, veröffentlicht vom Leiter des NDR-Hörfunkstudios in Bonn sowie einem Wirtschaftsredakteur des WDR. NDR-Mann Burchardt machte später Karriere als Sprecher des SPD-Parteivorstands und langjähriger Chefredakteur des Deutschlandfunks; Burchardt/Schlamp 1985, Zitat S. 8, vgl. außerdem S. 7, 24–26.

195 Die Schilderung beruht auf einem Bericht aus der Feder von Gunter Hofmann: Politik, wie Klein Moritz sie sich vorstellt, Die Zeit 26.10.1984. In den Stenographischen Protokollen des Bundestags ist Fischers Ausruf bei Verlassen des Saals nicht dokumentiert. Deutscher Bundestag: Stenographische Protokolle, Plenarsitzung vom 18.10.1984, 10. Wahlperiode, 91. Sitzung, S. 6687, 6692, 6697–6699.

196 Kaufen und sich kaufen lassen, Die Zeit 26.10.1984 (von Theo Sommer); Politik, wie Klein Moritz sie sich vorstellt, Die Zeit 26.10.1984 (von Gunter Hofmann); Der Wald stirbt, die Grünen blühen, Die Zeit 26.10.1984; Das Beben in Bonn, Die Zeit 02.11.1984 (beide von Gerhard Spörl).

197 Sozialer Fall, Der Spiegel 08.10.1984; vgl. auch den Spiegel-Titel zu Barzel am 22.10.1984; Politik, wie Klein Moritz sie sich vorstellt, Die Zeit 26.10.1984.

198 Kurz und verletzend, Der Spiegel 03.03.1986.

199 Ich folge hier der Darstellung bei Wirsching 2006, S. 76–79.

200 Schily Ade, die tageszeitung 14.03.1986.

201 Bescheidener werden, Frankfurter Allgemeine Zeitung 28.11.1984; Halb so schlimm?, Frankfurter Allgemeine Zeitung 14.03.1986; Spiel mit Vermutungen, 18.03.1986.

202 Schily 1986, Zitate S. 181–182.

203 Schily 1986, S. 13.

204 Schily 1986, S. 161.

205 Schily 1986, S. 161.

206 Schily 1986, S. 13, 172–176. Dieser Punkt spielte auch eine große Rolle in seinem Debattenbeitrag im Bundestag nach Ende der Ausschussarbeit; Deutscher Bundestag: Stenogra-

phische Protokolle, Plenarsitzung vom 13.03.1986, 10. Wahlperiode, 204. Sitzung, S. 15646.
207 Bachmann/Carlebach 1985, S. 34–35, Zitat S. 102.
208 Burchardt/Schlamp 1985, beide Zitate S. 9.
209 Bescheidener werden, Frankfurter Allgemeine Zeitung 28.11.1984.
210 Kilz/Preuß 1984; Schily 1986, S. 188.
211 Die Enthüllung des Normalfalls, die tageszeitung 23.10.1984; Die Stunde der Wahrheit, die tageszeitung 08.11.1984.
212 Schily 1986, S. 181.
213 Kilz/Preuß 1984, S. 209.
214 Burchardt/Schlamp 1985, S. 11.
215 Zitate in Burchardt/Schlamp 1985, S. 12, 10.
216 Costa y Martínez 1902.
217 Enzensberger 1990, Zitate: S. 204, 208, 223.
218 Alle Zitate aus dem Artikel Der Schein der weißen Westen, Der Spiegel 28.11.1983.
219 Unterstützt die Basisgruppen/Grüne o. J. [1983], Zitate S. 2.
220 Wirsching 2006, S. 200.
221 Kilz/Preuß 1984, S. 317.
222 Halb so schlimm?, Frankfurter Allgemeine Zeitung 14.03.1986.
223 Die Sendung wurde vom WDR produziert und lief in drei Staffeln von je zehn bis zwölf Episoden am Montagabend. Eine Fernsehkritik dazu in Grämlich zu Bett, Der Spiegel 26.06.1989.
224 „Wo bleibt der politische Wille des Volkes?“, Die Zeit 19.06.1992 (Interview mit Richard von Weizsäcker).
225 Wirsching 2006, S. 200.
226 Wirsching 2006, S. 199–207, Zahlen S. 201–202; Bürklin 1995.
227 Fischer 2002, S. 69.
228 Kilz/Preuß 1984; Schily 1986; Burchardt/Schlamp 1985.
229 Engels 2006, Kap. 8–10; als Beispiel für eine Selbstbildungseinrichtung der Bewegung vgl. Mutz 2005.
230 Das lässt sich gut am Beispiel der Proteste gegen das im südbadischen Wyhl geplante Kernkraftwerk nachverfolgen; einschlägige Publikationen mit Dokumentation waren z. B. Frauenkollektiv Freiburg 1975; Wüstenhagen 1975; Vogt 1978; Büchele/Schneider/Nössler 1982.
231 Kilz/Preuß 1984, S. 212.
232 Kassieren und schweigen, Die Zeit 05.03.1982.
233 Zitiert in Die Wahrheiten des Herrn Kohl, Der Spiegel 12.11.1984.
234 Hilfe vom Rosenkavalier, Der Spiegel 12.11.1984.
235 Kungeln und kassieren, Die Zeit 14.03.1986.
236 Deutscher Bundestag: Stenographische Protokolle, Plenarsitzung vom 13.03.1986, 10. Wahlperiode, 204. Sitzung, S. 15646–15647.
237 Bundesrat: Plenarprotokoll 556. Sitzung vom 08.11.1985, S. 535.
238 Deutscher Bundestag: Stenographische Protokolle, Plenarsitzung vom 13.03.1986, 10. Wahlperiode, 204. Sitzung, S. 15720.
239 Deutscher Bundestag: Stenographische Protokolle, Plenarsitzung vom 18.10.1984, 10. Wahlperiode, 91. Sitzung, S. 6699.
240 Kilz/Preuß 1984, S. 279–280.
241 Wirsching 2006, Zitate S. 69 und 70. Zur Ausschusssitzung Wenn der Schatzmeister kommt, Der Spiegel 12.11.1984.
242 Z. B. Helmut Kohl im Jahr 1983, zitiert bei Schily 1986, S. 21; Gerold Tandler von der CSU, zitiert in Frank/Augstein/Lücke/Schröder 1983, S. 14.
243 Nachdenken über Flick und Filz, Der Spiegel 05.11.1984 von Peter Glotz.
244 Kilz/Preuß 1984, S. 314.

245 Politik und Moral, Frankfurter Allgemeine Zeitung 26.10.1984; Das liebe, unliebe Geld, Frankfurter Allgemeine Zeitung 31.10.1984.
246 Persilschein von Flick, Frankfurter Allgemeine Zeitung 27.10.1984; Zitat: Die Scheinheiligen, Frankfurter Allgemeine Zeitung 29.10.1984.
247 Frank/Augstein/Lücke/Schröder 1983, insbes. S. 3–4, 8.
248 Brauchitsch 1999.

Große Wende: die Welt im Korruptionsfieber ab 1990

1 Zur Entwicklung der wissenschaftlichen Beschäftigung mit Korruption Osrecki 2017; Farrales 2005.
2 Rostow 1960.
3 Wiedergegeben bei Körner 1998, S. 333.
4 Nye 1967.
5 Leff 1964; Becker/Stigler 1974.
6 Huntington 1968, S. 59–71.
7 Scott 1969.
8 Merton 1957; Cornwell 1964.
9 Osrecki 2017.
10 Rödder 2015, S. 47–55.
11 Wolfrum 2013.
12 Hindess 2005, S. 1390.
13 Vgl. etwa Becker/Becker 1996.
14 Brown/Cloke 2004, S. 285.
15 Rose-Ackerman 1975, S. 202.
16 Rose-Ackerman 1978, insbes. S. 2–5, 12.
17 Jensen/Meckling 1976.
18 Graeff 2010.
19 Klitgaard 1988, S. xii–xiii, 10–11.
20 Klitgaard 1988, S. 196–198.
21 Klitgaard 1988, Zitate S. 200 und 202.
22 Dearden 2002, S. 28–30; Lambsdorff 1999.
23 Ades/Di Tella 1997.
24 Leite/Weidmann 1999, S. 25–26.
25 Rohwer 2009; Lambsdorff/Galtung 1999. Kritik bei Andersson/Heywood 2009b.
26 Rohwer 2009.
27 Zur Kritik an der Vermischung von Korrelation und Kausalität in der Literatur zu Korruption Cartier-Bresson 2010, Abs. 36–38.
28 Rose-Ackerman 1999, insbes. Conclusion.
29 Cartier-Bresson 1992.
30 Hindess 2005, S. 1394–1395; Bratsis 2014, S. 120.
31 Hood 2006, S. 16–18.
32 Rappaport 1986.
33 Grossman/Luque/Muniesa 2006, insbes. S. 11. Vgl. auch die Selbstdarstellung des ICGN auf https://www.icgn.org (Aufruf: 06.09.2017).
34 Fukuyama 1992.
35 Diamond/Morlino 2004.
36 Cartier-Bresson 2010, Abs. 5.
37 Vgl. Eigen 2003a, S. 181.
38 Larkin 2016.
39 Rothstein 2011, Teorell/Rothstein 2015, Mungiu-Pippidi 2013.

40 Weber 1922.
41 Engels 2014, Kap. 5 und 6.
42 Collins 2011, Mungiu-Pippidi 2006, Mungiu-Pippidi 2015.
43 Cartier-Bresson 2010, Abs. 16.
44 Lindstedt/Naurin 2010.
45 Combes/Vommaro 2015, S. 88–90.
46 Cartier-Bresson 2010, Abs. 18–21.
47 Cartier-Bresson 2010, Abs. 36–38.
48 Zu den zentralen Prinzipien des New Public Management Haldemann 1995.
49 Osrecki 2015, S. 340.
50 Knodt 2013, S. 539.
51 Sampson 2010, S. 275.
52 Hood 2006, S. 15–16.
53 Wunder 1998.
54 Osrecki 2015, S. 340–341.
55 Anechiarico/Jacobs 1996; dazu auch die Interpretation bei Osrecki 2015, S. 350–355. Dank an Fran Osrecki für den Hinweis auf diesen Fall.
56 Thiel 2011, Zitat S. 352.
57 Eigen 2003a, S. 40–41.
58 Larkin 2016.
59 Christensen/Cornelissen 2015, S. 133, 145.
60 Barnstone 2005.
61 Schneider 2013, Zitate S. 12 (messianisch), 29 (Wissbarkeit), 30 (truglos). Zur Entwicklung von Transparenzdefinitionen vor allem in der akademischen Diskussion des späten 20. Jahrhunderts Ball 2009.
62 Ausführlich dazu Schneider 2013, Kap. 4.
63 Hansen/Christensen/Flyverbom 2015, S. 118–119.
64 Christensen/Cornelissen 2015, S. 134–137.
65 Fluck 2016, S. 59.
66 Chartier 1991, S. 44–52.
67 Der „Government in Sunshine Act“ von 1976 regelte vor allem, welche Sitzungen von Organen des Bundes öffentlich stattzufinden hatten. Der „Physician Payments Sunshine Act“ ist Teil des „Patient Protection and Affordable Care Act“ von 2010, auch als ObamaCare bekannt.
68 Dazu grundsätzlich Flyverbom 2015.
69 Goschler 2017.
70 Klitgaard 1988, S. 200–202; zu beiden Prinzipien auch Hansen/Christensen/Flyverbom 2015, S. 120, 123.
71 Hood 2006, S. 4–5.
72 Ball 2009, S. 296.
73 Hansen/Christensen/Flyverbom 2015, S. 122.
74 Grossman/Luque/Muniesa 2006, S. 14–15.
75 Lodge 1994; Fluck 2016, S. 51–53.
76 Crouch 2004.
77 Ich folge hier recht eng der Darstellung von Fenster 2012, S. 478–489. Zur Rolle der Internetkonzerne auch Flyverbom 2015.
78 Selbstdarstellung unter https://liqd.net/de/ (Aufruf: 21.09.2018).
79 Fluck 2016, S. 68–73.
80 Christensen/Cornelissen 2015, S. 141–143.
81 Brin 1998.
82 Schneider 2013, S. 135–142.
83 Schneider 2013, S. 33–34; Hansen/Christensen/Flyverbom 2015, S. 122.
84 Engels 2014.
85 Der Transparenz-Wahn, Süddeutsche Zeitung 22.10.2016.

86 Cavaillé 2014; Schneider 2013, S. 292–295.
87 Hansen/Christensen/Flyverbom 2015, S. 120.
88 Beide entspringen dem „desire to make visible a hidden wealth of politically relevant information"; Fluck 2016, S. 54.
89 Engels 2014, Kap. 8, insbes. S. 296–298.
90 Bernsee 2013.
91 Vgl. hierzu die empirischen Befunde zum Staatsvertrauen in der Bevölkerung bei Grimmelikhuijsen 2012.
92 Eigen 2003a, S. 42–47.
93 Favarel-Garrigues 2009, S. 279.
94 Zu den folgenden Passagen insbes. Berghoff 2013, S. 9–17.
95 Lambsdorff 1999, S. 10.
96 Favarel-Garrigues 2009, S. 276.
97 Diesen Aspekt betonen Krastev 2009, S. 143–146 und Bratsis 2014, S. 117.
98 Kuhnert 2015; Boyd 2012; Carroll 1998.
99 Zyglidopoulos 2002.
100 Sampson 2016.
101 Eigen 2003a, S. 69–70.
102 Berghoff 2013, S. 21.
103 Bukovansky 2006, S. 191–192.
104 Zur Geschichte der UNO-Konvention Bukovansky 2006, S. 186–188.
105 Dieser Absatz folgt Berghoff 2013, S. 21–25.
106 Erstmals in einem englischen Pamphlet von 1590 belegt, vgl. Knights 2018, S. 184 und Fußnote 22.
107 Eigen 2003a, S. 57.
108 Kapur/Lewis/Webb 1997.
109 Wolfensohn 1996.
110 Bukovansky 2006, S. 190–191.
111 Sampson 2005, S. 120.
112 Bukovansky 2006, S. 181–183.
113 Krastev 2009, S. 146–149.
114 Eigen 2003a, Zitat S. 20.
115 Eigen 2003a, Zitat S. 43.
116 Eigen 2003a, S. 60–62.
117 Transparency International 2006, S. 9.
118 20.000 Mann suchen Alberto Dahik, die tageszeitung 13.10.1995.
119 Diese Interpretation und viele weitere Informationen in diesem Abschnitt bei Sousa/Larmour 2009.
120 Sousa/Larmour 2009, S. 274–275; Sampson 2005, S. 120.
121 Sampson 2005, S. 114–115.
122 Eigen 2003a, Kap. 12.
123 Alle Ergebnisse finden sich auf der Homepage von Transparency International: https://www.transparency.org/research/cpi/ (Aufruf: 21.09.2017).
124 Sousa/Larmour 2009, S. 277–278.
125 Cooley 2015, hier S. 9–10.
126 Cooley 2015, S. 30–32.
127 Bukovansky 2015, S. 78.
128 Kubbe 2015, S. 177.
129 Guillaume 2007, S. 59.
130 Bukovansky 2015; Rohwer 2009. Zur Methodik auch mehrere Publikationen des Autors, etwa Lambsdorff 2002; Lambsdorff/Galtung 1999.
131 Bukovansky 2015, S. 64, 75–76.
132 Sousa/Larmour 2009, S. 278–279.
133 Pope 1996.

134 Sampson 2005, S. 121.
135 Hindess 2009, S. 21.
136 Sampson 2005, S. 118.
137 Eigen 2003a, S. 218.
138 Pope 1996.
139 Eigen 2003b, S. 169.
140 Krastev 2009, S. 153–159.
141 Hindess 2005, S. 1391–1392.
142 Hindess 2005.
143 Mungiu-Pippidi 2013.
144 Bratsis 2014.
145 Antikorruptionspolitik als „attempt to present the particular political agenda of powerful international interests as a universal good, something being done for the benefit of the oppressed and weak, rather than as a part of imperial [...] domination"; Bratsis 2014, S. 125.
146 Sampson 2010, insbes. S. 262–272.
147 Pétric/Blundo 2012, S. 10–12.
148 Bratsis 2014, S. 111–113.
149 Sampson 2009, S. 177.
150 Michael/Bowser 2010, S. 168.
151 Eigen 2003a, S. 84–94.
152 Vgl. etwa Dahl 2009, S. 166.
153 Sampson 2005, S. 121–123.
154 Sampson 2009, S. 174.
155 Monsutti 2012, S. 171.
156 Sampson 2009, S. 178, 182.
157 Dahl 2009, S. 154.
158 Bratsis 2014.
159 Pétric/Blundo 2012.
160 Blundo 2012.
161 Favarel-Garrigues 2009, S. 281. Vgl. auch Neudorfer/Neudorfer 2015.
162 Die nun folgende Darstellung basiert auf Andersson/Heywood 2009a, S. 43–48.

Korruption in der Berliner Republik 1990 bis 2012

1 Klemm 1991, S. 11.
2 Steiner 2018.
3 Zur Geschichte der Treuhand und ihrer Wahrnehmung Böick 2018, Böick 2015 sowie Goschler/Böick 2017.
4 Fernsehansprache von Bundeskanzler Kohl anlässlich des Inkrafttretens der Währungs-, Wirtschafts- und Sozialunion am 1. Juli 1990. Zitiert nach einer Wiedergabe auf der Homepage der Konrad-Adenauer-Stiftung unter http://www.helmut-kohl.de/index.php?msg=555 (Aufruf: 19.03.2018).
5 Mischung aus Marx und Mafia, Der Spiegel 09.09.1991.
6 Jürgs 1997; Suhr 1991.
7 Roth 1995; Zitate S. 29, 192.
8 Roth 1995, Zitate S. 221.
9 Das Nationale nutzen, Der Spiegel 19.09.1994. In einem Interview mit Wolfgang Schäuble.
10 Wolfrum 2013.
11 Rödder 2015, S. 213.
12 Zschaler 2013; vgl. auch Hay 2007.

13 Sabrow 2006; Rödder 2015; Mouffe 2011; Merkel 2013.
14 Korte 2013.
15 Engels 2008b.
16 Merkel 2013, hier S. 8–9.
17 Jörke 2011.
18 Crouch 2004.
19 Engels 2014.
20 Stephan 1992.
21 Deutscher Bundestag: Stenographische Protokolle, Plenardebatte vom 11.11.1987, 11. Wahlperiode, 38. Sitzung, S. 2533–2535.
22 Stichworte zur geistigen Korruption der Zeit, Die Zeit 07.10.1988.
23 Das Krebsgeschwür der Korruption, Die Zeit 17.02.1989.
24 Vgl. den Spiegel-Titel vom 18.01.1993.
25 Zu den Maßnahmen in der Verwaltung: Wolf 2014, S. 45–46, 90–94; vgl. auch Darge 2009, S. 85–88.
26 Durynek 2008, S. 388–401; Wolf 2014, S. 59–60.
27 Wolf 2014, S. 63–64, 94.
28 Durynek 2008, S. 307–310.
29 Darge 2009, S. 90–102; vgl. auch Scholz 1995, S. 138–142.
30 Dieses Gesetz ist ein Witz, Die Zeit 26.06.2014.
31 Ausführliche Schilderung aus der Feder des mit dem Fall beauftragten Staatsanwalts Schaupensteiner in dem Buch Bannenberg/Schaupensteiner 2007.
32 Scholz 1995, S. 30 und 34.
33 Scholz 1995, S. 13, 162–163, 183.
34 Zwei Blaue extra, Der Spiegel 12.12.1994; Aufstand der Amtsschimmel, Die Zeit 04.04.2002; Der Unbestechliche, Süddeutsche Zeitung 31.05.2007, zitiert nach der Onlineausgabe http://www.sueddeutsche.de/wirtschaft/deutsche-bahn-prominenter-compliance-chief-der-unbestechliche-1.914083 (Aufruf: 21.03.2018); zur Entlassung: Bahnchef Grube schasst Topmanager, Zeit online 13.05.2009 http://www.zeit.de/online/2009/20/bahn-datenaffaere-ermittlungen (Aufruf: 21.03.2018).
35 Scheuch und Landfried: Kripo in den Bundestag, Der Spiegel 01.03.1993; Arnim: Blüten im Sumpf, Der Spiegel 18.01.1993 (Kasten mit dem Titel „Das Kartell der Kassierer").
36 Engelmann 1967; vgl. auch Perthen 2018.
37 Pressedienst Demokratische Initiative/Engelmann 1976; zur Initiative: Ratten und Fliegen, Die Zeit 31.08.1979. Dank für diese Hinweise an Andrea Perthen.
38 Wolf 2014, S. 48.
39 Vgl. den Abschlussbericht als Bundestags-Drucksache Nr. 14/7515 vom 14.08.2001.
40 Evangelische Akademie Bad Boll 1991.
41 Friedrich-Ebert-Stiftung 1995.
42 Scholz 1995.
43 Friedrich-Ebert-Stiftung 1995, S. 14–15.
44 So berichtet in Transparency widerspricht Clement, Der Spiegel 22.11.2004.
45 So heißt es in einem durchaus kritischen Artikel unter dem Titel Angeschlagene Wunderheiler, Die Zeit 07.02.1997.
46 Wie regieren wir die Welt?, Die Zeit 29.07.1999.
47 Die neue Internationale, Die Zeit 25.08.1995.
48 Eigen 2003b, S. 170.
49 Wächter gegen Korruption: Internationale Koalition bekämpft Bestechung, Der Spiegel 10.05.1993.
50 Was bewegt ... Peter Eigen?, Die Zeit 04.11.2004.
51 Damenwahl? Da gäb's noch bessere Gründe, Die Zeit 19.05.2004.
52 Alles wie geschmiert, Der Spiegel 03.06.1996; Rückkehr zur Ehrlichkeit?, Der Spiegel 01.11.1999; Korruption: (Fast) sauber, Zeit online 06.11.2006.
53 Aufwärts, Die Zeit 09.10.2003.

54 Die Vettern der Wirtschaft, Der Spiegel 23.06.2003.
55 Boom in Bakschikistan, Der Spiegel 15.12.2003.
56 Gefangene der Korruption, die tageszeitung 01.08.1995.
57 Die Reichen bestechen die Armen, die tageszeitung 04.06.1996.
58 Von Bestochenen und Bestechern, die tageszeitung 01.08.1997.
59 Nicht mehr bestechend, die tageszeitung 15.10.1999.
60 Blinder Fleck, Der Spiegel 03.06.1991. Ausführliche Selbstdarstellung bei See/Schenk 1992.
61 Mit Wirtschaftskriminalität auf du und du, die tageszeitung 17.10.1996.
62 Kapital-Verbrechen auf der Spur, Die Zeit 22.09.1995.
63 Vgl. etwa Ein Paradigmenwechsel ist fällig, die tageszeitung 22.01.1992 (Hans See); Die Ermittlungen gegen Helmut Kohl sind zu eng gefaßt, die tageszeitung 03.01.2000 (Werner Rügemer); Zu leichtes Spiel für korrupte Manager, die tageszeitung 09.09.2004 (Werner Rügemer); Lehrstück, die tageszeitung 07.07.2012 (Hans See).
64 Vgl. hierzu ein Porträt aus dem Jahr 2002: Ein Kämpfer gegen den Staat im Staat, Frankfurter Allgemeine Zeitung 18.06.2002.
65 https://www.hans-see.de (Aufruf: 08.06.2018).
66 Schaubühne für die Einflussreichen und Meinungsmacher. Der neoliberal geprägte Reformdiskurs bei „Sabine Christiansen", 07.09.2006; https://www.lobbycontrol.de/wp-content/uploads/Christiansen-Schaubuehne_komplett_7Sept2006.pdf (Aufruf: 07.06.2018).
67 Vgl. die Selbstdarstellung auf der Homepage https://www.lobbycontrol.de (Aufruf: 08.06.2018).
68 Die Informationen sind im Wesentlichen der Selbstdarstellung von Abgeordnetenwatch entnommen, vgl. https://www.abgeordnetenwatch.de/ (Aufruf: 07.06.2018).
69 Vgl. hierzu die Selbstdarstellung „Wir feiern 10 Jahre MEZIS" auf https://mezis.de/wp-content/uploads/2017/09/mezis-brosch%C3%BCre-10-online.pdf (Aufruf: 08.06.2018).
70 Rothfuss 2017.
71 Klein 2014; Geyer 2018.
72 Köpf 1997.
73 Scheuch/Scheuch 1992.
74 Scheuch/Scheuch 1992; zum Gutachten S. 8 sowie 135–137, zur Kritik u. a. S. 109–110.
75 Scholz 1995, S. 92.
76 Leyendecker 1992, S. 33.
77 Roth 1995, S. 8.
78 Roth 1995, S. 10.
79 Roth 1995, Großdeutschland S. 201, Moralprediger S. 11.
80 Richter 1989.
81 Evangelische Akademie Bad Boll 1991, S. 41.
82 Roth 1995, S. 8.
83 Roth 1995, S. 50, 305.
84 Adamek 2013, S. 18–19.
85 Scheuch/Scheuch 1992, Zitate S. 117, 118, 8.
86 Bannenberg/Schaupensteiner 2007, S. 47, 49. Erste Auflage des Buches im Jahr 2004.
87 Leyendecker 1992.
88 Der Spiegel 12.12.1994.
89 Pleterski/Korth 1997.
90 Leyendecker 2003, S. 274–276.
91 Scholz 1995, S. 113–114; Berg 1997, S. 137–139; Leyendecker 2003, S. 152–155.
92 Berg 1997, S. 9–10.
93 Bannenberg/Schaupensteiner 2007, S. 70–71.
94 Scholz 1995, S. 90, 95; Roth 1995, S. 39.
95 Schaupensteiner/Bommarius 1995, S. 38.
96 Berg 1997, S. 21.
97 Scheuch/Scheuch 1992, Zitat S. 112.

98 Sehr einfach gestrickt, Die Zeit 10.04.1992.
99 Vgl. Stimme der Mehrheit, telepolis/heise online 13.11.2003 https://www.heise.de/tp/features/Stimme-der-Mehrheit-3432061.html (Aufruf: 18.04.2018). Zustimmend äußerte sich auch die Zeitschrift „Junge Freiheit" am 30.05.1997 über ein Zeitschriftenprojekt der Gruppe mit dem Titel „Kompaß", http://www.jf-archiv.de/archiv/23aa38.htm (Aufruf: 18.04.2018).
100 Vgl. einen zustimmenden Bericht über einen Vorschlag Scheuchs zum Verbot der Abgeordnetenbestechung: Strafe für bestechliche Abgeordnete, die tageszeitung 22.02.1993.
101 Leyendecker 2007, S. 34.
102 Roth 1995, S. 14–15, 22–23.
103 Rothfuss 2017; Bösch 2005.
104 Engels 2014, Kap. 8 und 9.
105 Streck 1995.
106 Leyendecker 2007, S. 34.
107 Scholz 1995, S. 164.
108 Engelmann 1998. Erstauflage 1994.
109 Papcke 2002.
110 Der Vortrag trug den Titel „Wirtschaft und Politik im Spannungsfeld der Korruption"; Friedrich-Ebert-Stiftung 1995, S. 113–122. Zitate auf S. 115 und 117.
111 Friedrich-Ebert-Stiftung 1995, S. 124.
112 See 1990, z.B. S. 320–321.
113 See/Schenk 1992.
114 Korrupt mit Stil, die tageszeitung 04.02.1997.
115 Rau hat uns nicht verkohlt, die tageszeitung 20.12.1999.
116 Selbstheilungskräfte, die tageszeitung/Eurotaz 12.08.1997. Weitere Beispiele: Schlawinerwirtschaft, die tageszeitung 16.02.1994; Jetzt noch ekliger!, die tageszeitung 27.06.1996; Politik und andere Verbrechen, die tageszeitung 07.08.1998; Korruption als Routinegeschäft, die tageszeitung 12.11.1999.
117 Berlin zappelt im Spinnennetz der CDU, die tageszeitung 08.04.1997 (ein Kommentar von Werner Rügemer).
118 Ethik und Monetik, die tageszeitung 20.07.1996.
119 Ein Schritt zur Harmonisierung, die tageszeitung 14.03.1994.
120 Mehr Kontrolle, die tageszeitung/Berlin lokal 03.09.1998.
121 Korruption als Routinegeschäft, die tageszeitung 12.11.1999; Mord und Profit, die tageszeitung 13.12.1997.
122 Vereinte Korruption, die tageszeitung/Eurotaz 08.10.1994.
123 Falsche Zeugen, Die Zeit 19.03.1965; Streit um die Börsen-Transparenz, Die Zeit 22.09.1961; Warentester Nr. 2; Die Zeit 25.03.1966.
124 Zitat aus einem Text des Reformpädagogen Hartmut von Hentig: Lernen, frei zu leben, Die Zeit 13.02.1970.
125 Die pädagogische Herausforderung, Die Zeit 21.08.1970.
126 Die Roten und ihre Zellen, Die Zeit 05.02.1971.
127 Die Lobby der Treuen Diener, Die Zeit 03.11.1972.
128 Parlament der Presse, Die Zeit 10.06.1977. Zitat aus Wollen die Verleger nur absahnen?, Die Zeit 10.02.1978; Ein Bundestrainer für die Medien, Die Zeit 30.09.1994; Keine Zukunft unter Billigflagge, Die Zeit 16.12.1994.
129 Nie besonders kleinlich gewesen, Die Zeit 21.11.1975. Zitat aus Ohne Eile, Die Zeit 24.07.1981.
130 Paukboden für Kraftproben, Die Zeit 12.12.1980.
131 Angst ist ein schlechter Ratgeber, Die Zeit 30.09.1983; ähnlich Bonner Kulisse, Die Zeit 09.11.1990.
132 Hart bleiben, Die Zeit 23.09.1983; Alles oder nichts, Die Zeit 29.01.1993.
133 Friedrich-Ebert-Stiftung 1995, S. 14.
134 Scholz 1995, S. 185–186; Bannenberg/Schaupensteiner 2007, S. 223.

135 Deutscher Bundestag: Drucksache 14/9300 vom 13.06.2002, S. 361.
136 Kodex im Kopf, Die Zeit 21.07.1995.
137 Ein Abgrund von Landesbetrug, Die Zeit 21.07.1995.
138 Vgl. die Referate einer Konferenz der Friedrich-Ebert-Stiftung von 1999 in Scholz 2000.
139 Wann fällt das Monopol? Ein Gespräch mit Minister Christian Schwarz-Schilling, Die Zeit 25.09.1987.
140 Orchideen im Labor, Die Zeit 05.03.1993.
141 Özdemir 2000.
142 Wolfrum 2013, S. 198–203.
143 Sozialer Wettbewerb, Die Zeit 10.03.1995.
144 Verbündete gesucht, Die Zeit 03.09.1998; Namensarikel von Lafontaine und Strauss-Kahn unter dem Titel Europa – sozial und stark, Die Zeit 14.01.1999.
145 Bündnisgrüne haben keine Wahl, die tageszeitung/Berlin 19.04.1994.
146 Zum Streit beim DGB, die tageszeitung/Berlin 31.08.1993.
147 Rückkehr ins Dunkel, die tageszeitung/Berlin 21.01.1993. Ähnlich auch Stets zu Diensten, die tageszeitung 05.01.1999.
148 Ende einer Technik, tageszeitug/Hamburg 09.02.1993. Ähnlich Die Legende von der Beherrschbarkeit, die tageszeitung 26.05.1998.
149 Mehr Transparenz, Spiegel online 21.05.2001, http://www.spiegel.de/wirtschaft/interview-mehr-transparenz-a-135130.html; Ratingagenturen: Angriff auf die großen Drei, manager-magazin online 18.08.2003, http://www.manager-magazin.de/unternehmen/artikel/a-261722.html (Aufruf jeweils: 17.08.2018).
150 Informationen und Zitate von der Homepage https://www.transparency.de/mitmachen/initiative-transparente-zivilgesellschaft/ (Aufruf: 08.06.2018).
151 Vgl. Cavaillé 2014.
152 Wächter in der Zwickmühle, Spiegel Online 04.08.2009, http://www.spiegel.de/wirtschaft/transparency-international-waechter-in-der-zwickmuehle-a-638784.html (Aufruf: 12.09.2018).
153 Zur Transparenz in der Piratenpartei Ringel 2017.
154 Vgl. dazu die von der Partei betriebene Seite https://wiki.piratenpartei.de/Liquid_Democracy (Aufruf: 17.08.2018), die auch viele historische Einträge aus der Zeit um 2010 enthält.
155 Partei der Sehnsucht, Der Spiegel 23.04.2012.
156 Die Antwort der Piraten, faz.net 16.10.2011, http://www.faz.net/aktuell/feuilleton/netzfreiheit-die-antwort-der-piraten-11495541.html (Aufruf: 17.08.2018).
157 Fetisch Transparenz, Der Spiegel 24.10.2011; Partei der Sehnsucht, Der Spiegel 23.04.2012.
158 Fetisch Transparenz, Der Spiegel 24.10.2011.
159 Partei der Sehnsucht, Der Spiegel 23.04.2012.
160 Ist er Deutschlands faulster Abgeordneter?, Bild. T-Online 07.05.2007, http://www.bild.t-online.de/BTO/news/2007/05/07/faulster-abgeordneter/carl-eduard-graf-von-bismarck.html (Aufruf: 07.06.2018); zur Panorama-Sendung am 24.05.2007 https://daserste.ndr.de/panorama/media/cdu74.html (Aufruf: 07.06.2018).
161 Zitiert nach Transparenz bei Abgeordneten-Gehältern, Spiegel online 18.07.1999, http://www.spiegel.de/politik/deutschland/bury-transparenz-bei-abgeordneten-gehaeltern-a-31882.html (Aufruf: 14.08.2018).
162 Blüten im Sumpf, Der Spiegel 18.01.1993.
163 Wächter des Schatzes, Der Spiegel 24.01.2005.
164 Korruption wird zur Gretchenfrage für Parlamentarier, die tageszeitung 22.11.1997; Parteien auf der Jagd nach der schnellen Mark, die tageszeitung 13.11.1993.
165 Gut gepolstert, Die Zeit 26.03.1998.
166 Selbstherrlicher Beschluß, die tageszeitung Berlin 17.03.1998.
167 Mißbildungen der Herrschaft, Der Spiegel 16.12.1991.
168 Arnim 1995. Zum Vorgang auch die Selbstdarstellung auf von Arnims Homepage: Wissenschaftlicher und publizistischer Werdegang eines „Parteienkritikers“, S. 8–9, http://

www.uni-speyer.de/files/de/Lehrst%C3%BChle/ehemalige%20Lehrstuhlinhaber/VonArnim/Persoenliches/Wissenschaftlicheru.publizist.Werdegang%2822.03.10%29.pdf (Aufruf: 14.08.2018).

169 Macht zum eigenen Vorteil, Die Zeit 13.09.1991.

170 Ein deutscher Professor, Die Zeit 30.05.2008.

171 Bei Nebel aufs Gaspedal, Die Zeit 13.10.1995.

172 Nur die Diktatur ist einfach, Der Spiegel 05.07.1993.

173 Ebhardt 2015.

174 Käufliche Menschen, Der Spiegel 07.12.1970; Parlament ohne Makel?, Die Zeit 29.09.1972; Verrückte werden zugelassen, Die Zeit 05.10.1973; Darge 2009, S. 104–108.

175 Schmierer und Angeschmierte, Die Zeit 20.11.1970.

176 Machtlos gegen die Korruption? Ein Vorschlag, um der politischen Moral des Parlaments auf die Sprünge zu helfen, Die Zeit 22.06.1973.

177 Darge 2009, S. 114.

178 Leyendecker 2003, S. 195–204.

179 Simmert/Engels 2002.

180 Vgl. z.B. Schein von Ehrsamkeit. Banknoten als Stimmzettel: Rolf Lamprecht über die Bestechung von Abgeordneten, Spiegel Special „Volk ohne Moral" 01.01.1999, S. 28–30.

181 Leyendecker 2003, S. 76–96. Vgl. auch ARD veröffentlicht Kohls Beratervertrag bei Kirch, faz.net 31.07.2003, http://www.faz.net/aktuell/politik/panorama-ard-veroeffentlicht-kohls-beratervertrag-bei-kirch-1114474.html (Aufruf: 15.08.2018).

182 Schröder verrubelt seinen Ruf, Spiegel online 12.12.2005, http://www.spiegel.de/politik/deutschland/neuer-job-schroeder-verrubelt-seinen-ruf-a-389956.html (Aufruf: 15.08.2018).

183 Schöllgen 2015.

184 Silberfüchse, Der Spiegel 10.09.2012.

185 Darge 2009, S. 115.

186 https://www.bundesregierung.de/Content/DE/Artikel/2015/07/2015-07-03-karenz-bundesministergesetz.html (Aufruf: 15.08.2018).

187 Silberfüchse, Der Spiegel 10.09.2012.

188 Bismarck geht von Bord – CDU erleichtert, Der Tagesspiegel online 20.12.2007, https://www.tagesspiegel.de/politik/ruecktritt-bismarck-geht-von-bord-cdu-erleichtert/1126508.html (Aufruf: 12.09.2018).

189 Hilfe vom Rosenkavalier, Der Spiegel 12.11.1984.

190 Personalien, Der Spiegel 19.11.1973.

191 Kassieren und schweigen, Die Zeit 05.03.1982; Schlamperei der Verwaltung, Die Zeit 09.11.1984.

192 Politikereinkünfte. Ein Schritt zu mehr Transparenz, Die Zeit 30.11.1984.

193 Schily 1986, S. 195.

194 Politiker fragen – Bürger antworten nicht, Die Zeit 11.02.1983.

195 Vor den Latz, Der Spiegel 01.07.1985.

196 Muß rauskommen, was reinkommt?, Die Zeit 01.11.1985.

197 Nur die Diktatur ist einfach, Der Spiegel 05.07.1993.

198 Transparenz bei Abgeordnetengehältern, Spiegel online 18.07.1999, http://www.spiegel.de/politik/deutschland/bury-transparenz-bei-abgeordneten-gehaeltern-a-31882.html (Aufruf: 16.08.2018).

199 Marsch der Urenkel, Der Spiegel 24.02.2001.

200 Transparenz erwünscht, Der Spiegel 29.07.2002.

201 Diener zweier Herren, Der Spiegel 17.01.2005.

202 Außenseiter, drinnen respektiert, Die Zeit 30.05.1997.

203 Diener zweier Herren, Der Spiegel 17.01.2005.

204 Die vier gläsernen Abgeordneten, Spiegel online 07.08.2002, http://www.spiegel.de/politik/deutschland/parlamentarier-einkuenfte-die-vier-glaesernen-abgeordneten-a-208425.html (Aufruf: 15.08.2018).

205 Zitiert in Diener zweier Herren, Der Spiegel 17.01.2005.

206 https://www.gruene-thl.de/fraktion/glaeserne-abgeordnete; https://www.gruene-hessen.de/landtag/fraktion/glaeserne-abgeordnete/ (Aufruf jeweils: 21.08.2018).
207 Vgl. etwa https://www.ulrich-kelber.de/glaesernermdb/, https://www.bettina-hagedorn.de/glaeserne-abgeordnete/, http://www.gabriele-katzmarek.de/politik-person/glaeserne-abgeordnete/#1455524749151-c4b306ca-4280 (Aufruf jeweils: 16.08.2018).
208 Vgl. auch die zeitgenössische Darstellung der Affäre bei Graw/Lessenthin 1991.
209 Zitat und zahlreiche weitere Informationen in Das mache ich mit Lothar aus, Der Spiegel 14.01.1991.
210 Späth am Ende, Die Zeit 11.01.1991.
211 Der tiefe Sturz des Lothar Späth, Frankfurter Allgemeine Zeitung 14.01.1991. Den Hinweis verdanke ich Philipp Gottschalk.
212 Dringlicher Fall, Der Spiegel 28.12.1992.
213 Unehrlich, Die Zeit 01.01.1993.
214 Philipp 2007; Streibls verhängnisvolle Freunde, Sueddeutsche.de 13.12.2008, https://www.sueddeutsche.de/politik/amigo-affaere-streibls-verhaengnisvolle-freunde-1.780435 (Aufruf: 21.08.2018).
215 Stattlicher Umfang, Der Spiegel 22.02.1993.
216 Schlau genug, Der Spiegel 11.10.1993.
217 Stiller 2000.
218 Wo Freundschaft noch zahlt, Die Zeit 12.02.1993.
219 Bayerns Agrarminister Brunner zahlt 13.500 Euro zurück, Spiegel online 04.05.2013, http://www.spiegel.de/politik/deutschland/bayern-agrarminister-brunner-will-in-amigo-affaere-geld-zurueckzahlen-a-898067.html (Aufruf: 22.08.2018).
220 Zu beiden Affären auch Klatt 2010, Kap. 12.
221 Insbesondere die Artikel Ende einer Dienstfahrt und Der Fall Süssmuth, Stern 14.03.1991.
222 Zitat und weitere Informationen aus Da muß man durch, Der Spiegel 18.03.1991.
223 Die Familienbande Frau Süssmuths, Frankfurter Allgemeine Zeitung 15.03.1991.
224 Alle Zitate aus: Lovely Rita im Zwielicht, Der Spiegel 23.12.1996.
225 Schmidt sieht sich als Opfer einer Kampagne, Spiegel online 29.07.2009, http://www.spiegel.de/politik/deutschland/dienstwagen-affaere-schmidt-sieht-sich-als-opfer-einer-kampagne-a-639084.html (Aufruf: 21.08.2018); Die Leerfahrten der Ulla Schmidt, Sueddeutsche.de 17.05.2010, https://www.sueddeutsche.de/politik/dienstwagen-neue-details-die-leerfahrten-der-ulla-schmidt-1.175390 (Aufruf: 21.08.2018). Das auf der Seite angegebene Veröffentlichungsdatum ist offensichtlich fehlerhaft; der Text wurde vor der Bundestagswahl im September 2009 verfasst.
226 Schmidts Urlaub kostet Steuerzahler 10.000 Euro, faz.net 28.07.2009, http://www.faz.net/aktuell/politik/inland/dienstwagen-affaere-schmidts-urlaub-kostet-steuerzahler-10-000-euro-1826104.html (Aufruf: 20.08.2018).
227 Das Ende einer Dienstfahrt, Stern.de 29.07.2009, https://www.stern.de/politik/wahl/gesundheitsministerin-ulla-schmidt-das-ende-einer-dienstfahrt-3808142.html (Aufruf: 21.08.2008).
228 Darge 2009, S. 69–71.
229 Detaillierte Darstellung der beiden Fälle in Lindemann 2005.
230 Darstellung der Ereignisse zwischen Ende 1999 und Mitte 2000 bei Leyendecker 2000, S. 189–244.
231 Reuth 2017, S. 178–182.
232 Nebulöses Vermächtnis, Die Zeit 22.12.1999.
233 Leyendecker 2000, S. 222.
234 „Grenze vom Rechtsstaat zur Bananenrepublik überschritten“, Spiegel online 20.12.1999, http://www.spiegel.de/politik/deutschland/interview-teil-2-schwarze-kassen-und-der-ladenschluss-a-57290.html (Aufruf: 18.09.2018).
235 Der GAU der CDU, Die Zeit 20.01.2000; Der Ehrenhandel in der CDU, die tageszeitung 22.01.2000.

236 Selbstbeschäftigung, Frankfurter Allgemeine Zeitung 29.11.1999. Zitat vom Staatsmann: Geständnis, Reue und Buße, Frankfurter Allgemeine Zeitung 19.12.1999. Vgl. auch Die Union und Kohl, Frankfurter Allgemeine Zeitung 18.12.1999.
237 Z. B. Rückkehr zur Solidarität, Frankfurter Allgemeine Zeitung 10.12.1999.
238 Kohls Macht, Frankfurter Allgemeine Zeitung 12.01.2000.
239 Die Schuld der CDU, Frankfurter Allgemeine Zeitung 17.01.2000.
240 Kohls zweiter Sturz, Frankfurter Allgemeine Zeitung 20.01.2000.
241 Null Toleranz, Die Zeit 10.02.2000.
242 Leyendecker 2000, S. 214.
243 Was Kohl nicht kann, die tageszeitung 29.11.1999. Ausführliche Darstellung von Kohls Position bei Was denkt er?, Die Zeit 03.02.2000 und in Kohls eigener Rechtfertigungsschrift Kohl 2000.
244 Im Strudel, Frankfurter Allgemeine Zeitung 18.01.2000. Zu Schäuble: Das Ehrenwort, Der Spiegel 02.12.2017; bereits 2015 hatte er sich entsprechend in einer ARD-Dokumentation geäußert, vgl. Reuth 2017, S. 189.
245 Der Ehrenhandel in der CDU, die tageszeitung 22.01.2000.
246 FAZ-Redakteur Karl Feldmeyer zu Kohls Verfassungsbruch, die tageszeitung 25.01.2000.
247 Vgl. Kohl immateriell, Frankfurter Allgemeine Zeitung 11.03.2000.
248 Kanzlers Machtkartell. Wie das System Kohl funktioniert, Der Spiegel 01.08.1994.
249 Das System Kohl, die tageszeitung 13.12.1999.
250 Beispielsweise Die schwarzen Riesen, die tageszeitung 18.11.1999; Kohl am Abgrund, Die Zeit 16.12.1999; Der Ehrenhandel in der CDU, die tageszeitung 22.01.2000.
251 Pflüger 2000.
252 Eigen 2003a, S. 156.
253 Gelegenheit macht Diebe, Die Zeit 03.02.2000. Ähnlich bereits Lieber dumm als ehrlich. CDU, die tageszeitung 02.12.1999.
254 Besonders pointiert in zwei Artikeln (von Gunter Hofmann und Klaus Hartung): Kohl am Abgrund, Die Zeit 16.12.1999; Vitale Skandale, Die Zeit 24.02.2000.
255 „Nach Art der Mafia“, Der Spiegel 18.03.2002.
256 Rügemer 2015; Überall 2007.
257 Scharpings dubiose Deals mit Hunzinger, Spiegel online 17.07.2002, http://www.spiegel.de/politik/deutschland/affaere-um-pr-geschaefte-scharpings-dubiose-deals-mit-hunzinger-a-205647.html (Aufruf: 22.08.2018); vgl. auch Wolfrum 2013, S. 310–313, der aber ein falsches Entlassungsdatum nennt.
258 „Özdemir-Tours“ versorgte Freunde und Eltern, Welt.de 29.07.2002, https://www.welt.de/print-welt/article402663/Oezdemir-Tours-versorgte-Freunde-und-Eltern.html (Aufruf: 22.08.2018).
259 Ehrensache, Die Zeit 10.10.2002.
260 Auch Gysi nutzte dienstliche Bonusmeilen privat, Spiegel online 29.07.2002, http://www.spiegel.de/politik/deutschland/flugaffaere-auch-gysi-nutzte-dienstliche-bonusmeilen-privat-a-207264.html (Aufruf: 22.08.2018).
261 Das berichtete der Spiegel in Die Politiker und das Mehr, Der Spiegel 05.08.2002.
262 Abgekartetes Spiel, Spiegel online 31.07.2002, http://www.spiegel.de/politik/deutschland/politiker-flugmeilen-abgekartetes-spiel-a-207548.html (Aufruf: 22.08.2018); Die Politiker und das Mehr, Der Spiegel 05.08.2002.
263 Die Politiker und das Mehr, Der Spiegel 05.08.2002.
264 Özdemir fliegt, Die Zeit 01.08.2002; gleicher Tenor in Das Scheingefecht, Die Zeit 08.08.2002.
265 Wolfrum 2013, S. 528–583.
266 Sattler 2012; Abelshauser 2006.
267 Ahrens/Gehlen/Reckendrees 2013. Vor Drucklegung konnte nicht mehr berücksichtigt werden Berghoff 2019.
268 Die folgende Darstellung beruht auf Adamek 2013, S. 53–60 und Leyendecker 2007, S. 154–215.

269 Leyendecker 2007, S. 191, 195.
270 Wolfsburger Schleuderfahrt, Die Zeit 07.07.2005.
271 Tatort Deutschland, Die Zeit 14.07.2005.
272 Hart, und dazu noch unfair, Die Zeit 28.02.2008.
273 Gegner und Kumpane, Die Zeit 14.07.2005.
274 Hart, und dazu noch unfair, Die Zeit 28.02.2008.
275 Die Wolfsburg, Stern.de 23.07.2005, https://www.stern.de/wirtschaft/news/vw-skandal-die-wolfsburg-3300038.html (Aufruf: 30.08.2018).
276 Selenz 2005.
277 Zu den Ermittlungen und dem Verlauf der Affäre Leyendecker 2007, S. 59–137.
278 Berghoff 2018. Ich stütze mich auf Berghoffs Darstellung zu den Korruptionspraktiken, zur Compliance und zum internationalen Einfluss auf die Affäre.
279 Berghoff 2018, S. 424, 430.
280 Leyendecker 2007, S. 118–122.
281 Rödder 2015, S. 62–72.
282 Der Fachaufsatz für die „Neue Zeitschrift für Verwaltungsrecht" wurde vorab veröffentlicht und z. B. von Spiegel online verbreitet: Grenze der Strafbarkeit eindeutig überschritten, Spiegel online 14.01.2012, http://www.spiegel.de/politik/deutschland/neues-gutachten-zu-wulff-kredit-grenze-der-strafbarkeit-eindeutig-ueberschritten-a-809037.html (Aufruf: 27.08.2018).
283 Jetzt geht es um ein Bobby-Car, Die Zeit 18.01.2012.
284 Ein Škoda zu Spezialkonditionen, Spiegel online 04.02.2012, https://www.spiegel.de/politik/deutschland/christian-wulff-ein-skoda-zu-spezialkonditionen-a-813371.html (Aufruf: 27.08.2018).
285 Das gesamte Wulff-Interview in Video und Wortlaut, Spiegel online 04.01.2012, http://www.spiegel.de/politik/deutschland/dokumentation-das-gesamte-wulff-interview-in-video-und-wortlaut-a-807232.html (Aufruf: 27.08.2018).
286 Wir haben kein Interesse, Wulff plattzumachen, Welt.de 20.04.2013, https://www.welt.de/politik/deutschland/article115454723/Wir-haben-kein-Interesse-Wulff-plattzumachen.html (Aufruf: 27.08.2018).
287 Freispruch für Wulff, Deutschlandfunk aktuell 27.02.2014, https://web.archive.org/web/20141207063630/http://www.deutschlandfunk.de/korruptionsprozess-freispruch-fuer-wulff.1818.de.html?dram:article_id=278638 (Aufruf: 27.08.2018).
288 Kommentar zum Urteil im Deutschlandfunk am 01.03.2014, nachlesbar unter https://web.archive.org/web/20141204175929/http://www.deutschlandfunk.de/wulff-prozess-muster-fuer-unverhaeltnismaessigkeit.858.de.html?dram:article_id=278843 (Aufruf: 27.08.2018).
289 Z. B. Der endgültige Bruch, Frankfurter Allgemeine Zeitung 03.01.2012; Die doppelte Bigotterie, die tageszeitung 03.01.2012; Kann Christian Wulff jetzt weitermachen?, Die Zeit 29.12.2011.
290 Was Wulff in seiner eigenen Darstellung nicht abstreitet; vgl. Wulff 2014. Vgl. auch Arlt/Storz 2012.
291 Ein teurer Freund, Die Zeit 15.12.2011.
292 Costa Germania, die tageszeitung 21.01.2012.
293 In sumpfigem Gelände, Frankfurter Allgemeine Zeitung 24.01.2012; Zitate und Zuordnung zu Handelsblatt und Financial Times in Nützliche Tipps, Die Zeit 29.12.2011.
294 Leeres Schloss, Die Zeit 05.01.2012; Die Leere des Raumes, Frankfurter Allgemeine Zeitung 04.01.2012; Die doppelte Bigotterie, die tageszeitung 03.01.2012.
295 Verschärfte Beobachtung, die tageszeitung 18.02.2012.
296 Der kleine böse Wulff, Die Zeit 12.01.2012 (von Josef Joffe).
297 Wulff 2014.
298 Leeres Schloss, Die Zeit 05.01.2012; Geht's noch?, die tageszeitung 21.12.2011.
299 Adamek 2013, Kap. 4; ähnlich auch Götschenberg 2013.
300 Diekmanns Anmaßung, die tageszeitung 07.01.2012.

301 Being Christian Wulff, die tageszeitung 11.01.2012.
302 Arlt/Storz 2012; Adamek 2013, S. 150–157; Götschenberg 2013, S. 344–249.
303 Die Gefahr der Lächerlichkeit, die tageszeitung 20.01.2012.
304 Eine Machtprobe, Die Zeit 12.01.2012.
305 Wir sind „Bild", die tageszeitung 03.03.2014.
306 Z. B. in Eine Machtprobe, Die Zeit 12.01.2012; Erst steinigen, dann Streckbank, die tageszeitung 06.03.2012. Darüber berichtete ausführlich die NDR-Sendung Zapp am 04.04.2012, vgl. https://www.ndr.de/fernsehen/sendungen/zapp/presserabatte109.html (Aufruf: 29.08.2018).
307 Götschenberg 2013, S. 14.
308 SZ-Redakteure lehnen Henri-Nannen-Preis ab, sueddeutsche.de 15.05.2012, https://www.sueddeutsche.de/medien/eklat-bei-journalisten-ehrung-sz-redakteure-lehnen-henri-nannen-preis-ab-1.1355532 (Aufruf: 29.08.2018).
309 Kommentar zum Urteil im Deutschlandfunk am 01.03.2014, nachlesbar unter https://web.archive.org/web/20141204175929/http://www.deutschlandfunk.de/wulff-prozess-muster-fuer-unverhaeltnismaessigkeit.858.de.html?dram:article_id=278843 (Aufruf: 27.08.2018).
310 Weshalb das Bobby-Car wichtig war, Stern.de 27.02.2014, https://www.stern.de/politik/deutschland/freispruch-fuer-wulff-weshalb-das-bobby-car-wichtig-war-3398924.html (Aufruf: 27.08.2018). Zu Jörges Götschenberg 2013, S. 29.

Fazit

1 Kripo in den Bundestag, Der Spiegel 01.03.1993.
2 Mißbildungen der Herrschaft, Der Spiegel 16.12.1991.
3 Fluck 2016.
4 Politik und andere Verbrechen, die tageszeitung 07.08.1998.
5 Steinbrück beklagt sich über geringes Kanzler-Gehalt, Spiegel online 29.12.2012, http://www.spiegel.de/politik/deutschland/spd-steinbrueck-beklagt-sich-ueber-geringes-kanzler-gehalt-a-875096.html (Aufruf: 25.09.2018); Trump will kein Präsidentengehalt, Sueddeutsche.de 14.11.2016, https://www.sueddeutsche.de/politik/usa-trump-will-kein-praesidenten-gehalt-1.3248790 (Aufruf: 25.09.2018); Ein „großartiges Weihnachtsgeschenk", faz.net 20.12.2017, http://www.faz.net/aktuell/wirtschaft/steuerreform-in-den-usa-die-wichtigsten-fragen-und-antworten-15351951.html (Aufruf: 25.09.2018).

Literatur

Abelshauser, Werner: Der Rheinische Kapitalismus im Kampf der Wirtschaftskulturen; in: Berghahn, Volker/Vitols, Sigurt (Hrsg.): *Gibt es einen deutschen Kapitalismus? Tradition und globale Perspektiven der sozialen Marktwirtschaft,* Frankfurt a. M./New York 2006, S. 186–199.

Adamek, Sascha: *Die Machtmaschine. Sex, Lügen und Politik,* München 2013.

Ades, Alberto/Di Tella, Rafael: Champions and Corruption: Some Unpleasant Interventionist Arithmetic; in: *The Economic Journal* 107 (1997), S. 1023–1042.

Ahrens, Ralf/Gehlen, Boris/Reckendrees, Alfred (Hrsg.): *Die „Deutschland AG". Historische Annäherungen an den bundesdeutschen Kapitalismus,* Essen 2013.

Andersson, Staffan/Heywood, Paul M.: Anti-corruption as a risk to democracy. On the unintended consequences of international anti-corruption campaigns; in: Sousa, Luís de/Larmour, Peter/Hindess, Barry (Hrsg.): *Governments, NGOs and Anti-Corruption. The New Integrity Warriors,* London 2009a, S. 33–50.

Andersson, Staffan/Heywood, Paul M.: The Politics of Perception: Use and Abuse of Transparency International's Approach to Measuring Corruption; in: *Political Studies* 57 (2009b), S. 746–767.

Anechiarico, Frank/Jacobs, James B.: *The pursuit of absolute integrity. How corruption control makes government ineffective,* Chicago 1996.

Arlt, Hans-Jürgen/Storz, Wolfgang: *„Bild" und Wulff – ziemlich beste Partner. Fallstudie über eine einseitig aufgelöste Geschäftsbeziehung,* Frankfurt a. M. 2012.

Arnim, Hans Herbert von: *„Der Staat sind wir!" Politische Klasse ohne Kontrolle? Das neue Diätengesetz,* München 1995.

Bachmann, Kurt/Carlebach, Emil: *Kauf' Dir einen Minister! Hintergründe zum Flick-Skandal,* Frankfurt a. M. 1985.

Bajohr, Frank: Der folgenlose Skandal. Korruptionsaffären im Nationalsozialismus; in: Sabrow, Martin (Hrsg.): *Skandal und Diktatur. Formen öffentlicher Empörung im NS-Staat und in der DDR,* Göttingen 2004, S. 59–76.

Ball, Carolyn: What is Transparency?; in: *Public Integrity* 11 (2009), S. 293–308.

Bannenberg, Britta/Schaupensteiner, Wolfgang J.: *Korruption in Deutschland. Portrait einer Wachstumsbranche,* München [3]2007.

Barnstone, Deborah A.: *The Transparent State. Architecture and Politics in Postwar Germany,* London/New York 2005.

Bartholmes, Thomas: *Die „Flick-Affäre". Verlauf und Folgen,* Speyer 2003.

Becker, Gary S./Becker, Guity Nashat: *The economics of life. From baseball to affirmative action to immigration. How real-world issues affect our everyday life,* New York 1996.

Becker, Gary S./Stigler, George J.: Law enforcement, malfeasance, and compensation of enforcers; in: *Journal of Legal Studies* 3 (1974), S. 1–18.

Ben-Ami, Shlomo: *El cirujano de hierro. La dictadura de Primo de Rivera (1923–1930),* Barcelona 2012.

Berg, Wolfhart: *Bananenrepublik Deutschland. Korruption – der ganz alltägliche Skandal,* Landsberg 1997.

Berghoff, Hartmut: From the Watergate Scandal to the Compliance Revolution. The Fight against Corporate Corruption in the United States and Germany, 1972–2012; in: *Bulletin of the German Historical Institute* 53,3 (2013), S. 7–30.

Berghoff, Hartmut: „Organised irresponsibility"? The Siemens corruption scandal of the 1990s and 2000s; in: *Business History* 60 (2018), S. 423–445.

Berghoff, Hartmut: Die 1990er-Jahre als Epochenschwelle? Der Umbau der Deutschland AG zwischen Traditionsbruch und Kontinuitätswahrung; in: Historische Zeitschrift 308 (2019), S. 364–400.

Bernsee, Robert: Corruption in German Political Discourse between 1780 and 1820: A Categorisation; in: *Journal of Modern European History* 11 (2013), S. 52–71.

Bernsee, Robert: *Moralische Erneuerung. Korruption und bürokratische Reformen in Bayern und Preußen 1780–1820,* Göttingen 2017.

Blundo, Giorgio: Du plaidoyer à l'engagement politique. État, ONG et politiques de „bonne gouvernance" au Sénégal; in: Pétric, Boris (Hrsg.): *La fabrique de la démocratie. ONG, fondations, think tanks et organisations internationales en action,* Paris 2012, S. 35–64.

Bohnsack, Günter/Brehmer, Herbert: *Auftrag Irreführung. Wie die Stasi Politik im Westen machte,* Hamburg 1992.

Böick, Marcus: *Die Treuhandanstalt 1990–1994,* Erfurt 2015.

Böick, Marcus: *Die Treuhand. Idee – Praxis – Erfahrung 1990–1994,* Göttingen 2018.

Bösch, Frank: Die Entstehung des CDU-Spendensystems; in: *Zeitschrift für Geschichtswissenschaft* 49 (2001), S. 695–711.

Bösch, Frank: Krupps „Kornwalzer". Formen und Wahrnehmungen von Korruption im Kaiserreich; in: *Historische Zeitschrift* 281 (2005), S. 337–379.

Boyd, Colin: The Nestlé Infant Formula Controversy and a Strange Web of Subsequent Business Scandals; in: *Journal of Business Ethics* 103 (2012), S. 283–293.

Bratsis, Peter: Political Corruption in the Age of Transnational Capitalism. From the Relative Autonomy of the State to the White Man's Burden; in: *Historical Materialism* 22 (2014), S. 105–128.

Brauchitsch, Eberhard von: *Der Preis des Schweigens. Erfahrungen eines Unternehmers,* Berlin 1999.

Brin, David: *The Transparent Society. Will Technology Force Us to Choose Between Privacy and Freedom?,* New York 1998.

Brown, Ed/Cloke, Jonathan: Neoliberal Reform, Governance and Corruption in the South: Assessing the International Anti-Corruption Crusade; in: *Antipode* 36 (2004), S. 272–294.

Buchan, Bruce/Hill, Lisa: *An Intellectual History of Political Corruption,* Basingstoke 2014.

Büchele, Christoph/Schneider, Irmgard/Nössler, Bernd (Hrsg.): *Wyhl. Der Widerstand geht weiter. Der Bürgerprotest gegen das Kernkraftwerk von 1976 bis zum Mannheimer Prozeß,* Freiburg 1982.

Bukovansky, Mlada: The hollowness of anti-corruption discourse; in: *Review of International Political Economy* 13 (2006), S. 181–209.

Bukovansky, Mlada: Corruption Rankings. Constructing and Contesting the Global Anti-Corruption Agenda; in: Cooley, Alexander/Snyder, Jack (Hrsg.): *Ranking the World. Grading States as a Tool of Global Governance,* Cambridge 2015, S. 60–84.

Burchardt, Rainer/Schlamp, Hans-Jürgen (Hrsg.): *Flick-Zeugen. Protokolle aus dem Untersuchungssausschuß,* Reinbek bei Hamburg 1985.

Bürklin, Wilhelm: Die deutsche Parteienkritik im Wandel: Die 1970er bis 1990er Jahre; in: Birke, Adolf M./Brechtken, Magnus (Hrsg.): *Politikverdrossenheit. Der Parteienstaat in der historischen und gegenwärtigen Diskussion,* München et al. 1995, S. 101–111.

Carroll, Archie B.: Corporate Social Responsibility. Evolution of a Definitional Construct; in: *Business & Society* 38 (1998), S. 268–295.

Cartier-Bresson, Jean: Éléments d'analyse pour une économie de la corruption; in: *Tiers-Monde* 33 (1992), S. 581–609.

Cartier-Bresson, Jean: Les mécanismes de construction de l'agenda de la gouvernance; in: *Mondes en développement* 152 (2010), S. 111–127.

Cavaillé, Jean-Pierre: La face cachée de l'injonction de transparence; in: *Les Dossiers du Grihl [en ligne]* (2014), o.S.

Chartier, Roger: *Les origines culturelles de la Révolution française,* Paris 1991.

Christensen, Lars Thøger/Cornelissen, Joep: Organizational transparency as myth and metaphor; in: *European Journal of Social Theory* 18 (2015), S. 132–149.

Collins, Randall: Patrimonial Alliances and Failures of State Penetration: A Historical Dynamic of Crime, Corruption, Gangs, and Mafias; in: *Annals of the American Academy of Political & Social Science* 636 (2011), S. 16–31.

Combes, Hélène/Vommaro, Gabriel: *Sociologie du clientélisme,* Paris 2015.

Cooley, Alexander: The Emerging Politics of International Rankings and Ratings: A Framework for Analysis; in: Cooley, Alexander/Snyder, Jack (Hrsg.): *Ranking the World. Grading States as a Tool of Global Governance,* Cambridge 2015, S. 1–38.

Cornwell, Elmer E.: Bosses, Machines, and Ethnic Groups; in: *The Annals of the American Academy of Political and Social Science* 353 (1964), S. 27–39.

Costa y Martínez, Joaquín: *Oligarquía y caciquismo como la forma actual de gobierno en España. Urgencia y modo de cambiarla,* Madrid ²1902.

Crouch, Colin: *Post-Democracy,* Oxford 2004.

Dahl, Matilda: How do international organizations scrutinize transforming states? The case of Transparency International in the Baltic states; in: Sousa, Luís de/Larmour, Peter/Hindess, Barry (Hrsg.): *Governments, NGOs and Anti-Corruption. The New Integrity Warriors,* London 2009, S. 152–167.

Darge, Ekkehard: *Korruption in der Bundespolitik Deutschlands. Fälle und Bekämpfungsstrategien,* Oldenburg 2009.

Dearden, Stephen: The Challenge to Corruption and the International Business Environment; in: Kidd, John/Richter, Frank-Jürgen (Hrsg.): *Corruption and Governance in Asia,* London 2002, S. 27–42.

Der Bundesbeauftragte für die Unterlagen des Staatssicherheitsdienstes: *Der Deutsche Bundestag 1949 bis 1989 in den Akten des Ministeriums für Staatssicherheit (MfS) der DDR,* Berlin 2013.

Diamond, Larry/Morlino, Leonardo: The Quality of Democracy. An Overview; in: *Journal of Democracy* 15 (2004), S. 20–31.

Die Grünen: *Bundestagswahl Programm 1987,* Bonn 1987.

Dörre, Steffen: Normenkonkurrenz im Wirtschaftswunder. Debatten über Korruption und Wirtschaftskriminalität in der Bundesrepublik Deutschland 1957–1960; in: Engels, Jens Ivo/Fahrmeir, Andreas/Monier, Frédéric/Dard, Olivier (Hrsg.): *Krumme Touren in der Wirtschaft. Zur Geschichte ethischen Fehlverhaltens und seiner Bekämpfung,* Köln/Weimar/Wien 2015, S. 101–124.

Doyle, William: *Venality. The Sale of Offices in Eighteenth Century France,* Oxford 1996.

Durynek, Jürgen: *Korruptionsdelikte (§§ 331 ff. StGB). Reformdiskussion und Gesetzgebung seit dem 19. Jahrhundert,* Berlin 2008.

Ebhardt, Christian: *Interessenpolitik und Korruption. Personale Netzwerke und Korruptionsdebatten am Beispiel der Eisenbahnbranche in Großbritannien und Frankreich, 1830–1870,* Göttingen 2015.

Eigen, Peter: *Das Netz der Korruption. Wie eine weltweite Bewegung gegen Bestechung kämpft,* Frankfurt a. M. 2003a.

Eigen, Peter: Mit kraftvollen und kompetenten zivilgesellschaftlichen Organisationen gegen Korruption; in: Arnim, Hans Herbert v. (Hrsg.): *Korruption. Netzwerke in Politik, Ämtern und Wirtschaft,* München 2003b, S. 160–172.

Eisfeld, Rainer (Hrsg.): *Mitgemacht. Theodor Eschenburgs Beteiligung an „Arisierungen“ im Nationalsozialismus,* Wiesbaden 2015.

Engelmann, Bernt: *Schützenpanzer HS 30, Starfighter F-104 G. Oder wie man unseren Staat zugrunde richtet,* München 1967.

Engelmann, Bernt: *Schwarzbuch Helmut Kohl, oder: wie man einen Staat ruiniert,* Göttingen ^{2}1998.

Engels, Jens Ivo: *Naturpolitik in der Bundesrepublik. Ideenwelt und politische Verhaltensstile in Naturschutz und Umweltbewegung 1950–1980,* Paderborn 2006.

Engels, Jens Ivo: Corruption as a Political Issue in Modern Societies: France, Great Britain and the United States in the Long 19th Century; in: *Public Voices* X (2008a), S. 68–86.

Engels, Jens Ivo: „Inkorporierung" und „Normalisierung" einer Protestbewegung am Beispiel der westdeutschen Umweltproteste in den 1980er Jahren; in: *Mitteilungsblatt des Instituts für soziale Bewegungen* 40 (2008b), S. 81–100.

Engels, Jens Ivo: Revolution und Panama. Korruptionsdebatten als Systemkritik in Frankreich vom 18. Jahrhundert bis zur Dritten Republik; in: Engels, Jens Ivo/Fahrmeir, Andreas/Nützenadel, Alexander (Hrsg.): *Geld – Geschenke – Politik. Korruption im neuzeitlichen Europa,* München 2009, S. 143–174.

Engels, Jens Ivo: *Die Geschichte der Korruption. Von der Frühen Neuzeit bis ins 20. Jahrhundert,* Frankfurt a. M. 2014.

Engels, Jens Ivo/Rothfuss, Anna: Les usages de la politique du scandale. La SPD et les débats sur la corruption politique pendant le Kaiserreich 1873–1913; in: *Cahiers Jaurès* 209 (2013), S. 33–51.

Enzensberger, Hans Magnus: Kassensturz. Ein Bonner Memorandum; in: Hafner, Georg M./Jacoby, Edmund (Hrsg.): *Die Skandale der Republik,* Hamburg 1990, S. 197–225.

Eschenburg, Theodor: *Ämterpatronage,* Stuttgart 1961.

Evangelische Akademie Bad Boll (Hrsg.): *Korruption – eine Herausforderung für Gesellschaft und Kirche,* Bad Boll 1991.

Farrales, Mark J.: *What is Corruption? A History of Corruption Studies and the Great Definitions Debate,* University of California, San Diego 2005.

Favarel-Garrigues, Gilles: Présentation. La lutte anticorruption, de l'unanisme international aux priorités intérieures; in: *Droit et Société* 72 (2009), S. 273–284.

Fenster, Mark: The Transparency Fix: Advocating Legal Rights and Their Alternatives in the Pursuit of a Visible State; in: *University of Pittsburgh Law Review* 73 (2012), S. 443–503.

Fischer, Karsten: Selbstkorrumpierung des Parteienstaates. Versuch über einen Gestaltwandel politischer Korruption; in: Bluhm, Harald/Fischer, Karsten (Hrsg.): *Sichtbarkeit und Unsichtbarkeit der Macht. Theorien politischer Korruption,* Baden-Baden 2002, S. 67–86.

Fluck, Matthew: Theory, ‚truthers', and transparency: Reflecting on knowledge in the twenty-first century; in: *Review of International Studies* 42 (2016), S. 48–73.

Flyverbom, Mikkel: Sunlight in cyberspace? On transparency as a form of ordering; in: *European Journal of Social Theory* 18 (2015), S. 168–184.

Fox, Jonathan/Garcia Jimenez, Carlos/Haight, Libby: Rural democratisation in Mexico's deep south: grassroots right-to-know campaigns in Guerrero; in: *Journal of Peasant Studies* 36 (2009), S. 271–298.

Frank, Henning/Augstein, Josef/Lücke, Horst/Schröder, Friedrich-Christian: *Die Flick-Affäre zwischen Anklage und Hauptverhandlung. Manuskript der Sendung „Zur Diskussion" im Deutschlandfunk am 16.12.1983,* Köln 1983.

Frauenkollektiv Freiburg (Hrsg.): *Frauen erklären Atom und Blei den Krieg. Über die Badische Fraueninitiative gegen Bleiwerk Marckolsheim und gegen KKW Wyhl,* München 1975.

Frei, Norbert/Ahrens, Ralf/Osterloh, Jörg/Schanetzky, Tim: *Flick. Der Konzern, die Familie, die Macht,* München 2009.

Friedrich-Ebert-Stiftung (Hrsg.): *Korruption in Deutschland. Ursachen, Erscheinungsformen, Bekämpfungsstrategien,* Berlin 1995.

Fukuyama, Francis: *The End of History and the Last Man,* London 1992.

Geyer, Martin H.: *Kapitalismus und politische Moral in der Zwischenkriegszeit. Oder: Wer war Julius Barmat,* Hamburg 2018.

Gniss, Daniela: *Der Politiker Eugen Gerstenmaier 1906–1986. Eine Biographie,* Düsseldorf 2005.

Goschler, Constantin: *Das Zeitalter der #Transparenz. Ein Epilog?* 07.05.2017; http://geschichtedergegenwart.ch/das-zeitalter-der-transparenz-ein-epilog/, o.S. (Aufruf 24.06.2018).

Goschler, Constantin/Böick, Marcus: *Studie zur Wahrnehmung und Bewertung der Arbeit der Treuhandanstalt. Im Auftrag des Bundesministeriums für Wirtschaft und Energie,* Bochum 2017.

Götschenberg, Michael: *Der böse Wulff? Die Geschichte hinter der Geschichte und die Rolle der Medien,* Kulmbach 2013.

Graeff, Peter: Prinzipal-Agent-Klient-Modelle als Zugangsmöglichkeit zur Korruptionsforschung; in: Grüne, Niels/Slanička, Simona (Hrsg.): *Korruption. Historische Annäherungen,* Göttingen 2010, S. 55–75.

Grau, Andreas: Auf der Suche nach den fehlenden Stimmen 1972. Zu den Nachwirkungen des gescheiterten Misstrauensvotums Barzel/Brandt; in: *Historisch-politische Mitteilungen* 16 (2009), S. 1–17.

Graw, Ansgar/Lessenthin, Martin: *Lothar Späth. Politik, Wirtschaft und die Rolle der Medien,* Zürich 1991.

Grimmelikhuijsen, Stephan: Relier transparence, connaissances et confiance des citoyens dans l'État: expérience; in: *Revue Internationale des Sciences Administratives* 78 (2012), S. 55–78.

Gross, Raphael: Die Ethik eines wahrheitssuchenden Richters. Konrad Morgen, SS-Richter und Korruptionsspezialist; in: Konitzer, Werner/Gross, Raphael (Hrsg.): *Moralität des Bösen. Ethik und nationalsozialistische Verbrechen,* Frankfurt a. M. 2009, S. 243–264.

Grossman, Emiliano/Luque, Emilio/Muniesa, Fabian: *Economies Through Transparency,* CSI Working Papers Series 3, Paris 2006.

Guillaume, Louis: De l'opacité à la transparence: les limites de l'indice de perception de la corruption de Transparency international; in: *Déviance et Société* 31 (2007), S. 41–64.

Haldemann, Theo: Internationale Entwicklungen im Bereich des New Public Management und der wirkungsorientierten Verwaltungsführung – Übersicht und Vergleich; in: *Wirtschaft und Gesellschaft* 21 (1995), S. 425–445.

Hansen, Hans Krause/Christensen, Lars Thøger/Flyverbom, Mikkel: Introduction. Logics of transparency in late modernity. Paradoxes, mediation and governance; in: *European Journal of Social Theory* 18 (2015), S. 117–131.

Hay, Colin: *Why We Hate Politics,* Cambridge 2007.

Herbert, Ulrich: *Geschichte Deutschlands im 20. Jahrhundert,* München 2014.

Hindess, Barry: Investigating International Anti-Corruption; in: *Third World Quarterly* 26 (2005), S. 1389–1398.

Hindess, Barry: International anti-corruption as a programme of normalization; in: Sousa, Luís de/Larmour, Peter/Hindess, Barry (Hrsg.): *Governments, NGOs and Anti-Corruption. The New Integrity Warriors,* London 2009, S. 19–32.

Hoeres, Peter: Von der „Tendenzwende" zur „geistig-moralischen Wende". Konstruktion und Kritik konservativer Signaturen in den 1970er und 1980er Jahren; in: *Vierteljahrshefte für Zeitgeschichte* 61 (2013), S. 93–119.

Hood, Christopher: Transparency in Historical Perspective; in: Hood, Christopher/Heald, David (Hrsg.): *Transparency. The key to better governance?,* Oxford 2006, S. 3–23.

Huge, Dieter/Schmidt, Regina/Thränhardt, Dietrich: Politische Korruptionsskandale auf Bundesebene 1949–1986; in: Bellers, Jürgen (Hrsg.): *Politische Korruption – vergleichende Untersuchungen,* Münster 1989, S. 38–59.

Huntington, Samuel: *Political Order in Changing Societies,* New Haven/London 1968.

Jensen, Michael/Meckling, William: Theory of the firm. Managerial behavior, agency costs, and ownership structure; in: *Journal of Financial Economics* 3 (1976), S. 305–360.

Jörke, Dirk: Bürgerbeteiligung in der Postdemokratie; in: *Aus Politik und Zeitgeschichte* 1–2 (2011), S. 13–18.

Jürgs, Michael: *Die Treuhändler. Wie Helden und Halunken die DDR verkauften,* München 1997.

Kapur, Devesh/Lewis, John Prior/Webb, Richard Charles: *The World Bank. Its first half century,* Washington 1997.

Kershaw, Ian: *Hitler 1889–1945,* München 2009.

Kiehne (Kriminalrat): Erfahrungen aus der Tätigkeit zentraler Dienststellen zur Bekämpfung der Korruption; in: Bundeskriminalamt Wiesbaden (Hrsg.): *Wirtschaftsdelikte (einschliesslich der Korruption). Arbeitstagung im Bundeskriminalamt Wiesbaden vom 8.4.–13.4.1957 über Bekämpfung der Wirtschaftsdelikte einschliesslich der Korruption,* Wiesbaden 1957, S. 181–192.

Kilz, Hans Werner/Preuß, Joachim (Hrsg.): *Flick. Die gekaufte Republik,* Reinbek [2]1984.

Klatt, Johanna: *Rita Süssmuth. Politische Karriere einer Seiteneinsteigerin in der Ära Kohl,* Stuttgart 2010.

Klein, Annika: *Korruption und Korruptionsskandale in der Weimarer Republik,* Göttingen 2014.

Klemm, Volker: *Korruption und Amtsmißbrauch in der DDR,* Stuttgart 1991.

Klitgaard, Robert: *Controlling Corruption,* Berkeley 1988.

Knabe, Hubertus: *Der diskrete Charme der DDR. Stasi und Westmedien,* Berlin/München 2001.

Knights, Mark: Anticorruption in Seventeenth- and Eighteenth Century Britain; in: Kroeze, Ronald/Vitória, André/Geltner, Guy (Hrsg.): *Anticorruption in History. From Antiquity to the Modern Era,* Oxford 2018, S. 181–195.

Knodt, Michèle: Semi-permeable Verwaltung im postdemokratischen europäischen Mehrebenensystem; in: *Politische Vierteljahresschrift* 54 (2013), S. 534–557.

Kohl, Helmut: *Mein Tagebuch, 1998–2000,* München 2000.

Köpf, Peter: *Auf unsere Kosten! Misswirtschaft und Korruption in Deutschland,* München 1997.

Kopp, Horst: *Der Desinformant. Erinnerungen eines DDR-Geheimdienstlers,* Berlin 2016.

Körner, Heiko: Korruption in der „Dritten Welt" – eine kritische Analyse neuerer Beiträge in der Literatur; in: *Hamburger Jahrbuch für Wirtschafts- und Gesellschaftspolitik* 43 (1998), S. 327–343.

Korte, Karl-Rudolf: Regieren unter schwindenden Gewissheiten. Substanzverluste der Demokratie und deren politische Herausforderungen in der Berliner Republik; in: Bienert, Michael C./Creuzberger, Stefan/Hübener, Kristina/Oppermann, Matthias (Hrsg.): *Die Berliner Republik. Beiträge zur deutschen Zeitgeschichte seit 1990,* Berlin 2013, S. 55–76.

Krastev, Ivan: Die Obsession der Transparenz. Der Washington-Konsens zur Korruption; in: Randeria, Shalini (Hrsg.): *Vom Imperialismus zum Empire. Nicht-westliche Perspektiven auf Globalisierung,* Frankfurt a. M. 2009, S. 137–161.

Kren, Hendrik: Der „Bundesliga-Skandal" 1970/71 und der mediale Diskurs über einen wettbewerbskonformen Sport; in: *Kieler Blätter zur Volkskunde* 43 (2011), S. 101–115.

Kroeze, Ronald: *Een kwestie van politieke moraliteit. Politieke corruptieschandalen en goed bestuur in Nederland, 1848–1940,* Hilversum 2013.

Kroeze, Ronald: Lockheed (1977) and Flick (1981–1986): Anticorruption as a Pragmatic Practice in the Netherlands and Germany; in: Kroeze, Ronald/Vitória, André/Geltner, Guy (Hrsg.): *Anticorruption in History. From Antiquity to the Modern Era,* Oxford 2018, S. 279–292.

Kubbe, Ina: *Corruption in Europe. Is It all About Democracy?,* Baden-Baden 2015.

Kuhnert, Matthias: Die Moral von Tee und Babymilch. Unternehmenskritik und Konzepte für ethisches Wirtschaften bei britischen Entwicklungsaktivisten; in: Engels, Jens Ivo/Fahrmeir, Andreas/Monier, Frédéric/Dard, Olivier (Hrsg.): *Krumme Touren in der Wirtschaft. Zur Geschichte ethischen Fehlverhaltens und seiner Bekämpfung,* Köln/Weimar/Wien 2015, S. 43–59.

Lambsdorff, Johann: *Corruption in Empirical Research – A Review*; 9th Annual Anti-Corruption Conference, Durban South Africa 10.-15.12.1999; http://www1.worldbank.org/publicsector/anticorrupt/d2ws1_jglambsdorff.pdf, S. 1-18 (Aufruf 20.08.2018).

Lambsdorff, Johann Graf: Korruption. Ausmaß und ökonomische Folgen; in: *Wirtschaftsdienst* 82 (2002), S. 544–548.

Lambsdorff, Johann Graf/Galtung, Fredrik: Wie kann man Korruption messen? Der Korruptionsindex 1999 von Transparency International; in: *Entwicklung und Zusammenarbeit* 40 (1999), S. 300–302.

Larkin, Sean P.: The Age of Transparency; in: *Foreign Affairs* 95 (2016), S. 136–146.

Leff, Nathaniel H.: Economic development through bureaucratic corruption; in: *American Behavioral Scientist* 8,3 (1964), S. 8–14.

Leite, Carlos/Weidmann, Jens: *Does Mother Nature Corrupt? Natural Resources, Corruption, and Economic Growth. IMF Working Paper,* Washington 1999.

Leyendecker, Hans: *Mafia im Staat. Deutschland fällt unter die Räuber,* Göttingen 1992.

Leyendecker, Hans: Helmut Kohl, die CDU und die Spenden. Eine Fortsetzungsgeschichte; in: Leyendecker, Hans/Stiller, Michael/Prantl, Heribert (Hrsg.): *Helmut Kohl, die Macht und das Geld,* Göttingen 2000, S. 13–245.

Leyendecker, Hans: *Die Korruptionsfalle. Wie unser Land im Filz versinkt,* Reinbek bei Hamburg 2003.

Leyendecker, Hans: *Die große Gier: Korruption, Kartelle, Lustreisen. Warum unsere Wirtschaft eine neue Moral braucht,* Berlin 2007.

Lindemann, Kai: *Korruption als Skandalierung informeller Einflusspolitik. Fallstudien aus der „CDU-Spendenaffäre",* Berlin 2005.

Lindstedt, Catharina/Naurin, Daniel: Transparency is not enough. Making transparency effective in reducing corruption; in: *International Political Science Review/Revue internationale de science politique* 31 (2010), S. 301–322.

Lodge, Juliet: Transparency and democratic legitimacy; in: *Journal of Common Market Studies* 32 (1994), S. 343–368.

Lotze, Gerd: *Karl Wienand. Der Drahtzieher,* Köln 1995.

Mende, Silke: *Nicht rechts, nicht links, sondern vorn. Eine Geschichte der Gründungsgrünen,* München 2011.

Menne, Leo: Korruption; in: *Kölner Zeitschrift für Soziologie und Sozialpsychologie* 1 (1948/49), S. 144–188.

Merkel, Wolfgang: Gibt es eine Krise der Demokratie?; in: *WZB-Mitteilungen* 139 (2013), S. 6–9.

Merton, Robert: *Social Theory and Social Structure,* New York ^{2}1957.

Metzger, Birgit: *„Erst stirbt der Wald, dann du!" Das Waldsterben als westdeutsches Politikum (1978–1986),* Frankfurt a. M. 2015.

Michael, Bryane/Bowser, Donald: The Evolution of the Anti-Corruption Industry in the Third Wave of Anti-Corruption Work; in: Wolf, Sebastian/Schmidt-Pfister, Diana (Hrsg.): *International anti-corruption regimes in Europe. Between corruption, integration, and culture,* Baden-Baden 2010, S. 161–177.

Middendorf, Wolf: *Soziologie des Verbrechens. Erscheinungen und Wandlungen des asozialen Verhaltens,* Düsseldorf/Köln 1959.

Möller, Franz: Eugen Gerstenmaier und die Bundesversammlung in Berlin 1969; in: *Historisch-politische Mitteilungen* (2002), S. 95–126.

Möller, Horst: *Franz Josef Strauß. Herrscher und Rebell,* München/Berlin 2015.

Monsutti, Alessandro: La Banque mondiale et le développement rural an Afghanistan. Promotion de la démocratie, participation locale et gouvernementalité transnationale; in: Pétric, Boris (Hrsg.): *La fabrique de la démocratie. ONG, fondations, think tanks et organisations internationales en action,* Paris 2012, S. 169–192.

Mouffe, Chantal: Postdemokratie und die zunehmende Entpolitisierung; in: *Aus Politik und Zeitgeschichte* 1/2 (2011), S. 3–5.

Mungiu-Pippidi, Alina: Corruption. Diagnosis and Treatment; in: *Journal of Democracy* 17 (2006), S. 86–99.

Mungiu-Pippidi, Alina: Becoming Denmark. Historical Designs of Corruption Control; in: *Social Research* 80 (2013), S. 1259–1286.

Mungiu-Pippidi, Alina: Good governance powers innovation; in: *Nature* 518 (2015), S. 295–297.

Mutz, Mathias: Die Volkshochschul' fuer unser Volksgewuhl – Zur Bedeutung der Volkshochschule Wyhler Wald für den Widerstand gegen das Kernkraftwerk Wyhl; in: *Schau-ins-Land* 124 (2005), S. 203–220.

Neudorfer, Benjamin/Neudorfer, Natascha S.: Decentralization and Political Corruption: Disaggregating Regional Authority; in: *Publius: The Journal of Federalism* 45 (2015), S. 24–50.

Noack, Paul: *Korruption. Die andere Seite der Macht,* München 1985.

Nye, Joseph S.: Corruption and Political Development. A Cost-Benefit Analysis; in: *American Science Review* 66 (1967), S. 417–427.

Osrecki, Fran: Fighting Corruption with Transparent Organizations. Anti-Corruption and Functional Deviance in Organizational Behavior; in: *ephemera* 15 (2015), S. 337–364.

Osrecki, Fran: A Short History of the Sociology of Corruption: the Demise of Counter-Intuitivity and the Rise of Numerical Comparisons; in: *The American Sociologist* 48 (2017), S. 103-125.

Özdemir, Cem: Akteneinsichtsrecht als deutsches Freedom-of-Information-Gesetz; in: Scholz, Reiner (Hrsg.): *Der gläserne Bürokrat. Welche Rolle spielt Transparenz in der Bürokratie für die Bekämpfung der Korruption? Konferenz der Friedrich-Ebert-Stiftung, 29. Oktober 1999,* Berlin 2000, S. 53–57.

Papcke, Sven: Durchkorrumpierung. Schatten über der politischen Moderne; in: *Gewerkschaftliche Monatshefte* 3/4 (2002), S. 201–208.

Perthen, Andrea: Réseaux, pots-de-vin et dons à des partis; in: Mattina, Cesare/Monier, Frédéric/Dard, Olivier/Engels, Jens Ivo (Hrsg.): *Dénoncer la corruption. Chevaliers blancs, pamphlétaires et promoteurs de la transparence à l'époque contemporaine,* Paris 2018, S. 159–178.

Perthen, Andrea: *Korruption kritisieren. Über Entstehung und Verlauf politischer Korruptionsskandale in der Bundesrepublik Deutschland der 1950er und 1960er Jahre*, Dissertation Darmstadt 2019.

Pétric, Boris/Blundo, Giorgio: Introduction. Promotion de la démocratie et transnationalisation du politique. Perspectives locales; in: Pétric, Boris (Hrsg.): *La fabrique de la démocratie. ONG, fondations, think tanks et organisations internationales en action*, Paris 2012, S. 9–33.

Pflüger, Friedbert: *Ehrenwort. Das System Kohl und der Neubeginn*, München 2000.

Philipp, Michael: Amigo-Affäre; in: *Skandale in Deutschland nach 1945*, Bonn/Bielefeld 2007, S. 173–179.

Pleterski, Friederun/Korth, Michael: *Die Beamten. Privilegien, Pfründen & Pensionen*, Frankfurt am Main 1997.

Pope, Jeremy (Hrsg.): *The TI Source Book*, Berlin 1996.

Portalez, Christophe: *Alfred Naquet et ses amis politiques: Patronage, corruption et scandale en République (1870–1898)*, Rennes 2018.

Pressedienst Demokratische Initiative/Engelmann, Bernt (Hrsg.): *Schwarzbuch Strauss, Kohl & Co*, Köln 1976.

Priemel, Kim Christian: *Flick. Eine Konzerngeschichte vom Kaiserreich bis zur Bundesrepublik*, Göttingen 2007.

Pyta, Wolfram: Bundesligaskandal; in: *Skandale in Deutschland nach 1945*, Bonn/Bielefeld 2007, S. 95–103.

Ramge, Thomas: *Die großen Polit-Skandale. Eine andere Geschichte der Bundesrepublik*, Frankfurt a. M. 2003.

Rappaport, Alfred: *Creating shareholder value. The new standard for business performance*, New York 1986.

Reuth, Ralf Georg: *Annäherung an Helmut Kohl*, München 2017.

Richter, Horst-Eberhard: *Die hohe Kunst der Korruption. Erkenntnisse eines Politikberaters*, Hamburg 1989.

Ringel, Leopold: *Transparenz. Ideal und Organisationsproblem. Eine Studie am Beispiel der Piratenpartei Deutschland*, Wiesbaden 2017.

Rödder, Andreas: *21.0. Eine kurze Geschichte der Gegenwart*, München 2015.

Rohwer, Anja: Measuring Corruption: A Comparison between the Transparency International's Corruption Perception Index and the World Bank's Worldwide Governance Indicators; in: *ifo DICE Report* 7,3 (2009), S. 42–52.

Rose-Ackerman, Susan: The economics of corruption; in: *Journal of Public Economics* 4 (1975), S. 187–203.

Rose-Ackerman, Susan: *Corruption: A study in political economy*, New York 1978.

Rose-Ackerman, Susan: *Corruption and Government: Causes, Consequences, and Reform*, Cambridge 1999.

Rostow, Walt W.: The Take-Off into Self-Sustained Growth; in: Agarwala, Amar N./Singh, Shish P. (Hrsg.): *The Economics of Underdevelopment*, London 1960, S. 154–186.

Roth, Jürgen: *Der Sumpf. Korruption in Deutschland*, München 1995.

Roth, Roland/Rucht, Dieter (Hrsg.): *Die Sozialen Bewegungen in Deutschland seit 1945. Ein Handbuch*, Frankfurt a. M. 2008.

Rothfuss, Anna: *Debatte – Skandal – Diskurs. Korruptionskommunikation im Deutschen Kaiserreich 1871–1914*, Dissertation Darmstadt 2017.

Rothstein, Bo: Anti-corruption: the indirect ‚big bang' approach; in: *Review of International Political Economy* 18 (2011), S. 228–250.

Ruf, Friedhelm (Hrsg.): *Der rheinische Kardinal. Josef Frings – Seelsorger, Diplomat und Brückenbauer*, Köln [2]2016.

Rügemer, Werner: *Colonia Corrupta. Globalisierung, Privatisierung und Korruption im Schatten des Kölner Klüngels*, Münster [8]2015.

Sabrow, Martin: 1990 – eine Epochenzäsur?; in: Sabrow, Martin (Hrsg.): *1990 – eine Epochenzäsur?*, Leipzig 2006, S. 9–26.

Sampson, Steven: Integrity Warriors: Global Morality and the Anti-Corruption Movement in the Balkans; in: Haller, Dieter/Shore, Cris (Hrsg.): *Corruption. Anthropological Perspectives*, London 2005, S. 103–130.

Sampson, Steven: Corruption and anti-corruption in Southeast Europe. Landscapes and sites; in: Sousa, Luís de/Larmour, Peter/Hindess, Barry (Hrsg.): *Governments, NGOs and Anti-Corruption. The New Integrity Warriors*, London 2009, S. 168–185.

Sampson, Steven: The Anti-Corruption Industry. From Movement to Institution; in: *Global Crime* 11 (2010), S. 261–278.

Sampson, Steven: The „Right Way". Moral Capitalism and the Emergence of the Corporate Ethics and Compliance Officer; in: *Journal of Business Anthropology* 10 (2016), S. 65–86.

Sattler, Friederike: Rheinischer Kapitalismus. Staat, Wirtschaft und Gesellschaft in der Bonner Republik; in: *Archiv für Sozialgeschichte* 52 (2012), S. 687–724.

Schaupensteiner, Wolfgang J./Bommarius, Christian: Filz und Speck. Ein Gespräch; in: *Korruption. Kursbuch 120*, Berlin 1995, S. 36–44.

Scheuch, Erwin K./Scheuch, Ute: *Cliquen, Klüngel und Karrieren. Über den Verfall der politischen Parteien. Eine Studie*, Reinbek bei Hamburg 1992.

Schildt, Axel: *Zwischen Abendland und Amerika. Studien zur westdeutschen Ideenlandschaft der 50er Jahre*, München 1999.

Schily, Otto: *Politik in bar. Flick und die Verfassung unserer Republik*, München 1986.

Schmidt, Wolfgang: Starfighter/Lockheed; in: *Skandale in Deutschland nach 1945*, Bonn/Bielefeld 2007, S. 77–85.

Schneider, Manfred: *Transparenztraum. Literatur, Politik, Medien und das Unmögliche*, Berlin 2013.

Schöllgen, Gregor: *Gerhard Schröder. Die Biographie*, München 2015.

Scholz, Reiner: *Korruption in Deutschland. Die schmutzigen Finger der öffentlichen Hand*, Reinbek 1995.

Scholz, Reiner (Hrsg.): *Der gläserne Bürokrat. Welche Rolle spielt Transparenz in der Bürokratie für die Bekämpfung der Korruption? Konferenz der Friedrich-Ebert-Stiftung, 29. Oktober 1999,* Berlin 2000.

Scott, James C.: The Analysis of Corruption in Developing Nations; in: *Comparative Studies in Society and History* 11 (1969), S. 315–341.

See, Hans: *Kapital-Verbrechen. Die Verwirtschaftung der Moral,* Düsseldorf 1990.

See, Hans/Schenk, Dieter: Business Crime Control oder Aufklärung tut not; in: See, Hans/Schenk, Dieter (Hrsg.): *Wirtschaftsverbrechen. Der innere Feind der freien Marktwirtschaft,* Köln 1992, S. 17–35.

Selenz, Hans-Joachim: *Schwarzbuch VW. Wie Manager, Politiker und Gewerkschafter den Konzern ausplündern,* Frankfurt a. M. 2005.

Siano, Claas: *Die Luftwaffe und der Starfighter. Rüstung im Spannungsfeld von Politik, Wirtschaft und Militär,* Berlin 2016.

Simmert, Christian/Engels, Volker: *Die Lobby regiert das Land,* Berlin 2002.

Sousa, Luís de/Larmour, Peter: Transparency International: Global Franchising and the War of Information against Corruption; in: Burke, Ronald J./Cooper, Cary L. (Hrsg.): *Research Companion to Corruption in Organizations,* Cheltenham 2009, S. 269–284.

Sozialdemokratische Partei Deutschlands (Hrsg.): *Unternehmermillionen kaufen politische Macht! Finanzierung und Korrumpierung der Regierungsparteien durch die Managerschicht der „Wirtschaft",* Bonn 1953.

Steiner, André: Corruption in an Anticorruption State? East Germany under Communist Rule; in: Kroeze, Ronald/Vitória, André/Geltner, Guy (Hrsg.): *Anticorruption in History. From Antiquity to the Modern Era,* Oxford 2018, S. 293–304.

Stephan, Cora (Hrsg.): *Wir Kollaborateure. Der Westen und die deutschen Vergangenheiten,* Reinbek bei Hamburg 1992.

Stiller, Michael: Strauß, Schreiber & Co. Das weißblaue Amigo-System; in: Leyendecker, Hans/Stiller, Michael/Prantl, Heribert (Hrsg.): *Helmut Kohl, die Macht und das Geld,* Göttingen 2000, S. 247–473.

Streck, Bernhard: Geben und Nehmen; in: *Korruption. Kursbuch 120,* Berlin 1995, S. 1–8.

Suhr, Heinz: *Der Treuhand-Skandal. Wie Ostdeutschland geschlachtet wurde,* Frankfurt a. M. 1991.

Teorell, Jan/Rothstein, Bo: Getting to Sweden, Part I: War and Malfeasance, 1720–1850; in: *Scandinavian Political Studies* 38 (2015), S. 217–237.

Thiel, Stephanie: Korruptionsbekämpfung zwischen Effizienzismus und Moralismus; in: Kliche, Thomas/Thiel, Stephanie (Hrsg.): *Korruption. Forschungsstand, Prävention, Probleme,* Lengerich 2011, S. 337–357.

Transparency International: *Annual Report 2006,* Berlin 2006.

Überall, Frank: *Der Klüngel in der politischen Kultur Kölns,* Bonn 2007.

Unterstützt die Basisgruppen/Grüne: *Wählt Flick. Damit unsere Politiker berechenbar bleiben,* o. O. [Gießen], o. J. [1983].

Vogt, Roland: Rechtshilfe im Widerstand gegen Atomkraftwerke; in: Ebert, Theodor/Sternstein, Wolfgang/Vogt, Roland (Hrsg.): *Ökologiebewegung und ziviler Widerstand. Wyhler Erfahrungen,* Stuttgart 1978.

Wagner, Patrick: *Bauern, Junker und Beamte. Lokale Herrschaft und Partizipation im Ostelbien des 19. Jahrhunderts,* Göttingen 2005.

Weber, Max: *Wirtschaft und Gesellschaft. Grundriß der verstehenden Soziologie,* Tübingen 1922.

Wengst, Udo: *Theodor Eschenburg: Biografie einer politischen Leitfigur 1904–1999,* Berlin 2015.

Wirsching, Andreas: *Abschied vom Provisorium. Geschichte der Bundesrepublik Deutschland 1982–1990,* München 2006.

Wolf, Sebastian: *Korruption, Antikorruptionspolitik und öffentliche Verwaltung. Einführung und europapolitische Bezüge,* Wiesbaden 2014.

Wolfensohn, James D.: *People and Development. Annual Meetings Address, World Bank* Washington 1996, https://openknowledge.worldbank.org/handle/10986/25081 (Aufruf 04.03.2019).

Wolfrum, Egard: *Rot-Grün an der Macht. Deutschland 1998-2005,* München 2013.

Wulff, Christian: *Ganz oben. Ganz unten,* München 2014.

Wunder, Bernd: *Die badische Beamtenschaft zwischen Rheinbund und Reichsgründung (1806–1871): Dienstrecht, Pension, Ausbildung, Karriere, soziales Profil und politische Haltung,* Stuttgart 1998.

Wüstenhagen, Hans-Helmut: *Bürger gegen Kernkraftwerke. Wyhl – der Anfang?,* Reinbek bei Hamburg 1975.

Zschaler, Frank E. W.: Von der Krise des Sozialstaats zur Finanzmarktkrise. Die wirtschafts- und sozialpolitische Entwicklung der Berliner Republik; in: Bienert, Michael C./Creuzberger, Stefan/Hübener, Kristina/Oppermann, Matthias (Hrsg.): *Die Berliner Republik. Beiträge zur deutschen Zeitgeschichte seit 1990,* Berlin 2013, S. 77–90.

Zyglidopoulos, Stelios C.: The Social and Environmental Responsibilities of Multinationals: Evidence from the Brent Spar Case; in: *Journal of Business Ethics* 36 (2002), S. 141–151.

Personenregister